上海市杨浦区教育局 编

小班
可以这样做

上海社会科学院出版社
Shanghai Academy of Social Sciences Press

编委会名单

—— 主编 ——

张　治

—— 编委 ——

（按姓氏笔画排列）

王　音

冯　巍

刘荣明

李　忠

李庆华

邱爱萍

张　清

陈　樱

郑小燕

郑岭梅

胡卫江

钱文静

徐劲潮

蒯峰梅

魏凤平

长三角第十届小班化教育论坛在杨浦区召开

市、区领导参加杨浦区小班个性化课程交流活动

杨浦区小班个性化教育研讨会

佛山小班化教育学习考察团在杨浦小学观课

香港代表团观摩

吸引关注

阅读中心

我们多快乐

拓宽资源，提高效能

“绘本悦读”，保卫“想创”

课堂会诊，众人解难

云端培训，一触即发

我们是家里不受欢迎的小拆手，可在《科技与闲暇》课程中，我们是老师眼中的“未来工程师”！

大自然是最好的课堂，我们和老师正在上《植物朋友》的拓展课呢！

我是生活小达人，我也是《生活小达人》课程班的学员哩！

我们在《生活与闲暇》的课程中，做出的作品你喜欢吗？

“微笑对话，幸福成长”，许五首届微笑节

芝麻开门，我们的童话世界

我的快乐我做主

“戴着面具hi起来”

一年级主题作业《我是小小设计师》

温州市鹿城区教育代表团围绕“小班个性化研讨”来我校考察学习

主题作业《我的简易天平》

建设没有围墙的科学课堂 打造生动鲜活的科学教育

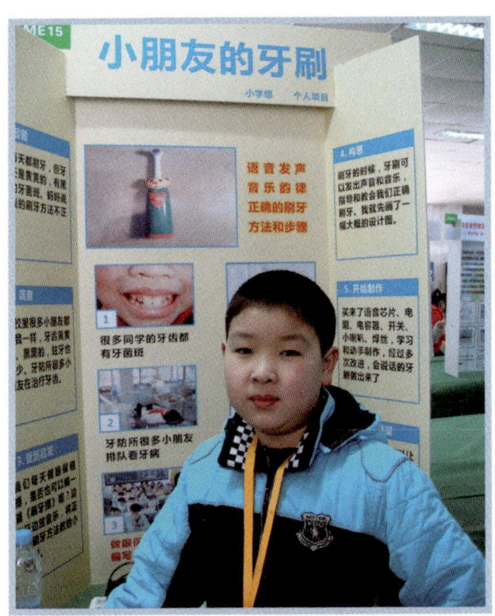

我们的中国少年科学院小院士诞生啦

在做做学学时积累生活体验

孩子，慢慢来，你一定能行

秀一秀我们的扎染作品

团队深入研究，提升扎染课程的品质

窨井盖大变样，学生创意无限

欣赏同伴的创意窨井盖作品

张阳同学的创意设计

普乐课堂研讨

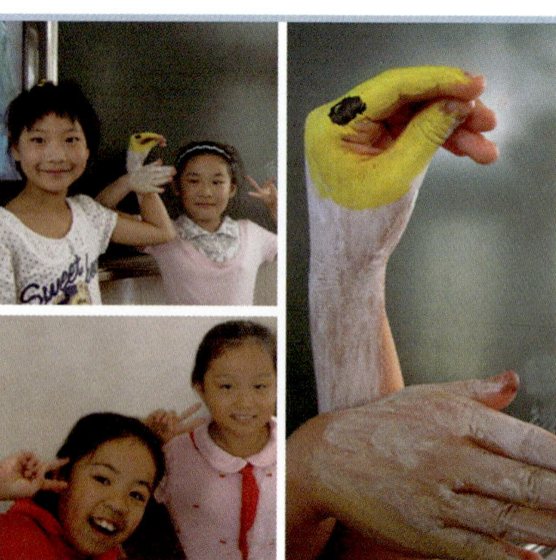
为郭雨辰、吴玥轩、奚涵青、黄叶婷同学合作完成的魔指总动员作品赞一个

加油！你可以读得更流利！

万圣节到了,瞧瞧我们自己做的彩蛋！这可是我们的作品大展台哦！

你真棒！你是我们学习的榜样

勇闯智慧岛，闯过每一关，我就是Superkids

巧妙提问，引起注意，及时点评，激励内在学习动力

学生探究报告、作品交流

课堂中的学生动手动脑，自行设计，拓展实验，交流想法，验证结果

认真开展自我评价，看看自己进步多少

序

杨浦区的小班化教育实践研究始于 1997 年，转眼间已经历了十八个年头了。这十多年来，它们始终围绕学校课程建设、课堂教学、班级及学校文化建设、教师专业发展、学校管理等专题，通过校际联动、团队协作、区域推进、专业引领等方式，不断深化小班化教育的行动研究，积极探索区域层面推进义务教育课程教学改革的有效途径与策略，推动了区域义务教育均衡、优质发展。因此，2010 年“以小班化教育为抓手，区域整体推进课程教学改革的实践探索”项目获国家教育部首届基础教育改革创新成果二等奖。

为了进一步推进区域小班化教育研究创新实践，助推课程教学改革深化发展，区教育局制订了《杨浦区中小学小班化教育再推进三年行动计划(2013—2015 年)》，并成立了以上海市特级校长张治领衔的杨浦区小班化教育名师工作室，组织开展以“小班个性化教育”为主题的系列实践研究。三年来，工作室首批十三所中、小学成员校，在区教育局行政、教研、督导等部门的支持与参与下，形成了“项目驱动、跨校联组”的小班化教育研究共同体，采取“研课”“交流”“集中攻关”“资源整合”“合作分享”等方式，围绕主题开展实践研究，取得了小班个性化教育研究新成果。

小班个性化教育创导在小班环境中，充分关注每一个学生全面而富有个性的发展。

个性化教育是全人教育，它强调教育的过程是培育人的全面发展的历程，重视发展每个学生良好的个性潜能和优势；个性化教育是爱的教育，它主张尊重学生独立完整的人格和充满生命活力的个性，用教育之爱铸就爱的教育；个性化教育是适性教育，它关注学生不同能力、习惯、兴趣等个性差异的客观存在，度身设计适切不同学生需求的教育服务；个性化教育是伙伴教育，它倡导以良好的个性影响个性的良好发育，师生间、生生间和谐相处，结伴同行，生成、集聚和发散巨大的正能量；个性化教育是创新教育，它注重激发人类内在的创造本能，并从孩提时代就得到应有的尊重和保护，引导和培养其潜在的创新品质。

小班个性化教育的实践和研究需要一大批志愿投入本项目实施的智慧教师，从而推进“个教育时代”的到来。

个性化教育需要有思想的教师，教师的思想是最重要的一种软实力，教师的理想信念是在鲜活的教育生涯中提炼而成的。好的教师心中要有梦想，坚守教育的良知和底线，始终站在教育的前沿学习、实践、思考并成熟。个性化教育注重提升教师的情感能力，教师的影响力是极大的，教师的个性品质、教育行为、态度价值观往往是学生模仿学习的榜样，受学生喜爱的教师能在学生中产生极大的“向师心理”，形成积极的情感体验，从而获得良好的教育效果。个性化教育呼唤教师创新个性，个性化教育创生富有个性的创新人才，只有富有个性的人才有可能是与众不同，才有可能创新、创造。乌申斯基说过：“在教学中，一切都应当以教育者的个性为基础，只有个性才能影响个性的发展和定型，只有性格才能培养良好性格。”

这本名为《小班可以这样做》的书结集的是张治校长和工作室首批十三所中、小学领导、教师三年来的实践研究、成果和教育、教学案例，并辑入了多位小班化教育专家的精到点评。文章以学校为单位集辑成册，以便读者了解各所学校在小班化教育实践研究中的理念、做法和特点，希望能给各位带来一定的启示和借鉴。

完美永远只是境界，完善才是一辈子行走的方式，期待杨浦的教育同仁在不断前行中产生更多的思想火花和研究成果。

尹后庆

2015 年 9 月

目　录

序 …………………………………………………………………………… 尹后庆　1

杨浦小学

主报告

“小班学习中心”的构想、创建与教学实践 ………………… 杨浦小学　3

案例

探索学生多元智能发展的新途径 ………………………… 蔡　霞　13

让学生在课堂中“活”起来 ………………………………… 吴珮沁　16

多元而有个性的学习 ……………………………………… 诸莉莉　19

创新课堂结构模式　改变课堂组织形式 ………………… 曾　真　22

上海市第二师范学校附属小学

主报告

构建智慧课堂　成就每一个学生

……………………………………… 上海市第二师范学校附属小学　27

案例

魅力绘本　快乐阅读 ………… 谢　洁　杨莉俊　钟　婕　王珏梅　39

充分利用教学资源，提升小学生英语语用能力 ……………… 王　姝　43

翻转课堂，让学习更高效 …… 蔡娟琴 47
“云动”小班 促思引创 …… 倪友晟 52

二联小学

主报告

让课程赋予孩子更多的自主性和选择性 …… 二联小学 57

案例

构建闲暇美术课程 建构自主有效课堂 …… 陆伟莉 64
开发闲暇校本教材 深化小班教育特色 …… 刘国红 钱 茵 牛 梅 67
沿着丝绸之路 探寻历史足迹 …… 彭 洁 70
优化教学策略 激发课堂活力 …… 洪 懿 75

许昌路第五小学

主报告

“百事可乐”让每一个孩子都快乐 …… 许昌路第五小学 81

案例

用橡皮泥捏一些小玩意儿 …… 周 嫣 90
小小设计师 创意无极限 …… 闵叶倩 94
小身材 大梦想 …… 罗 轶 97
点亮身边的绿色 …… 朱臻妤 100
戴着面具 Hi 起来 …… 郑 虹 103
“许五”小学“百事可乐”活动家长问卷调查分析报告 …… 许昌路第五小学 106

齐齐哈尔路第一小学

主报告

无形有形皆智慧 …………………………… 齐齐哈尔路第一小学 115

案例

“单”读思维 ………………………………………………… 章晨骏 128
教学单——学生思维的舞台 ……………………………… 张 瑜 133
娜娜进步了 ………………………………………………… 解 芳 138
数学主题作业——张扬个性的乐园 ……………………… 解 芳 142

平凉路第三小学

主报告

与儿童一起探究 ………………………………… 平凉路第三小学 147

案例

主动探究 生动发展 ……………………………………… 李毅萍 160
发展个性 自主选择 ……………………………………… 蔡平利 163
巧用资源 收获精彩 ……………………………………… 商凌鹂 167
家的智慧 教育的合力 …………………………………… 沈丽瑾 171

中原路小学

主报告

在课程建设中激活小班学生发散性思维 ……………… 中原路小学 177

案例

打开创意的魔盒　体验个性化教育 …………………… 顾戎姝 189
让创意感动生活 ………………………………………… 张　怡 195
教育评价多元化的实践探索 ………………………… 沈佳芸 198
学生心得一组 ……………………………………… 陈奕朵等 202

民办打一外国语小学

主报告

评价，让小班更精彩 ……………………… 民办打一外国语小学 217

案例

让评价在小班课堂上神采飞扬 ……………………… 程　夏 232
设计邮票我做主——激发学生英语学习快乐因子 ………… 曾丽瑛 238
学会欣赏沿途风景 …………………………………… 宋晓娴 243
勇闯智慧岛　听说我能行 …………………………… 夏　斐 247

民办阳浦小学

主报告

开放·多元·综合·选择——我们的“阳光课程”
…………………………………………………… 民办阳浦小学 257

案例

“我的舞台我做主”——我们的拓展型课程 ……… 卢　燕　黄　琳 271
“我和春天有个约会”——我们的语文综合活动 ………… 周　珺 275
玩转 XT 课程 ………………………… 王维玮　滕晓辉　陈　轲 278
WAP 转变我的视角 ………………………………… 徐　冉 282
成长的伴手礼——我的“小脚印故事” ……………… 高天匀 286

控江初级中学

主报告

创智数字课堂　探索深度学习　控江初级中学　291

案例

“数字化”教学环境下的项目教学应用研究 …………… 孙延燕　302
初中化学小班化课堂合作学习实践 …………… 钟　琪　305
基于课标，探究小班教育互动数学课堂 …………… 张碧芬　309
让“小班化”透过“云端”照进课堂 …………… 秦佩莉　313
初中英语小班化教学在实践中的运用 …………… 李沁园　316

育鹰学校

主报告

“彩羽计划”助飞每只雏鹰 …………… 育鹰学校　321

案例

你衔枝来我衔泥 …………… 张春霞　333
我们一起摘星星 …………… 刘　萍　336
让“配角”变为“主角” …………… 徐　萍　339
携手跨越思维的台阶 …………… 李　娜　342
随着“云”彩动起来 …………… 周　璇　345

市光学校

主报告

教师成长从这里起步 …………… 市光学校　349

案例

走进孩子受伤的心灵 …………………………… 刘 奕 358
你值得吗? …………………………… 周 静 362
以“境”促“情”的升华 …………………………… 金懿慰 365
那一双眼睛 …………………………… 马沁园 369
一个转身,也许就是一条新生路 …………………………… 罗未玮 372

国和中学

主报告

多元化的评价让小班教育生机勃勃 …………………………… 国和中学 377

案例

“小猫钓鱼”的秘密 …………………………… 徐学军 389
苹果树的故事 …………………………… 陆芸飞 393
做一个“不听话”的学生 …………………………… 闫瑞斌 397
学会探究　学会 DIY …………………………… 傅晨选 400
看看　写写　议议　评评 …………………………… 陈逸文 404

杨浦小学

主报告

“小班学习中心”的构想、创建与教学实践

杨浦小学

为了进一步推进小班化教育，实践“为了每个孩子全面而有个性的发展”的办学理念，自2011年2月起，我校参与了华东师范大学董蓓菲教授领衔的教育部人文社科研究课题“小班化教育的中国模式：实现教育过程公平的理论与实践”，承担了子课题“小班课堂区域化功能研究”，其中，“‘小班学习中心’的构想、创建与教学实践”成为研究的代表。

一、课题研究的阶段目标和任务

整个研究工作分为三个阶段进行：

第一阶段，学习中心设计与各中心功能定位的研究，时间为2011年2月到5月，研究内容为：学习中心名称、功能和环境设计，基于学习中心的教师与学生的常规培训，尝试在学习中心内的阅读教学。该阶段研究，确立六个学习中心名称、功能；实验班学生养成学习常规；教师掌握学习中心的阅读教学方法。

第二阶段，基于学习中心的教学设计与实施研究，时间为2011年9月到12月，研究内容为：基于学习中心的儿童文学阅读教学研究。该阶段研究，明确了儿童文学阅读内容、类型，六个学习中心活动设计常规。

第三阶段，基于学习中心的校本课程建设研究，时间为2012年2月到2013年2月，研究内容为：校本课程教材编制、教学设计。该阶段完成了杨浦小学校本阅读教材：《梦想乐园》。

二、研究的理论依据

(一) 核心概念

学习中心(Learning Centers)。对此，目前国际上尚无统一的界定，西方

也称兴趣中心(Interest centers)、活动区域(Activity areas)。我们综合相关论述,提出:学习中心是一个教学空间,在这个空间里学习材料和组织教学都无需教师始终在场并作指导。学生可以和学习材料相互作用、和其他同学相互作用来推进并完成学习任务。

(二) 理论依据

1. 做中学。美国教育家杜威的实用主义教育思想对世界各国的教育理论和实践都有不同程度的影响,“做中学(Learning-by-doing)”原则是其思想的重要组成部分。

杜威认为“做中学”,也就是“从活动中学”“从经验中学”。他明确提出:“从做中学要比从听中学更是一种较好的方法。”在杜威看来,“从做中学”充分体现了学与做的结合,也就是知与行的结合。它使得学校里知识的获得与生活过程中的活动联系了起来。杜威把教学过程看成是“做”的过程,也是“经验”的过程。即所谓“从做中学”和“一切学习都来自经验”。这就是说,只有通过“做”才能获得经验,有了经验,也就有了知识,学到了东西。

杜威所提出的“从做中学”的内容包括:艺术活动、手工活动和要动手的科学研究三个方面。杜威认为,“从做中学”的内容使儿童关心的并不是那些客观事实和科学定律,而是直接的材料的操作和简单能量的运用,以产生有趣的结果。而教育者要做的就是为儿童提供一个能够“从做中学”的环境,并指导儿童去选择要做的事情和要从事的活动。

杜威理论对学习中心研究的启示是:学习中心是学生学习和运用知识的场所,这个场所需要提供学生动手操作的环境,在学习中心,学生除了学习语数外课程知识,还应包括艺术、手工、科学研究的内容。为学习中心的环境设计、学习内容提供设计了思路。

2. 多元智能。学生先天素质的差异,在美国哈佛大学心理学家霍华德·加德纳(Howard Gardner)多元智能理论(The Theory of Multiple)看来,是每个学生智力强项的不同,每个学生多元智力组合的不同,表现出个体间的智力差异。每个学生都或多或少拥有不同的九种多元智力:言语/语言智力(verbal/linguistic intelligence)、逻辑/数理智力(logical/mathematical intelligence)、视觉/空间关系智力(visual/spatial intelligence)、音乐/节奏智力(musical/rhythmic intelligence)、身体/运动智力(bodily/kinesthetic intelligence)、人际交往智力(interpersonal intelligence)、自我反省智力(introspection intelligence)、自然观察者智力(naturalist intelligence)、存在智力(existential intelligence)。这九种智力代表了每个人不同的潜能,这些潜能只有在适当的情境中才能充分发展出来。

多元智能理论对本研究的启示是:学习中心数量和功能确定的重要依据是学生多元智能的差异,因为智能差异是影响学生学科强项和弱项的关键。学习中心的功能:一是让学生运用智能强项完成富挑战性的学习任务;二是促进学生弱项智能的发展。

基于做中学和多元智能理论,并在参考国内外小班化教育实践经验的基础上,我们在华师大董蓓菲教授的指导下,开始着手进行"小班学习中心"的建设——以校本儿童文学阅读课程开发为载体,进行了"小班学习中心"的构想、创建与教学实践。

三、学习中心设计与建设

(一) 学习中心名称

六个学习中心为:阅读中心、写作中心、媒体中心、发现中心、表演中心、艺术中心。

(二) 学习中心布置

1. 教师工作区。在媒体中心旁预留教师工作区域,放有橱柜、工作台、挂钟,便于教师准备和放取教学资料、学生文件夹。

2. 集中教学区域。教室正前方留有空地,放有坐垫,便于全班教学时学生席地而坐。

3. 学习中心标牌。用塑板贴挂在各中心醒目位置,上面文字写有:×中心,并在标牌上留出空间,让进中心的学生名单和"我的计划"卡。

4. 中心配置。桌椅、课堂学习资料,如学习单、活动资料、工具书、书籍,读秒的小闹钟、笔。此外,各中心因学习要求差异,有所区别:

(1) 媒体中心——耳机、电脑、录放机、CD、VCD光盘,以互联网络为平台,以信息技术为手段,根据每节课的学习目标,让学生自主地在网络上搜集并整理相关的学习内容,从而培养和发展学生信息搜索能力、视听能力。

(2) 写作中心——白板、纸张、橡皮、尺、纸张等文具,通过提供学习资料、写作参考书籍等引导学生,让那些喜欢以文字来表达学习体验的学生抒发创作的灵感，进而激发学生内在的写作动力，逐步发展学生的书面表达能力。

(3) 阅读中心——需阅读的书籍(谜语、笑话集、诗歌)、字典词典、百科全书，让学生在该中心广泛地阅读与学习内容密切相关的书籍，帮助学生构建对学习内容的理解桥梁，从而使他们感受阅读的乐趣，促进理解能力的提升，发展阅读能力。

(4) 发现中心——探究的物品、放大镜、指南针，数学计量工具、天平、温度计，植物动物、贝壳，书籍、模型、益智游戏如跳棋、智力拼图，围绕所学内容，利用该中心的各类工具，满足学生好奇心，通过独立动手或者相互合作的实践，鼓励学生从事探究与发现以及学会解决问题，发展数学和科学概念。

(5) 表演中心——表演所需的器具，如玩具、木偶、面具、服饰、生活场景或生活主题的道具，乐器、节拍器、剧本，让喜欢文艺的学生将所学内容以表演的形式，生动呈现出他们对所学内容的理解，通过角色扮演，发展学生的形象思维、语言表达技能和社会情感技能。

(6) 艺术中心——绘画工具如画架、隔板、画笔、颜料、荧光笔、蜡笔，胶水、剪刀、订书机，纸张、小制作工具、拼贴资料，让喜欢绘画和动手制作的同学用艺术化的表现方式，展示他们对于学习内容的理解和艺术灵感，不断发展和提高学生的审美情趣，培养艺术表达和创作技能。

5. 教和学的常规：

(1) 我的计划。学生使用的彩色硬纸卡片，正面写班级、姓名，反面印表格“我的计划”，分两栏：日期、六个中心名称。学生通过打钩标示自己所选中心。

(2) 学习单：学生使用的在各中心学习的程序、要求、内容。

(三) 学生培养

1. 了解学习中心：

(1) 教师介绍六个中心名称。

(2) 学生小组讨论进哪一个中心，并在“我的计划”中填上日期、打钩。

2. 进入中心，将卡片插入每个中心标牌。

3. 主持人拿出学习单，带领同学学习。

4. 整理中心的物品，取回“我的计划”卡，离开中心。

四、基于学习中心的教学设计与实施研究

我校的“学习中心”以对学生进行“儿童文学阅读”教学为主。

1. 教学内容上，我们依据学生年龄特点和阅读兴趣，根据上海语文课程标准对阅读教学的目标要求来选择中外儿童文学书籍作为教学内容。我们将儿童文学阅读进行了主题分类，大致将学生们阅读的书籍分为八类，即奇趣动物、奥妙自然、浓香亲情、七彩校园、奇思妙想、百味科学、怪味哲理、动感信息。

2. 教学常规上，一般每篇阅读篇目教学时间为1课时，设置为45分钟左右，50%以上时间保证学生在各个中心学习。

从时间上划分：5分钟“集中教学”；20—25分钟小组进入“各中心学习”；15—20分钟“合作汇报”。

从内容上设计：5分钟教师组织“集中教学”，对本堂课所要研读的儿童文学篇目所涉及的人物，内容，作者等进行简要介绍；20—25分钟“各中心学习”，学生按照兴趣和各自技能，进入各个中心完成具有各自不同要求的学习任务单，任务单的设置依据学生兴趣、阅读篇目及各个学习中心的特点而成；15—20分钟“合作汇报”中，学生将各自学习的成果，体会，发现等在全班进行交流。

通过实践研究，我们在专家的引领下，构建了小班学习中心的基本教学模式：

教师引领下集中教学
↓
学生独立及合作下的各中心学习
↓
学生主体，师生合作的交流汇报

在实施过程中，我们在学校的1—2年级设立了三个实验班，并先后将学习中心的阅读课对学校教师、区域内教师和领导以及外省市及港澳台地区的学者和专家进行了汇报。

五、学习中心调查

在研究的第一阶段：2011年5月，华师大课程与教学系语文学科教学的硕士生对实验班学生进行了学习中心的调查。具体情况如下：

1. 学生最喜欢的学习中心统计(被调查者21人，有效数据为20人)：

学习中心	喜的人数	百分比(%)	原　　因
媒体中心	4	20	喜欢电脑； 喜欢用电脑查东西。
写作中心	0	0	
阅读中心	2	10	喜欢看书； 有很多书可以看。
发现中心	6	30	该中心放置的东西最多：百科全书、指南针、木偶等； 可以学到很多科学知识，发现一般人发现不到的东西； 听其他同学说很有意思，可以发现东西。
艺术中心	6	30	喜欢画画、折纸
表演中心	2	10	有很多喜欢的乐器； 喜欢表演。

2. 学生最不喜欢的学习中心统计(有效数据为19)：

被选的学习中心	不喜欢该学习中心的人数	百分比(%)	原　　因
媒体中心	2	11	不太会用电脑； 全部是听。
写作中心	3	16	不喜欢写作； 趣味性不强。
阅读中心	0	0	
发现中心	2	11	书上有很多字不认识； 东西太多，时间来不及。
艺术中心	2	11	不喜欢画画
表演中心	5	26	跳舞对来生来说太难； 不喜欢表演； 记不住动作。
没有不喜欢的中心	5	26	未去过其他中心。
未能说清楚不喜欢的中心	2		

3. 在学习中心平均有效学习时间统计。上课时间为13:23—14:08，共计45分钟。其中集体学习的时间为15分钟，进入各中心学习时间为15分钟，成果展示时间为15分钟。在各学习中心，学生的有效学习时间统计如下：

学生名字	学习时间	学生名字	学习时间
于浩轩	10	王梓轩	10
白欣宜	11	杭睿宁	11
杨轶雯	11	王苏瑶	12
来诗溢	11	杨欣霖	11
殷　阅	11	冯景怡	10
张　益	10	何卓然	12
何慕洋	7	谢欣辰	12
梁佳莹	14	高天屹	12
缪和均	11	白曜榕	10
李佳诺	9	彭思怡	12
高锦民	13	平均值	10.95

六、基于学习中心的校本课程建设研究

迄今为止，我们已经编写完成基于学习中心的儿童文学阅读校本课程教材——《梦想的乐园》。

本教材在编写上体现以下几个特点：

1. 阅读篇目的选择依据学生认知：我们依据学生年龄特点和阅读兴趣，根据上海语文课程标准对阅读教学的目标要求来选择中外儿童文学书籍作为教学内容。

2. 阅读篇目的分类明确：我们在选择阅读篇目之前，将儿童文学阅读进行了主题分类，大致将学生们阅读的书籍和篇目分为八类，即奇趣动物、奥妙自然、浓香亲情、七彩校园、奇思妙想、百味科学、怪味哲理、动感信息。

3. 每篇课目均有规范的教学设计模板：依据华师大董蓓菲教授为我们提供的《梦想乐园》教学设计模板，我们在精心挑选了书籍的基础上，为每一篇阅读篇目都设计了教师和学生集中教学时使用的“内容导读”“背景资料”，用于学生进入中心的学习任务单，安排了集中汇报时的顺序和方式。

七、基于学习中心教学实践的反思

通过实践，我们发现，通过进入“学习中心”学习的学生，对于阅读的普遍状况发生了不少变化：

1. 学习兴趣明显提高。有别于国内普遍的教学模式，学习中心对学生来说是个很新奇的事物，大大激发了他们的学习兴趣。

2. 学习方式多样化。学生可自行选择自己喜欢的学习方式，这在一定程度上培养了他们的自主意识。虽然进入的中心不同，学习方式不同，但学习目标是相同的。

3. 思维更加活跃。在学习中心里，学生的想象力被充分调动，孩子们天马行空的想法总是让我们惊讶。而对学生的学习成果，我们更多的会给予肯定。这也在一定程度上鼓励了学生的创新思维。

4. 学习任务的完成度较好。学生虽然进入不同中心，需要完成的任务也不一样。但通过每次的成果展示环节，我们发现，学生能够根据学习单的要求，较好地完成任务单。

通过“基于小班的学习中心创建和教学研究”，我们希望在今后的时间研究中，大力发挥“学习中心”对于学生学习的促进作用，进一步着力于研究基础型课程校本化实施，借助“学习中心”，推进向数学、英语、科技、艺术学科的辐射和延伸，以推动学校教育教学改革向着公平、有效、发展的目标前行。

（执笔：李忠　赵静菡　夏画缘　水冰　朱凯　吕敏捷）

[专家点评]

“一般来说，儒家思想往往过于重视人在社会中的关系，即人与人之间的等级定位与调适合作，而不太重视个体存在状态的自由与真实，用一句不太确切的话来说，他们习惯于以‘共性’为不言而喻的前提，而不习惯于以‘个性’为不容置疑的依据。”再加之受制于经济条件和人口密度，中国的中小学课堂无论是外观现象还是内在本质，都未有突破性的变革。

小班化教育的本质属性和价值取向，决定了课堂是实现其价值的主要场所。课堂教学是师生交往的主要方式，也是师生在校的一种基本生活方式。这种占据每天1/3时间的特殊的生活方式，是人有意识地创设出来为社会服务的，必然具有文化属性。这就是我国课程改革10多年来，课堂教学改革成效式微的原因所在——改变课堂远不止换一种教法如此简单，是一种教学文化的变革。杨浦小学的“学习中心”就质而言，是一种教学文化的创新实验：改变课堂环境设置和改变课堂教学交往方式。这类改变的出发点和归宿就是一种课堂认识的变化，隶属课堂教学文化的范畴。

一、课堂环境的改变

课堂环境文化包括课堂物质文化、课堂制度文化和课堂精神文化。课堂物质文化包括空间设置和时间安排所蕴含的文化。如教师对教室区域的划分，黑板、课桌椅、讲台等的摆放，对座位的安排都能反映他/她对课堂的理解和认识。杨浦小学学习中心是基于学生学习的视域，规划小班课堂环境：教师工作区、全班集中教学区域、学习中心区域。这样的实践探索是我国课堂学习环境的一种创举，其成功经验有四：

一是依托科学原理。如基于加德纳的多元智能理论，认识并尊重学生的学习差异；根据学生的学习差异，设计符合差异需求的学习过程。

二是具有国际视野。如借鉴欧美学术界有关学习中心的构想，引入有关中心设置数量、类别、配置等设计成果。

三是坚持本土化的实践研究。如将学习中心构想与小班化空间优势结合，与我国课程改革理念、小学课程设置、学科特性的融会贯通。

四是拥有一支热于奉献、勇于创新的教师团队。如语文学科的教师们从苦思冥想到行为实践，无数次创意的火花熠熠生辉，然走进学习中心却见光死。这个空间见证了教育创新的艰难。

四者整合，历经两年根植课堂、脚踏实地的探索，学习中心终于获得理论和实践领域的学者、老师的赞誉。2015 年 5 月，国际教育排名首位的英国伦敦大学学院 Peter Blatchford 教授来上海访问，点名要进杨浦小学的学习中心。观后他感叹说：国际上有关学习中心的学术讨论由来已久，但真正在学校课堂做到的很少，上海杨浦小学做成了，了不起！难怪国际 PISA 考试，上海的学生可以连续两届包揽所有学科成绩的第一名。

二、教学交往方式的改变

中小学师生每天有近 8 小时是在学校中度过的，课堂是他们最主要的活动场所，教学是师生交往的主要方式，也是师生在校的一种基本生活方式。这种特殊的生活方式，折射出社会文化特色。如在中国课堂上，学生认真听老师讲，把老师说的、黑板上写的抄下来、背出来，被视为“天经地义”的事。这就是一种课堂教学活动文化。课堂环境文化和课堂教学活动文化，两者互相关联、互为影响。课堂教学文化发生变革，常会导致课堂环境文化出现不适应。如为关注全体学生，培养学生合作、探究的学习能力，在班额为 60—70 人课堂里实施小组合作、探究学习活动，教师都会觉得教室空间和教学时间不允许、有困难。因为原来秧田式座位安排变为面对面的小组式的安排，教室面积有限，空间不足。课堂环境文化的变革累积到一定程度，也会要求改变既有的课堂教学文化。如在小班化课堂里，教师沿用大班的教学方式、手段，自感时空效益低下，无法实现关注每一个学生的教学目标，自觉探索新的教学活动。两者在变化过程中，滞后或被动的一方会成为变革的障碍。因此，课堂文化变革一定是在克服阻力的过程中前行。杨浦小学的学习中心是由课堂环境文化变革走向课堂教学活动文化变革的。

学习中心是一个经过功能性、社会性处理的三维物质环境，这个优化的学习空间，其精髓就是建构学习空间与学生学习，以及教学活动的亲和性，在有限的时空内更有效地组织小班化教学活动。这项研究的主旨是从学习的视域——学生多元智能的差异，创设并发挥小班化教学环境的优势；为每个学生提供适切的学习机会，提高全班学生的学习参与率，让每一个学生体会学习成功的乐趣。

在环境建设的早期，杨浦小学的执教教师走进学习中心无从入手，不会上课，观课教师不知坐于何处、如何听课。于是由环境引发的创新教学实践就启动了，教师们无奈放弃以往的教学策略方法，探索全新的教法：归纳教和学的常规；培养学生自主合作的学习技能和习惯；设计六个中心的学习单；探索基于中心的阅读课……在行动研究的过程中，老师们提升了学生观、教学观——尊重学生的差异，科学认识学生的学习差异，实施基于差异的小班化教学。他们积累了丰富的实践性知识和经验。他们是我国学习中心设置和基于中心的差异教学的开拓者。

杨浦小学的学习中心，从物质环境和教学活动看，体现了尊重个性差异、实践教学过程公平的文化观。其创新实践的价值在于启迪我们：小班化教育可以通过建立全新的课堂环境，由环境变迁促进课堂教学交往活动的变革，最终建立新型的课堂教学文化观念。

（华东师范大学教育学部教授　董蓓菲）

案例

探索学生多元智能发展的新途径

——基于小班学习中心的“任务单”设计

蔡 霞

杨浦小学一贯秉持“小班化教育”的理念，借助杨浦区推行“小班化教育”的区域优势，建设了以语文课外阅读为载体的小班学习场所——学习中心。

该中心是一个教学空间，在这个空间里学习材料和组织教学都无需教师始终在场并作指导。学生可以通过和学习材料相互作用，和其他同学相互作用来推进并完成学习任务。

这个设计来自两个方面理论的启示：其一是加德纳的“多元智能”理论。其二是“学习风格”理论。这两个理论的核心是通过实践，发展人的多元智能。

结合两种理论，并立足我校校本课程的性质，我们将学习中心的物理空间划分为媒体、写作、阅读、艺术、发现和表演六个活动中心（区域）。如何根据阅读教材，设计适合不同中心的学习任务单，进而发展学生的多元智能，是高效阅读至关重要的环节。那么，在上课之前，任课教师如何才能设计好既适用于不同中心，不同阅读内容，又能激发学生学习兴趣，乐于操作的学习任务单呢？笔者认为可以遵循下列的要求：

一、遵循认知规律，发展多元智能

小学生的学习兴趣一般是在学校办学理念的引领下，在教师的启发下，受正确的学习动机支配而产生。这说明学生的学习兴趣虽然有很大的自发倾向，但更主要是靠老师的教育和培养。因此，教师在设计每一课的中心任务单时，就应该遵循不同年级的孩子在语文阅读中的认知规律，依托各个中心的学习风格进行设计。

通过实践，我们在学习中心各个区域的学习任务单设计中，依据智能发展的特点，摸索出以下的规律：

媒体中心——以互联网络为平台，以信息技术为手段，培养和发展信息处理能力和视听能力。

写作中心——借助参考书籍阅读学习材料，抒发创作灵感，激发写作动力，发展书面表达能力。

阅读中心——广泛阅读与学习材料密切相关的书籍，促进理解能力提升，感受阅读乐趣，发展阅读能力。

艺术中心——用绘画和动手制作的艺术化手段，展示对学习内容的理解，培养艺术表达和创作技能，发展审美情趣。

发现中心——利用各类工具，独立动手或相互合作，探究、发现和解决问题，发展数学和科学概念。

表演中心——以表演的形式，呈现对所学内容的理解，发展形象思维、语言表达技能和社会情感技能。

二、依托教材内容，发散多元思维

在设计任务单时，教材也是我们依托的重要载体。根据不同的教学内容，灵活设计各个中心的任务单。首先我们将提供给学生的儿童文学阅读材料进行主题分类：浓香亲情，七彩校园，奇趣动物……共八个大项，设计任务单时就能根据文本内容发散学生多元化思维。例如，如果提供阅读的内容是名家名篇，同样是了解这位著名作家，阅读中心的学生就可以写出自己喜欢这位作家作品的原因，而媒体中心的学生则可以通过网络，寻找作家的其他作品……

根据不同年级学生的年龄差异，他们所阅读的儿童文学作品难易度也不同，因此各个年级的教师在设计任务单时也密切关注年级之间的衔接。例如，学生在三年级的时候学习过关于奇趣动物的文学作品，教师设计的任务单就要求学生以同样的方式进行学习和汇报，提出更高的要求，并与以前学过的内容进行对比。例如，在艺术中心的学生，二年级的时候可能只要求他画出相关动物，三年级的时候可以为插图配一句说明词，四年级的时候就以连环画的形式，几人合作画出一种动物的习性或者特征等。

三、关注方式差异，倡导多元探索

在新生入学的准备期中，我们通过家访，观察，已经初步掌握了每个学生不同的优点，缺点，喜爱的学习方式……根据加德纳的多元智能理论，每一个学生的多元智能发展是不平衡的，老师要做的就是“扬长补短”，将学生们合理地分成六个小组，进入各自适合的中心进行学习，并培养一支能干的组长队伍。

学习环境创设强调切合身心愉悦。整个学习中心教室色彩缤纷柔和，不同区域的桌椅色彩各异。学习形式创设主张自由、随性、合作、分享。集中教学，学生席地而坐，没有传统课堂排排坐的严谨；分散学习，每个学生所要完成的学习任务围绕阅读内容各不相同。比如，实验班的“来来”同学学习基础薄弱，阅读对于别的学生来说是享受，对她却毫无乐趣可言。不要紧，她喜欢画画也善于倾听，就把她安排进“艺术中心”，这里安排的任务是，听一听早就有录制好的课文录音，听完以后，把听到的内容画出来就行。而“梁梁”同学是天生属于舞台的，只要站在大众面前，她浑身都会发光。她接到的任务就是根据文章内容表演其中的一个人物……在学习中心里，没有学生会拘谨，他们都能畅所欲言，用自己喜欢的方式学习。由于教师关注到了不同学生进行学习的差异性，倡导他们通过自己喜欢的方式进行学习探索，因此学习效率得到了显著的提高。

四、改进评价方式，注重多元反馈

一堂学习中心内的语文阅读课一般为 45 分钟。课程开始集中新授课，教师大约只占用 5 分钟左右。学生们在中心内的分散学习为 20 分钟左右，然后还有 20 分钟集中交流汇报的过程。交流汇报的过程其实就是对学生的学习进行评价的过程。每一份任务单的设计，明确告诉学生，在集中汇报交流时你要以怎样的形式和大家分享你的学习成果——或者给大家看你的画，或者将你饰演的角色表演给大家看，又或者朗读自己写的答案……这些形式不一的反馈形式，既是对刚才学习成果的巩固，也是展现自我风采的好时机，更是“扬长补短”的绝佳时机。因为所选用的学习方法是自己喜欢和擅长的，那么所呈现的结果也必然是学生最得意的，因此学生们总是很乐于在这一环节进行汇报。每一次汇报完毕后，大家所给予的掌声就是对他最好的评价，也从而促进其更喜欢以这样的方式进行儿童文学阅读，形成阅读的良性循环。

经过精心设计的针对各个中心的学习任务单，促进了新型教育观念、新型教育模式、新型育人功能的形成。学生个体支配的学习、活动的时间和空间大大拓展；教师与学生在教学过程中的活动密度、强度、效度得到提高；师生人际接触、互动交往机会得得以增加；学生个体享用教育资源和教学关爱的均值递加。真正实现了小班教育的“阳光普照”。

让学生在课堂中“活”起来

——小班学习中心课程“大脚丫跳芭蕾”案例分析

吴珮沁

美国教育家杜威曾提出在“做中学”这一理论，并指出通过自己动手操作、试验所得到的直接经验更让人印象深刻。语文阅读课程更倾向于通过自主阅读进而体悟、理解。如何实现从做中学，是我们实践小班学习中心语文阅读课程的基本问题。

以往，语文阅读课所呈现的教学模式往往以教师为主体，学生只需要根据教师的要求做一个“听众”即可；而小班学习中心是一个开放、多元、自主、平等的学习空间——教师评估学生的学习需求，选择合适的学习材料，设计相应的学习活动；学生在学习中与学习材料相互作用，与学习伙伴相互作用，推进学习进程，发展多元智能；学习材料运用和教学组织以学生自由组合的团队为主体，以合作、互助、探究为主要的学习方式。这种学习方式将教师这个原本的课堂主体向课堂真正的主体——学生转移，从而真正让学生在课堂中“活”起来。

一、以“中心”为空间进行学习

小班学习中心的课程是以加德纳的“多元智能”理论为依托，结合语言学习的特点，将学习中心分为媒体、写作、阅读、表演、艺术、发现六个区域。在教师集体授课环节结束后，学生便根据自己所选择的中心，由主持人带领进入不同的区域，以“中心”为空间进行学习。

在阅读《大脚丫跳芭蕾》这本绘本时，教师根据学生不同特点，分为五个“中心”进行学习：

师：今天我们要阅读一篇由美国插画师埃米·扬创作的绘本《大脚丫跳芭蕾》，接着就跟随老师，一起来读这个故事。

……（教师讲述故事的开头）

师：跳舞对于贝琳达来说有一个大麻烦，不，应该说，是两个大麻烦。同学们，你们想知道是哪两个麻烦吗？

生：想。

师：那么接下来，就由主持人带领大家进入各自的中心，认真完成25分钟的阅读任务。

（生进入各自中心进行学习）

小班学习中心将每个区块分成了不同的功能块，即我们所称的“中心”。每个“中心”有4—5名学生，每个中心的每个成员都有任务分工。以“中心”为空间学习有利于学生参与学习，分享学习成果，也为学生提供更多的学习机会和方式，从而促进和发展学生的思维，获取更多成功的机会。在中心活动中，学生不仅有更多的机会学习，同时也学会为自己的学习承担更多的责任，这个学习过程，对于现在的学生尤为重要。另外，因为每个学生都把自己的知识或想法与组内的同学共享，所以集思广益更有利于学生的学习和知识的获取。这对于学生个性和自由的发展是一个很好的机会，尤其应该让一些缺乏自信的学生离开老师的目光，有机会在一个没有压力的环境中增强与他人的互动合作，成为课堂的主宰。

二、各中心任务展现多元学习的特征

学习中心——媒体、写作、阅读、表演、艺术、发现六个区域的划分，将同一个文本的阅读呈现了不同的学习方式。尽管每个区域学生的学习内容不同，但是都是对语言文字通过不同的方式进行理解、感悟的，体现了学习方式的多元。

以下是《大脚丫跳芭蕾》部分中心的学习单：

表演中心

1. 阅读故事《大脚丫跳芭蕾》；

2. 小组合作，选择正确的语句，将剧本片段补充完整；

3. 阅读剧本，小组表演。

设计可以引导学生对文本故事中重要信息进行整理与概括，并借助表演来表述文本信息，对于身体—运动智能强的学生来说，这是一种很有效率的学习方式。

媒体中心

1. 阅读故事《大脚丫跳芭蕾》。

2. 在桌面找到“大脚丫跳芭蕾”的文件夹。

3. 小组合作，按要求制作PPT，并保存在文件夹中：

(1) 作家的简单介绍(包括姓名，照片，国籍等信息)；

(2) 作品的简单介绍(包括作品名称，相关图片等)。

设计锻炼并强化了学生浏览、撷取有用信息的能力，并用多媒体技术将这些信息得以展示，深受“理科男”的欢迎。

艺术中心

1. 阅读故事《大脚丫跳芭蕾》；

2. 小组讨论，合作填写贝琳达情绪变化的过程；

3. 每人选择一种贝琳达的情绪画一画，并装订成一本小画册。

在本中心的学习中，学生通过感受人物情感，绘制贝琳达情绪变化的画册，将文字的理解表达成图画，也是一种有效的学习方式。

注重语言能力的阅读中心、写作中心，也给予了学生更多的平台，对文本内容的进行重述、评价甚至创作；而注重探究的发现中心，则鼓励学生自己动手探索。无论是哪种方式，都主张学生用不同方式去学习，体现了学习方法的多元化，并把课堂交到学生手中，使学生成为学习的主人。

三、教师角色的重新定位

教师角色有别于传统的课堂，在学习中心扮演的是组织者、引导者。由于每个学习中心学生所学的内容各有差别，所以，教师在集中教学、分散学习和反馈汇报等环节中，引导每个小组把自己的学习任务清晰地表述出来：

生：我们太阳花小组今天进入了艺术中心，我们为贝琳达画了一个情绪相册。这是贝琳达高兴的样子……

师：能不能告诉大家，在什么情况下，贝琳达那么高兴呀？

生：贝琳达非常喜欢跳舞，所以当她在舞蹈学校学习时，非常高兴。我们给贝琳达画上了一个大大的笑脸。……

“学习中心”的理念聚焦于每个学生和他们的需要，这是基础教育现行课程改革中一个很好的教学方法。众所周知，每一个学生都有他们独特的学习风格，策略和喜好。传统课堂上固定座位，统一的教学模式，很难使每一个学生的注意力都关注到课堂上来。而“学习中心”有组织学习空间的“小”，组织学习的方式“多”等特点，把学生置于课堂的中心，学生才能在课堂上“活”起来。

多元而有个性的学习

——《波力不怕》教学体验

诸莉莉

传统智力理论认为，智力是以语言能力和数理逻辑能力为核心的、以整合的方式存在的一种能力，是可以通过智力测验检测出来的。

美国心理学教授加德纳提出了一种关于智力的主张——多元智能理论。他认为，构成智力的有这八种能力：语言智能、数学逻辑智能、空间智能、身体运动智能、音乐智能、人际智能、自我认知智能、自认认知智能。

在正常条件下，只要有适当的外界刺激和个体本身的努力，每个个体都能发展和加强自己的任何一种智力。

基于加德纳的“多元智能”理论，我校构建了小班学习中心——新型的学习空间，倡导每个学生多元而有个性的学习。

参加这个课题的研究和实践，与大家分享个中感受。

一、合理选材，明确要求，简化步骤

学习中心的课程要求教师在设计上能学生的学习需求，选择合适的学习材料，设计相应的学习活动。

针对二年级学生的学习能力和习惯，文本的选择上，我选取了《小兔波力品格养成系列》中的《波力不怕》这样一篇学生喜爱的儿童故事。它的文字生动有趣，故事情节也贴近学生，内容的理解上没有太大的障碍。

在学生进入各中心学习之前，我先进行五分钟集体教学：讲述故事发生的原因，带领学生认识理解文中出现的生字新词，提出进一步学习的要求。然后学生在组长的带领下进入各中心开展学习。整个教学过程基本如下：

1. 集体教学(5分钟)：

教师叙述故事发生的原因，提出进一步学习的要求。

2. 学习中心(20分钟):

各小组根据任务单,合作完成学习中心的任务,教师适时指导。

3. 成果分享(15分钟):

根据下列顺序——媒体中心,阅读中心,表演中心,艺术中心,协作中心,发现中心,分别汇报学习成果。

二、把握目标,关注方式,发展个性

学习中心被分为媒体、写作、阅读、表演、艺术、发现六个区域,在目标设定上,各有侧重。在最初的设计中,六个中心的学习目标是这样设计的:

阅读中心:流利地、有感情地朗读《波力不怕》中的对话。

写作中心:想象写出波力和兄弟姐妹们可以赶跑"鬼"的方法。

表演中心:表演《波力不怕》片段。

艺术中心:用剪纸、画画方式做一个"鬼怪兽"。

发现中心:阅读小说、思考问题。

媒体中心:按要求选择绘本图片,重新排序保存在指定文件夹。

经过试教发现,阅读中心合作朗读对话,与表演中心表演故事片段,在学习的形式上和和反馈的结果上基本雷同。发现中心的学习任务更像日常的语文阅读分析。媒体中心,对绘本图片重新排序整理,对学生视听能力帮助并不大。唯有写作中心和艺术中心的学习目标和任务相对切合。为了让学生在中心内切实有效地开展阅读学习,对各中心的学习目标和活动做了新的设计:

阅读中心

1. 阅读故事《波力不怕》;
2. 在组长的带领下分配角色;
3. 小组合作阅读剧本,注意读出害怕的语气;
4. 与表演中心合作排练剧本。

表演中心

1. 阅读故事《波力不怕》;
2. 在组长的带领下分配角色;
3. 阅读剧本,合作排演哑剧。注意表演出紧张、害怕的神态动作;
4. 与阅读中心合作排练剧本。

写作中心

1. 阅读故事《波力不怕》;

2. 找出波力和兄弟姐妹们想出的赶跑“鬼”的方法；

3. 想象一下，还有什么赶跑“鬼”的好方法，并把它写下来。

艺术中心

1. 阅读故事《波力不怕》；

2. 按要求，小组合作用画画、橡皮泥等方式制作“鬼怪兽”。

发现中心

1. 阅读故事《波力不怕》；

2. 两人合作，按故事按照发展的先后顺序重新排列。

3. 分工合作，把排好序的故事连起来说一说。

媒体中心

1. 阅读故事《波力不怕》；

2. 在桌面上找到“波力不怕”的文件夹；

3. 小组合作，按故事发展的先后顺序，给音频重新排序。

4. 按照排好的顺序，把故事连起来听一听。

第二轮试教后又发现了一个问题：既然阅读中心和表演中心的任务存在较大的重合，为何不将这两个中心合并呢？让两个中心的学生发挥各自特长，合作学习。阅读中心负责台词，侧重于朗读，人物的情感通过学生的语音语调来表现。表演中心则通过夸张的动作、神态等肢体语言，展现他们对故事的理解。这是一次大胆的尝试，在短短 20 分钟的分组学习时间里，不但要完成自己的学习任务，还要合作排练。这个过程既可以提升学生的理解能力，也可以发展形象思维和语言表达，还可以促进学生相互合作的意识和能力。

学生作为一个个活生生的人，有各自丰富多向的个性，又有各自的长处和发展需求，课堂教学只有呈现出丰富性、选择性、自主性和上升性，以多维度、全面发展的眼光来评价学生，才能切实有效地提高学生的学习兴趣，活跃学生多向思维，从而使他们的学习效果更显著。

创新课堂结构模式　改变课堂组织形式

曾　真

传统的教育模式以教师为中心，教师是教学活动的主体，是知识的传授者；学生是客体，被动地接收与记忆知识，缺乏学习自主性。课堂教学逐渐成为了教师的一言堂，以教材为中心，以考试为目的，忽视了学生创新能力、发散性思维的培养。然而，为了适应国家和社会的发展需要，创新型人才才是21世纪对人才的需求和要求。因此，培养出具有创新精神与创造能力的新世纪人才需要我们更新教育理念、改革课堂教学方式，"学习中心"的教学模式便应运而生了。

自从2011年起，我参与了由华师大董蓓菲教授领衔的《小班课堂区域化功能研究》的课题实践，创立了"学习中心"这一小班化学习模式。目前，"学习中心"主要对学生进行"儿童文学阅读"教学。我们依据学生年龄特点和阅读兴趣，根据上海语文课程标准对阅读教学的目标要求来选择中外儿童文学书籍作为教学内容。一般1课时设置为45分钟左右，50%以上时间保证学生在各个中心学习。整堂课分为三个板块：

一、"集中教学"(5分钟)

在这个过程中，主要以教师为主，简要对本堂课所要研读的儿童文学篇目所涉及的人物，内容，作者等进行简要介绍。例如，在二年级的阅读课程《笨狼的故事之学游泳》中，老师会在集体教学中分这几步进行：

1. 介绍作者及其作品《笨狼的故事》；

2. 介绍主人公；

3. 出示课题，介绍故事主要人物。

二、"小组自主合作学习"(20—25分钟)

在这个过程中，主要以学生为主，他们按照各中心学习任务单要求进行自主、合作的学习。以二年级的阅读课程《笨狼的故事之学游泳》为例，六个学习中心的任务单分别是：

1. 阅读中心：

(1) 在组长带领下自由阅读《18.学游泳》。

(2) 小组合作，参考老师提供的大纲，用自己的话说说《笨狼的故事》。

2. 写作中心：

(1) 在组长带领下自由阅读《18.学游泳》。

(2) 从故事里面选择其中一个你喜欢的角色，以它的口吻(提示：体现人物性格)告诉笨狼应该怎样学游泳，并写下来。

3. 媒体中心：

(1) 听一听《笨狼学游泳》的故事，交流：你喜欢笨狼吗？为什么？

(2) 通过观看媒体介绍，认识汤素兰，了解《笨狼的故事》。

(3) 讨论一下，除了《笨狼的故事》以外，你还对汤素兰的哪些书感兴趣？

4. 艺术中心：

(1) 在组长带领下自由阅读《18.学游泳》。

(2) 把故事中听到的人物选一个画下来。

(3) 组内说说你画了谁，它在干什么。

5. 表演中心：

(1) 在组长带领下读剧本。

(2) 按照剧本要求分配角色。

(3) 按照剧本排练。

6. 发现中心：

(1) 在组长的带领下，翻阅《笨狼的故事》。

(2) 根据书籍常识卡的提示，找到相关信息，填写书籍常识卡。

经过先导课的培训，无论是组员还是组长皆能根据学习任务单自主、独立地完成学习任务，主动地阅读、提取信息、展示学习成果。明确的学习目标帮助学生建立正确的逻辑思维，自主的学习方式使学生养成了独立思考问题、解决问题的习惯，宽松的学习环境激发了学生主动学习与探究的兴趣、开拓了他们的发散性思维，培养了他们的创造能力。此时，我转变为了教学的组织者、引领者，为学生提供自主学习的平台，提供展示自我风采的平台，帮助他们建立对学习的兴趣和信心。我不再是学习的主导者，我们围绕学生进行辅导与辅助，关注学生不同的个性特点与能力，并针对个别学生的特殊情况进行一对一的个别辅导，真正做到因材施教。

三、“合作汇报”(15—20分钟)

在这个过程中,通过各中心的学习,学生将各自学习的成果、体会、发现等在全班进行交流。

学生以学习小组的形式,集体展示各自的学习成果,或说,或唱,或演,或画,或读,不仅表现和发展了各自的智能长处,而且在交流中汲取了他人的智能长处,弥补了自身智能的缺陷。

通过学习中心的学习,学生们的协作能力得到提升。他们不但要稳固地完成自己的学习任务,同时也要关注其他组员的情况。学习时,学习能力强的组员会在完成自己的学习任务后帮助能力相对较弱的组员共同完成,以此平衡组内的学习进度,学习能力强的组员借此巩固了知识技能,能力相对较弱的组员获得了好的学习方法,提高了学习效率;交流成果时,组员们依照约定的次序及内容进行汇报,一个动作、一个眼神都成了信息的交流和传递,共同合作完成一个精彩的展示。发生矛盾时,组员们互相谦让,尤其是组长,在此时要正确引导和调节,化解矛盾、建立友谊,将小组凝结成团结的小集体。

经过一次次的学习和实践,学生们淡化了自我意识,强化了集体意识,在小组合作中学会了理解与谦让,懂得了配合与帮助,在加强文化知识技能之余,也完善了自己的人格发展,强化了人际交往能力,逐渐成为了德智体美劳全面发展的新世纪人才。

上海市第二师范学校附属小学

主报告

构建智慧课堂　成就每一个学生

上海市第二师范学校附属小学

课堂是学校教育教学工作的主阵地。二师附小一直以来始终坚守这一主阵地，一代代附小教师薪火传承，聚焦课改，立足课堂，倾注真情与智慧，培育了一批批优秀的附小学子。近年来，学校继续沿着教育改革发展的趋势，不断思考、探索、挖掘附小课堂改革的新生长点。二师附小是"小班化教育"课题研究的基地校，"小班化教育"的核心理念是以人为本，倡导的是关注每一个学生的个性、全面、和谐、健康发展，了解每一个，尊重每一个，研究每一个，成就每一个。在推进小班化教育研究的过程中，我们越来越清晰地认识到：这与附小的办学理念"让每一个孩子健康、快乐、智慧地成长"不谋而合。因此，学校进一步开展了"在小班化教育的背景下，构建智慧课堂，成就每一个"的实践研究（以下简称"智慧课堂"），期望打造智慧之课，成就智慧之师，培育智慧之生，让智慧之泉流淌校园。

一、构建智慧课堂的背景

育人的需要。智慧是每个个体安身立命、直面生活的一种品质、状态和境界。它在教育的呵护中不断开启、丰富和发展。智慧的教育才能孕育智慧的学生。

时代的呼唤。现代教育期待充满生机和活力的课堂，让师生的生命个性和灵性得到展现。让智慧回归教育，让智慧唤醒课堂，是时代的呼唤，也是新时期教育教学改革的重大使命。

区域的要求。杨浦区是国家创新型城区，也是上海市基础教育创新试验区。杨浦区以"创智课堂"建设项目为引领，促进教师改变教学方式，改进教学过程，改善教学氛围，改善师生关系，引导学生以自主、合作、探究的方式进行学习。附小构建的“智慧课堂”顺应区域的要求，是打造“创智课堂”的生动实践。

小班化个性教育的需求。教育的目的是培养有人性、灵性和个性的人。附小自1994年起就开始了“小班化教育”的课题研究。小班化教育旨在尊重每个学生的个性，挖掘每个学生的潜能，让每个学生在原有的基础上实现最大程度的发展，拥有人生智慧。这与附小的办学理念“让每一个孩子健康、快乐、智慧地成长”相辅相成。

二、智慧课堂的基本理念

任何一种旨在改革教学活动的研究和实践，都直接或间接地指向课堂教学效率的提高，意味着教师的“讲”要让位于学生的“学”，被动的“学”要变为主动地“学”的增值。附小开展的“在小班化教育的背景下，构建智慧课堂，成就每一个”的实践研究也基于这样的目的。

“智慧”是对事物能认识、辨析、判断处理和发明创造的能力（摘自《辞海》1999年版缩印本1961页）。每个人都具有多方面的智慧潜能，而教育的智慧就是发现每个人不同的优势潜能，让每个人获得最合乎他天性的、最充分的发展，从而实现人的生命价值。

附小构建、创造适合学生成长的小班化“智慧课堂”，遵循学生身心发展规律和教育教学规律，以改变教师教学行为为前提，以优化课堂教学形态为重点，以提升学生学习品质为归宿，采用多种有效的方式和手段，激发师生的智慧潜能，从而实现三维目标达成和课堂教学效益最大化，促进每个学生全面与个性的和谐发展。

我们期盼附小打造的小班化智慧课堂犹如一泓涓涓的智慧之泉，点点滴滴地滋润每一位师生的心田，让课堂焕发勃勃的生机，闪闪的智慧之光。

培养智慧之师：乐教、会教、教好

乐教：教师热爱教育，乐于教学。会教：教师具有良好的专业能力。教好：教师能关注每一个，发展每一个，把孩子培养成“习惯好、基础实、能力强”的学生。

培养智慧之生：乐学、会学、学好

乐学：学生乐思、乐问、乐言、乐行。会学：学生会阅读，会思考，会表达，会实践。学好：学生习惯好、基础实、能力强。

三、智慧课堂的基本特征

（一）愉悦——学生乐学

小班化课堂教学应以学生发展为本，积极引导全体学生主动参与教学的全过程。“师生和谐，愉悦学习”是小班化课堂教学的显著特征之一，也是构建小班化智慧课堂的关键。乐学是推动学生主体参与学习的一种最实际，最有效的内部动力。课堂愉悦了，学生自然乐学。

1. 营造良好的师生关系。“亲其师，信其道。”良好的师生关系是学生乐学的基础。心理学研究表明：学生在越受老师关注的条件下越容易取得成功。因此我们尊重、关爱、赏识每一个学生，尊重他们的个性与差异，关爱他们的成败与哀乐，赏识他们的点滴进步和闪光点。由此，师生关系越来越亲密、融洽，学生快乐地汲取着知识。

2. 运用智慧的教学语言。教师“舌耕为业”，教学语言是教师从事教学活动的重要工具。我们精心地设计规范科学，准确精炼，生动激情，启智导学的开课语、提问语、过渡语、讲析语、点拨语、评价语和结束语，润泽学生的心田，扣动学生的心弦，长久地保持着学生乐学的态度和情感。

3. 创设生动的教学情境。“启其蒙而引起趣。”生动的教学情境可以激发和保持学生良好的学习情绪。我们基于课标和学情，按需创设实物演示、图画再现、音乐渲染、表演体会、语言描绘、生活展示等情境，把学生的认知活动、技能活动和情感活动紧密结合在一起，学生们兴致勃勃地参与其中，享受着学习的乐趣。

（二）自主——学生会学

“课堂因互动而精彩，学生因自主而发展。”小班化课堂教学提倡学生“自主探索，深度参与”，这有利于学生的全面发展和个性的充分发展。因此构建自主的课堂是让每一个学生智慧成长的必由之路。

1. 师为主导，以学定教，顺学而导。在奥苏伯尔“有意义学习理论”的影响下，学校践行“师为主导，以学定教，顺学而导”的教学理念，落实于“课前、课中、课后”三个学段。

课前：教师吃深吃透课本知识的重、难点，结合学情制定教学目标，设计教学过程。课中：教师因材施教，根据学生预习情况、已有的知识经验，采取探究、合作、交流等教学方式启发点拨，引导学生主动、有效地参与学习活动。面对有价值的动态生成性资源，教师需及时捕捉，并巧妙地临场设计，适时点拨。课后：教师力求做到作业“三布置”，即布置发展学生思维的作业，布置优化方法的作业，布置拓展视野、提升能力的作业。

2. 生为主体，自主学习，亲历过程。“课堂是学生的，学生即学习的主人。”

我们基于课标和学情，践行陶行知先生提出的“六大解放”，鼓励质疑，平等对话，大胆放手，分层指导，灵活训练，优化评价，给每一个学生提供自主思考、自主探究、自主实践、自主评价等自主学习的平台，尽可能地让每一个学生多想、多做、多说、多听、多看……培养良好的自主学习的意识和能力。

（三）高效——学生学好

“高效”是构建小班化智慧课堂的本质。高效的小班化课堂应该是在有限的时间里，让每一个学生最大限度地动脑、动手、动口，最大限度、最大效益地完成教学任务，使每一个学生都学有所长，学有所获。为此，教师积极发挥个人与集体的力量，在认真分析、研究课标、教材、教法和学情的同时，进一步更新教学理念，用智慧之举打造“精、实、活”的小班化高效课堂。

1. 精——教师精讲“三”原则。教师精讲是实现课堂高效的一个法宝。为了给学生腾出更多的用于自主学习、探究、实践的时间，我们倡导教师“核心问题精讲，思路方法精讲，疑点难点精讲”。凡是学生能想到、做到、说到的，我们坚持做到不讲。

2. 实——学生精练“四”要求。学生精练是落实、强化教学目标，提高课堂教学效益的重要途径。为此，我们提出了学生精练“四”要求：①精——控制总量，精编慎选；②度——由易到难，由简到繁；③实——不同学生，分类选择；④导——因势利导，举一反三。不仅如此，我们还特别重视针对学有余力的学生与学有困难的学生，设计高质、高效的辅优补差练习。由此，学生练得轻松愉悦，课堂效益得以显著提高。

3. 活——课堂学习“五”策略。教育的最终目的是使学生掌握正确的学习方法，具备良好的学习能力和学习习惯。不断实践是习得这一切的最佳方法，因此我们坚持推行课堂学习“五”策略，即一课一预习、一课一问题、一课一展示、一课一交流、一课一练习，且常抓不懈。

例如“一课一预习”：即课前，教师精心设计一份课前预习单。学生根据学习任务，有目的地预习，初步掌握基础知识，同时也产生需要进一步了解、探究的疑难问题。

又如“一课一问题”：这问题来自于学生。教师整理、归并预习单中学生提出的疑问，并及时、灵活调整教学设计，努力使课堂真正为学生的学懂服务。

附小推行的“三”原则、“四”要求、“五”策略正在智慧地构建着“精、实、活”的高效课堂。

四、智慧课堂的管理路径

教学与管理是学校工作中不可或缺的组成部分。智慧管理是构建小班化智慧课堂的关键。智慧管理需要顶层设计，学校将顶层设计与一线实践相融合，不断摸索、实践、反思、总结、提升和再创造，初步形成了符合附小特征的构建小班化智慧课堂的理念与经验。

（一）加强“双五”式管理

“愉悦、自主、高效”是附小着力打造的小班化智慧课堂。为此，我们夯实流程管理“五环节”，敲实质量管理“五监控”。

1. 流程管理紧扣“五环节”。在流程管理中，我们对教学“五环节”常抓不懈，对于每一环节的落实都提出明确的指导意见和实施步骤。

例如备课环节：我们要求教师以“新”的标准备课：“新”在重读、深读课程标准和小班化教学理念，准确把握学科定位、理念、目标、内容等。“新”在依据标准，结合教材内容、学生实际和小班化教学要求，细化内容，制定阶段教学目标及课时教学目标。“新”在设计有助于小班化教学目标实现的教学活动及教学方法，引导学生主动参与教学过程。我们倡导教师以“新”的视角备课：“看着学生兴奋的眼神”、“想着学生喜欢的活动”“说着学生乐听的语言”“思着学生心中的疑问”……又着力、创新地实施了“自主备课”“备课组协同备课”“骨干指导备课”等多种形式相结合的备课管理制，还积极开展了“随文备课”“备生本活动方案”等备课改革活动，努力让每个孩子的身影在备课本中跳动。

又如上课环节：我们认为打造小班化智慧课堂的关键在常态，因此我们向教师提出“公开如平时，平时如公开”的口号，积极施行“推门家常课”“主题研究课”“引领示范课”“区域交流课”“开放汇报课”的观课机制，加强“智慧课堂，关注平时”的研究与交流，使教师们对智慧课堂的内涵认识更清，理解更深，方法更活，课效更实。

再如练习环节：我们尝试课堂练习“个”布置与指导，从学生的实际出发，加大分层设计的力度，努力为每一位学生的适切发展提供个性化服务，提高“教”与“学”双边活动的效益。

2. 质量管理实施“五监控”。在质量管理中，我们践行“五监控”机制，即教师自控、备课组互控、课程教学部调控、校长室监控、社会及家庭协控，每一个监控环节都制定了具体的要求。

例如课程教学部调控：我们强调教学骨干的把脉、诊断、指导作用。课程教学部集中区、校级骨干、教研组长的力量，形成监控团，既要关注即时评价，对优势、亮点加以肯定、宣传，又要针对问题与不足提出相应的改进建议，并跟踪指导，直至杜绝、修正。

又如校长室监控：校级领导坚持每学期每人听课 40 节左右，通过听随堂课、研究课、跟踪课检查课堂教学质量；分头坚持参加各学科的教研活动，把脉、指导、沟通；坚持参与教导处的常规检查，了解学校教学现状，提出改进方向。

再如社会及家庭协控：每年 6 月，附小会向家长发送“智慧教师”评选单，由家长、学生一起为各学科教师的教学质量打分，写下感言与建议，由此评选出家长、学生公认的“智慧教师”。

“双五”式管理让附小形成了一个良性循环的智慧管理系统，确保了小班化智慧课堂的稳步打造与实施。

（二）加强“三重”式培训

智慧教师是小班化智慧课堂的构建者，智慧教师的培养不是一蹴而就，需要长期积累、培养和锻炼。为此，附小为教师铺设了一条重教研、重带教、重分享的智慧培训之路。

1. 重教研，聚智慧。教研即培训。为了打造智慧之课，成就智慧之师，附小的教研活动层出不穷，有“教研组”教研，“智囊团”教研、“参与杯”教研、“星期五”教研、“联盟校”教研……每次的教研活动都定时、定点、定人、定主题召开，具体内容有小班化“智慧课堂”教学目标的拟定、观课分析、辨课评课、成果展示……每一次教研活动都立足课堂教学，关注、研究每一个学生，充分展示每位教师的才干与智慧。例如“智囊团”教研：校长出任“智囊团”团长，学科专家为顾问，各级分管领导为团员，积极执行“赏识、尊重、服务、提升”的团章，走入课堂听课，深入组内互研，了解教学状况，引导教师智慧实践。又如“星期五”教研：每周五下午，专设 1 小时的业务学习时间，每位教师以求真务实，合作共享的学习态度参与研修，构建新型的合作研修模式，诸如“沙龙式”、“课题领衔式”、“漂流瓶式”……我们将教研活动发挥最大化的培训功效，研出火花，议出精彩，迸发、汇聚众人的教学智慧。

2. 重带教，生智慧。教师的个人发展是学校可持续发展的不竭动力。附小的每位教师每三年都会适切地制定一份个人三年发展规划。在此基础上，附小集众人智慧和力量，创新推出了“一师多徒，一徒多师”的带教模式：学校成立智囊团，认真解读每位教师的发展规划，并与他们共同挖掘自身发展的优势，找到最佳发展点，然后再由校、区级骨干教师和区学科带头人组成带教团队，采用跟踪带教、课题驱动、专家引领、合理加压、实践锻炼等方式促进每位教师沿着自身的优势和个性稳步发展、持续发展。同时，积极创设条件，搭设平台，给予每位教师崭露头角，实现专业成长的机会。“一师多徒，一徒多师”团队带教的新模式让附小的教师正迅速地成长起来。

3. 重分享，晒智慧。附小是一所温馨和睦的大家庭，附小的教师乐于分享，在分享中，不断汇聚智慧，汲取智慧，提升智慧。

我们分享大师的智慧：定期邀请专家学者、特级教师走进校园，亲身授课，动情讲学，为教师推开一扇扇智慧之窗，带进一座座智慧殿堂。我们分享同伴的智慧：定期举办“铿锵三人行”教学案例分析会，“教学反思碰撞会”，教师们自由组合，一同策划，互动研讨，解决在教学活动中遇到的突发问题、疑难问题，集众人的智慧，生成最有效的应对策略，改变着我们的教学行为。我们分享书本的智慧、圈内同行的智慧……纷纷走上讲坛，演绎智慧，纷纷落于笔端，书写智慧，将智慧心语连成串，汇成行，如涓涓细流撒进每位教师的心田。

五、智慧课堂的创新项目

立足小班化，构建智慧课堂的最终落脚点在于每一位教师的每一节课。要达到这个目的，学校还需要重点推进一系列与此相关的创新项目，以项目为主线，组织教师，形成团队，从不同维度为构建智慧课堂提供支持。

（一）绘本阅读，保卫“想、创”

童年期是保护、发展人的想象力和创造力的最佳时期。为此，2012 年 6 月我校提出“保卫想象力和创造力从一年级新生抓起”的口号，开展了“幼小衔接期绘本阅读的实践研究”。我们基于课标，智慧地选择教材，让学生趣读、乐学；精心地设计活动，让学生在悦读中发挥想象力和创造力；有效地开展评价，进一步激励和发展学生的想象力和创造力。

通过课堂观察、座谈会、问卷调查等途径，我们发现在小班化课堂中，“零起点”的学生喜欢阅读绘本，他们始终处于兴奋的状态，积极地吸收、记忆、理解、思考，不断地产生表达的欲望，他们认为自己富有想象力和创造力，并逐步掌握了一些阅读方法，自觉自主地运用在语文课和课外阅读中。更让我们欣喜的是不少孩子张开了想象的翅膀，用彩笔创编着、描绘着自己的绘本故事。

一年级的教师纷纷感言：在小班化课堂中，与“零起点”的孩子一起徜徉在绘本所描绘的美好世界里，在悦读中呵护、激发每一个孩子的想象力和创造力，是一件顶顶幸福的事……

（二）编制微课，翻转课堂

微课学习，可以让学生自主控制学习节奏，自主管理学习进度，大大增强自主学习的能力。2013 年 9 月，我校成为华师大 C20 慕课联盟成员校，积极开展微课开发与实践的项目研究。

数学组开展了“小学数学教学中微视频的应用对教学方式改变的实践研究”，制作的微课以生为本，每节微课的时长控制在 5 至 10 分钟左右，目标明确，内容短小，画面清晰，采用儿童化的语言，简明扼要地集中说明一个知识重难点；应用的微课分三步走：①课前，学生先在家根据个性需求，观看微课，自主学习，完成教师编制的任务单。②教师批阅学习单，整理、归并学生的疑惑点、典型错误或共性问题，改善教学方案。③课上，学生充分质疑，采用师生互动、生生互动的方式，共同探究，充分解疑，然后当堂练习，巩固知识，实现“知识传播在课外，知识内化在课内”的教学理念。家长们感言：“孩子看微课，好比是把老师请回了家，他会静下心来自己学习了，不再依赖我们了。”

如今，我们的微课开发与实践已经应用到多个学科，多类课程。它以学生为中心，真正而又充分地培养了每一个学生自主学习的能力，为学生提供了更多的有效互动，深度参与教学活动的时间和机会，小组合作学习的意识和能力也在不断的增强，使小班化课堂教学更高效，更显智慧。

（三）畅游云端，各得其所

美术课，音乐课，科技课……都是学生们喜爱的科目。可是不变的学习环境，有限的学习资源，单一的学习方式，阻碍了学生探索知识的时间与空间，影响了学生获取知识的数量与质量。怎样才能突破这种局限呢？智慧的附小教师开始了“云端探秘”之旅。2012 年 5 月，附小成功申报“中国 IT 教育领域开展的数字化课堂教学实践项目”，成为上海市首批“基于 Aishool 平台下的课堂教学改革的实践与研究”项目，以及“创新实验室”项目的实验校。自项目启动以来，我们就成立了研究团队，和天闻数媒科技有限公司的技术团队一起，不断研究优化教学效能的“云”课例。3 年来，我们研发的“云”课例共计三十多节，分布在各年级、各学科、各类课程中，并在各个领域中展示着研究的成果。

借助云技术，学生获取了海量的学习资源；灵活畅快地搜集、推送、展示自己的学习进展、想法与成果；学生之间互相阅览，互相学习，互相点评，还按照着各自的需求进行着个性化的练习，或巩固，或拓展，或提升……

借助云技术，教师全方位地了解了每个学生的学习状态与进程，轻松快捷地获得各种考量学习成效的数据；及时地调整着教学的步伐与节奏，及时地开展着各种富有个性化的，和针对性的当堂指导……

畅享云端，给小班化课堂教学注入了无限的活力，宽广的教学天地扩大了每个学生的活动空间，更好地为教师组织学生开展富有个性化的教学活动创设了有利的条件。学生在这一片自由的天地里各取所需，各得其所，充分感受着学习带给他们的轻松和愉悦。

六、构建智慧课堂的初步成效

“有了智慧教学，才有智慧课堂；有了智慧教师，才有智慧学生；有了智慧追求，才有职业价值与幸福。”

近两年来，附小每一位教师用心、用情、用智慧实践着，茁壮成长着，一批批骨干教师脱颖而出，常态化、多层次地在外省市、区域间、集团内公开展示一堂堂具有示范、辐射、引领效应的小班化智慧课堂教学，多篇小班化经验成果文章，多节小班化智慧教学课例获得了区域、市级、长三角，乃至全国的佳绩。多项围绕“智慧课堂”的研究课题已成功立项，附小教师们都积极地参与其中。学校荣获各级各类教育教学奖项 80 多项，教师荣获各级各类奖项 170 多项……

智慧的小班化课堂更让附小涌现出一个个具有良好学业水平和发展潜力的，富有个性的学生，他们在校园里健康成长，愉悦发展，在各项展示活动中崭露头角，在各级各类竞赛中屡获佳绩，深受上一级学校和社会的欢迎。

一所学校的改革，核心应落脚在课堂上。“在小班化教育的背景下，构建智慧课堂，成就每一个”是附小不变的追求，是每一位附小教师前行的目标，我们将满怀真情，潜心学习，积极思考，执着实践，迈出一条坚实生辉的智慧之路……

（执笔：蒯峰梅　杨莉俊　钟　婕）

[专家点评]

长期以来在教育价值观方面，我们的学校教育追求的是个体智力的优异性和学问的卓越性。我们总认为学校教育主要就是通过教师的传授，使学生获得牢固的知识,并能够熟练地、灵活地、准确地解题。表现在学生对知识的占有量(复述或再现)和解题的能力上。因而,其学习的认知对象常被仅仅看作是目的——掌握这些事实并能运用的占有性目的,却不能同时将它看作是一个过程——发展儿童科学地对社会生活的事件和现象进行探求的意识、价值、方法和情感的过程。

于是,在传统的教室中,各种活动的进程似乎被课程严格地控制着。显然,教室就像是一个车间,车间内的群体需要保持高度的活动进程与活动方式的统一,以便在规定的时间内,能经济地产生出期望规格的"产品"。相应的,群体的活动便被制度化、程序化和标准化了。

然而,当今社会已进入科学技术发展的日新月异、知识的积累与变迁日益加快、科学探究的产物触目皆是的信息化时代,个体在获得生存与发展中所面临的问题越来越具有社会性、复杂性、整合性和不可预见性。因而作为一个面对未来的现代社会的成员,除了必须具有扎实的科学文化基础外,还必须具有某些健康完备的能获得自我发展、自我实现的社会性人格的基本素质,从而能在这文化统合的信息化社会中不断地改变自己的生存质量。

如此看来,教室不应是车间,因为它是学生发展道德品性的场所。实践告诉我们,那些涉及道德品性的东西,并不仅仅是一种简单的规则、规定或规律性的知识,更不是一种简单行动的程序,不能被视为一种简单的教学科目,不能简单地依靠接受来获得的。

教室不应是车间,因为它是学生形成个性特质的场所。个体,作为一个社会功能的承担者,就是因为他们所具有的这些社会的、生物的差异性,造成在其发挥这些功能时,表现出其独特的个性特征,也正是这些不同个体的个性化的特征,决定着不同的个体各自发挥其独特的社会的功能,决定着不同个体的创造潜能的大小,决定着不同个体面对社会及生活现象所作出的解释,决定着不同个体对社会及生活环境所作出的抉择与反应,决定着不同个体在对问题的探索与解决中所获得的结果。

教室不应是车间,因为它是学生自主性地探索科学文化知识的场所。当今的教育价值观强调的是教育过程就是人的自我内省与自我发展的过程,强调教育就是将学生当作一个能动的具有潜在发展可能的人而施以社会价值规范所需要的各种影响。在教育目标上,它注重的是个体潜能的自我实现;在教育模式上,它注重的是个体的自主的和主动的探究与情感体验;在教育策略上，它注重的是个体价值认识与社会价值要求的统一、个体认知与情感发展的统一、个体自主学习与受导学习的统一。

教室不应是车间，因为它是学生创造多元文化的场所。在教室环境中，那些团队制度、程序结构、组织标准等就是一种班级文化。从这个角度看，首先，班级文化与社会文化一样，也是由所有的成员在共同的活动中创造的；其次，班级文化与社会文化一样，在共同的文化价值下，不同的群体也表现出某种文化的差异性；又次，班级文化与社会文化一样，同一个群体中的不同个体，往往还构成文化的多元性；最后，班级文化与社会文化一样，其存在与发展的基础，不仅仅是那些共同的文化价值，还依赖于每一个个体创造的多元文化，而社会的多样性正是由这些文化的多元性所带来的。

教室不应是车间，因为它是学生获得情感体验的场所。从马斯洛的关于人的价值及其人的价值与本性关系的理论来看，凡健康的人都有自发追求潜能实现的一种内在倾向，并有以此为依据的自我评价能力，而人的潜能和价值与社会环境的关系是内因与外因的关系，潜能是主导因素，环境是限制或促进潜能发展的条件，其作用在于容许人或帮助人实现自己的潜能。这些潜能包括：以问题为中心的态度、自主而不依赖于环境、民主的性格结构、富有创造性、非尊奉主义，如此等等。

教室不应是车间，因为它是学生学会认识现实的场所。现实是一套复杂的关系，是一个变化的结构，是一个动态的组织，是一个需要不断书写的历史。认识现实不仅是为了适应现实，认识现实更是为了能创造现实。因此，教室活动就应该是儿童自己的生活实践活动，教师要用一个整体的、浸入儿童生活的视野，在教室活动中去充分关注儿童的整个生活的、精神的和科学的世界，将教室活动与儿童自己的生活充分地融合起来，从而为儿童提供一种理解个人问题或社会问题的过程，并为他们采取行动的手段进行决策提供某种学习上的帮助。

教室不应是车间，因为它是学生进行合作与分享的场所。教室里的所有活动，是为了实现与他人的合作与分享，不应仅仅是一种由教师来预设、组织并控制的程序性的活动，更应是由一个团队共同生成、设计并实践的开放性活动。

今天，我们从这一份透着二师附小的努力践行着当今对教育价值取向理解的《构建智慧课堂，成就每一个》研究主报告中，欣喜地看到了二师附小人借助小班化教育契机，不仅明晰了课堂的价值与功能，同时，我们还能更欣喜地看到，二师附小人是如何在行动中付出不懈探索的努力的。例如：精——教师精讲“三”原则；实——学生精练“四”要求；活——课堂学习“五”策略；如此等等。这在标签文化盛行的时下实属不易！

更让我感到欣喜的是，二师附小人将这种课堂教学取向的变革与实践的探索，给予在教师专业发展平台之上。他们重教研，聚智慧；重带教，生智慧；重分享，晒智慧……无一不透着这样的基本规律：要构建智慧的课堂，首先必须要有智慧的教师，首先要有教师智慧的教！

二师附小人在构建智慧课堂的道路上，还充分借助了当今的互联网技术，他们的成绩是巨大的：

借助云技术，学生获取了海量的学习资源；灵活畅快地搜集、推送、展示自己的学习进展、想法与成果；学生之间互相阅览，互相学习，互相点评，还按照着各自的需求进行着个性化的练习，或巩固，或拓展，或提升……

借助云技术，教师全方位地了解了每个学生的学习状态与进程，轻松快捷地获得各种考量学习成效的数据；及时地调整着教学的步伐与节奏，及时地开展着各种富有个性化的，和针对性的当堂指导……

畅享云端，给小班化课堂教学注入了无限的活力，宽广的教学天地扩大了每个学生的活动空间，更好地为教师组织学生开展富有个性化的教学活动创设了有利的条件。学生在这一片自由的天地里各取所需，各得其所，充分感受着学习带给他们的轻松和愉悦。

我要为这样的探索而拍案称道！相信附小打造的小班化智慧课堂犹如一泓涓涓的智慧之泉，点点滴滴地滋润每一位师生的心田，让课堂焕发勃勃的生机，闪闪的智慧之光。

（上海师范大学小学教育研究所教授　杨庆余）

案例

魅力绘本　快乐阅读

谢　洁　杨莉俊　钟　婕　王珏梅

【背景】

从2013年9月起，全市小学推行“基于课程标准的教学与评价”（又称“零起点”项目），要求学校要切实减轻学生的学业负担，提高教学有效性，落实“让每个孩子健康快乐地成长”的课改要求。

二师附小作为市教委“零起点”项目实验校、小班化教育试点校，如何扎根小班化教育土壤，校本化地开展“零起点”项目的实践研究呢？我们通过深入学习，认识到而由简练生动的语言和精致优美的绘画搭配而成的绘本故事是低段学生阅读的最佳课外读物，是生动落实《新课标》的有效载体，也是激发孩子学习兴趣，提高语文学习效率的有效助推器。为此，我们把项目研究的实践点定位于绘本阅读，在区教育局、区小学教研室教研员的关心、指导下，开展了“幼小衔接期开展基于课标的绘本阅读”的实践研究，编制校本绘本阅读教材及教学设计，探索阅读指导策略及评价模式，保护、发展学生的想象力和创造力，让学生爱阅读，会阅读，促进学生语言素养的形成与发展。

【情景描述与分析】

乐乐（化名），附小一年级新生，一个虎头虎脑的男孩。

情景一：无精打采的乐乐

时间：2013年8月的一天晚上

地点：乐乐家

“乐乐，告诉你一个好消息，今年你们增加了一节绘本阅读课。”妈妈说。

“这算什么好消息呀？在幼儿园里我就读过，看来看去就几张图画，没意思！”乐乐原本发光的眼神一下子没了光彩，嘟着嘴无精打采地坐在一旁。

分析：六岁儿童的心理发展尚未成熟，容易喜新厌旧，他们只对有新意的读物感兴趣。乐乐正处于这个时期，他很早就开始读绘本故事书，想到上学后还要读那些书，就产生了反感情绪。另外，许多幼儿园从中班起就让孩子们读绘本，以老师讲故事、孩子们看看图片为主，不少孩子不会观察图片，也不知道如何去想象、表达。因此，他们感到读绘本没有趣味，经常是拿到书翻几页就算读过了。

情景二：饶有学味的乐乐

时间：2013 年 10 月的一天上午

地点：教室

“孩子们，双休日时，你们都把《月亮的味道》说给爸爸妈妈听了吗？”

乐乐把小手举得高高的，老师请了他。

“我说了，妈妈表扬我说得好，她亲了我，还给我贴了一个小金豆！”乐乐边说边笑。

“今天，我们要来读一个特别有意思的故事《猜猜我有多爱你》，学新的探宝方法，好吗？”

乐乐随着同学们一起兴奋地拍起了小手。

“小朋友，你们觉得兔妈妈和小兔子，谁爱对方多一点儿呢？”王老师笑着又抛出了一个问题。“兔妈妈！”“兔宝宝！”“大兔子！”孩子们争先恐后地回答。“谁说得对呢？我们得用故事城堡探秘新法宝‘问题钻钻钻’和‘快乐演演演’来解决了。”听了老师的话，乐乐笑得合不拢嘴了，“钻钻钻”、“演演演”挺有意思的呀！

老师教了探宝方法，乐乐全神贯注地开始看插图，不时地露出一丝甜蜜的微笑，情不自禁地做起了动作。

红红拉着同桌，率先上台交流。乐乐急了，忙站起身说：“老师，我不同意！我觉得小兔子爱妈妈多一点……”他勇敢地说出了自己的想法。

分析：回家后，和父母讲故事，亲子共读，其乐融融；课堂上，生动的探秘情境，神奇的探宝方法，诱人的金豆宝宝，活泼的交流方式，魅力十足的老师，都深深地吸引着乐乐。在神秘有趣的猜想中，丰富了故事情节，激励和发展学生的想象力和创造力；在绘声绘色的表演中，懂得了兔妈妈和小兔之间浓浓的爱。对于阅读，乐乐饶有学味。

情景三：兴趣盎然的乐乐

时间：2014 年 1 月的一天晚上

地点：乐乐家

"我有两个好消息！"乐乐兴奋地把《"智慧年轮"评价手册》递给爸爸妈妈，自豪地说，"这学期，我得到的阅读金豆最多，被大家评为'阅读小达人'啦！第二个好消息是我要做作家啦！"

爸爸妈妈既兴奋又糊涂，什么作家呀？哦，经乐乐一解释，他们才明白了，原来学校里开展自创绘本故事书的活动，让孩子们都做一回小作家。

瞧，乐乐忙开了！

裁纸、装订、构思、起名、画图、写字……

整整三个晚上，小家伙沉醉其中，忙得不亦乐乎，奇迹诞生了！

这是一本用铅画纸装订的、由乐乐自编自画的故事书，足有十多页。封面上醒目地写着"乐乐奇遇记"。

小小的文学种子已经在乐乐的心底生根发芽了……

分析：充满童趣的评价，富有创新的作业，当阅读把快乐带给儿童时，就把无可估量的巨大精神财富带给了他们，也进一步激发了孩子们小小身躯中的无限想象力和创造力。绘本阅读课实现的是情感的交流，心灵的沟通，思想的碰撞，知识的传递，方法的传授。一个学期的学习，乐乐是真的爱上了阅读，他兴趣盎然，乐在读中。

【反思】

文中的乐乐是我校众多一年级学生的一个缩影，通过问卷调查、家庭走访，我们了解到他们在入学前，或多或少都阅读了绘本故事，但大多都是泛泛而读。当这些熟悉的绘本故事又出现在他们面前时，当不喜欢绘本书的孩子手捧故事书时，教师该如何基于课程标准展开教学与评价，转变"乐乐式"的孩子，教会孩子阅读，真正让每一个学生乐读、会读、读好呢？我们基于小班化教育的背景，开展了这样的实践：

一、以"情"激趣，让孩子乐读

《新课标》指出：阅读教学应培养 1—2 年级学生良好的阅读兴趣，让他们感受到阅读的乐趣。小班化教育的核心理念之一即为学生创设良好的自主学习情境，激发学生的学习兴趣。

以"情"激趣，教师们践行小班教育实施的情境化教学，即利用小班特有的时空优势，从学生的年龄特点、认知规律出发，精心创设生动活泼的阅读情境，把认知活动和情感活动有效结合起来。城堡探秘、勇夺法宝……一个个情境都富于幻想、挑战、童趣，孩子们最爱的莫过于此。教师还设计各种阅读活动，创设出一个个生动的学习情境，进行有效的阅读指导，一次次点燃了学生学习的兴奋点，他们兴趣盎然地参与其中，张开想象的翅膀，随着绘本一起遨游。

二、以法导读，让孩子会读

《新课标》指出：各学段的阅读教学都应加强阅读方法的指导，培养学生运用多种阅读方法进行自主阅读，从而提高学生独立阅读的能力。小班化教育注重培养学生自主学习的意识、习惯和能力，倡导让学生成为学习的主体。

绘本以图画为主、文字为辅，文字大都简短、浅近，因此，它的阅读方法自然与其他书的阅读不同。教学中，教师立足零起点阶段学生身心、认知等方面的特点，有目的、有计划、有步骤地教给孩子一些基本的、常用的绘本阅读方法。教师根据每一本故事书的个性特点，选择适合的方法有机地融入每堂阅读课的教学中，指导学生掌握各种阅读方法，努力使他们做到口动、耳动、眼动、手动、心动，让阅读方法在课上加以操练和巩固。

三、以评促学，让孩子读好

小班化教育关注开发学生的潜能，张扬孩子的个性，倡导树立正确的、人本的评价观，实施促进学生个性发展、潜能增进的评价方式。这与《新课标》倡导的评价方式紧密呼应。

对应我校的"智慧树"课程，每个学生入校就拥有一本"智慧年轮"评价手册，手册中设有"阅读章"，我们根据零起点阶段的阅读要求精心设计了"阅读章"的评价内容和方法。评价分为课课评和总评，课课评又分为自评、师评和家长评。自评主要从"我爱学"和"我会学"两方面评价，关注学生阅读的兴趣、倾听与表达。师评除了对"认真听"和"自信讲"的情况做出评价，还要给予适当的激励性评语。学期结束，教师在"智慧年轮"评价手册"阅读章"一栏里进行总评，并由全班同学共同推荐、选举，评选出"阅读小达人"。

多元、个性化的评价方式让孩子们学会了照镜子，也发现了别人的长处，寻到了追赶的目标，他们正在成为会读书、读好书的孩子。

在小班化教育的土壤里，与"零起点"阶段的孩子一起徜徉绘本所描绘的美好世界里，在悦读中呵护、激发每一个孩子的想象力和创造力，一同感悟绘本的魅力，共同享受阅读的快乐，真是一件顶顶幸福的事……

充分利用教学资源，提升小学生英语语用能力

——新世纪英语 3B Unit 7 Carnations for my mother 案例

王　姝

《英语课程标准》指出：学生的英语核心素养应当包括两个方面，即认知的和非认知的。认知方面指的是知识，非认知方面则是指价值观、情感态度等。如何让学生在有限的课堂教学时间里，既获得知识又改善学习体验，帮助他们形成良好的素养，是每一个当代教师应该思考的问题。

信息时代，每位教师必定都拥有不少教学资源。卡片、模型、实物是传统的教学资源；音像、动画是现代化教学资源；报刊、书籍提供给教师文本教学资源；广播、电视提供给教师音、视频教学资源。教师应根据教学目标、学习内容、教学条件和学生实际情况，合理利用各种教学资源和现代教育技术，使学生在学习的过程中既学得语言知识、提升语用能力，又产生思维碰撞、获得情感的互动。

一、背景分析

这是小学新世纪教材中三年级下的一篇课文，题目是 *Carnations for my mother*。课文主要是通过对各种植物的认识，学会挑选合适的植物来表达自己含蓄的情感。植物虽然不会说话，但它们有自己的花语。真正了解它们，才能利用它们来正确转达自己的心意。本案例是这个单元的第一课时，希望通过对植物的认识，唤起学生热爱植物、热爱生活的情感，继而产生依靠它们，表达自己丰富情感的愿望。在教学过程中，教师采用不同的方式引导学生认识各种植物：有的是通过英语歌曲，在反复的吟唱过程中掌握植物的特征；有的是通过图片，让学生更为直观的掌握相似植物的不同之处，学会区分植物；有的是通过文本（此处指从各类杂志或科普读物中，找到的关于植物的语篇）的听写和阅读，让学生掌握植物的花语。这些既体现了现代教学资源应与学生的实际情况相协调，使教学过程更为直观、生动、形象，以适应小学儿童的认知

特点，又体现了传统的教学手段使教学过程合理、恰当、简约，为提高小学生英语学习效果服务的特点。

二、课堂实录

片段 1：

T：Look at these pines. How are they?

S：They are green.

T：Yes，they're green.

Look at the sun，it is shining. How is the weather?

S：It's sunny./It's bright.

T：So we can say：They're green when summer days are bright.

Look at this picture. Is this a summer day?

S：No，it's a winter day.

T：What colour is the snow?

S：It's white.

T：So can you say these sentences?

They're green when summer days are bright.

They're green when ________ snow is ________.

S：They're green when summer days are bright. They're green when winter snow is white.

T：You're great. Now let's listen and try to sing the song.

学生原先的回答虽然正确，但是语言单调、乏味。之后，通过教师一组问题的引导，学生渐渐将句子补充完整，表达更为清晰。很明显，之后的句子更具感情，语义更完整，但是这样的句子难免比较长，使得部分学生产生学习的畏难情绪。此时就需要歌曲来为教学添一把力。一方面，学生都喜欢活泼、轻快的歌曲。随着欢快的节奏，紧张的学习状态在很大程度上得到舒缓，学生的学习兴趣更容易被激发，学生更容易集中精神学习。在愉悦的学习环境中，学习效率得到提高。另一方面，研究表明：有音乐伴随的教学能使学习者的记忆有效率提高 2.17—2.50 倍。边学边唱会减轻学生对句子记忆难的心理负担，在无意识记忆中掌握学习内容。

片段 2：

T：Do you love flowers and plants?

S：Yes，we do.

T：So do you want to plant them?

S：Yes.

T：Now let's go to the magic garden and plant your favourite flower.

游戏中有些植物是今日所学，有些则不是。通过这样的结合，不仅可以满足学生“乐学”的需求，还能在一定程度上，刺激学生想学新单词的欲望。在外语学习的过程中，无论听、说、读，都离不开高度集中的注意力。心理学研究表明：儿童的注意力易分散，唯有对感兴趣的事物才会集中注意力。这个游戏不仅要求学生能认读植物的名称，还要能够听懂游戏的指令，按要求种植植物，学生的听读能力得到了训练。从情绪上说，学生的参与是积极主动的，这对于课堂教学起到了推波助澜的作用。

三、分享经验

综合语言运用能力的形成建立在语言技能、语言知识、情感态度、学习策略和文化意识等方面整体发展的基础之上。因而，在一节英语课中，教师可以尽可能多的利用手中的资源，为学生这五个方面的发展提供帮助。

（一）利用教学资源，帮助学生掌握语言技能与知识

语言技能是语言运用能力的重要组成部分，主要包括听、说、读、写等方面的技能以及这些技能的综合运用。学生们在语言学习和交际中相辅相成、相互促进。在本案例中，教师依托英语歌曲，适当加大语言的输入量，这是帮助学生扩大词汇量的一个重要手段。片段 1 中：summer days，bright，winter snow，ever green，branches 这些词组、单词都是三年级学生未曾涉及的内容，教师并不需要学生立即掌握。在经过本课、本单元以及课后的多次吟唱，学生会慢慢掌握这些词汇，而这些词汇的积淀就能成为他们将来习作时，用来丰富语言的基石。

（二）利用教学资源，提升不同学习风格学生的语言能力

每个学生对于最佳的语言学习方法是各有不同的。拥有视觉学习模式的学生喜欢阅读，他们只有在所学的内容包含大量可视文字或画面时才能学好。因而在本案例中，教师通过大量的阅读来丰富学生在植物方面的知识。学生了解了多种植物的特性，多个国家的国花，知道了荷花和莲花的区别等。这些知识的获得，往往是通过静静的阅读、细细的观察而获取；听觉学习模式的学生，需要大量接触声音传递的语言材料，才能将语言学好。教师为这些学生安

排了先听歌曲后朗读，也有边听录音边做练习的教学环节。由此可见，教师在组织课堂教学的过程中，运用了大量的教学资源，配以合理的教学手段，以适应各种不同学习风格的学生。

（三）利用教学资源，激发学生积极的情感态度

情感态度指兴趣、动机、自信、意志等影响学生学习过程和学习效果的相关因素。保持积极的学习态度是英语学习成功的关键。教师应在教学中不断激发并强化学生的学习兴趣。本案例中教师通过歌曲，激发学生对文字和声音的热爱。教学过程中，学生会自动的去模仿歌曲中的文字和韵律，为进行更深入的学习打下基础。当所有植物都学完之后，教师让学生进行配乐诗朗诵，帮助学生建立自信心，并鼓励他们大胆的在课堂上表现自己的才华。让学生从情感和心理两方面去创建和支持一个融洽、积极的课堂氛围。最后教师引领学生在 magic garden 中种植各种植物，以此达到教会学生热爱植物、热爱生活、学会生活的目的。

四、反思

英语学科是一门重视语言学习的实践性和应用性的课程。在课堂中，鼓励学生在教师的指导下，在语境中接触、体验和理解真实的语言，逐步掌握语言知识和技能，不断调整情感态度，形成有效的学习策略，发展自主学习能力。教师在课堂中不仅在养成学生的人文素养，同时也在培养学生的学习习惯和学习方法。本节课中，从对范文的阅读，到根据提示简单介绍一种植物，再到听音乐复述今日所学过的多种植物，教师人性化地遵循了学生学习的规律，最终以一个 Flash 小游戏作为结束，不仅让学生的学习体验得到深化，也将学生的自主学习、情感满足放到了一个重要的位置。教师通过对丰富的教学资源的合理利用，既培养了学生现在学习英语的兴趣，更让他们能持久保持着学习英语的动力。这是对学习持续力的培养。

在整节课的教学过程中，教师强调学习的过程，希望通过这样的课堂培养“乐学、会学、学好”的学生，而学生在这样的课堂中养成了“乐思、乐问、乐言、乐行”的学习品质。

翻转课堂,让学习更高效

蔡娟琴

什么样的数学课堂才是高效的？为什么有的课,孩子们学得兴趣盎然、积极主动、乐此不疲,而有的课却死气沉沉,让孩子们索然无味、避而远之？作为一名老师,我希望小班化教育可以让孩子们在一种轻松愉悦的氛围中学习数学,希望每个孩子都能有展现自己的舞台,希望他们每一个人都能在有限的时间中得到最多的收获。“翻转课堂”这一教学形式满足了我的教学需求。

一、翻转课堂将知识传授前置,让知识内化成为课堂的重点

美国哈佛大学物理教授埃里克·马祖尔揭示了这样一个原理:课堂上同伴之间的互动教学,能大大促进知识的吸收内化过程。他说:“传统教学只注重学习过程的第一步,即信息的传授,并把这一过程放在最重要的环节,也就是课堂上;但往往忽视了第二步——吸收内化,传统教学都把这一过程放在缺少帮助的课后环节中。结果本应用于师生互动、同伴协作和交流的课堂,常常被教师一个人占用来进行知识传授。”我们知道学生都是不同的个体,他们的学习力存在差异。课上,学生学习新知识后,往往是一部分学生学会了,一部分学生认为自己学会了,还有少数学生没有学会。课后做作业时,后两种学生就会碰到问题。这时想找老师辅导,但老师不在身边。因此,学生没有得到必要的帮助而产生挫折感,长此以往就会让学生失去学习动机和成就感,因此评价教师的教学成效,不能光看课堂上的知识传递,更要重视学生知识的内化。

翻转课堂使这种情况得到了很大的改善,它借助现代信息技术,把知识传授放到了课前。课上,教师教学的重点是组织学生进行答疑,这无疑增加了学生自主学习的时间,增加了师生互动的时间,大大地提高了课堂效率,同时也增加了学生练习的时间。要使翻转课堂取得良好的效果,需要做到以下两点:

(一)有效的课前预习

由于翻转课堂将知识地讲授放到了课前,提倡“先学后教”,因此有效的课前预习就显得尤为重要。为了达到这个目的,我们必须让学生带着问题去预习,并给学生提供一些学习资料。微视频就是很好的预习帮手。教师可以将一些不需要学生探究的、思维程度低的教学内容制成微视频,让学生在课前观看,帮助学生更好地完成课前预习。如三年级第二学期《面积的估测》,学生通过看书就能理解估测的方法,而且满格的判断也是很容易的。学生可能出现的问题是:当图形占了接近格子的一半,如何判断它是大于等于半格,还是小于半格。因此,我决定将这个内容制作成微视频。视频的部分内容如下:

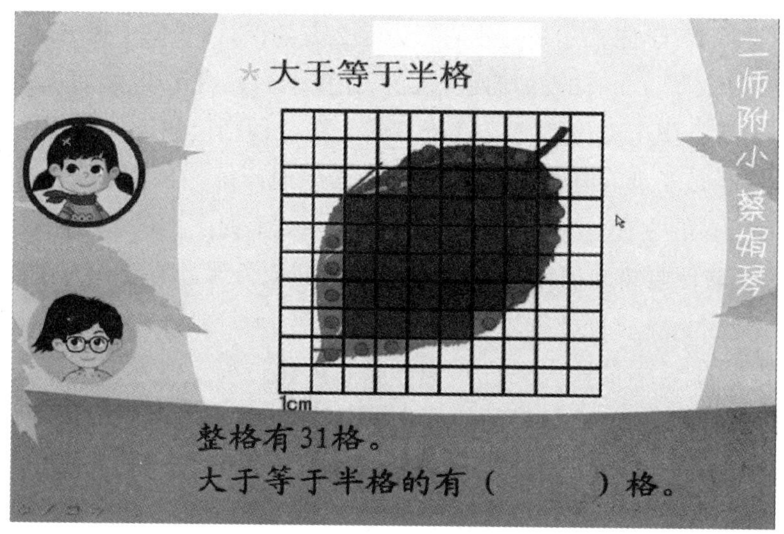

师:那这格到底是大于等于半格还是小于半格呢?想一想。正方形是一种轴对称图形,因此,我们就可以请对称轴来帮忙。正方形有4条对称轴,我们可以根据叶片在图形中的位置选择合适的对称轴来帮助判断。哦,叶片的大小超过了半格。

又如:五年级第二学期《测量不规则物体的体积》,教材中提供的方法是测量水位上升的方法。水的体积是用量杯进行测量,只要读出刻度就能知道体积。在生活中,如果没有量杯,那该如何测量不规则物体的体积呢?因此我希望学生利用已有的知识与经验,进行再思考,因为五年级的学生已经具有一定的自学能力。在本节课前,学生已经认识了长正方体,掌握了长正方体的表面积和体积的计算方法,并建立了容积的概念,因此学生能够理解容器里上升水的体积就是放入水中物体的体积。我让学生用自己所想到方法去测量一个土豆的体积，并将自己的操作过程拍成视频，进行展示。学生想到了以下几种不同的方法：

生 1：取一个玻璃缸，在上面画上刻度。然后放入 1 000 毫升的水，再放入土豆，读出上升后水所在的刻度，两个刻度之间的差就是土豆的体积。

生 2：取一个没有刻度的长方体容器，测量出它的长宽高，算出它的容积。然后将土豆放入，再放满水，将土豆拿出，再测量水的高度，算出水的体积，两者相减，算出土豆的体积。

生 3：取一个大碗和一个脸盆，将碗装满水后放在脸盆里。再把土豆放入碗中，水溢出，将溢出的水倒入有刻度的杯子中，读出刻度，就是土豆的体积。

生 4：将土豆切成近似的长方体，测量出它的长宽高，计算出它的体积。

生 5：错误的测量方法，没有将土豆浸没在水里。

学生通过自己的操作，将微视频中学习的内容进行了巩固与拓展，而学生错误的操作方法又为同学们提供了一次机会，让他们再一次明确了测量不规则物体的关键。

（二）高效的课堂学习

有了课前有效的预习，课堂上就能实现“高效提升”，而小班化的教学形式也为这种教学模式提供了很好的保障。课堂上，我可以将更多的时间用于孩子们质疑问难，学习的方式也可以从个体单独进行转化为同类问题的小组合作探究。学生们通过自学后，有备而来，新授的知识就可以成为尝试练习，发现问题后，进行讨论，最后再由他们自己进行归纳总结，从而将知识内化。如三年级第二学期的《几分之几》就很好的体现了这一转变。

1. 尝试练习

师：昨天在家里，同学们已经观看了《几分之几》的微视频，现在，老师就要考考大家了。

出示：用分数表示下面各图中的涂色部分，并读一读，讲讲它的意义。

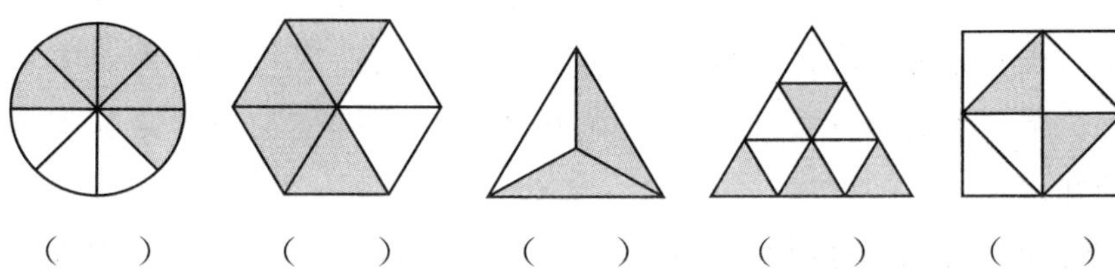

（　　）　（　　）　（　　）　（　　）　（　　）

师：请你独立填写在学习单上。

（学生独立完成，并汇报。）

2. 概括总结

师：这就今天我们要研究的几分之几。谁来说说，几分之几的含义？

（学生总结）

出示：用分数表示，并读一读，讲讲它的意义。

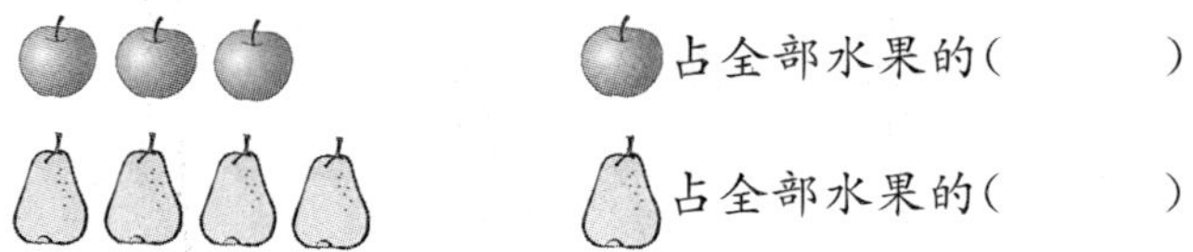

师：你看懂了吗？能解决吗？

（学生独立完成，并汇报。）

3. 巩固提升

师：你能说说什么是$\frac{3}{10}$元吗？

二、翻转课堂让学困生有了学习的“拐杖”

每个学生的学习能力不同，那些学习能力不强的学生往往跟不上课堂的节奏，他们经常会出现听了，但没听懂；学了，但没学全；想了，但想错了的情况。在传统的课堂中，教师会特别关注这些学生，但却无法保证这些学生都能学会。这样日积月累就造成了这些学生所学到的知识没有系统，支离破碎，而翻转课堂的微视频具有随时暂停、重放的功能，学生可以反复听，反复看，直到弄懂为止。这样既让学困生有了学习的积极性，也解放了教师，让教师有更多的时间满足每一个有需求的学生。

这样，这些学生经过自己的努力，也能学好数学，他们也就更自信了，所以翻转课堂能提高学困生的学习效率。

三、翻转课堂能实现学生个性化学习

传统教学的模式往往是一个教师要教几十个不同层次的学生，教师在设计教学过程时总是考虑大多数的学生，这样势必会造成特别优秀的学生在学会了的情况下还要学，也造成了学习有困难的学生即使没有学会也要继续学习新的知识。

翻转课堂实现了分层教学，让学生的学习变得更高效，有利于教师将学习的主动权交给学生，有利于充分调动学生的积极性，给学生创造自主学习的空间和时间。

翻转课堂关注了学生之间的差异。学生在学习新知识时，可以根据自身的实际情况决定自己看视频的次数，每个学生都能根据自己的节奏和速度来学习。

翻转课堂大大提高了学生的自学能力。它将知识的传授放在课前，学生在家中自行学习。学生在家中看视频时，不仅要认真学会新知识，还要积极地思考，只有这样，在第二天的课堂中，他才能进行反馈，并提出自己的问题。经过长期的训练，学生提出问题的能力必定大有长进。

真正的学习是学习者自发的、主动的、投入的，而非别人强加的。翻转课堂让学习真正地发生。

“云动”小班　促思引创

倪友晟

一、背景分析

作为智慧云课堂小班试点校,作为《科学与技术》这一学科首个利用移动设备开展教学的教师。我选择了教材中较为适宜使用移动设备进行教学的内容,开展了一次网络环境下,利用移动设备进行科学与技术学科小班教学的实验。

在以“促进学生思考、引导学生创新思维”为主要思路,以“我们居住的地球是怎样的?”作为核心问题,以新技术在小班教学环境下的合理应用为主要手段,在运用多渠道的资料搜集、整理的过程中,结合学科特点开展相关实验,帮助学生不断提出新问题、分析问题、解决问题。

四年级学生,对学习内容的相关资料收集是有一定经验的,网络搜集资料的技能也较为熟练。课上运用了平板电脑这一新工具,希望通过交互、搜索、交流的云技术应用,利用小班环境,帮助学生初步了解地球相关知识的过程中,有效提高他们搜索、阅读、理解、实验、分析以及归纳的能力。

二、案例实录

本课除了课前准备,我设计了三个活动,其中两个是利用移动设备开展搜索、阅读,并事先预存和设计相应的交互内容。最后一个活动则直接通过实验来进行假设和验证,开展一系列探究活动。

课前活动。对于我们居住的地球,学生的认知范围还是很广的,课前我给出几个问题:“你知道我们的地球在宇宙中的位置吗?”答:“在地球边上,离月亮最近……”我问:“你知道我们的地球有多大? 多重?”答:“是月亮的多少倍……”类似的问题学生的回答宽泛而又散乱。于是我想:是否能把这些问题让学生回家收集和整理相关资料得出相应的结论呢? 这样既能培养他们的自主探究能力,又能节约课堂上的宝贵时间。于是我把这几个问题在课前就抛给了学生们。学生预先在家中,通过网络收集有关地球的相关知识,并通过网络传送至 Aischool 平台上的学习园地内，我在课前对他们收集的信息进行整理和汇总。

课内活动。活动一：我在课前编制了本课时的电子课本，由学生利用移动设备进行自学，了解地球的相关知识。在给定的时间内自学完成，我让学生观察地球仪模型。然后布置任务：通过课前预习、电子课本自学及模型观察，请在组内交流有关地球直径、质量、赤道长等知识。在电子课本内教师有针对性收集的：地球内部构造、地月距离等知识，让学生在组内充分开展共享学习，充分利用小班教学模式的优越性，全方位、多角度进行讨论和自主学习。在自学、观察、讨论、共享信息后。我利用电子课本内置的出题功能，设计了 10 题选择题开展地球知识竞赛活动，对学生的自学内容加以测评。测评中，平台内置的统计、自动评分功能发挥了很好的作用。我利用平台与学生交流互动，学生即时的反馈使整个活动的效率一下提高了很多。

活动二：通过上一环节的热身我再次利用移动设备，通过小组共同学习的方式，探究古人对地球的认识所经历的历程，以及人类使用什么方法证明地球是圆形的这一问题。在这一活动中，我提供了一些微视频和小 FLSH 动画如：哥伦布的发现之旅、中国古人天方地圆学说、哥白尼的发现等。这些资料引发学生进一步的争论并得出了各自的推断。然后我通过大组交流，利用投票功能来呈现每个同学对某观点的认同度，并结合生活中所发现的一些现象进一步推断地球是圆形的。

活动三：开展解暗箱实验活动，每组我都提供了 3 个形状、大小、颜色相同的纸盒，每个纸盒都编有号码，每个纸盒内都装有不同的物品，然后让学生分别用听、摇等方法来猜测盒内的物品是什么。引导学生探究地球内部构造也是科学家利用不同的方法进行推测的，活动中利用投票功能，投影反馈学生针对某一暗盒的判断，利用交互技术激发学习兴趣，进而激发学生摆脱固定思维不断创新想法的兴趣。

三、案例分析

这一案例，是较为适宜平板电脑进行移动教学的内容，特别是在小班教学环境下更为适宜。课堂上教师采用最主要的功能有：在学习空间预存学生课前的预习作业，教师利用交互平台预先批阅、规整学生作业并进行展示，学生自学教师备课内容，利用平台的习题编辑功能预设知识竞赛试题，推送练习，即时批改反馈，自动统计结果，展示投票结果以及展示正确率，学生使用上网搜索功能、完成推送 Flash，教师利用画笔、投影学生机等功能，展示了在常规教学环境中无法直观认知的内容，使用了具有显著作用的网络搜集资料、交互互动的功能。

（一）云端预习，交流互享

教师课前发布预习作业，学生利用家中的电脑把通过各种渠道收集到的有关地球知识的资料整理后递交到云端平台的学习空间中。教师在课上展示学生作业，投影并集体浏览完成的优秀作业。以往一些纯知识认知类学习内容搜集的资料，都是用书本以及文本资料的形式呈现，而且学生的交流局限于一人说，其他人聆听，交流展示的效果比较低，交流的面也比较窄，而这个环节运用交互技术，并且在小班环境下开展活动则非常直观，有利于全体学生一目了然地了解其他同学的作业情况，丰富了学生对地球相关知识的认识，而且孩子在上传作业的过程中，有意地进行了对资料的阅读以及合理筛选，提升了对于信息处理的能力。

（二）即时反馈，启思激趣

课上，推送教师课前针对某一知识点预设的相关习题，来开展对学习内容习得成果进行检测的知识竞赛，然后利用自动阅卷及统计答案功能进行知识内容的讨论与复习。这一形式有利于学生认识某些较为重要的知识要点，更明显地展现了学生认识问题的差异，非常有利于学生产生进一步探知问题本源的欲望和兴趣。

（三）海量资源、促思引探

学生开展多渠道搜索，有的利用教师在 Aischool 平台上提供的相关电子书，也有的利用百度搜索地球知识的文字资料，有的调整方法、搜索图片资料，有的利用浏览器浏览与地球知识相关的网站等，学生灵活地利用多种途径提升获取信息的能力，不但促进了他们的思维深度与广度，也进一步激发了他们拓展途径开展探究的兴趣，而且在小班化环境下师生、生生间的交互更为频繁更为高效。学生能灵活操作平台上的链接和资源，高速有效地解决问题。

四、教后反思

任何技术的应用都只能是作为教学和学习的一种途径、一种方法、一种手段，技术是为之服务的。我们在开展这一模式的教学活动时无须刻意为了使用技术而去使用，只有在某个内容、某个环节能利用这一技术手段提升教师的教学效率、提高学生的学习效果，那才是我们希望看到的真正的技术为我所用。

二联小学

主报告

让课程赋予孩子更多的自主性和选择性

——二联小学小班个性化教育背景下的课程架构

二联小学

构建和谐教育环境是二联小学中长期的办学目标。和谐理念的内涵从早年处理人际关系的和谐管理，发展到面向学校整体建设的和谐教育环境建设，不断升华为比较完整的办学思路——学校的一切行为必须聚焦于教育，以促进教师和学生的和谐发展为中心，以学生、教师、学校的和谐发展为最终目的，致力于促进人与社会、自然的和谐发展，使每个学生都能成为德、智、体、美、劳全面发展的合格公民，使每位教师都能成为师德高尚、师能过硬的教育工作者。这与全人教育的理念是相一致的。全人教育关注每个人智力、情感、社会性、物质性、艺术性、创造性与潜力的全面挖掘、主张学生精神世界与物质世界的平衡，注重生命的和谐与愉悦，这与我们实践小班个性化教育理念也是相一致的。全面发展是个性发展的基础，个性发展是全面发展的核心。

为每一位学生全面发展提供更公平、适切、充分、优质的教育是小班个性化教育的根本目标和指导思想，如何架构起能够不断促进小班个性化教育的学校课程，是我们近年来不断实践和研究的主要内容。下面向大家作简要汇报。

一、促进小班个性化教育的学校课程整体架构

（一）我们的课程理念

学生的全面发展是学校课程领导力的核心理念。构建和谐教育环境是学校发展的长远目标，课程建设要让学生在接受教育的过程中，体验到知识在和谐中增长，人格在和谐中陶冶，梦想在和谐中放飞。通过我们的课程，培养学生成为一个有自信心的人、有责任感的人、会学习的人和能合作的人，为将来

学生的终生可持续发展打下坚实的基础，使二联小学成为人文艺术的花园、智慧学习的学园、共享经验的乐园。

（二）我们的课程领导力目标

1. 准确理解课程方案，提升学校课程规划的能力。根据本校的办学实际和培养目标，加强课程整体规划，正确处理基础型课程、拓展型课程与探究型课程的关系，优化课程结构，强化特色课程。

2. 严格执行课程政策，以“基于课程标准的教学与评价”的研究为契机，分解、细化并有效落实知识与技能、过程与方法、情感态度与价值观等课程目标。加强教学管理，合理运用现代教育技术，灵活采用多样的教学方法和手段，提高教学的有效性，全面提高教育教学质量。

3. 统筹利用课程资源，提升创造性落实课程方案的能力。根据课程方案的要求，广泛利用学校、家长、社区以及课外教育基地相关资源，根据学生的发展需求构建校本课程，创造性地落实课程方案。

4. 有效进行课程评价，提升课程更新与评估的能力。制定综合性的课程评价方案，科学、及时、有效地评价教师教学质量、学生学习状况、校本课程建设等。充分利用评价结果，及时调整和改进学校课程计划、课程实施、课外活动安排等，促进学生全面发展。

（三）我们的课程执行力目标

1. 熟悉课程理念，了解课程目标和课程结构，正确处理基础型课程、拓展型课程与探究型课程的关系，优化课程结构。

2. 通过课程的开发实施，教师形成较强的课程意识与课程开发能力。

3. 在优化课堂教学的过程中，提高课堂教学艺术水平、对课程与教材的“二次开发”能力、教学反思与提炼能力，形成新型的教学关系、师生关系，获得新的专业成长。

（四）我们的学生课程发展目标

为学生的和谐发展打下扎实基础，积淀深厚底蕴，使之不断优化自身的学习方式，成为有自信心、有责任感、会学习、能合作的人。

（五）我们的课程总体框架（见下图）

二、促进小班个性化教育的学校特色课程

全面发展是个性发展的基础，个性发展是全面发展的核心。闲暇课程是二联小学为小班个性化教育量身打造的课程。闲暇是生命转换的方式，也是

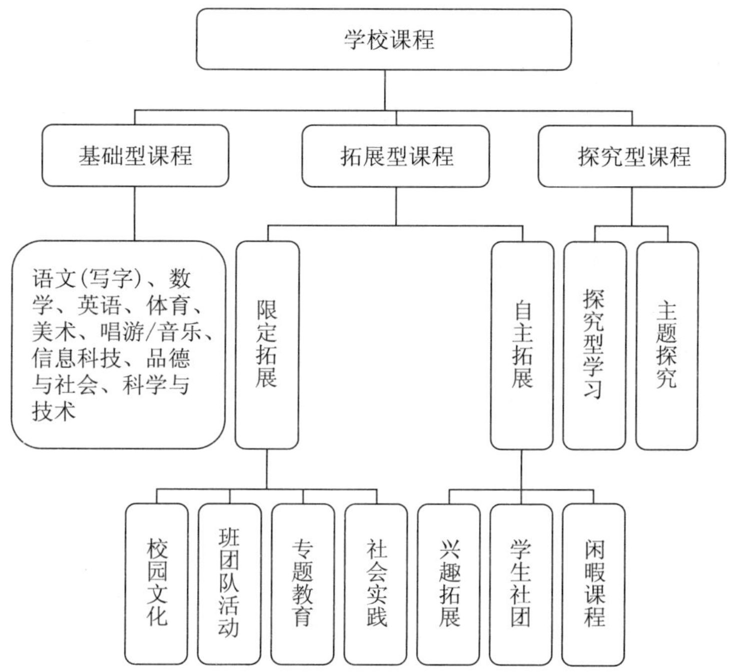

生活多彩的必然。在中小学教育中,闲暇的分配、享用,也是一门学问。如果不会闲暇,就不能更好地感受生活的乐趣。

我们闲暇课题的研究,其实就是带着孩子学会玩的过程,它让孩子们的闲暇时光玩得有益、玩得健康。我们的课程目标制定为:

1. 通过闲暇校本课程的学习,掌握一定的闲暇本领,学会利用闲暇时间;
2. 在闲暇本领的学习过程中,树立正确的闲暇观;
3. 探索小学生闲暇课程构建的策略;
4. 为小学生闲暇课程的建设提供实践范例。

这些目标通过两大板块的内容来达成:"闲暇观的树立"和"闲暇技能的培养"。这些内容将通过德育拓展课、闲暇拓展课、兴趣课、社团活动、社会实践等途径来实施。

三、促进小班个性化教育的课程实施

(一)基于课程标准的教学与评价

1. 通过校本培训解决教师的理念和技能问题。基于课程标准的教学主要特征体现在:目标源于课程标准、评价设计先于教学设计、教学全程指向学生学习结果的质量、体现课程标准—教学—评价的目标一致性。尽管有了国家课程标准，倡导教师应该基于课程标准开展教学，但事实上绝大部分教师还是习惯基于自己的教学经验以及教科书的课程实施。因为老师没有这方面的知识与技能，所以校本化的教师培训能够帮助老师解决课程标准与课堂教学目标的关系、如何将课程标准转化成课堂教学目标、课程标准分解的基本路径和注意事项等理论知识、方法策略和操作技能，让培训贴近老师的需求

例如：基于课程标准的教学，追求目标—教学—评价的一致性，其教学设计围绕五个方面展开：确立清晰的学科目标体系，设计基于目标的评价任务，规划基于目标的教学过程，实施规划好的教学过程，布置基于目标检测的有效作业。其中最关键的就是如何将课程标准分解转化成具体的教学目标。这需要一套专业的程序，第一步就是明确内容标准，即“如何分解课程标准中的相关内容使之更加具体、清晰”。分解步骤如下：第一步，将陈述结构复杂的内容标准叙写成结构简单的课时目标；第二步，扩展和剖析核心概念；第三步，确定行为条件；第四步，确定行为表现程度；第五步，综合上述思考，按照“行为条件＋表现程度＋行为表现”的顺序整理成课时目标。

2. 探索评价方式使公平、适切、充分、优质的教育具体化。课时目标与评价任务、评价量规要有效对接，保持一致；单元评价不局限于学生获取的知识，更在于评价学生在学习过程中能力的体现，帮助学生在实施项目的过程中，有一个明确的、可实施、可操作、可对比的细则；阶段评价，合格学生的标准可以不同。例如：评价标准，是拿同一个标准衡量所有学生，还是“合格学生的标准可以不同”？我们认为，基础教育不是精英教育，是要让所有人得到发展的教育。一年级学生的数学学习起点各不相同，教师有责任帮助学生在各自的程度上提高，养成良好的习惯，树立学习的自信心，注重评价结果对学生的促进作用。因此，我们运用“阶梯合格法”的评价标准，对学生进行阶段评价。在评价的过程中，特别关注“须努力”的孩子，教师放宽时间，学生多次尝试，甚至有的学生只测试，不评价，给他一段时间，在这段时间内教师对学生边指导、边鼓励，同时对自己的教学边反思、边改进，待时机成熟后，学生认为可以测评时再测评。“阶梯合格法”从表面上看降低了传统的合格标准，但真实地提升了学困生的信心指数。为每一个孩子提供适切的教育。基于课程标准的教学与评价给了教师一种方向感，它既确立了一定的质量底线，又预留了灵活实施的空间。让教师像专家一样整体地思考课程标准、教材、教学与评价的一致性，并在自己的专业权力范围内作出正确的课程决定。把教师从教书匠引领成真正

的教育教学的研究者。

（二）信息技术支持个性化教育

我们深刻地感受到，信息技术正以一种势不可挡之势，影响着我们生活的方方面面，也前所未有地影响着今天的课堂。

1. 信息技术更新教学形式，促进个性化教育。交互式平台让孩子学得更主动。交互式电视机将传统的黑板、投影仪、电脑整合在一起，形成统一的教学平台。交互式白板技术本身的互动性和操作性，促进了课堂教学方式的变革。学校通过组织教学展示和比赛，使交互式电视机在各个学科中被广泛使用，成了展现课堂智慧的平台，加大了师生交互、生生交互的密度，让学生在课堂中学得更主动，使 35 分钟的课堂得到最大限度的拓展。微课以时间简短，知识点明确，为学生提供一种“自助餐”式的学习体验，受到学生的欢迎。微课的制作，能更好地满足学生对不同学科知识点的个性化需求，按需选择学习，一定程度上翻转了传统的课堂教学模式。创智云课堂是教师借助“一对一数字化学习”环境，通过网络交互能力和计算机数据处理能力让孩子向网络资源学习知识，孩子们可以根据自己的学习情况选择相应的练习，在教室里寻找自己的学习伙伴进行自主学习，老师只是一个鼓励者、点拨者。特别是闯关游戏，使个性化的学习得到了充分的体现，学生们能及时看到自己做题的对错和参考答案。有些小游戏还能在学生做错时及时提醒“请再想一想”，让学生有一个检查思考的过程，帮助学生体验成功。在一对一的学习氛围中，学生们信心倍增，个个获得成功的喜悦。网络上丰富的教育教学资源，促进了学生主动化的个性学习模式，它既保留课堂教学的形式，又充分地注意到学生个性化学习的特点。

2. 开发 APP 评价终端，优化个体学习档案建设。我校于 2011 年就开始从事学生综合素质电子档案建设的研究，并将之作为学校“创新拓展日”活动研究的中心和突破口。目前，我们已经形成了简单的以数字化学习档案袋为主要记载形式的“创新拓展日”活动评价系统，以此记录学生学习过程中所产生的数据。近年来，我们又在专业技术的支撑下，着手开发 APP 评价终端，一来使学生综合素质数字化学习档案建设能在使用普遍性及使用数量上占据一定的优势，二来由于降低了学生、教师、家长的使用门槛，使三方都能利用 APP 软件及时发布相关信息，就能在尊重学生个体差异的同时，进一步保障了评价主体的多元化，形成新型的师生关系、家校关系。对于学生来说，这样的评价方式能使他们在学习经历的积累中体会成长的快乐；对教师来说，能通过详细数据的累计、分析、应用、总结，改进课堂教学、提升专业发展，进行课程建设—课程管理—课程评价的一体化研究；对家长来说，能及时了解学生在校学习情况，更好地与学校产生互动。

3. 数字化体验室赋予小班个性化教育更广阔的空间。继我校"小学闲暇课程实践与研究"课题获杨浦区第十届教育科研成果一等奖之后，我校继续从课程执行力、新媒体支持下的"小学闲暇课程"数字化实践研究两个切入点深入开掘，通过项目核心团队打造，共同探讨研究，推动了闲暇课程在区域内的传递与辐射效度。其中，《小学拓展型课程执行力实践与研究》荣获杨浦区区第十一届教育科研成果一等奖。《小学闲暇课程实践与研究》成果被选送参与上海市教育科研成果评比，闲暇课程中的"艺术与闲暇之数字摄影"成为区教师培训项目。在深化研究成果的基础上，我校着手开展"新媒体支持下的'小学闲暇课程'数字化实践研究"。第一步便是"基于数字化的闲暇课程平台建设"——生活与闲暇之数字体验室建设，让学生通过媒体技术学习西点制作和中餐烹饪，并能记录学生学习制作食物的全过程和上传成果，让学生体验到学习过程的快乐，同时也使我们的数字体验室在与学生的互动中越来越智能化，教师可以向学生学习。数字化学习可以产生全新的学习模式，赋予了教和学的新品质。我们闲暇课程的不断深化，就是为了创造更多的机会让学生经历丰富的人生体验课程。如果一个人从小就能学会至少一到两样艺术或体育方面的技能，并随着年龄的增长不断深化变成爱好，他的人生一定会比没有这些爱好的人快乐和幸福。

信息技术在教学中的广泛应用，大大提升了师生的信息素养，促进了国家课程、拓展课程的校本化实施，也有力地推进了小班个性化教育的实施。

学校教育皆课程，只要我们共同努力，就一定能让课程赋予孩子更多的主动性和选择性。

[专家点评]

"让课程赋予孩子更多的自主性和选择性"，把关注小学生的社会性、艺术性、创造性为出发点，注重学生生命的和谐与愉悦，这样的课程理念恰恰与小班化教育实践中的个性教育相吻合，为每个学生全面和谐地发展提供公平、适切的教育环境，这也是小班化教育的根本目标和宗旨。

学校通过校本课程建设，以培养学生成为有自信、有责任，会学习、能合作的人为目的，这样的理念为小学生的终身、可持续发展奠定了较好的基础。

学校从理解课程方案出发，关注课程的整体规划，关注“基础型课程、拓展型课程与探究型课程”之间相互联系、互为独立的关系，优化了学校课程的结构，强化了学校特色课程的发展。与此同时，学校还抓住“基于课程标准的教学与评价研究”的契机，分解、细化并落实各学科的知识与技能、过程与方法、情感态度与价值观等课程目标，采用灵活多样的教学方法和手段，以提高课堂教学的有效性。

在关注课程建设的同时，学校切合学生实际，提出让小学生“闲暇不闲”的口号，使“闲暇课程”建设成为学校小班化教育中量身定制的课程。这样的课程旨在帮助学生掌握一定的闲暇本领，学会利用闲暇时间，为丰富小学生闲暇生活和总结当代小学生闲暇时间的有效利用提供实践范例和经验。

在小班化教育研究过程中，学校还关注“目标——教学——评价”的一致性，在教学设计中围绕：“确立清晰的学科目标体系；设计基于目标的评价任务；规划基于目标的教学过程；实施规划好的教学过程和布置基于目标检测的有效作业”五方面展开，同时，充分利用信息技术支持个性化教育，让学生在交互式平台的学习中学得主动、学得灵活，并利用微课的形式为学生提供自助学习体验。

最引发我们关注的是“学校数字化体验室”的创建，它赋予小班个性化教育更为广阔的空间。APP评价终端很好地优化了学生个体学习的档案建设，形成了简单的以数字化学习档案袋为主要载体的“创新拓展日”活动评价系统，当然学校基于新媒体支持下的“‘小学闲暇课程’数字化实践研究”与“基于数字化的闲暇课程平台建设”的生活与闲暇之数字体验室的创建，也为学生小班化教育环境下的个性化学习提供了可能，也真正体现了以学生发展为本的教育的宗旨。

综观学校几年来围绕小班化教育中的学生个性发展教育开展的研究与实践，充分且有效地体现了学校将“办学目标与校本课程建设”紧紧地融合在一起，从而较好地促进了学校、教师和学生的整体发展。应当说，这样的小班化教育实践“事半功倍”，值得大家关注、学习和借鉴。

（杨浦区教育科研室教研员　贺红霞）

案例

构建闲暇美术课程　建构自主有效课堂

陆伟莉

一、背景分析

随着教育改革步伐加大，我们看到“以人为本”的教育理念逐渐深入人心，无论从课程标准的制定，还是教育行动纲领，都能从学生健康成长的角度出发。作为教师的我，在这个改革的浪潮中如何应对？

适逢我校推进“构建小学闲暇课程”，“发展个性，提升闲暇生活质量的需要”成为我参与编写闲暇校本课程的目标，并不断的将此观点引入课堂教学，以此推动我不断深入研读“课标”，研究教法和学法，逐渐构建出以“小班化”为特色的二联小学美术校本课程。为了能将课堂教学内容与闲暇课程进一步有机整合，寓教于乐，凸显小班化教学优势，让学生通过学校基础型课程的普及性学习、校本课程的拓展性学习，发展学生美术语言的表达能力，学会合理安排闲暇时间，发现生活中的美、更好的创造美，特制定课程目标如下：

1. 拓展美术课堂教学内容和空间，养成视觉审美习惯。

2. 以课堂活动为引领，开阔视野，提升艺术修养，自主探究生活中视觉美的元素，激发热爱生活的情感。

由此，我编绘了《复活节岛的巨石人像》《神秘的狮身人面像》等系列课程教材，其中《迷幻的阿拉伯纹饰》在五年级闲暇课中实施，它融合了二年级《器皿上的花边》和四年级《水墨陶罐》教学内容中的重难点和审美元素，受到学生的喜爱。

二、案例过程

（一）欣赏图片《伊朗—伊斯法罕清真寺》

1. 教师提问：图片中的寺庙有什么特点？

2. 学生回答:处处都有花纹装饰

3. 教师介绍纹饰,出示课题。

(二) 观看视频:《阿拉伯纹饰》

教师提问:阿拉伯纹饰有怎样的特色?

(学生交流与讨论)

教师小结:精准的纹饰布局需要精确的数学知识,有节奏的粗细变化犹如音符在高低跳跃,发散型的构图蕴含着伊斯兰教义。

(三) 出示以前的作业:《器皿上的花边》和《墨线陶罐》

教师提问:《器皿上的花边》和《墨线陶罐》都是美术课上学过的中国传统纹饰,它们与阿拉伯纹饰有什么相同和不同之处?

学生寻找,归纳总结:花型都是重复的,中国陶罐上的纹饰是两个方向重复,阿拉伯纹饰是多方向重复。

(四) 游戏活动:角色扮演

1. "我是小驴友"——探秘丝绸之路

2. "我是设计小达人"——纸盘上的阿拉伯纹饰

三、教学反思

(一) 小班化的闲暇课程更关注欣赏与发现。

法国雕塑家罗丹说过:"对于我们的眼睛,不是缺少美,而是缺少发现。"学生对世界的认识大部分依靠眼睛的观察,引导学生观察生活,发现生活中的美,为更好的创造"美的生活"打下基础。因此,在这节课上,我首要任务就要引导学生有目的的观察生活中的美。纹饰图案是美的,但司空见惯,学生需要静下心来观察才能发现与品味出其韵味:我从"向导"的角度带学生走进中东,来到阿拉伯文化最显著的伊朗国,在欣赏建筑造型的过程中感受建筑内饰图案的美与震撼,由整体到局部观察图案的美妙。再通过视频介绍,了解阿拉伯纹饰的起源、特点以及在生活中的作用,让学生更深入的进行学习与拓展。第二次观察是多幅图片的比较:《器皿上的花边》是中国式的青花瓷纹饰,《墨线陶罐》则表现出的浑厚质朴美感使学生难以忘怀,将它们与阿拉伯纹饰表现的器皿放在一起,学生能直观感受到纹饰造型、排列规律和繁密变化完全不同的视觉效果,从中找到各自文化背景下的独特艺术语言。

(二) 小班化的闲暇课程更注重生活与实践。

我校的美术课程是基于国家课程标准,使用的是上海市教委统一的书画版教材。为了不让一位学生掉队，我们在美术课堂教学中探索绘画与生活相结合，激发学习兴趣，丰富学习形式。不仅如此，我还将这种优势延伸到闲暇课程的建设中，进一步帮助学生学会生活，热爱艺术。在执教“迷幻的阿拉伯纹饰”这节课之前，我收集大量的视频与图片整合成媒体，使学生身临其境的感受到生活中各种纹饰之美，了解了纹饰的类别以及各自的特点，最后再扮演“小驴友”“小达人”，让不同个性的孩子有展示的机会。由于我们采用的是小班化教学模式，小组成员分工，扮演“小驴友”的孩子完成丝绸之路地图的绘制，扮演“小达人”的孩子需要在纸盘上设计具有阿拉伯纹饰特点的图案，他们相互交流、相互学习，在实践活动中发挥个性，并且获得成长。

（三）从美术课程中拓展的闲暇课程更强调情感延伸

生活是艺术创造的源泉，艺术更是情感的宣泄。以美术活动为主要内容的闲暇课程不仅仅重视生活技能、生活品位，更需要引导学生热爱生活，建立追求美的意识和情感。

为此，在教学中，我让学生联系生活来探究美术知识，激发寻找、发现、创造的情感，把复杂问题简单化，使每个孩子都能感受到生活的美好。当他们看到我所出示的各种有纹饰的生活器皿时，这才发现中国纹饰与阿拉伯纹饰的区别。孩子们还通过视频讲解发现，阿拉伯纹饰还与数学、天文知识相关联，求证了我一再强调的“学科想通”的道理。另外，他们还通过“设计小达人”的角色扮演，体验到无论哪一种纹饰，都需要花费极大的耐心和毅力才能表现出色。

美术类的闲暇课程需要丰富的活动作为内容、快乐的情境为条件，激发学生积极参与，从而建构出自主有效的师生双边活动过程。我希望我所设计的教学活动，能让孩子们拥有一双聪慧的双眼、灵巧的双手，以及善思的大脑，使之成为孩子成长的乐园。

开发闲暇校本教材　深化小班教育特色

刘国红　钱　茵　牛　梅

一、案例背景

作为小班化教育最早的试点学校，关注学生全面和谐的发展，进一步深化小班化教育，形成小班化教育特色，是我校办学的宗旨之一，但是在小班化环境建设日趋完善的今天，我们却发现学生的闲暇能力存在严重的问题，以至于小班化教育的优质资源不能得到充分的发挥和利用，存在着以下现象。

（一）缺少闲暇技能，不会玩

我校曾对中高年级学生的闲暇生活进行过问卷调查。我们发现：在被调查的学生中，在选择闲暇活动时往往会表现出草率、仓促、迷惘的偏差。调查数据也显示了我校小学生不会休闲，在闲暇内容的选择上缺少主动性，在闲暇方式上也缺少适度性。学生尽管对集体活动有些厌倦，但在节假日时，往往依赖于学校组织。一些学校安排的活动也大多是在节前，而节中基本上由家长做主，学校指导性建议十分匮乏。这样大一统的闲暇方式，共性太强，以至于许多学生不懂得如何自主地安排。种种原因之下，孩子不会玩成为必然。

（二）缺少科学闲暇观，不想玩

目前大多数学生的闲暇生活支配权属于学生的父母，学生很无奈，成人以个人偏好为重，让孩子“跟着走”，因此，在一定程度上剥夺了学生的自主性，弱化了他们的自主闲暇能力，致使学生们的闲暇生活消极接受多，创造发挥少。由此可见，家长的科学闲暇观有待树立，孩子的闲暇时间安排令人担忧。无独有偶，在文献研究过程中，我们曾看到一项世界性的调查报告显示，中小学生的闲暇时间大都在网吧和购物中心度过。这表明，相当多的学生还没有形成正确的闲暇价值观，没有认识到闲暇活动的重要价值，未能有效地利用闲暇时间进行自我发展。

（三）缺少闲暇教育，不教玩

自从 1995 年我国实行每周 40 小时的工作制度后，我们这样一个拥有 2 亿多学生的国家，在闲暇时间的占有量上一下子进入世界先进行列。闲暇时间的增多是否意味着学生闲暇质量的提高呢？恰恰相反，随着闲暇时间的日益增多，如何更有价值地利用闲暇时间，成为人们关注的重要问题之一。学校没有重视闲暇教育对学生发展的潜在影响，更不会有计划地开展闲暇教育，使学生充分认识到闲暇时间与自身发展的必然联系，从而更有效地利用闲暇时间。我国的闲暇教育之所以在理论上有些薄弱，和它实证性环节的贫乏是分不开的。那么到底该如何具体开展闲暇教育活动或渗透闲暇教育思想呢？已有的研究没有给我们提供丰富的资料。现实告诉我们学校缺少闲暇教育，没有想到该如何去教孩子们玩。这一切，无疑成为小班化教育深化的障碍。

二、案例分析及对策

我们的闲暇教育面对的是感性认知起主导作用的小学生，如何能从学生发展的需要出发，帮助学生在闲暇中发展，在闲暇中成长呢？课题组依据课程方案的设计把小学闲暇课程的内容定位于：科学闲暇观的树立和闲暇技能的培养。树立科学的闲暇观的课程旨在教会学生有价值、明智地利用闲暇时间充实本人生活、发展个人兴趣和个性，促进学生全面和谐发展；闲暇技能的培养课程旨在培训学生在闲暇时间丰富生活的技能、技巧。

（一）闲暇观的树立

学校把“多彩闲暇，伴我成长”树立闲暇观的教材设置为 12 课时。从课程的设置来看，教材的内容涉及了动手美化生活，阅读提升修养，兴趣丰富人生，自信展示风采，实践开阔眼界等方面。这些内容既是深受学生喜欢的，也是接近生活，易于操作的，场地的限制小，同时，也易于得到家长的支持。

在教材的结构设计中，我们也遵循了中年级学生的认知特点，动静结合，形式多样。因此教材结构也在前后几次的实践中由原先的五个部分修改为分为四个部分：七色光、故事园、档案馆、博物馆。从实践的过程来看，这样的教材结构深受学生的喜爱，在愉快的学习氛围中，达到了帮助学生树立正确、科学的闲暇观的目标。

（二）闲暇技能的培养

只有具有一定的闲暇技能，学生才会充分运用闲暇时间，丰富自己的闲暇生活，所以课程的编排把闲暇技能的培养列为重点。目前，我们把闲暇技能的培养分为四大板块：生活与闲暇，艺术与闲暇，体育与闲暇，科技与闲暇。课程内容的开发结合了学校的原有经验基础和教学特色，目前已形成了系列校本教材，并在拓展课中进行了教学实践及反馈。

三、案例反思

（一）闲暇校本教材的开发是提升学生综合素质的需要

闲暇是生命转换的方式，也是生活多彩的必然。在中小学教育中，闲暇的分配、享用，也是一门学问。换而言之，全面发展是个性发展的基础，个性发展是全面发展的核心，彼此相互渗透、相互融合、相辅相成、相互促进。闲暇课程的研究最终通过开发和构建富有儿童特色的校本闲暇课程，教会学生有价值、明智地利用闲暇时间充实本人生活、发展个人兴趣和个性，培养学生的创新欲望，促进学生全面和谐发展，同时做到普及与提高并重，力求使每一个学生的个性都能得到充分的发展。

（二）闲暇校本教材的开发是小班化教师专业发展的需要

“一切为了每一位学生的发展”是新课程的最高宗旨和核心理念。怎么看待学生，把学生看成什么样的人，对学生采取什么态度，一直是教育理论和实践的重要问题。我们的闲暇课程就是基于学生在兴趣、爱好、动机、需要、气质、性格、智能和特长等方面是各不相同、各有侧重的特征，从闲暇的认知、态度、技能等方面提升学生的闲暇素质。珍视学生的独特性和培养具有独特个性的人是我们闲暇课程对待学生的基本态度。

（三）闲暇校本教材的开发是形成小班化办学特色的需要

二期课改的理念是“以学生发展为本”，小班化教育更是以此为基石，注重面向全体学生，提出课程要通过提供品德的形成和人格发展、潜能开发和认知发展、体育与健身、艺术修养和发展、社会实践等，真正实现学生由学校人向社会人的转化。其途径就是通过“多彩的学习内容，多元的学习途径，多样的学习方法”引导学生快乐学习，让学生拥有自己支配的时间，拥有一个属于自己的空间，在“乐中学，玩中学”，学出名堂，玩出智慧，培育自信，塑造孩子良好的美德与品性，使学生有体验、有思想、有创造。我们开展的闲暇课程的建设和开发研究，就是要为学生的个性发展提供良好的环境，根据学生的个别差异，关注学生的需求，因材施教，在形成小班化教育特色的同时，为学生的幸福人生奠定基础。

沿着丝绸之路　探寻历史足迹

——动态地图在“品德与社会”中的有效运用

彭　洁

一、案例背景

小学“品德与社会”课程的总目标为“促进学生以良好品德形成为核心”的社会性发展，引导学生初步了解社会生活的基本常识，初步具有观察社会、获取社会信息的兴趣与能力，适应社会生活，培育民族精神，使学生有爱心、负责任、守规范、善思考，有良好的心理素质，为逐步成为社会主义的合格公民奠定基础。

本节课案例是小学五年级第一册的《通西域　下西洋》中的通西域部分，教材综合了史地和品德方面的教育内容，严格执行课程政策，以“基于课程标准的教学与评价”的研究为契机，分解、细化并有效落实知识与技能、过程与方法、情感态度与价值观等课程目标。较好地体现了课程标准的综合性。如何在小班化教育中，引导学生穿越历史的时空，以今天的眼光去探寻历史，以历史的眼光看待今天，去理解丝绸之路丰富的文化内涵和在中西经济文化交往中的重要地位呢？我想到了运用动态的古地图，结合学生生活所见、已有知识、课外收获，把一个个抽象概念的地点，转化为熟知的内容，从而引导学生去体会丝绸之路是沟通东西方的重要通道，是中外经济、文化交流的桥梁。

二、教学案例与分析

历史知识有利于让学生了解人类的过去，从人类的历史经验中去丰富自己；地理知识则是从自然和社会两方面让学生科学地认识世界。让学生从家庭的狭小空间中“走”出来，认识社区、村镇、城市、国家、世界、地球及其宇宙环境；认识世界各地的自然风光、社会经济、民族文化、风土人情。

如何在短短的一节课中将张骞出使西域的内容传授给学生呢？课前我做了充分的准备工作，不但从网络及文献资料中收集我国古代中西商贸文化交流的相关内容，精选并浓缩成“课外学习资料”，而且制作丝绸之路的路线图及丝绸之路沿线各主要途径地的地图，以一张动态古地图为主线，落实每一步的教学目标，利用先进的信息技术更新教学形式，促进个性化的教育。

教学片段一：利用地图重走丝绸之路，拓展生活资源，了解沿途城市。

师：其实早在2000多年前，张骞就途径西域，打开了中原通往欧亚的门户。这就是神秘的丝绸之路。在这条丝绸之路上有许多充满神奇色彩的地方。

师：老师，为各组同学都准备了一张地图，下面我们看着地图进行小组学习。请一位同学来读读小组学习的要求。下面就请大家看着手中的地图，对照学习要求，一起来了解丝绸之路上的点点滴滴。（配乐：沙漠驼铃）

（媒体出示要求：①看地图找出丝绸之路的起点和走向。②交流一下，丝绸之路上让你印象最深刻的地方）

师：谁来回答第一个问题？丝绸之路的起点在哪里啊？

生1：丝绸之路的起点是西安。

生2：老师，我知道西安在西汉时期叫"长安"，是西汉的都城。

生3：丝绸之路是一条自东向西的通道。

生4：老师，我来补充，从西安过去就是兰州，在我们家附近，那里有兰州拉面。

生5：兰州拉面很好吃的，有点辣味。

师：是的，兰州拉面就是兰州最大众化的小吃。

……

师：刚才同学们通过看丝绸之路地图进行小组学习，了解了古代丝绸之路上的名胜古迹。

（说明：第一，在这个环节的教学中，同学们结合了自己的生活实际，看着这张地图，从地图联想到了自己了解的史地知识。课堂气氛一下子活跃起来。"品德与社会"课程标准中指出，"品德与社会"教学内容要以学生的生活为基础，关注学生的生活经验。有些史地知识与小学生的认知水平有一定差距，显得枯燥难懂。老师教学时就要针对小学生的特点，把书本世界里的史地知识和生活世界有机结合起来，因此就需要教师搭起书本与生活之间的桥梁，把史地知识"生活化"。第二，进行小学品德与社会教学就是要紧密联系学生的生活世界，关注个体日常生活中的探索和践行，关注个体在生活中的所见和所闻，关注个体在生活中的体验和积累，回归儿童生活，引导学生作为生活的主人，不断从实际生活中获得感性认识，从感性认识到理性认识，促进学生在这种生活中学习，在学习中生活。）

教学片段二：结合古地图了解古代城市，注重内容的准确性。

生 1：有一条往下走的，从敦煌到阳关……通往和田。

师：阳关这个地方可是中国古代陆路对外交通的咽喉之地，它是丝绸之路南路必经的交通门户。中国古代有位诗人曾对阳关这个地方写下了一句千古绝句。大家还记得吗？

生 2："劝君更尽一杯酒，西出阳关无故人。"

师：是啊，因为阳关距离中原实在太远了，出了这个地方再想见老朋友就太难了。

师：再看看还有哪两条路？

生 3：上面还有一条从玉门关到楼兰、龟兹……通往阿克苏。

老师查过字典了，龟兹读 qiūcí 它是古代西域的地名，在今天的新疆库车一带。

……

师：如今，新丝绸之路将焕发新的活力。"一带一路"打开"筑梦空间"。习近平总书记在 2013 年 9 月和 10 月分别提出：建设"新丝绸之路经济带"和"21 世纪海上丝绸之路"的战略构想，并于 2014 年 11 月 8 日在北京钓鱼台国宾馆宣布，中国将出资 400 亿美元成立丝路基金，促进沿线各国的繁荣发展。

（说明：第一，小学《品德与社会》教材中涉及很多地理、历史学科知识。在教学过程中，教师要通过口头语言、书面语言（板书）和肢体语言（示范性或示意性动作）向学生传授正确的知识，培养能力，以及进行思想教育。史地知识教学不能对历史进行篡改，也不能将地理现象进行歪曲。第二，教师应努力提升弥补自身的知识缺陷，提高自学、钻研的自觉性，进入课堂前应多阅读一些与课文相关的背景资料，明确教学要点，力求对课文所出现的常识性概念、内涵或者外延有一个客观、正确、理性的认识，这是上好一堂"品德与社会"课的基本前提。）

教学片段三：利用地图，创设环境资源，走进中西交流的之桥。

师：老师的这两个小瓶子里装了两样东西，要请这个小组的同学们来闻一闻，看看你们的鼻子灵不灵。

生 1：这个有茶的味道，是茶叶。

生 2：茶叶是中国传出去的。

生3:茶叶是中原传到西域的。

师:还有一瓶呢?

生1:(打喷嚏)胡椒粉。

生2:不是的,是咖喱粉。

师:对啊!是咖喱粉,你吃过咖喱做的食物吗?

生1:咖喱饭。

生2:咖喱是由西域传到中原来的。

(地图出示骆驼拖着这些物品从西域沿着丝绸之路来到中原)

……

师:习主席的"一带一路"构想打开了中华民族的"筑梦空间"。今后,我们将会沿着丝绸之路与周边及世界各国取得更多的交流与合作。

(说明:第一,通过这个环节,孩子们深刻体会到丝绸之路开通之后,中西经济文化交流频繁。丝绸之路成了连接东西文明的纽带。在这个环节中,我设计了别具匠心的课件,不但有精美的图片和音乐配合我的每个活动,而且当同学们答出所猜的物品是由哪里传往哪里时,我的课件中还会有一只卡通的骆驼载着货物在地图上穿行。这个设计活跃了课堂气氛,激发了孩子的学习兴趣。第二,良好的教学环境,是学生学习保持最佳状态的关键,它可以感染激发学生潜在的认识兴趣,点燃学生思维的火花,激发学生的学习兴趣。所谓环境是指能触发人们情绪反应的一种情境,所谓触景生情就是这个意思。环境有自然状态的,也有人为创设的,由于自然状态的环境比较难于控制,因此在课堂教学中较多采用创设情景的办法。)

三、案例反思

本节课,我结合了小班教学的优势,采用了多方位的教学方法,个性化地运用了动态地图,将信息技术体现在了新的教学形式中。综合了史地和品德方面的教育内容,较好的体现了课程标准的综合性,并注重将品德教育与社会知识的学习相融合,使情感、态度、价值观的教育和知识技能的掌握相结合。

(一) 以动态地图为载体,提高学生对丝绸之路的认识

本课以动态地图为载体,在引导学生认识丝绸之路上的点点滴滴,把地图作为一种学习工具,让学生在使用过程中熟练掌握,产生空间、方位感。小班化教学的特点与"两纲"指出的"要以学生的发展为本,紧密结合学生实际,确定各单元和各课的教学目标,要求适度,明确具体。要全面准确把握教学目

标，注重知识、方法与能力、情感态度与价值观三方面的有机整合”是一致的。因此，教师在具体的教学实践中，不能把中学的地理历史学科教学与小学品德与社会课中出现的地理历史知识混为一谈，不能盲目追求地理历史知识的系统化和规范化，应注意把握“品德与社会”课知识维度教学的基础性。对于五年级的学生，认识地图就更有利于他们综合素养的提高。通过看地图认识丝绸之路上的古迹对学生而言是个难点，但这又是本节课的重点。我利用了先进的教学素材，媒体资料，站在当今世界，来寻觅丝绸之路的遗迹。

（二）以动态地图为依托，让学生感受和体验丝绸之路沿途城市的魅力

课前我做了充分的准备工作，不断从网络及文献资料中收集我国古代中西商贸文化交流的相关内容，精选并浓缩成“课外学习资料”。

高年级的“品德与社会”课内容丰富，史地知识性强，课外拓展面广，而网络具有资源丰富、信息量大、形式多样等优势，教师应该根据教材的内容、课程的需要和学生的实际，有目的地整合利用网络资源，拓展学生知识面，促进学生主动学习，实现教学方式的多样化，增强教学的灵活性，夯实史地知识。

有效而个性化地使用动画效果制作丝绸之路的路线图及丝绸之路沿线各主要途径的地图成为解决这节课难点的有效手段。通过演示，同学们可以了解到，如今，在漫漫的丝绸古道上，已经崛起了如西安、兰州、敦煌、喀什、乌鲁木齐这样的现代化城市，但是翻开古老的地图，那些最初交流的文明遗迹不能令人忘怀。

（三）以动态地图为桥梁，让学生进一步认识丝绸之路在中西交流中的作用

在交流桥的活动中，我利用实物展示、品尝、触摸等方式，让学生看得更清楚、近距离的接触，让学生更深层次的了解到葡萄、核桃等生活中最普通最常见的东西和张骞通西域有着直接的关系，感受到历史就在身边，进一步落实了教学重点。我还利用中外文化交流信息卡，给同学们准备了一个动手小作业，将 32 张图片进行归类，粘贴到“中外文化交流信息卡”相应的位置上。贴完之后进行展示。这个环节是对第二个活动的扩充以及巩固。同学们在动手、动脑的同时也巩固了已有的知识，这样不但提高的课堂学习效率，也让同学们边学边玩，受益匪浅。最关键之处在于，这些中西交流途径都通过地图这一媒体直观呈现在了学生眼前，加深了印象，使孩子们收获良多。

通过本课的学习，地图的个性化运用在课堂中发挥了有效的作用，学生们随着地图的延展走进了古丝绸之路——一个距离他们遥远而陌生的世界。

优化教学策略　激发课堂活力

——信息技术在小班化数学教学中的有效应用

洪　懿

一、背景与意图

信息技术的应用使人们的学习、工作和生活方式都发生了翻天覆地的变化，基础教育也迎来了前所未有的发展机遇。《小学数学新课程标准》中指出：数学课程的设计与实施应根据实际情况合理地运用现代信息技术，要充分考虑计算器、计算机对数学学习内容和方式的影响以及所具有的优势，大力开发并向学生提供丰富的学习资源，把现代信息技术作为学生学习数学和解决问题的强有力工具，致力于改变学生的学习方式。有效地运用现代信息技术，可以把复杂的东西变得简单，把抽象的东西变得具体，把远处的东西呈现到学生的面前，使学生乐意并主动地投入到数学学习活动中，使数学课堂教学充满活力。

二、设计与实施

[**案例一**]

以往教学《人民币的认识》这部分内容时，我总会创设购物的情境，还会准备一些仿真缩小版的人民币，让学生能够自己动手操作，有购物、付钱、找零的体验，但是由于学生对于人民币的兑换、找零还在学习阶段，在实际操作中有很多算错钱、找错零的情况。当两个同学有分歧时，学生就会请我来判断，可往往是一组还没评价好另一组又在叫老师了，弄得我应接不暇，随之课堂秩序也会出现小混乱，不能很好地达到预定的效果。

解决方案：我想到了利用信息技术人机交互的优势，通过电脑游戏让学生在计算机上模拟购物的情景。

首次尝试是在一年级第二学期的“我们的郊游”这一课，其中有一个教学环节我创设了“去超市购买为郊游准备的食品”这样一个情境。学生每 2 人一台电脑，一人做顾客购物付钱，一人做营业员找零。“顾客”拿着钱(8 元、9 元、10 元总数是随机的，票面也是随机的)去买午餐和零食，然后根据总价付钱，“营业员”找零。在这付钱和找零的过程中如果出错，电脑就会自动提示“请再算一遍”，直到算对为止才会继续。这样的操作活动不仅激发了学生学习的兴趣，而且使每个学生对计算食品的价格、付款、找零都有了正确的体验，受到了学生的欢迎。

[**案例二**]

在三年级第一学期“年、月、日”的教学中，以往我都会请学生每人带一份年历，以小组为单位统计不同年份每个月的天数情况，以此探究大月、小月的天数和月份，以及二月的天数和闰年的规律。可是有的班级居然没有一个同学带来的正好是闰年的年历，有的班级虽然有好几张闰年，却都是同一年的，不能发现其中的规律。

解决方案：我在课内教学中引入了网络教学，突破了传统的课时教学设计的局限，运用现代教育技术进行单元层面的教学设计即中观教学设计，并且创建了主题化资源——“年、月、日”单元网站。学生在多媒体交互式教室通过点击网站中的小栏目“万年历”，就会自动链接，从前后跨越 150 年的万年历中任意选择几个年份(可以是过去的也可以是将来的年份)来进行统计和比较，解决了学生自带年历的不足之处。这样的探究活动不仅学生选择的余地和信息量比起让学生带一张年历要大得多，而且大家也能随时点击查看汇报的小组所说的年份，对于规律的总结也显得更加严谨、科学。

三、分析与思考

案例一　课件是在教学过程中用到的可相对独立运行的资源软件。这一案例中，我设计了一个游戏课件代替了传统的实物操作，信息技术人机交互的优势，改变了学生的学习方式和教学的评价方式。

一是改变了学生的学习模式。无论是做营业员还是顾客，每个同学都要根据自己所扮演的角色进行操作，独当一面，可谓构建了一个个别化的学习环境，而在遇到困难时，比如购买食品的总价算错了，找零找错了的时候，顾客和营业员又可以组成临时的合作小组，互相帮助共同解决问题。在这个过程中每个学生都能参与到学习的全过程之中，自主学习的意识增强了，最大限度地实现了认知过程与感悟、体验过程的统一，使学生真正成为学习的主人。

二是改变了教学的评价模式。原先的评价方式是两个同学之间的互评，当遇到分歧时，就很难判断谁对谁错了，只能请老师来评判。我一个人又怎能一下子解决好几个组的问题呢？运用了这个游戏课件，问题就迎刃而解了。如果算错了，程序将不能继续进行，电脑也会相应的做出提示“请再算一遍”。电脑的评价是最公平公正的，出现了提示，学生们往往会仔细地再算一遍或者两人合作再算一遍，培养了学生遇到问题不放弃，坚韧不拔的意志。购物的合理性则仍然由学生互评来解决。学生的问题少了，我也能比较自由地观察各组学生的学习情况，及时地给予一些小组适当的建议和评价。这样的评价改变了原先单一的评价模式，使评价主体多元化。

案例二 运用单元网站来设计、辅助教学虽然是我的首次尝试，但从中我已经感受到了它的强大，它为课堂教学注入了新的活力，改变了教学内容的呈现模式和教师的教学思维模式。

一是改变了教学内容的呈现模式。从网站中可以直接搜索各种关于年月日方面的知识。比如：大小月的由来、大小月的记忆方法、年月日的形成，还有更多有关时间的知识——周、旬、季度、世纪等。有文本式的呈现方式，也有视频、动画、课本剧等各种动画的呈现方式。除了知识性的介绍，网站上还有一些与时间有关的趣味数学题，比如：推算星期几、日历表中的数学、爷爷的生日，另外还提供了制作年历作业的范例及样板供学生参考和选用。这样极大地丰富了教学内容，扩大了课堂教学的信息量并且适时更新了各类知识。

二是改变了教师的教学思维模式。教学内容呈现方式的改变同时也带来了教师教学思维模式的改变。网络环境下的学习使学生能在足够的信息支持下探索和发现知识的产生、发展和应用的过程，成为了学习真正的主体。在这个单元的学习中，教师更多的是对学生的信息进行搜集、筛选、加工，从而根据学生实际设计课件，预设效果，最终使学生比较系统地了解时间单位，了解关于时间方面的知识，这对传统的课堂教学提出了挑战，改变了以往教师的教学思维模式。

四、感悟与反思

上述教学实践，使我深刻认识到：教师只有不断学习先进的教育技术理念，更新信息时代的资源观，提升自己的现代教育技术能力和水平，才能在小班化教学中建设好、使用好教育资源，实施有效教学。

(一)创设情境,拓宽视野

挖掘教材中所蕴含的创造性因素,激起学生的学习情感,运用图像、视频、动画等多媒体手段为新课创设生动、有趣、富有变化、能激发新奇感的学习情境,使学生对所要引入的知识有足够的兴趣,并且能为以后的教学做最理想的铺垫。计算机网络教学实现了资源共享,单元网站的创建可以使学生自由地涉猎,开阔眼界,系统地了解单元知识,发挥学习的主动性,积极实现个性化教学。

(二)主动探究,突破难点

对于常规教学中学生较难理解、不熟悉、缺少感性认识的一些重要的知识点,可以借助信息技术的优势,动静结合,声色兼备,调动学生各种感官协同作用,提高课堂效率。恰当地选准多媒体的运用与数学课堂教学的最佳结合点,设计多样性的学习活动,让学生在主动自由地探索,在发现问题,创造性地解决问题过程中掌握新的知识,培养他们的探究精神和自主学习能力。

(三)合作交流,活跃思维

多层次、开放性、实践性的练习是学生形成良好数学技能不可或缺的环节。有趣易操作的学生课件能调动学生练习的积极性,学生面对计算机的回应,可以不断调整自己的思维,积极主动地学习,并体验成功的快乐。在操作中可以采用两人一组的轮流操作,解决了个别同学在操作方面遇到的小问题,更重要的是学生能在合作中互相交流彼此的想法。交互式的多媒体教学更是扩大了合作交流的范围,可以及时把各个小组的反馈情况展现在学生面前,激发学生的思维碰撞。

许昌路第五小学

主报告

“百事可乐”让每一个孩子都快乐
——小班个性化教育的学校课程建构的实践研究

许昌路第五小学

我校“小班化”教育已走过20年的发展历程，从初期由于班额人数少，着力于“小班化”教育特点的研究，到近几年倾心开发以学校、教师、学生为主体，可供学生自由选择的，多样化的校本课程实践与研究，是深入探索“小班化”教育本质，呼应小班化“个性教育”的有效举措。

面对“小班化”教育的持久深入的开展，面对教育课程改革的不断推进，面对不一样的生命，一样精彩的不同个体，学校需要花功夫去思考，去实践，以达成“让每一个孩子都快乐”的意愿。“许五”小学的“百事可乐”小班化教育课程就是在这样的背景下应运而生的一个能让每一个学生主动、生动、灵动的学习，个性得以发展的小班化教育。小班化教育也终于在此在课程地支撑下，得以落地生根。

一、架构“百事可乐”课程，践行小班化教育理念

发现—对话—践行，是孩子成长的阶梯，而让孩子在每一级阶梯中能“悦纳”，是“微笑教育”的根本目的。而小班化教育的特点——个性化、合作学习、互动交流，又为孩子们的“悦纳”成长提供了时间、空间、氛围上的保证。为此，在小班化教育背景下如何建构符合学生成长特点和个性化需求的系列校本课程，践行小班化教育理念，成为我们许五小学教育实践与研究的课题。其主要基于三大需求。

一是学校办学特色的需要。学校确立了“微笑对话，为孩子的未来铺就温暖底色”的办学理念，在此理念引领下，学校微笑教育的办学特色和品牌逐步形成并彰显。微笑教育，其终极目标是为了培养“会学、会玩、有爱心、有教养”

的“许五”学子。立足于此的学校课程开发，必须有着眼于孩子终身发展，尊重孩子天性和个性，为孩子留存童年美好记忆的广阔视野。“百事可乐”小班化教育课程，就是一个能够体现学校特色，契合微笑教育办学理念，符合学生培养目标的课程内容。它的开发与建设一方面有效促进了学校微笑教育特色的发展，另一方面也让学生在活动体验的经历中，实践探求的过程中，通过周而复始的发现、对话、践行而拓宽了视野，提升了能力，修养了品行，收获了自信。

二是小班化教育实践研究的需要。学校小班化教育的再研究、再实践、再推进、再发展，需要符合学校办学特色，契合学校办学理念，匹配学校培养目标。为了形成与小班化教育相一致，能突显“快乐”、“愉悦”做事的德育活动，创造性地实践德育，学校将德育大小项目活动梳理为“百事”，既是实现校本德育相对固定的一种模式，也是小班化教育研究的有效载体。孩子们在“百事可乐”课程的活动实践中，通过个性发现、合作对话、互动践行而感悟着，成长着。

三是“悦纳”情感需要。学校限定性拓展型课程中有专题教育、仪式教育、主题教育等各类德育活动，但一般以传统的说教、告诫为主。小班化教育则更关注学生在活动中的情感输入，即“悦纳”。小班化教育——“百事可乐”系列校本课程的开发是把教育变为充满爱心、爱意的德育活动，让教育充满人情味，让活动变得创意、有趣、难忘。“百事可乐”小班化教育课程还将家长作为参与者纳入活动过程，共同实践、体验，由此开发和建设的小班教育课程既顺应了学生的年龄特点、兴趣爱好、性格特点，也将教育的“磁场”扩容，社区家长协同，使小班化教育更具多元化、立体感和人情味。

二、开发“百事可乐”课程，创新小班化教育实践

“百事可乐”小班化教育课程是一门面向小学一至五年级学生开设的拓展型课程，它源于我们对小班化教育的理解：开放、个性、创新、快乐……究其本质，“百事可乐”即为：“百”，丰富、多样的；“事”，一切教育教学活动；“可”，实现；“乐”，富有个性的成功与满足。课程希望通过丰富多彩的“百事可乐”课程的实施，给孩子提供可以实现愿望，提高兴趣和获得成功支持的体验，并由此带来快乐和满足。活动需要时间和过程，过程即课程，由此体味乐趣，获得自信，收获快乐，享受愉悦。

“百事可乐”小班化教育课程是以建构校本德育特色的整体思考为设计思路，整合各类活动，兼顾德育活动的多样性、多元化而进行开发、建构的。为了使之既具校本特色，又能凸显小班教育特点，形成系列、关注整体，我们做了如下研究：

一是梳理“百事可乐”具体活动内容。学校结合德育大小项目活动，本着还给孩子一个快乐的童年为目的，以凸显“快乐”“愉悦”为出发点，梳理出“百事”，即一百件孩子喜欢做、乐于做的事，第一步即把做事的德育变为创造性的德育实践。

二是制定“百事可乐”小班化教育课程实施方案。在确立具体活动内容的基础上，首先根据不同年级的特点，对 100 件事进行较为系统的归类，计划让学生在校学习的五年时间里，完成一百件事，让他们通过活动创设、亲身经历、自我体验、群体互动等形式，在活动中展现自我个性，提高各种能力，收获应有的快乐。然后着力思考如何把学生的情感体验作为课程开发的价值、意义所在，让学生在积极的情感体验中获得情感能力和价值取向。

三是针对“百事”制定具体的活动设计方案。不同年段的孩子大脑认知发展水平不尽相同，故而他们对于活动本身的需求也存在一定差异。区分不同学段的孩子在需求上的差异，以学生的年段身心智能发展特点作为考量依据，并在此基础上，融入专题德育、主题德育以及社会实践等活动对“百事”进行系统化的科学分类，最后确立“百事可乐”活动的具体实施方案。

四是在设计活动方案过程中尽可能体现与课程实施方案的高度匹配性，以及与小班化教育理念相对的融合性，即在活动方案目标的设置中体现以学生为主体，明确不同学段孩子所存在的认知差异，并在此基础上开展具体与之相适宜的活动，把“百事可乐”活动按学段特点将其分为“民族文化类”“仪式教育类”“感恩情感类”“节能环保类”“实践拓展类”“快乐体验类”。在设计活动内容时，将各类活动进行分层安排，按照活动板块设计活动内容。

五是形成“百事可乐”小班化教育实践活动案例。在活动实施开展后，结合活动开展的实际情况以及来自家长、学生的反馈内容进行典型案例总结，通过案例的撰写对活动本身进行改良，进而深化小班化教育品牌特色并纳入长期有效实施的具体运作机制。

以“微笑教育”为主旋律，具有小班教育特质的“百事可乐”活动课程的构建，是着眼于学生的年龄特点、个性发展、兴趣爱好；着手于德育大小项目活动整合、系列化；着力于“百事可乐”实践活动的创意和创造，最终开发形成了能激趣、有创造、促品性，并具有“悦纳”功能的小班化教育课程——“百事可乐”活动课程。

三、实践“百事可乐”课程，凸显小班化教育成效

（一）打造了一批较为成熟的活动课程

学校在“让许五成为师生终身难忘的地方”的办学目标引领下，本着能为孩子创造出一段童年美好回忆的初衷，以尊重孩子天性和个性为原则，开发了“百事可乐”小班化教育课程。这是一门能体现学校特色，契合微笑教育办学理念，符合学生培养目标的较有趣味和创意的课程。

小班化教育课程在设计与开发的过程中，遵循学生的认知规律、年段特点以及爱好特长，结合“百事可乐”小班化教育的课程目标、以学生喜闻乐见的活动形式，设计了学生易于接受，感兴趣的活动课程方案，以当今社会于小学年段群体较为流行的内容作为创作载体，并在设计方案中体现了创意性、生成性及多元性。课程以实践体验类为基本途径，通过亲身经历、自我体验、群体互动、解放身心、感悟锻炼、健康成长，最终达成“会学、会玩、有教养、有爱心”的培养目标。

学校在“百事可乐”小班化教育课程开发的过程中，虽然设计了近百项活动内容，并对其中部分项目开展实施，但是由于活动开发者所设计的课程，在其实际开展的过程中，并未收到最佳效果，并非所有学生都能够全身心地投入其中，有悖于小班化教育让每一个孩子都快乐的教育宗旨，因此，学校对已开展的“百事”，就学生的喜爱程度开展了调查研究。然后，通过综合分析研究，本着“乐”字原则，舍弃了学生最不喜欢的“事”，选出了最受学生欢迎的活动，形成完整的、较为成熟的固定内容，然后再实践，并辅之于案例分析，及时总结、点评、反思活动效果，为下一轮活动的更好开展提供材料支撑。在整个活动课程内容的设计过程中，由于考虑到学生的年龄特点和活动的延续性，因此在内容设计上有意关注到活动内容的层次性和递进性，使之呈螺旋式上升，从而使得各年段的学生在参与活动的过程中，其能力、情感、创意能够不断提高和丰富。

（二）形成了“百事可乐”小班化教育的新经验

“小班化”教育课程研究，在完成实践—分析—反思—调整—完善—再实践的研究过程中，课程体系和课程内容不断得到了丰富和丰满，形成了诸多特点和亮点。

一是体现了活动的创意性。使学生在活动过程中感受愉悦和快乐，活动就必须有创意，并体现童真，童趣等特点。学校在创设活动时根据学生的兴趣爱好设计，让他们在活动感受创意与创造，并乐在其中。如老游戏，新玩法，传

统项目,新创造等,这些都是“百事可乐”小班化教育课程设计过程中创意性的体现。在活动中关注小学学段的年龄特征,使所开展的活动项目体现童趣、童真、童心是活动设计的主线;在创设活动时,结合学生自身的兴趣爱好,引导他们乐于投身活动中,并在活动过程中感受到更深层次的快乐和愉悦是活动设计的主要目标之一。

二是体现了活动的自主性。学生作为活动主体,应当更注重发挥其自主性。我们让学生自己选择活动内容及方式,甚至一起参与到活动方案的设计中,把选择权在最大程度上交还于学生;让学生自己选择一起参与活动的同伴,选择活动的内容及方式,自己决定活动结果呈现的形式,充分尊重学生的意向和选择。

三是体现了活动的多元性,即与各个学科的整合,与课堂教学的整合,活动的目标、内容、要求与学科要求做到两者优化共设,同时在时间、空间与活动形式上体现课内外、校内外优势互补互动,达到整体效应。

四是体现了学生的本源性。学校活动不以教师主观意愿为活动设计的起点,尽可能从孩子的视野和角度去考虑他们的快乐本源,让孩子自己发现快乐,并主动参与设计活动内容,学校该做的就是根据学生之“乐”为之量身定制活动内容,把孩子们的创造、创意、快乐作为要素纳入活动的内容。

(三) 建立了课程开发的管理机制

“百事可乐”小班化教育课程作为我校小班化教育研究的一项重要部分,是创造性地实践德育,为实现其长效运作,学校建立了与课程开发相应的管理机制。

由活动内容的确立、活动方案的设计到活动的具体开展实施,我校逐步形成了由德育室统筹规划、大队部负责、班主任落实,并由家长以及教师全员共同参与的管理机制。

课程的开发以及活动的具体实施,在明确的部门分工之下得以有序而高效地开展。家长以及教师全体的共同参与,使得各方智慧火花得以碰撞,而在这创意涌动的氛围下,课程能以常新的姿态展现给孩子;于我校教师而言,活动课程的持续开发也为了每一位在职教师事业发展搭建了互动交流、合作共赢的平台。

(四) 影响了家长、教师、学生的态度行为

“百事可乐”小班化教育课程的实践,也让我们欣喜地看到了来自各方面

的变化:家长更能尊重孩子的个人意愿和情感。通过家长问卷调查,有家长如是说:"当孩子蹦蹦跳跳回来,不同于往日的自觉地完成了所有家庭作业之后,眉飞色舞地和我们讲述今天活动,并向我们征求意见,是否能上网搜集一些下一次活动课内容资料时,我们作为家长也突然意识到是否给予这个年龄的孩子多一些机会,多给他们一些自我的时间、空间,让他们自己去享用、去探索、去感知,反而能让他们更轻松、更快乐、更好地成长。"

"百事可乐"课程开发与实施的过程也让每一位教师重新审视了教育观念和教育行为,重新认识了"教与学"之间的关系。通过活动的开展,教师进一步认识到,教学过程并非仅仅只是对知识进行传授的过程,更应是师生在情感方法、技能双方面的互动交流。学校教师逐渐改变自身作为教师高高在上的姿态,力求在课堂上由情感出发,来带动起孩子自身对于知识的渴望,由缺乏兴趣而导致的被动学习转为快乐积极的主动学习。在课程开发以及具体实施的过程中,我们也欣慰地发现,学校教师的脸上笑容变多了。

更为可贵的是,学生积极主动投身于"百事可乐"课程,绝大多数的孩子都表示喜欢这样的活动。我们了解到,近98%的孩子会主动利用网络查询资料,而在活动开展之后也十分乐意与家长交流活动情况。在一些需要团队合作的活动项目中,我们也从中看到了孩子们的合作精神以及集体荣誉感。这也与我们设立《百事可乐》课程的初衷相吻合:让孩子在快乐中学习,让孩子在快乐中感悟,让孩子在快乐中成长。

"百事可乐"小班化教育课程是在小班教育再研究再实践的基础上开发形成的一门实践体验类活动课程,它基于学生的兴趣爱好、情感认知等现状,以学生的身心发展为依据;在设计活动内容时,更多关注的是学生中的热点和兴趣点,并将活动层次化,序列化,结构化;注重体现活动过程的快乐,活动之后的悦纳,引导学生在活动中体会创意、创造,收获幸福、快乐,培养兴趣、情趣,提升素养、能力。"百事可乐"小班化教育课程的开发与实施,其最大的价值为孩子留下小学五年的美好记忆,其根本目的是实现"让'许五'成为师生终身难忘的地方"的办学目标。

四、问题与思考

"百事可乐"小班化课程设计的宗旨是着眼于孩子终身发展,尊重孩子天性和个性,为孩子留存小学生活的美好回忆。孩子是否在活动中感到快乐,是否有所收获是设计活动的第一要素。因此,今后活动的设计必须体现以下原则：

（一）体现传统文化承继性与活动设计创意性相结合原则

老游戏，新玩法，传统项目，新创造，这些都是“百事可乐”活动设计过程中创意性的体现。如何在活动中体现小学学段的年龄特征，使得所开展的活动项目体现童趣、童真、童心是活动设计的主线。在创设活动时结合学生自身的兴趣爱好，乐于投身活动中，并在活动过程中感受到更深层次的快乐和愉悦是未来活动设计的主要目标之一。

（二）体现教师方案指导性与学生主体参与自主性原则

学生本身作为活动最主要的主体，应当更注重发挥其自主性。让学生自己选择活动内容及方式，甚至一起参与到活动方案的设计中。把选择权尽可能在最大程度上交还予学生，而指导教师只对其进行必要的指导。我们同时也希冀着这样一种开展方式成为“百事可乐”活动课程中最大的亮点。

（三）体现活动设计本源性与教师特色特长相结合原则

学校活动不应遵从教师的主观意愿，以此为逻辑起点去设计各类活动，而后组织安排学生参加，而应必须从孩子的视野和角度去考虑孩子的快乐本源，让孩子自己发现快乐，并主动参与设计活动内容。学校该做的是根据学生之“乐”为之量身定制活动内容，把孩子们的创造、创意、快乐纳入活动的要素。

[专家点评]

许昌路第五小学从“小班化教育”到“小班个性化教育”已走过20年的发展历程，现已形成了此项研究的综合报告。综合报告中展现了学校小班个性化研究的路径和意义。

首先，许昌路第五小学小班个性化教育有先进的办学理念引领。学校确立了“微笑教育”的办学理念，其内涵为“微笑对话，为孩子的未来铺就温暖底色”，其终极目标是为了培养“会学、会玩、有爱心、有教养”的“许五”学子。“微笑教育”，体现了教育的终极目标，即让学生快乐、幸福的成长。康德认为，人是目的不是手段，人类所有活动都应指向人的幸福，教育更是为人类更幸福、更丰盈的生活而出现的。苏霍姆林斯基认为：“教育学方面的真正的人道主义精神就在于珍惜孩子有权享受的欢乐和幸福。”乌申斯基认为：“教育的主要目的在于使学生获得幸福。”“许五”小学的办学理念充分彰显了教育目的，主张通过适宜人性的活动，挖掘人的潜能、增进人的经验，实现个体身心的健康、生活的幸福和生命的成长。

其次，许昌路第五小学小班个性化教育依托学校的课程建设得以有效实施。学校建立了“百事可乐”小班化教育课程。该课程是一门面向许五小学一至五年级学生开设的拓展型课程。“百事可乐”中“百”的含义是“丰富、多样”，“事”的含义是“一切教育教学活动”，“可”的含义是“可以实现”，“乐”的含义是“富有个性的成功与满足”。许昌路第五小学提供学生自主体验的“12 岁以前应该要做的 100 件事”特色校本课程。100 件事源于学生、家长、老师的心愿。100 件事跨学科、跨领域，整合了资源和力量，通过这些整合，使学生能够健康的全面发展。

“百事可乐”小班化教育课程的形成路径有若干环节。环节之一，本着还给学生一个快乐的童年为目的，以凸显“快乐”、“愉悦”为出发点，以“在小学里你认为最应该要做的 100 件事”为题在家长、学生和教师中开展学情调研，本着“乐”的原则，舍弃了学生最不喜欢的“事”，选出了最受学生欢迎的“事”，同时融入了学校以往比较成功的校园文化活动及社会实践活动，最后梳理出“百事”，即一百件学生喜欢做、乐于做的事；环节之二，对 100 件事进行较为系统的归类，，把“百事可乐”活动按学段特点将其分为“民族文化类”“仪式教育类”“感恩情感类”“节能环保类”“实践拓展类”“快乐体验类”；环节之三，根据不同年级的特点，让学生在校学习的五年时间里，完成一百件事，让他们通过活动创设、亲身经历、自我体验、群体互动等形式，在活动中展现自我个性，提高各种能力，收获应有的快乐；环节之四，通过综合分析研究，形成完整的、较为成熟的固定内容，然后再实践，并辅之于案例分析，及时总结、点评、反思活动效果，为下一轮活动的更好开展提供支撑。

“百事可乐”小班化教育课程开设的意义在于体现了快乐的原则和活动的原则。所谓快乐的原则，苏霍姆林斯基认为：“要使孩子成为有教养的人，第一要有欢乐、幸福及对世界的乐观感受。”只有活动和事物本身充满乐趣学生才会去尝试和探索，才能与环境产生积极互动而获得发展。不快乐就无学习、无发展。当然，快乐的事物和活动并不都是对学生成长富有价值的，快乐的事情有的是无价值的甚至是负价值的。因此，只有有意义、有正向价值的快乐——幸福才能实现学生生命的健康成长；所谓活动的原则，“百事可乐”小班化教育课程一般以主题活动的方式进行。这些主题活动为学生搭建了主动参与、展示才华、增强自信、分享成功的舞台，活动激发了学生的求知欲望，培养了学生的合作精神和创造精神，他们在活动中体验成功的快乐，个性得到充分发展，自我意识和自主评价能力都有了明显的提高。

100件事源于学生的心愿，每件事就是学生的一个梦想，每帮助学生完成一件事，就是帮助他们实现了一个梦想。

最后，许昌路第五小学小班个性化教育中的“个性化”，主要体现在“百事可乐”小班化教育课程在实施过程中的创意性、自主性、多元性和本源性。

活动的创意性，指的是学生在活动过程中感受愉悦和快乐，活动必须要有创意，并体现童真，童趣等特点。学校根据学生的兴趣爱好设计活动，在活动中让学生尽情地去创意与创造，并乐在其中。如老游戏，新玩法；传统项目，新创造等，这些都是“百事可乐”小班化教育课程设计过程中创意性的体现。在活动中关注小学学段的年龄特征，开展的活动项目体现童趣、童真、童心是活动设计的主线；在创设活动时，结合学生自身的兴趣爱好，引导他们乐于投身活动中，并在活动过程中感受到更深层次的快乐和愉悦是活动设计的主要目标之一。

活动的自主性，指的是学生作为活动主体，应当注重发挥其自主性和选择性。让学生自己选择活动内容及方式，甚至一起参与到活动方案的设计中，把选择权在最大程度上交还于学生；让学生自己选择一起参与活动的同伴，选择活动的内容及方式，自己决定活动结果呈现的形式，充分尊重学生的意向和选择。

活动的多元性，指的是与各个学科的整合，与课堂教学的整合。活动的目标、内容、要求与学科要求做到两者优化共设，同时在时间、空间与活动形式上体现课内外、校内外优势互补互动，达到整体效应。

活动的本源性，指的是活动不以教师主观意愿为起点，尽可能从学生的视野和角度去考虑他们的快乐本源，据学生之“乐”为之量身定制活动内容，让学生自己发现快乐、感受快乐。

“许五”小学小班个性化教育，其最大的价值是为学生留下小学五年的美好记忆，其根本目的是为了实现“让‘许五’成为师生终身难忘的地方”的办学目标。

（杨浦区教育科研室原主任　张根洪）

案例

用橡皮泥捏一些小玩意儿

周　嫣

一、设计理念

随着现代科技的发展，如今孩子们对于电脑游戏也越来越热衷。网络以及平板电脑的普及让学生与卡通人物形象更近了。几乎每一个学生都能随口说出一两个熟悉的卡通形象来——愤怒的小鸟、海绵宝宝等。本活动设计主旨拟在结合学生所喜爱的卡通形象，让他们自己动手做一做。并且鼓励学生由模仿制作到自我创作。在活动的过程中提高他们的动手能力，发挥出孩子们应有的想象力，并在活动中体会到动手操作的乐趣（见下表）。

<table>
<tr><td colspan="3">活动内容：用橡皮泥捏一些小玩意儿</td></tr>
<tr><td colspan="2">参与年级：1～5 年级</td><td>设计者：周嫣</td></tr>
<tr><td colspan="3">开展活动范围：班级（√）　年段（　　）　全校（　　）</td></tr>
<tr><td colspan="3">活动目标：
1. 了解橡皮泥的发展历史。
2. 鼓励学生与家长合作自制橡皮泥，体会亲子合作的乐趣。
3. 通过模仿制作，提高学生的观察能力以及动手能力。
4. 鼓励学生自创，在此过程中发挥学生的想象力，并且提高创造力。</td></tr>
<tr><td rowspan="2">活动准备</td><td>活动包</td><td>1. 图片（关于橡皮泥历史的资料、一些成品图）
2. 视频（阿曼达公司《超级无敌掌门狗》片段）
3. 活动用具建议
4. 橡皮泥自制方法说明</td></tr>
<tr><td>教师准备</td><td>1. 提前一天在教室里贴好橡皮泥手工制作的方法，鼓励学生回家自制橡皮泥。
2. 提醒学生带好橡皮泥成品。（可尝试自制/可直接使用成品）
3. 一些简单的橡皮泥成品实物。
4. 一些符合各年龄特点的卡通人物图片。</td></tr>
</table>

（续表）

<table>
<tr><td>活动准备</td><td>学生准备</td><td>1. 自主上网了解橡皮泥的历史。
2. 寻找一些自己喜欢的卡通人物形象。
3. 分好游戏小组，寻找游戏伙伴，带好橡皮泥成品。</td></tr>
<tr><td>活动过程</td><td colspan="2">一、启发导入
1. 请学生介绍自己上网所了解到的橡皮泥的历史。
师总结：在过去，很多农村儿童都是玩“泥巴”长大的。而作为社会发展的产物，橡皮泥作为现代玩具代替了那“泥巴”。从前的橡皮泥只有黑白两色，现在有了各种颜色的。并且可以在家自制橡皮泥。
2. 师简单介绍几种橡皮泥自制方法。（如有事先在家自制成功橡皮泥的学生，可请学生来进行介绍说明。）
二、观看《超级无敌掌门狗》动画片片段
1. 从中了解：在动画片的发展历史上，有一些经典动画也是通过橡皮泥作为材料，通过定格动画技术来呈现的。
2. 介绍如何用橡皮泥捏小玩意儿
（1）师展示橡皮泥成品图，引起学生兴趣
（2）师展示简单的橡皮泥成品实物，并引导学生了解制作具体步骤。
（3）师使用橡皮泥实物进行制作示范，再一次重复具体制作步骤。
（4）纪律教育与安全教育。
（5）分小组进行实际操作。
三、分组体验学习
（1）四人一组，进行简单模仿，师巡视个别指导。
（2）鼓励完成模仿制作的学生，选择自己喜欢的卡通人物进行自创。
（3）集中讲评，评选出学生最喜欢的作品。
四、了解学生对该体验活动的喜爱指数
形式：举手表决。
五、统计了解学生对该体验活动的喜爱指数
（学生交流活动感言）</td></tr>
<tr><td>活动链接</td><td colspan="2">1. 橡皮泥的作用：童年，在历史年代，很多农村儿童都是玩“泥巴”长大的，而作为社会发展的产物，橡皮泥作为现代玩具代替了那“泥巴”。橡皮泥也被用来幼儿学习的工具，使用橡皮泥进行学习可大大提高学校效率。
2. 橡皮泥简易制作方法：(1)一杯半面粉，半杯盐，四分之一杯植物油，大约四分之一杯水，再加几滴食用颜料，混合在一起。(2)揉捏至柔软。如果面团太湿则加少许面粉，反之加少许水。(3)继续揉捏直至面团柔软并且颜色混合均匀。(4)装进密封容器或塑料袋，放入冰箱冷藏。</td></tr>
<tr><td rowspan="2">活动评价</td><td colspan="2">教师观察与评价：从学生体验的兴趣和效果，活动设计的合理性和有效性进行关注和评价。</td></tr>
<tr><td colspan="2">学生喜爱指数：
☺（ ） 😐（ ） ☹（ ）</td></tr>
<tr><td>活动感言</td><td colspan="2">教师感言：
学生感言：
家长感言：</td></tr>
</table>

二、活动总结

捏橡皮泥是一项简单、易操作的儿童娱乐活动，而本次活动结合了小学这一学段学生的年龄特点(对卡通人物形象的喜爱)来开展。事实上本活动设计了两个环节，在第二环节中又设计了两个不同的层次。首先，教师鼓励学生通过网络来自主地了解橡皮泥的历史，由此希望学生能够体会到现代社会给他们所带来的福音。在自制橡皮泥这一环节，给予了学生与家长共同参与“百事可乐”活动的平台，让家长也能投入其中，为孩子童年的快乐创造美好的回忆。其次，在其后的活动中所设计的两个层级：第一个层级是为了让所有学生都能动手做起来，在做的过程中体会动手的乐趣；第二个层级则是给予了学生更大的创造空间，鼓励学生发挥想象力，在作品的创作中体现出学生作为个体的个性。

捏橡皮泥是大多数孩子年幼时曾经开展过的一项娱乐活动，进入小学后可能由于日常课业的负担以及年龄的增长，许久未能再接触。本学期利用活动课时间，我们结合学生喜爱的卡通人物形象，组织了一年级至五年级的学生开展了“用橡皮泥捏一些小玩意儿”的游戏活动，孩子们个个乐在其中，充分感受到了动手操作的快乐。活动也得到了家长的大力支持和配合，收到了较好的效果。

(一) 不再是简单的“乱捏”

学生或多或少在更年幼的时候曾经接触过橡皮泥，也使用橡皮泥制作过一些小玩意儿。根据学生年龄增长的特点，本次活动开展过程中加入了有关于橡皮泥的知识，让学生自主地通过网络搜索来了解橡皮泥的过去，并且鼓励学生通过制作方法的介绍来制作橡皮泥。在活动的开展过程中，也加入了教师的引导，由模仿制作到自我创作这一过程，更为科学，而学生最终所捏出的成品也更具艺术性、观赏性。

(二) 过程有趣

每一小组的课桌上都放着一些五颜六色的橡皮泥，有一些是学生买来的成品，同时也有一些是学生在家自制成功的橡皮泥成品。此时此刻的教室，几十双迫切的眼睛望着台前的老师，迫不及待地期望着自己动手操作。在个别同学介绍完自己所了解的橡皮泥的历史之后，不少同学发出了惊叹的声音：“什么？原来过去是捏泥巴的？”“只有黑色和白色多难看啊！”而在老师的总结下，台下的孩子们也开始为现在拥有的新生活而感到幸福。

在《超级无敌掌门狗》片段播放之后，孩子们为影片中如此惟妙惟肖的卡通人物形象惊叹不已，一个一个更加跃跃欲试。

在老师的引导下，每个孩子都投入到“创作”中。速度快一些的同学在短短的几分钟内便捏出了几个像模像样的小玩意儿来。小猪、小狗、章鱼家族……完成的孩子们伸长了脖子想看看别的小朋友的成果，没完成的孩子，继续细心地、投入地制作他们的“宝贝”。

在第二层级的自创环节中，一些孩子照着自己带来的卡通人物图片一步一步地捏出了造型——愤怒的小鸟、加菲猫、蝙蝠侠等，就连老师都忍不住为孩子们卓越的动手能力鼓掌。

（三）活动感言

刘晓颖：回家便听孩子说起了在学校捏橡皮泥的活动。刚开始觉得很普通，因为我们家孩子在幼儿园的时候也玩过，但当孩子拿出他今天的作品的时候，我也吓了一跳，还连连问是不是他自己做出来的，因为小时候可能只是他随意地拼接。今天在老师的引导下，他动了小脑筋，做得像模像样。

——一(1)班家长

蒋淑芳：活动前一天，孩子回家说要上网查资料，我问是什么资料。她说是橡皮泥的历史，便和她一起看了看。看完之后她的第一反应便是“原来以前的小朋友这么苦，连彩色橡皮泥都没有啊！看来我还是很幸福的！”虽然只是随口一说，但是作为家长，我认为如今的孩子能感恩自己现在的生活，这是一件值得高兴的事。

——三(2)班家长

徐一讯：竟然有动画片是用橡皮泥定格做出来的！太神奇了！多么希望有一天我也能捏出那么可爱的小狗啊！

——四(2)班学生

张凯宁：平时打游戏的时候就觉得愤怒的小鸟长得很可爱，今天试着把它捏出来了！别的同学还向我要我做的成品呢！感觉很有成就感哦！

——五(3)班学生

小小设计师　创意无极限

闵叶倩

一、设计理念

现代科技发展的日新月异，难免导致现在的孩子对网络以及各种多媒体太过于依赖。“设计一个属于自己的卡通人物”这样一个主题活动（见下表），意在鼓励孩子自己动脑思考，展开想象，进行构思，再通过动手将设计结果呈现出来，不仅锻炼了孩子的动脑能力、动手能力、想象能力，还锻炼了孩子的创造性思维能力和多方面协调能力，也让孩子们在设计中，体验创造的智慧以及成功时的喜悦，从而增强孩子们的自信心。

<table>
<tr><td colspan="3">活动内容：设计一个属于自己的卡通人物</td></tr>
<tr><td colspan="2">参与年级：三至五年级</td><td>设计者：闵叶倩</td></tr>
<tr><td colspan="3">开展活动范围：班级（√）　年段（　　）　全校（　　）</td></tr>
<tr><td colspan="3">活动目标：
1. 了解设计卡通人物的步骤和过程。
2. 鼓励学生积极开动脑筋，挖掘创造力，尝试设计出贴近自己的卡通人物。
3. 通过同学间相互探讨并交流建议，培养学生善于听取他人意见的良好习惯。</td></tr>
<tr><td rowspan="3">活动准备</td><td>活动包</td><td>1. 设计所需的图纸
2. 设计过程的说明书</td></tr>
<tr><td>教师准备</td><td>1. 提前将设计说明书张贴在教室内
2. 提醒学生准备好作图工具
3. 提醒学生带好一张自己的近期照片
4. 制作好设计方案报告纸</td></tr>
<tr><td>学生准备</td><td>1. 带好作图工具以及自己的一张近期照片
2. 了解设计的规则和说明
3. 向同学以及家长了解他们眼中的自己的外貌特征</td></tr>
</table>

（续表）

活动过程	一、启发导入 1. 师启发提问：小朋友们，你们知道自己长什么样子吗？你们找得到自己的神态、身形的特征特色吗？ 2. 结论得出：我们应该善于观察自己、发现自己、相信自己。让我们来为自己做一次小小设计师，设计一个属于自己的卡通精灵。 二、观察照片，从中提取设计线索 1. 自己观察自己的近期照片，找出几个外貌特征，记录下来。 2. 前后同学交换照片，互相交流，体会别人眼中的自己 （1）说说你眼中的别人：说出对方的外貌特征 （2）听听别人眼中的自己：记录下别人所说的自己的特征 3. 换回照片，根据他人的意见和自己的看法，总结出自己的典型特征。 三、拟定设计方案 1. 单独思考，开动脑筋：发挥想象力，将实际与卡通相结合。思考：如何将总结出的自己的特征融入到卡通中去？可以融入些什么元素来呈现出自己？用什么作图方法？有没有好的设计方案？ 2. 全班互动，互取经验：请一些同学分别上讲台，讲述自己思考后得出的结论。分享初步的设计思路，重点阐述如何将自己设计成一个赋予了生命特色的卡通人物。 3. 个人总结，书写设计方案：结合自己的思考和同学们的分享，写出一份简单的设计方案。 四、开始设计 五、了解学生对该体验活动的喜爱指数 形式：举手表决。交流活动感言。 六、回家后将自己的设计成果展示给爸爸妈妈，分享活动心得
活动链接	1. 设计要求：以自己为蓝本，融入自己的人物特征和性格。 2. 设计方案报告纸：涵盖设计项目、设计思路、设计过程几大板块。
活动评价	教师观察与评价：从学生体验的兴趣和效果，活动设计的合理性和有效性进行关注和评价。
	学生喜爱指数： ☺（　　）　😐（　　）　☹（　　）
活动感言	教师感言： 学生感言： 家长感言：

二、活动总结

卡通是小朋友们从小接触，极其喜欢的。许许多多的卡通人物都会在小朋友们的脑海中留下深刻的印象。一个个活灵活现的卡通人物，往往会成为小朋友们竞相模仿的对象，言行也会受到感染。我校开展此次“设计一个属于自己的卡通人物”活动，旨在培养小朋友们兴趣的同时，激发小朋友们的内在潜能，鼓励他们用自己的方式方法进行创作。让小朋友们明白，自己的形象也可以成为一个生动活泼的卡通人物，展现在大家的面前。通过这样一个活动，增强学生的创造力与自己创意设计的自信心。

对于卡通，孩子们会看、会听、会说，但不一定会画。本学期利用活动课时间，我们组织了三到五年级的孩子开展了“设计一个属于自己的卡通人物”活动，孩子们兴趣非常浓厚，思路活跃，设计灵感频频涌现。

（一）激发学生产生兴趣

为了让孩子们一开始就对这个活动充满浓厚的兴趣，老师事先就强调了“卡通”这一主题。活动开始前，老师准备了活动包，活动包里包含了设计所需的图纸和设计过程说明书。老师在教室里张贴设计说明书，让孩子们看到这个活动是围绕着自己和卡通而展开的。动手设计前，先组织孩子们观察总结自己的外貌特征和个性特色，大家一起讨论交流初步的设计思路，先思考，后操作，为活动的开展铺垫了扎实的基础。

（二）鼓励学生善于思考

你知道自己长什么样子吗？你知道自己的外貌特征和个性特色是什么样的吗？你知道别人眼中的你又有些什么不同呢？……活动开始前的这些问题，激发了学生对自己的好奇心，引导学生观察自己，认识自己，鼓励学生互相交流，互相诉说，互相分享思考结果，由此打开孩子们的思考大门。这样，由小小设计师们亲自执笔的五花八门的设计就拉开序幕啦！

（三）培养学生发挥创造力

一双双小手握着画笔飞快地在图纸上作着画，不经意间还能看到几个学生频频对着自己的图纸点着头，还有的看着自己的图纸偶尔露出的笑容。孩子们脸上的神情是多丰富，有自豪的，有感动的，也有喜悦的。当有的学生遇到不小心画错的时候，就会沮丧着一张张小脸，但在老师的帮助和指导下，他们能及时进行补救，创造出不一样的效果。

在活动期间，不断对学生进行观察与指导，当学生遇到创作瓶颈时，给予适当的提示，以激发学生的创造潜能。学生在体验自己动手动脑进行创作的同时，感受到设计卡通的乐趣。学生通过活动后进一步认识了自己，更加相信自己。这是此次活动带来最大的成功！

小身材　大梦想

罗　轶

一、设计理念

每个孩子都有自己的梦想，为了让更多的孩子能实现自己的梦想，学校组织全体队员开展“小身材　大梦想”的航海博物馆参观活动(见下表)，旨在让队员了解一些航海知识，培养他们热爱海洋、热爱祖国的情感。

活动内容:参观航海博物馆	
参与年级:一至五年级	设计者:罗轶
开展活动范围:班级(　　)　年段(　　)　全校(√)	
活动目标: 1. 了解古代和近代的航海知识。 2. 鼓励学生积极参加活动，认真参观，增加更多的航海知识。 3. 通过网上自学、观看纪录片、实践观摩让学生掌握航海知识，培养他们热爱航海、热爱祖国之情。	

活动准备	活动包	1. 航海知识网上自学表。 2. 航海纪录片视频。 3. 模拟航海博物馆视频。
	教师准备	1. 活动开始前一周下发“航海知识网上自学表”。 2. 根据学生自学情况有设计参观要求。 3. 让队员明确参观时的要求。
	学生准备	1. 完成“航海知识网上自学表”。 2. 每人准备好笔记本和笔，参观时记录相关知识。 3. 分好小组，每组一个相机拍摄参观亮点。

（续表）

<table>
<tr><td>活
动
过
程</td><td>一、启发导入
1. 师启发提问：同学们，你们喜欢航海吗？你对航海知识了解多少呢？
2. 结论得出：我们将组织全体队员开展“航海梦想之旅”暨航海博物馆参观活动。
二、欣赏航海纪录片
1. 播放航海纪录片视频。
2. 完成“航海知识网上自学表”：
（1）中国航海日是几月几日？
（2）海洋是怎样形成的？
（3）郑和下西洋一共几次？
（4）中国十大名船是什么？
（5）什么是古代船舶的主要装置？
（6）船的锚越大越重越好吗？
（7）中国古代船舶丰富多样，有独木舟、木板船等，你还能列举几个吗？
（8）航海仪器的种类有哪些？
三、体验学习
（1）以班级为单位参观航海博物馆，低年级了解了解船舶形态结构，能辨别现代传和古代船的区别，了解渔船、渔具的特征和作用。高年级了解中国船舶历史以及船舶结构、用途，体会船舶与人类的密切关系。
（2）边参观边记录。
（3）摄影参观亮点。
四、活动反馈
（1）每个班级上交1—2张活动剪影和2篇观后感的征文。
（2）利用校会课交流有质量的观后感。
（3）各中队发送一篇活动新闻稿。</td></tr>
<tr><td>活动链接</td><td>1. 航海历史馆、渔船和捕鱼馆等展区。
2. 航海历史馆、渔船和捕鱼馆等展区。</td></tr>
<tr><td rowspan="2">活动评价</td><td>教师观察与评价：从学生体验的兴趣和效果，活动设计的合理性和有效性进行关注和评价。</td></tr>
<tr><td>学生喜爱指数：
☺（　　）　😐（　　）　☹（　　）</td></tr>
<tr><td>活动感言</td><td>教师感言：
学生感言：
家长感言：</td></tr>
</table>

二、活动总结

“航海梦想之旅”活动的意义在于“探索航海，体验快乐”。让队员了解一些航海知识，培养他们热爱航海、热爱祖国的情感。

“航海梦想之旅”就是让学生参观航海博物馆，了解更多的航海知识，本学期结合秋季考察活动，我们组织了一至五年级的孩子开展了“航海梦想之旅”的活动，孩子们非常喜欢，活动也得到了家长的大力支持和配合，收到了较好的效果。

（一）前期准备

为了让每一位队员对航海知识有所了解，大队部前期做了许多准备活动。如组织队员学习航海知识，利用周二校会课时间，结合校长讲历史环节，有校长亲自开设航海史讲座，让队员了解古代的航海知识，特别是队员们非常感兴趣的“郑和下西洋”的故事，深受队员喜爱。除了面上的学习，大队部还组织队员进行网上自学，让学生和家长共同来学习航海知识。大队部设计了一张“航海知识自学表”，表上罗列了相关航海知识的一些问题，比如：航海日是什么时候，郑和下西洋一共下了几次，等等，队员们非常有兴趣，针对自己喜欢的问题在网上收集答案和资料，有一些队员还提出了许多关于航海方面的疑问。这一环节给我们队员带来了一定的知识积累。在此基础上有了前期知识学习和了解，在接下来的参观实践活动中更是让队员大开眼界。

（二）实践体验

10 月 18 日，我们组织队员参观了中国航海博物馆。根据年级的特点我们在组织队员参观时带着问题和主题去参观。比如一、二年级结合“走进航海天地”这一主题进行参观，主要是让低年级队员了解船舶形态结构，能辨别现代船和古代船的区别，了解渔船、渔具的特征和作用，参观的主要区域是航海历史馆、渔船和捕鱼馆等展区。三、四、五年级主要是了解中国船舶历史以及船舶结构、用途，体会船舶与人类的密切关系，参观的主要区域是中央大厅区、航海历史馆、船舶馆等。整个参观活动，犹如进入了时间隧道，队员们饱览了从古到今的各类船只。尤其是展馆正中的明代郑和下西洋时的主要船型——福船，更让大家流连忘返。在工作人员的细心介绍下，队员们了解了此船的建造过程和精致的构造，整艘船还可实际下水航行，建造过程中采用了当时最先进的榫卯连接技术，可谓是博物馆的“镇馆之宝”。此外，博物馆中的 4D 电影，球幕电影，都以高科技的手段将媒体和信息技术完美结合，让学生了解了中国航海史的不朽历程，也为中国精湛的航海技术而拍案叫绝！

经过一天的“航海之旅”，队员们看到了中国古代、近代与现代航海技术的完美合璧，增长了丰富的航海知识，饱识了我国航海史的辛酸历程，也领略了中国这个海上强国的峥嵘岁月。

点亮身边的绿色

朱臻好

一、设计理念

随着城市日新月异的发展，随处可见施工队马不停蹄地建造新的地标性的建筑物，而忽视了我们生活的环境中，绿色越来越少，取而代之的是一幢幢高高耸起的摩天大楼。近些年来，越来越恶劣的全球气候，以及越来越多的生物物种面临灭绝，也将环境问题又一次抛在世人面前。值得我们深思的是：我们每个人能为生活的环境做些什么？或许不是一大块的绿地，只是在我们身边创造些绿色的空间，我们的环境就会逐步改善。为了让学生提高“环保”意识，我们设计了“创造身边的绿色”实践活动，(下表所示的“在窗台上种绿豆”是该活动的一部分)旨在让学生感受到身边不经意的小创意，就能给我们生活的环境增添一抹绿色，一份情趣，让学生通过点亮身边的绿色，而达到提高生活观察力，培养环保的意识的目的。

<table>
<tr><td colspan="3">活动内容：在窗台上种绿豆</td></tr>
<tr><td colspan="2">参与年级：三年级</td><td>设计者：朱臻好</td></tr>
<tr><td colspan="3">开展活动范围：班级(√)　年段(　　)　全校(　　)</td></tr>
<tr><td colspan="3">活动目标：
1. 了解绿色植物给我们环境带来的好处。
2. 鼓励学生仔细观察身边事物，开动脑筋思考身边的绿色植物，尝试创造出身边的一抹绿色。
3. 通过小组合作、学习，培养学生团结协作，互帮互助的优秀品质。</td></tr>
<tr><td rowspan="2">活动准备</td><td>活动包</td><td>1. 种植绿豆的基本方法。
2. 种植其他水培植物的方法。
3. 图片和视频。</td></tr>
<tr><td>教师准备</td><td>1. 准备好相关媒体资料。
2. 准备小组观察日记。
3. 准备绿豆。
4. 提醒学生带好种植器皿。</td></tr>
</table>

（续表）

<table>
<tr><td>活动准备</td><td>学生准备</td><td>1. 了解环境问题及现状。
2. 带好种植器皿。
3. 分好游戏小组，寻找游戏伙伴，想好植物的名字。</td></tr>
<tr><td>活动过程</td><td colspan="2">一、启发导入
1. 师启发提问：小朋友们知道地球环境正遭破坏吗？有什么方法可以让我们的环境变好？
2. 结论得出：我们应该在生活中多创造绿色，为我们的环境减负。
二、观赏环境破坏和绿色植物作用的图片或视频
1. 播放或展示有关环境和绿色植物的图片或视频。
2. 介绍今天要体验的水培植物——在窗台上种绿豆：
(1) 师把图片定格在绿色植物上。
(2) 阐述绿色植物能改善人类生活环境，是生态平衡的支柱。身边不起眼的小绿豆也能为我们创造一片绿色。而且培养起来十分方便。
(3) 播放绿豆成长过程的视频。
(4) 纪律教育与安全教育。
(5) 拿出准备的器皿，发放绿豆，开展体验。
三、分组体验学习
(1) 四人小组合作用准备好的器皿来种绿豆。
(2) 体验的同时，以小组为单元记录绿豆成长过程。
(3) 集合讲评，激励学生尝试其他不同的水培植物。
四、了解学生对该体验活动的喜爱指数
形式：举手表决。
五、统计了解学生对该体验活动的喜爱指数
（学生交流活动感言）
六、回家后，尝试其他身边可以培育的植物，为生活创造绿色</td></tr>
<tr><td>活动链接</td><td colspan="2">1. 种绿豆的方法：将绿豆放入盛好水的器皿中，观察绿豆每天的生长变化，等它发芽即可，记得要经常浇水。
2. 器皿的选用：普通杯子即可。建议不要选用玻璃制品。</td></tr>
<tr><td rowspan="2">活动评价</td><td colspan="2">教师观察与评价：从学生体验的兴趣和效果，活动设计的合理性和有效性进行关注和评价。</td></tr>
<tr><td colspan="2">学生喜爱指数：
☺（　　）😐（　　）☹（　　）</td></tr>
<tr><td>活动感言</td><td colspan="2">教师感言：
学生感言：
家长感言：</td></tr>
</table>

二、活动总结

环境，需要我们每个人去呵护，生活需要我们用心去发现。现今城市发展节奏和生活节奏的加快，给我们生活的环境造成了很大的压力。城市中的绿地因为城市发展而消失得越来越多。“在窗台上种绿豆”作为一种体验性实践类的活动，能让孩子们发现原来生活中这么普通的一个植物就能为生活的环境创造出一片绿色。我校鼓励和提倡孩子们积极开展“在窗台上种绿豆”等绿色节能环保类活动，就是引导孩子学会利用一切资源，去改善身边的生活环境，从而激发儿童热爱生活的本性，提高孩子的生活观察力，培养孩子的创造力。

很多孩子都知道我们的环境正遭受破坏，也都明白多种树木对我们的空气环境改善有好处，可是，让孩子们去花鸟市场购置一盆绿色植物或去种一棵树，无法给孩子留下深刻的印象，而“在窗台上种绿豆”的活动，种植方法简单，十分容易上手，深受孩子们喜欢，同样能收到改善环境的效果。本学期利用科技课时间，我们组织了三年级的孩子开展了“在窗台上种绿豆”的体验实践活动，孩子们非常感兴趣，活动也得到了家长的大力支持和配合，收到了较好的教育效果。

（一）充分的准备

为了让孩子们清楚的了解种植绿豆的方法和成长过程，活动开始前，老师和学生都做了充足的准备，每个班级准备了活动包，活动包内包含了种植绿豆的基本方法，相关的图片和视频。老师还准备了其他水培类植物的种植方法，好让学生在生活之余发现身边其他可利用的东西。同时，利用科技课，请科技老师指导孩子如何种植好绿豆，虽然操作相对较容易，但是在种植过程中，仍不容忽视对其的精心照料。孩子们也事先准备了种植绿豆的相关器皿，为活动体验做好准备。

（二）有趣的体验

当老师说出今天我们要种绿豆时，学生都惊讶极了。绿豆？绿豆！我们生活中用来吃的绿豆，现在用来种？听到这里，同学们一个个都摩拳擦掌，迫不及待地想要尝试一回！

学生找到自己所在的小组，拿出准备好的器皿，按照老师的要求在器皿中装好水，等待老师发绿豆。种植绿豆需要一个过程，等待绿豆发芽的过程是学生最好的体验学习时刻。小组的同学每天细心呵护绿豆的成长，轮流观察记录绿豆的生长过程，全程记录下一颗种子发芽的全过程。小组与小组间也会交流绿豆成长现象的观察心得。孩子懂得了分工合作，互相交流沟通。同时，也学会了细心观察。在绿豆发芽的那一刻，在看到教室窗台上一排鲜艳的绿色时，同学们脸上都绽放出了灿烂的笑容。

此次活动，让学生充分体验到身边不起眼的东西也可以为我们的环境做出贡献，这也充分调动了同学们挖掘生活的积极性。

戴着面具 Hi 起来

郑　虹

一、设计理念

每年的 10 月 31 日是西方国家的万圣节，这是国外孩子们最喜欢的节日，也是充满神秘的节日。为了让学生感悟西方文化特色，了解万圣节的来历和风俗习惯，特设计“戴着面具 Hi 起来——万圣节”活动（见下表），让学生在活动中感受这一节日的独特气氛，体验节日的快乐，并在活动中培养学生动手能力、创造能力和丰富的想象力，提高与人交往的能力。

<table>
<tr><td colspan="3">活动内容：万圣节</td></tr>
<tr><td colspan="2">参与年级：全校</td><td>设计者：郑虹</td></tr>
<tr><td colspan="3">开展活动范围：班级（　　）　年段（　　）　全校（√）</td></tr>
<tr><td colspan="3">活动目标：
1. 了解万圣节的来历和风俗习惯。
2. 鼓励学生积极参与活动，透过 Halloween 节庆气氛的引导，让学生感受中西方文化的不同。
3. 通过活动，培养学生动手能力，提高人际交往能力和英语口语能力。</td></tr>
<tr><td rowspan="3">活动准备</td><td>活动包</td><td>1. 面具制作所需各种材料。
2. 万圣节来历的视频和活动 PPT。</td></tr>
<tr><td>教师准备</td><td>1. 准备与万圣节相关的 PPT，将活动要求告知学生。
2. 准备好糖果。
3. 与美术老师联系，让学生小组合作学画面具。
4. 在英语课堂上学习万圣节相关的单词和句型。
5. 在校园内进行万圣节的环境布置，营造氛围。</td></tr>
<tr><td>学生准备</td><td>1. 上网搜集相关活动资料，与父母一起 DIY 服装和南瓜灯。
2. 了解活动的要求。
3. 准备好装糖果的器具。</td></tr>
</table>

（续表）

<table>
<tr><td>活
动
过
程</td><td>一、激趣导入
1. 师启发提问：你们知道我们有哪些节日？通常在这些节日开展什么活动？你们知道西方国家有哪些节日？通常在这些节日开展什么活动？
2. 结论得出：中西方国家有不同的文化，因此形成各自不同的节日，每个节日开展的活动也各不相同。
二、欣赏万圣节活动来历的视频和 PPT
1. 播放或展示有关万圣节的图片和视频。
2. 介绍今天要体验的活动“戴着面具 Hi 起来”万圣节活动：
（1）PPT 展示与万圣节相关的英语单词：Halloween、pumpkin、ghost、vampire 等，通过互动的游戏，让孩子们熟记这些相关的单词。
（2）欣赏相关歌曲，营造节日欢乐气氛。
（3）学习短语：trick or treat 指导学生如何参与讨糖活动及注意要点。
（4）纪律教育与安全教育。
（5）指导学生分好小组，由组长带领去各处活动。
三、活动体验
1. 每人拿出自制面具和讨糖器具，做好游戏准备。
2. 在组长带领下去指定地点讨糖。
3. 点评活动效果，评选出最佳服装、最佳小组、最佳面具等奖项。鼓励学生回家后与父母再次体验。
四、了解学生对该体验活动的喜爱指数
形式：举手表决。
五、统计了解学生对该体验活动的喜爱指数
（学生交流活动感言）</td></tr>
<tr><td>活动链接</td><td>1. 万圣节活动来历介绍。
2. 面具制作可佩戴，有创意。</td></tr>
<tr><td rowspan="2">活动评价</td><td>教师观察与评价：从学生体验的兴趣和效果，活动设计的合理性和有效性进行关注和评价。</td></tr>
<tr><td>学生喜爱指数：
☺（ ） 😐（ ） ☹（ ）</td></tr>
<tr><td>活动感言</td><td>教师感言：
学生感言：
家长感言：</td></tr>
</table>

二、活动总结

“万圣节”虽然是西方人的传统节日，但却是最受儿童喜欢的节日之一，组织学生开展万圣节活动，可以引导学生在活动中了解中西方文化差异，知晓不同国家的风土人情，培养学生动手能力，创造能力，增强自信心，对于促进学生的身心健康、丰富学生生活，推动校园文化建设起到积极的作用。为了让学生体验西方国家这一特殊的节日，了解中西方文化的不同差异，感受万圣节的神秘氛围，学校组织全体学生开展了“戴着面具 Hi 起来——万圣节活动”。

（一）家长支持　共同参与

万圣节活动的前期准备工作比较多，服装的准备，面具，南瓜灯的制作等都需要得到家长的支持和配合。学校进行了活动动员后，我们的家长对这一活动特别重视，积极主动地与学生一起找材料、设计服装、帽子的款式，不少家长还 DIY 动手做南瓜灯，为孩子参与活动提供了保障。

（二）学科整合　营造氛围

万圣节是西方国家的节日，为了使学生更好的了解这一节日的来历、风俗，特地将活动与英语学科、美术学科整合，在课堂上将这些知识和技能传授给学生。如英语课上，老师教给学生与节日相关的单词和短语如：Halloween、pumpkin、ghost、vampire 等，通过 PPT，视频等形式，将万圣节的来历娓娓道来，通过有趣的互动游戏，掌握单词，既了解了节日，也丰富了英语词汇，提高了学生英语口语表达能力。

美术课上，老师向学生介绍了西方国家如何庆祝万圣节的情景，对制作万圣节面具进行了重点指导，教会学生如何设计面具、如何制作面具，学生对这一活动非常感兴趣，想象力，创造力被充分挖掘，一张张怪异、充满恐怖色彩的面具应运而生，为活动作好了充分的准备。

（三）快乐体验　充满乐趣

期盼已久的节日终于到来了，10 月 31 日一大早，兴奋的孩子们便穿着可爱的南瓜服，带着可怕的魔鬼面具，手提南瓜灯来到学校，开展万圣节活动。瞧！孩子们的装扮还真像模像样呢！

“trick or treat”是万圣节活动中一个必不可少的环节，深受孩子们的喜欢。中午随着刺激的音乐响起，孩子们便立刻拿着讨糖篮排好队去老师那里讨糖。“trick or treat、trick or treat”的回响声在大楼内久久回荡。欢笑声，尖叫声，将万圣节活动推向了高潮。

此次万圣节活动，让孩子们感受了西方文化的内涵，也培养了学生学习英语的热情和兴趣，给孩子们留下了难忘的回忆！

“许五”小学“百事可乐”活动家长问卷调查分析报告

许昌路第五小学

调查时间	2013 年 10 月
调查对象	二、三、四、五年级全体学生家长（一年级学生刚入学）
调查方法	问卷形式
本次共收到问卷 440 份，其中二年级 113 份，三年级 119 份，四年级 104 份，五年级 104 份。有效问卷 440 份，无效问卷 0 份。	

一、调查目的

“百事可乐”活动是我校基于微笑教育下的少先队特色活动，学校希望为学生提供 100 件快乐精彩，能留存童年美好记忆的各种丰富多彩的活动，通过孩子参与、体验、实践，在活动中收获自信，收获快乐，健康成长。

为了更好地纵深拓展“百事可乐”特色活动，为孩子的快乐成长提供一个更为有利的平台，学校对二至五年级全体家长开展了问卷调查，旨在了解家长对学校特色品牌活动的知晓度及满意度，总结“百事可乐”活动的成败得失，并通过听取家长对“百事可乐”活动开展情况的建议，为今后更深入地开展好该活动奠定基础。

二、调查结果与分析

（一）“百事可乐”活动知晓度

1. 调查结果如图一显示：

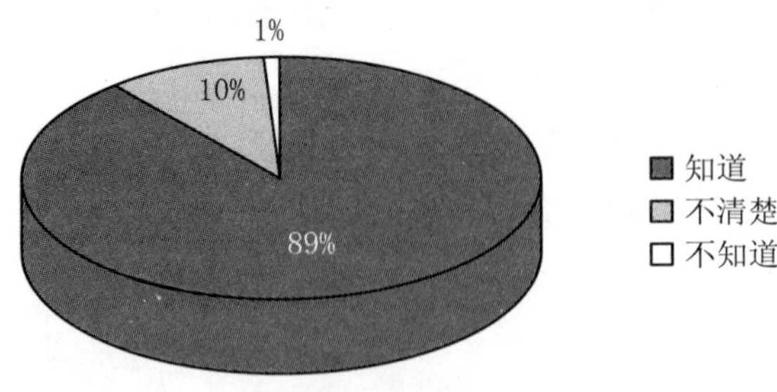

图一：“百事可乐”活动知晓度

2. 调查分析：

从图表一中显示，在被调查的二到五年级，共计440位学生家长中，其中知道“百事可乐”活动的占被调查总人数的89%；有10%的家长对学校的“百事可乐”活动表示不清楚，印象不深刻；另有1%的家长完全不知道学校的特色活动。从该调查结果可以看出，学校与家长之间有着较为良好的互动与沟通，绝大部分家长对学校所开展的活动有所了解。在今后的课程开发以及具体实施过程中也将进一步深化与家长之间互动合作，共同帮助孩子在一个最佳环境中成长。

调查中我们还发现，家长了解孩子在学校开展的活动主要通过以下几个渠道，如图二所示：

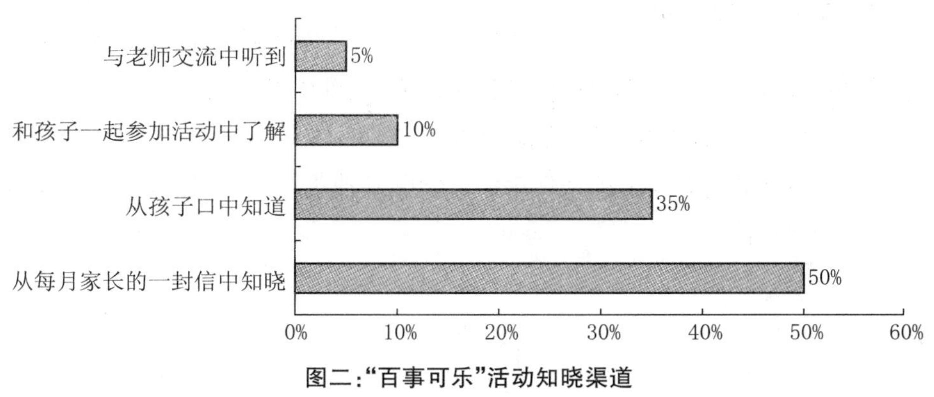

图二："百事可乐"活动知晓渠道

图二显示，有一半的家长是通过学校每月给家长的一信中了解的。学校坚持每月一信，将学校开展的各项活动、需要家长参与配合的要求等一一告之，鉴于小学生的年龄特点，以书信的方式和家长沟通，在小学阶段属于较为有效的方法，家长也比较重视并能回应学校的要求。与此同时，我们也不能忽略问卷中的毫不知晓的1%家长，“百事可乐”作为支撑学校特色发展的品牌活动，知晓率必须尽可能达到100%。故在前期学校品牌特色宣传、活动的基础上，还需加大宣传力度、拓宽渠道，更好地落实学校与家长间良好信息沟通的流畅度，以此来保证活动具体实施的有效性。

（二）“百事可乐”活动满意度

1. 调查结果分析：

家长对“百事可乐”活动的满意度是衡量“百事可乐”活动是否成功的重要

指标。如图三所示：53%的家长对“百事可乐”活动的效果感到满意；有36%的家长感到，活动的设计不错，创意不错，但是活动还有上升的空间，并提出了一些颇有见地的意见和建议；另有1%的家长对该活动的效果感到不满意，这也说明“百事可乐”活动仍有需要改进的方面。

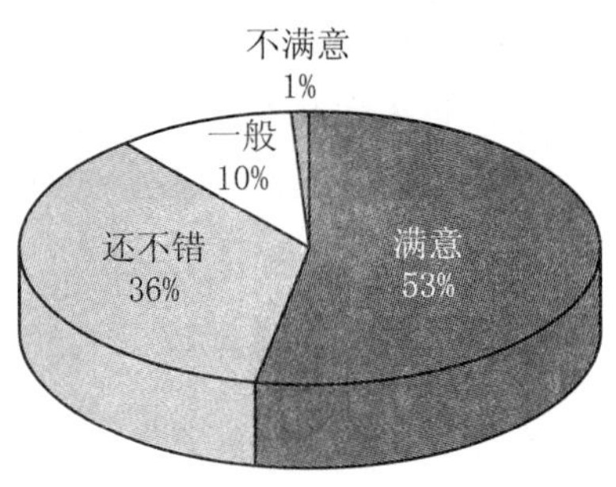

图三：“百事可乐”活动满意度

由以上数据可以说明，“百事可乐”活动的开展在较大范围内受到了家长的好评，但其本身仍然存在一定缺陷及不足。对部分家长针对活动本身所提出的意见与建议也在另一个层面给予了学校对于完善活动设计以及具体开展方式一些新的灵感。学校方面也有意与家长间达成进一层次的合作关系，共同对今后活动课程的开发进行探讨，以构筑一个更为适于学生快乐成长、健康发展的空间。

从本次问卷调查中我们还了解到：在“百事可乐”的众多活动中，感恩类活动、快乐体验类活动以及节能环保类活动领跑其他类型的活动，让家长印象深刻。如下图四所示：

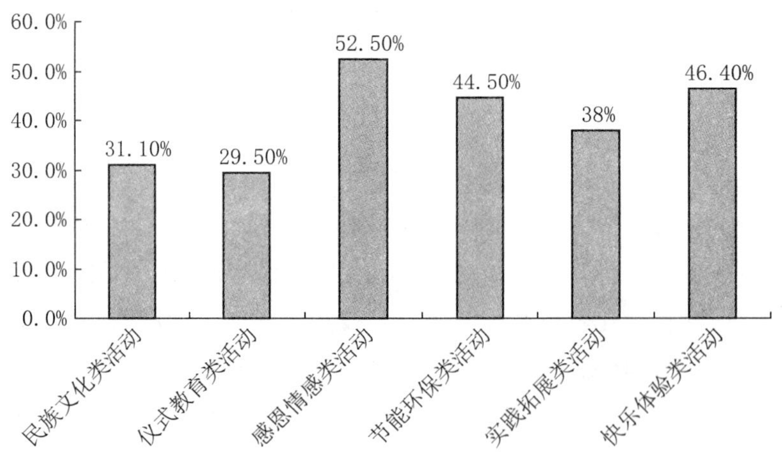

图四：“百事可乐”特色活动

这也说明，家长比较注重孩子这方面能力的培养，他们希望在学习之余，学校能为孩子提供一些能够触及内心情感的，抑或是让孩子自身参与其中的体验活动。家长反映，孩子通过活动，在表达能力、观察能力、探究能力以及保护环境的意识等方面都有了不同程度的提高。孩子通过系列活动的开展，在各方面都有了长足的进步。

2. 学生的变化

具体变化如图五所示：41％的家长发现，通过“百事可乐”活动，自己的孩子更愿意参加集体活动了，变得合群、开朗，和同伴之间的交往也较之过去有进步；做事比以往也更积极主动。

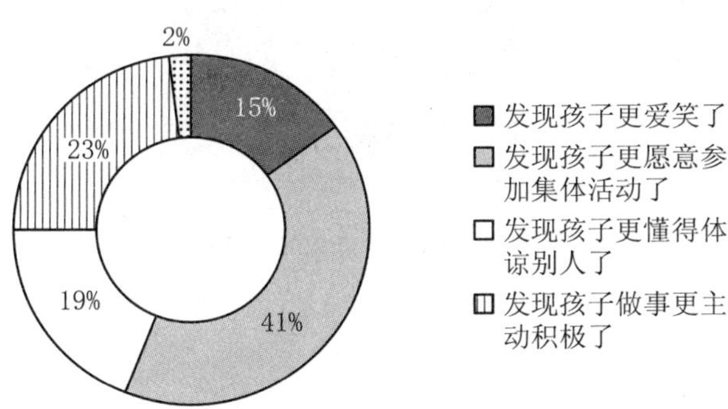

图五：“百事可乐”活动后，孩子的变化

（三）“百事可乐”活动建议

1. 调查结果与分析：

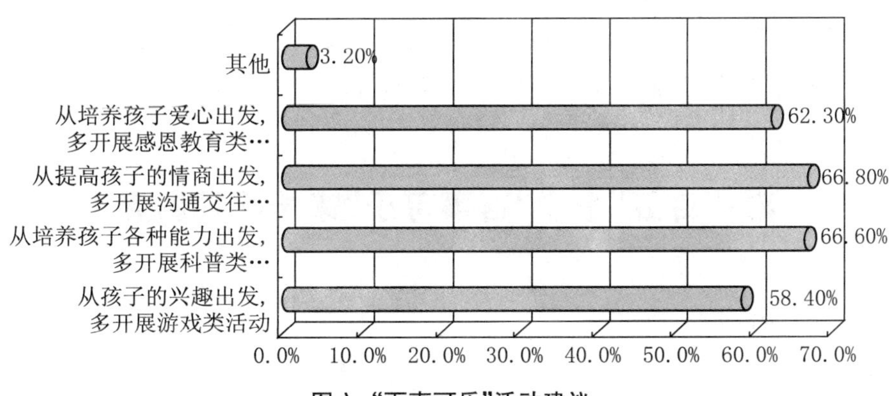

图六：“百事可乐”活动建议

问卷设计中，我们了解到了家长对今后“百事可乐”活动开展的兴趣点和关注点。通过归纳分析，如图六所示：家长对孩子的情商培养、各种能力的锻炼以及学会感恩这些方面都寄予了极大的期望。

图七是对家长对共同参与“百事可乐”活动意愿度的统计数据，其显示：近

60%的家长愿意在时间允许的前提下积极加入到活动中来，愿意与孩子快乐体验、共同成长。

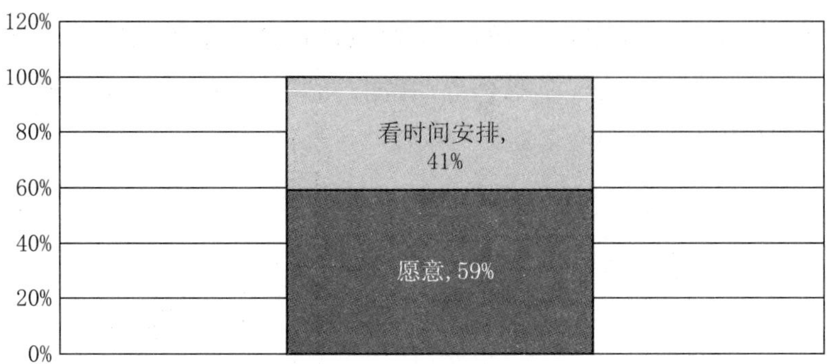

图七：家长对参与"百事可乐"的意愿

2. 家长们的建议

此外问卷中还发现，家长们对"百事可乐"活动能够常态化和持续性的建议较为集中，并呈现出各年段的不同点。特别要注意的是：三年级以上的孩子家长都不约而同地给出了对孩子情商以及感恩之心的培养建议，他们希望，学校除了传道授业解惑，提高孩子的学习能力之外，还需在一定情境下培养孩子的情商，让孩子懂得如何发自内心地去爱，从而获得内心真正的快乐。这已成为中高年级家长的强烈愿望，并与许五小学"微笑教育"的办学理念——"微笑对话，为孩子的未来铺就温暖的底色"不谋而合。

附："许五"小学"百事可乐"家长问卷调查

亲爱的家长们：

您好！

"百事可乐"活动是我校少先队特色活动，学校希望孩子在许五的五年小学生活中能为他们提供100件快乐精彩，并留存着童年美好记忆的各种丰富多彩的活动，让孩子们通过参与和体验各种类型的活动，收获自信，健康成长。

从2009年9月至今，我校已经举办了各类"百事可乐"活动，如玩一个爸爸妈妈小时候的游戏、过一次万圣节、给老师贴一张笑脸等(见附表)。活动内容涵盖了学生在童年——人生特殊阶段的仪式教育类活动、结合中西方传统佳节的感恩类活动、培养节能可持续发展意识的绿色环保类活动等。

为了更好地从纵深拓展“百事可乐”特色活动，为孩子的成长提供更加有益和丰富的成长平台，特请您参与我们的本次调查。希望您认真、如实填写。谢谢！（请在横线处填写您的答案）

1. 您知道我校开展的“百事可乐”活动吗？

A. 知道　　B. 不清楚　　C. 不知道

2. 您的孩子喜欢学校开展的“百事可乐”活动吗？

A. 喜欢　　B. 一般　　C. 不喜欢　　D. 没印象

3. 您对“百事可乐”中的哪些（类）活动印象深刻？
（可多选）

A. 民族文化类活动　　B. 仪式教育类活动

C. 感恩类活动　　D. 节能环保类活动

E. 实践拓展类活动　　F. 快乐体验类活动

G. 其他

4. 您是通过什么方式知道“百事可乐”活动的？

A. 从每月给家长的一封信中知晓　　B. 从孩子口中知道

C. 和孩子一起参与活动中了解　　D. 与老师的交流中听到

E. 其他

5. 您对“百事可乐”活动的效果满意吗？

A. 满意　　B. 还不错　　C. 一般　　D. 不满意

6. 您觉得孩子参与“百事可乐”活动对他的成长有帮助吗？

A. 有　　B. 一般　　C. 没有

7. 您觉得学生参加了“百事可乐”活动后有哪些变化？（可多选）

A. 发现孩子更爱笑了　　B. 发现孩子更愿意参加集体活动了

C. 发现孩子更懂得体谅别人了　　D. 发现孩子做事更主动积极了

E. 其他

8. 您觉得“百事可乐”活动培养了孩子哪些良好的兴趣、品行。（可多选）

A. 提高了孩子对中华民族文化的兴趣

B. 提高了孩子的动手能力

C. 增强了孩子的观察能力和探究能力

D. 提高了孩子的交往沟通能力

E. 培养了孩子的感恩之心

F. 其他

9. 如果活动需要家长共同策划和参与配合，您是否愿意？

A. 愿意　　B. 不愿意　　C. 看时间安排

10. 您愿意成为学校“百事可乐”活动的志愿者吗？

A. 愿意　　B. 不愿意　　C. 看时间安排

11. 您希望学校从哪些方面开展“百事可乐”活动？（可多选）

A. 从孩子的兴趣出发，多开展一些游戏类活动

B. 从培养孩子的各种能力出发，多开展一些科普类活动

C. 从提高孩子的情商出发，多开展一些提高沟通交往能力的活动

D. 从培养孩子的爱心出发，多开展一些感恩教育的活动

E. 其他________

12. 您对“百事可乐”活动的开展有什么建议？

齐齐哈尔路第一小学

主报告

无形有形皆智慧

——低年级数学课堂教学中实施学生个性化思维的研究

齐齐哈尔路第一小学

一、研究背景

小班个性化教育的提出，目的在于改变传统教育对于学生个性压抑的束缚，小班个性化教育是培养、发展学生个性的教育，即培养人的自主性和独特性，使之逐步形成稳定的倾向和特征，并使其在自己的实践活动中得到充分自由发展的一种活动。

“学会选择，自主发展，给孩子一个七彩童年”是学校坚守的办学理念与目标。学校期盼：“齐一”的校园可以提供给孩子一片自主的天空，让他们在丰富的经历中体验七彩童年的幸福。

可以说，两者理念不谋而合，其旨在于充分关注每一个生命个体，尊重每一种学习经历，给予每一个个体成长的权利与空间。基于此，我们以备课组为基础诞生了课题研究组，期望在小班化教育的推进过程中，立足于探索课堂教学模式的变化，通过研究课堂教学模式来关注每一个学生个体的学习经历与学习感受，以充分尊重每一个学生的学习过程和成效。

结合实际，课题组将重点定位在低年级数学课堂教学中开展小班个性化教学模式的研究，力求充分关注每一个孩子课堂中的学习状态。我们深信，每个孩子都是独一无二的，学生的学习原本就是一个动态的充满灵气的个性活动，每个学生都是作为一个独特的生命个体参与教学活动的始终，他们的学习必然闪烁着智慧的火花和人性的光辉。

二、研究价值

我们确立该课题，一是为了进一步深化小班化教育理念，二是为了探索学科教学提出的新要求，三是为了诠释与折射学校办学的文化。

(一) 更多关注学生个体学习历程

小班个性化教育是一种注重学生个性差异，是根据学生发展水平与需要，让每个学生充分发展的教育机制。老师通过观察了解、研究教育对象，使教师有可能根据每个儿童的个体需要及实际情况，提供难度不同的教学材料，为其制定不同的教育策略，让每个学生在适合自己的活动中，在各自的起点上进步，从而真正落实因人而异的个性化教育。时代对教育的期盼与要求是个性化思维在数学教学中的建构，这不仅体现了教育对每一个生命个体的尊重，更是每一名学生在学习中充满自信和萌生创新的基石。课堂上，教学应遵循活动、问题、思想三者有机结合、相互依托的原则，力争在课堂上最大限度地调动学生的主体思维，让学生在教学过程中始终以多维思考的方式进行有意义的学习，努力让“思考”成为一种常态，成为引领学生个性发展和思维创新的必要手段。

(二) 回应好数学学科课程标准

基于课程标准下的数学学习，是孩子们带着知识与经验走进数学课堂，生动活泼地构建对数学富有个性理解的过程。从学生个体的认知角度看，这样的数学学习无疑是一种再创造过程。我们的数学课堂教学实践研究也常常会在一些“个性化”的再创造启示下产生新的思维。

(三) 更强体现学生个性化思维特点

传统的教学模式，往往以学业成绩的高低和整齐划一的纪律来要求和评价学生，形成了产品化和规格化教育，这恰恰违背了小学生个性特征和年龄特点，也不符合未来社会对人才的需求。要改变这种状况，注重对学生的个性培养，就需要师生间的交流互动更直接、更频繁。小班个性化教学为教师创造了尊重学生个性自由发展的客观条件，更有利于因材施教，充分发掘学生个性发展的趋势，因势利导促进学生个性的张扬。

根据低年级孩子年龄特点，我们将课堂用活动的形式来组织，从抽象、严谨、枯燥的形式中解放出来，以开放的课堂教学形式再现数学的基本过程。它力求探索、构建一个注重学生自主学习和实践探究，注重课堂互动，关注课堂中学生思维火花的碰撞，让学生成为活动的主体，成为课堂的主人，以学生发展为根本，以促进学生发展为取向，使学生个体得到全面和谐发展。

三、研究历程

课题组以“低年级数学课堂教学中实施学生个性化思维的研究”课题为切入点，积极尝试在不同类型的数学课中开展小班个性化教学的实践。

首先，我们想通过“个性化思维”的培养，让孩子们明白每个人其实都可以成为发明与创造者，提高孩子们的自信；其次，在注重“个性化思维”的教学过程中，让教师明白“当孩子们的思维没有完全按照自己的意思走时，请允许孩子走下去”，让孩子们去体验数学知识，领悟数学本质才是关键所在；最后，通过课中“个性化”的交流，提高孩子们学习过程中的注意力，提高孩子关注自己学习的成效。

围绕以上三点，课题组以“教学单”为有形载体，通过对“教学单”的精心设计与反复实践，努力呈现出孩子在课堂学习中的思维轨迹，来关注每个孩子在课堂学习中的及时性和有效性。研究中，我们将研究落点定位于新授课和复习课两种类型的课上进行实践研究。因为我们深知在数学教学中，除了要使学生掌握基础知识、基本技能，同时还要注意培养学生的思维能力，养成有效思考的习惯，在新授课中给予学生有一个思维想象的空间，有一种探究的氛围，学生在探究中经过思维火花的碰撞，产生智慧，提高了思考的效率并在小组合作探讨、研究的过程中，学生的智慧能尽数迸发出来；而在复习课中，通过同类知识点的归纳和类比，又可以让学生更清晰地理清事物间的区别与联系，对学生思考的深入性起到推进作用。

以尊重学生的个性，展示学生的个性，发展学生的个性为着力点。首先课题组的老师在备课之前仔细研读了教参和文本，在教案设计以及教学单的设计中注重如何将数学学习的共性和个性结合起来，将教师个性化的教和学生个性化的学结合起来；接着，在课堂教学实践中结合教学单，通过观察—引导—发现等来充分体现以学生为主体，关注每一位学生的学习状态，努力为学生的探究发现提供足够的时间和适当的指导，呈现学生个性化的思维。其次，通过课后的研讨和反思，对于教学单存在的问题或不够合理的地方进行修改和再实践，以此来更好地激发学生学习的兴趣，给学生的学习提供更为广阔的自主选择的空间。最后通过教学单的实践研究，让老师们拓展了研究的视野，并从学生的学习需求、学习兴趣、学习个性出发创造性地设计我们的数学教育教学，提高学生的学习兴趣。

四、研究成果

经过课题组的实践研究，我们立足于课堂教学，借助教学单、评价单等方式，努力探索帮助学生呈现个性思维的方式，努力引导教师在课堂教学中充分关注学生的个体学习经历，并通过研究，获得启示。学生的思维活动是无形的，各人各异，在教学活动中，如若教师可以通过有形的载体来把握每一个个体的思维特点，对学生的思维发展而言，是极有帮助的。同时，通过研究，我们认为这在某种程度上说，也是可以找到途径的。

（一）学生个性化思维的含义

思维是对客观事物间接的、概括的反映，它所反映的是客观事物共同的、本质的特征和内在联系。在现代认知心理学中，思维是指运用观念、表象、符号、词、命题、知觉、信念或意向进行的内隐的认知信息加工过程。

个性，心理学上认为狭义的个性通常指个人心理面貌中与共性相对的个别性，即个人独具的心理特征；一般认为个性是事物的特性，即矛盾的特殊性。

“化”表示转变成某种性质或状态。

学生个性化思维是指，学生根据个人的思维水平、思维特点与思维基础，利用教师提供的与其思维相适应的思维材料、思维帮助（提供思维阶梯），积极地、主动地、创造性地思维；是学生个体自主地发现问题，在教师的指导下，用自己的思维方式解决问题的思维；是学生个体自主地发现思维中的问题；是学生个体思维的优势、思维的长处、思维的特点尽情地展示、发挥与升华的思维。

（二）有形“教学单”，让个性化思维留下足迹

“教学单”以“生”为本，以“学”为线，着力凸显学生的主体地位。一份好的“教学单”能开辟最佳的“航海”线路。教学时，教师仿佛是海港的领航员，引领学生在知识的海洋里自主学习、合作、探究，因此“教学单”给学生的思维呈现腾出空间，“教学单”给孩子表达留有时间，“教学单”给教师发现问题调整设计提供依据，“教学单”还能激发学生学习的兴趣，“教学单”也更能使学生之间的思维火花进行碰撞与融合。“教学单”的有效使用有力地促进了学生个性化思维的发展。

片段一：

在新授课“两位数加两位数（进位）”中，这节课是让学生依据问题情境，在位值图上圈一圈画一画的学习活动中，直观理解两位数加两位数进位加法的算理，并在经历进位加法计算的探究过程中，体验算法的多样化，逐步提高自

主探究、合作交流以及知识间的迁移能力。以往，在原有的数学课堂中，通常由于低年级孩子年龄小，动手能力薄弱，再加上数学课的内容密度大，很多教师都是扶的多，放的少，孩子的能力就得不到发展与培养。为了改变这一现象，在数学课中充分地发挥学生的自主探究活动时间，我们设计“教学单”来引领学生自主探究，探究时间可达10—15分钟。教学设计如下：

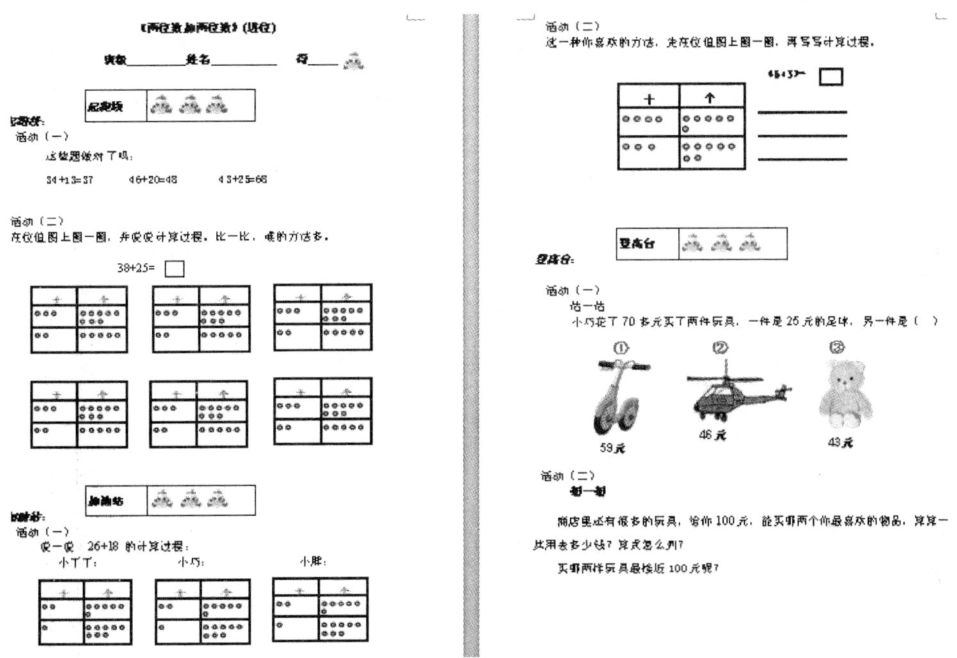
《两位数加两位数》(进位)

班级________姓名________ 得____

起跑线

起跑线：

活动（一）

这些题做对了吗：

34+13=37　46+20=48　43+25=66

活动（二）

在位值图上圈一圈，并说说计算过程。比一比，谁的方法多。

38+25=□

加油站

加油站：

活动（一）

说一说 26+18 的计算过程：

小丁丁：　小巧：　小胖：

活动（二）

选一种你喜欢的方法，先在位值图上圈一圈，再写写计算过程。

46+37=□

登高台

登高台：

活动（一）

估一估

小巧花了70多元买了两件玩具，一件是25元的足球，另一件是（ ）

① 59元　② 46元　③ 43元

活动（二）

想一想

商店里还有很多的玩具，给你100元，能买哪两个你最喜欢的物品，算算一共用去多少钱？算式怎么列？

买哪两件玩具最接近100元呢？

我们根据低年级孩子的年龄设计了3个活动版块：

活动一，通过学生的自主探究，在位值图中圈一圈、说一说，从不同的角度思考问题，呈现出不同的思维方式、暴露了学生的思维过程，并进行整理与归类。

活动二，通过独立思考，选择要好的小伙伴说一说思考方式，这一活动方式对于低年级的孩子来说能够走出自我封闭的境界，大大提高了学生的思维参与度。

活动三，是对学生思维层次有了进一步的提升，通过100元买东西的活动不但检验了学生的口算的正确率，从而也促进学生思维层次的发展。

在这些活动版块，我们采用教学单的形式人手一份，在活动方案中起了比较童趣的名称，并把教学单分为三部分：“起跑线”——这是本节课的新授环节；“加油站”——对于新授知识的巩固；“登高台”——对于思维的提升与发展。因为有了这样人手一份的学习单，虽然能力弱的孩子只能想到一种方式，能力强的学生能想到4—5种方式，但是不管怎么样，都能呈现出自己思维个性的思维方式，然后通过教学单之间的合作交流，相互有了解到更多的算法，这也正体现了小班个性化教育。

片段二：

在一年级《计算的复习课》中，教师依托一个学生比较感兴趣的形式，调动学生的自主能动性，让学生在复习旧知进行知识“再创造”的过程中得到积极的情感体验，发展学生的思维。在此基础上，设计教学单如下：

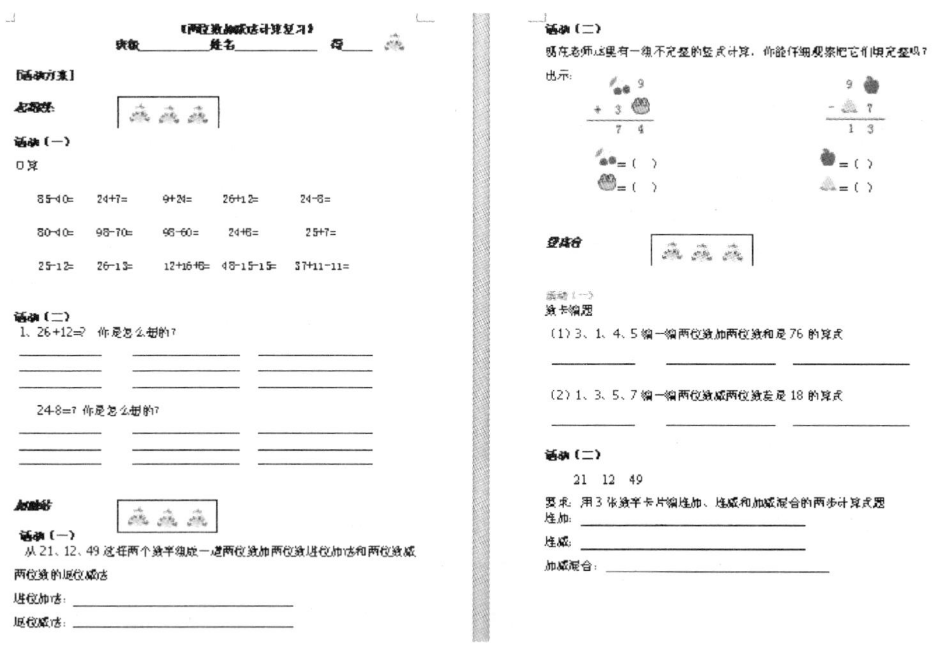

《两位数加减法计算复习》

班级＿＿＿＿ 姓名＿＿＿＿＿ 得＿＿＿

[活动方案]

起跑线

活动（一）

口算

85-40=　24+7=　9+24=　26+12=　24-8=

80-40=　98-70=　98-60=　24+6=　25+7=

25-12=　26-13=　12+16+6=　48-15-15=　37+11-11=

活动（二）

1、26+12=? 你是怎么想的？

24-8=? 你是怎么想的？

加油站

活动（一）

从21、12、49选择两个数字组成一道两位数加两位数进位加法和两位数减两位数的退位减法

进位加法：＿＿＿＿＿＿

退位减法：＿＿＿＿＿＿

活动（二）

现在老师这里有一组不完整的竖式计算，你能仔细观察把它们补完整吗？

出示：

```
      9
+   3
-----
  7 4
```

```
  9
-   7
-----
  1 3
```

=（ ）

=（ ）

=（ ）

=（ ）

登高台

活动（一）

数卡编题

（1）3、1、4、5编一编两位数加两位数和是76的算式

（2）1、3、5、7编一编两位数减两位数差是18的算式

活动（二）

21　12　49

要求：用3张数字卡片编连加、连减和加减混合的两步计算式题

连加：＿＿＿＿＿＿

连减：＿＿＿＿＿＿

加减混合：＿＿＿＿＿＿

复习课既不像新授课那样有“新鲜感”，又不像练习课那样有“成就感”，更没有一个基本公认的课堂教学结构，加上低年级学生的年龄特点，因此在设计这节复习课之前，老师再一次仔细研读了文本和教参，分析了学生计算学习的状态，并通过计算中每一环节巧妙的复习设计进一步提升学生思维发展的过程，关注学生思维质的提高。

在教学中从口算题出发，引导学生运用本学期学习的加减法的本领来自主编题以此复习计算方法，在计算方法的呈现中充分发挥学生自主构建与创

造性的能力，个性化地展现不同的计算方法，让知识的痕迹慢慢浮现于脑海中；随后通过数卡编题不但复习了竖式计算也帮助学生进一步巩固其方法，在小组交流你是怎么找到藏在水果后面的数字宝宝时，学生的思维被打开了，但有些学困生一时还摸不清方向，这时老师不急于反馈，而是让学生在合作交流中相互间有了思维的碰撞和表达的时间。

本节课的一个亮点在于——数卡编题，这是学生非常喜欢的一种形式，能大大提升学生的思维，在编题中，有些学生只能编出一道，有的能编出更多。在相互交流中发现：原来编题中还藏着那么多的小秘密，这样不但巩固了两位数加减法，而且还通过比较、交换数位等一些发现来提升思维的参与度，碰撞出智慧的火花。整节课，通过梳理—自主构建—练习提升激活学生头脑里的知识，让学生根据自己对知识的理解，用自己喜欢的方式梳理与构建，给学生呈现一个完整的知识体系，帮助学生更好的复习 100 以内的加减法，发展学生的思维能力。

片段三：

新授课《东南西北》是属于“图形与几何”中的一个内容。主要是通过辨认方向，初步建立和发展学生的空间知觉和空间观念。在这节课中老师并非单纯进行知识点的讲授，而是更关注学生的学习过程，让学生通过亲自实践来体会和掌握知识，体验数学与现实生活的密切关系，增强学数学、用数学的意识。因此老师首先通过谈话引入课题。其次认识方位，从判断户外的东南西北和教室里的东南西北引出平面图上的方位并介绍方向标；最后联系生活实际认识街区平面图。在这节课中，通过运用教学单发现教学中一些环节的设计并不能达到预期的目的，根据文本和教学单进行重新设计，并以任务为驱动在教学单中呈现一个需要解决的问题，使学生在任务驱动下展开活动，由简到繁、由易到难、循序渐进地完成，给学生留下自主探索的空间，保证学生有更多的精力投入到探索性的数学活动中，有益于学生学习方式的改善。

通过课例研究，课题组不仅从新授课和复习课两种不同类型的课中进行尝试，也以一年级的计算和二年级的几何为重点研究内容，逐步延展。在课例研究中我们感受到：通过关注孩子个性化学习，可以增强师生间的情感交融，发挥出教与学两方面的积极性；可以及时把握学情，调节教学关系和相互作用，促进自主学习能力的培养；可以加强学生与教学单的交互影响，推动学生的创造性学习。

（三）趣味“评价单”，让个性化思维自信发现

在探索课堂教学模式创新的过程中，我们发现评价方式的改变是影响课堂教学模式的一个因素，因而，课题组尝试探索了多元评价的设计，以此来促进课堂教学模式的变革。

1. 多元评价形式

第一，教学单中的“橙果”评价。在教学单中我们对于每一个环节进行了激励与评价，不但注重老师在课堂中及时的点评与表扬鼓励，还有对于教学单中每一个环节的评价。我们采用了我们学校的 logo——橙果宝宝，老师通过对每一个环节评价的要求采用自评、互评以及师评的方式，更公平适切地给予孩子学习的信心和兴趣。

第二，单元练习中的“橙果园”评价。“橙果园”评价：结合学科基础素养的要求，在每次的单元测验后为一年级学生度身定制了评价方案，即阶段练习评价，这样能更客观公正地给孩子一个评价，而不局限于知识技能的掌握情况。

“橙果”单

读写姿势： 完成态度： 正确率：	总评：
近期学习表现：	家长签名：

第三，数学日常学习评价量表的评价。（见下页《数学学习表现量表》）

第四，口试过程中的“摘果”评价。每学期期末，我们对低年级学生的各科学习情况进行口试。我们根据学科课程标准要求掌握的知识点，采用让学生展示学习成果的形式对学生进行综合性的评价。我们采用了“三试”并重的方法。即由单一性的笔试，改为笔试、口试、操作等形式相结合，使其扬长避短，互相协调，相得益彰，更能全面地衡量学生的数学文化素养水平为了能进一步

数学学习表现量表

项　目	要　　求	自我评价	教师评价
听讲习惯	上课专心听讲。		
	上课能积极举手。		
	能根据要求回答问题。		
倾听习惯	能听清老师的话和同学的发言。		
	发言时能站直有精神。		
	说话时态度大方，口齿清楚，声音响亮。		
小组合作	认真听小朋友的发言。		
	能听懂小朋友的发言。		
	乐意与学习伙伴交流。		
语言表达	能勇敢自信的表达自己的想法。		
	完整清晰的讲述自己的思考方法。		

家长的话：

提高学生学习的积极性，在口试中低年级段都采用了 3 个板块：第一部分：算理方法我能说：说说算理。第二部分：快速心算我能行，快速口答。第三部分是结合各自年级的主题作业，在每一部分根据学生能力层次的不同都分成 3

部分进行评价。这样的形式非常受到孩子和家长的好评,在口试中,对于学困生来说,他们的积极性提高了,因为老师不再以一张试卷就来评定一个孩子的学习情况,而是通过不同方面的综合的评定给予不同层次孩子以更好的评价与发展,增强了每个孩子学习积极性。这也正体现了在小班个性化教学中关注每一个孩子的成长与发展。

2. 多样评价方式

第一,自评师评相结合。成长是快乐的、成长是自主的、成长是互动的,成长是超越的,每一个学生都有向上的愿望,但往往自己无法掌控自己的行为。教育需要根据孩子的年龄特点对目标进行合理分解,采取小步子、小目标循序渐进的养成策略,理解成长中的反复,有的放矢引导、点化、矫正和养成。教学单中的评价以及每月学习量表中通过对每一个环节评价的要求采用自评、互评以及师评的方式,让学生更踊跃的在课堂教学呈现他们的个性思维、智慧的火花以及学习习惯和学习态度,并在此基础上,不断激励学生取得新的进步。

第二,家长参评重过程。把学生学习的每一个结果当做他(她)学习的过程,不要把学习的每一个过程当做学习的结果。这是过程评价的基本原则。学生在每天的学习过程中可能会遇到各种各样的问题与困难,学习的过程,就是在不断地解决问题矛盾。过程性评价是一种自我解决问题的态度和方法。每月学习量表中家长的话,就是老师与父母的及时沟通,这都是过程性评价的一种有效方式。过程性评价的重点不是评价的结果,而是对学生对自己行为表现的及时反思、纠正和完善,并通过这种积极主动的心灵内省,获得积极正向的自我激励和自我认知。

第三,趣味评价成常态。形式多样、富有趣味的考章活动替代了以往的测验、考试。搭一搭、分一分、说一说等对知识性目标的检测更加立体、多元、丰富。学生通过多种评价形式,在玩中巩固所学知识,体验学习快乐。

(四) 主题"作业单",让个性化思维长远发展

如果说,在课堂教学中我们更多关注的是一个孩子的个性化思维点的话,在课题研究过程中,我们也开始思考如何关注孩子个性化思维的长远发展,也为将来思维的长效发展提供一席之地,我们选择了以主题作业单为视角。

设计"多姿多彩"的作业,让学生体验数学学习的乐趣和在实际生活中的运用;布置"多姿多彩"作业能真正促进学生个性化思维的发展。课题组设计了特色作业——"主题长作业"。顾名思义"长作业"并不是像一般的回家作业

当天完成第二天交，而是结合数学学习内容中的某一部分，结合生活中来完成，完成的时间为一个星期，在完成的过程中，让学生能运用所学知识，解决日常生活中的问题，使数学真正为我们的生活服务，从而体验数学的意义与价值。

例如，一年级的主题作业是“我的六一我做主”，通过六一节与爸爸妈妈的购物活动，学会怎样的购物过程是合理的，并在此基础上能进行简单的人民币之间的计算和换算，感受到了数学与生活的联系。二年级的主题作业是“我的简易天平”，通过制作简易天平，培养了学生动手操作能力，在制作的过程中学会材料的选择和对简易天平的调整，能用它进行物体之间重量的比较，激发学生学习的兴趣。像这样的每一次主题作业的过程都是一次思维的过程。我们低年级的老师努力让孩子们的作业丰富起来，真正为学生的发展服务，让做作业成为学生的乐趣。

教育是生命与生命的对话、感染与影响，教育需要激情，让我们用教育的智慧开创小班化教育的未来！

（执笔：王　音）

[专家点评]

上海市齐齐哈尔路第一小学开展了“低年级数学课堂教学中实施个性化思维的研究”的课题研究。经过多年的研究，获得了研究报告、论文、案例与个案等研究成果；更重要的是有力地促进了学校数学教学改革，有效地提高了数学学科教学质量，显著地提高了学生的数学学习的能力与兴趣。值得祝贺！

该研究成果应用性强。其成果《低年级数学课堂教学中实施个性化思维的研究》研究报告与《“单”读思维——二年级数学课“东南西北”教学活动案例》《娜娜进步了——二年级数学学习中娜娜发展个案》《数学主题作业——张扬个性的乐园》三篇案例个案论文等是一项应用性很强的研究成果。它基于进一步深化小班化教育理念，更多地关注学生个体学习历程；探索数学学科教学提出的新要求，回应好数学学科课程标准；诠释与折射学校办学的文化，更强地体现学生个性化思维特点而开展研究的，其针对性很强。

研究成果阐述了通过学生“个性化思维”的培养，让孩子们明白每个人其实都可以成为发明与创造者，提高孩子们的自信心；在注重“个性化思维”的教学过程中，让教师明白“当孩子们的思维没有完全按照自己的意思走时，请允许孩子走下去”，让孩子们去体验数学知识，领悟数学本质才是关键所在；通过课中“个性化”的交流，提高孩子们学习过程中的注意力，提高孩子关注自己学习的成效。它有效地实践了低年级数学小班个性化教学活动。当前，在小班教育环境下，如何使小组教学、个别教学、个性化教学更深入发展，是学校教师都在思考的问题。这次“齐一”小学的课题研究，从改革低年级数学教学入手，改革数学学科传统的教学方式，促进了本校小班化教育教学的深化。该成果值得大家学习与借鉴，值得大家应用与推广。

该研究成果的科学性比较好。该课题研究过程科学性较好，开展了情报文献资料的研究，开展了理论的研究，在此基础上开展了多轮的实践研究。该课题研究内容科学性较好。其研究内容有：第一，学生个性化思维的含义：学生个性化思维是指，学生根据个人的思维水平、思维特点与思维基础，利用教师提供的与其思维相适应的思维材料、思维帮助（提供思维阶梯），积极地、主动地、创造性地思维；是学生个体自主地发现问题，在教师的指导下，用自己的思维方式，主要靠自己解决问题的思维；是学生个体自主地发现思维中的问题，在教师的指导下，主要靠自己解决思维中问题的思维；是学生个体思维的优势、思维的长处、思维的特点尽情地展示、发挥与升华的思维。第二，有形“教学单”，让个性化思维留下足迹：“教学单”以“生”为本，以“学”为线，着力凸显学生的主体地位。一份好的“教学单”能开辟最佳的“航海”线路。教学时，教师仿佛是海港的领航员，引领学生在知识的海洋里自主学习、合作、探究，因此“教学单”给学生的思维呈现腾出空间，给孩子表达留有时间，给教师发现问题调整设计题图提供依据，还能激发学生学习的兴趣，“教学单”更能使学生之间的思维火花进行碰撞与融合。“教学单”的有效使用有力地促进了学生个性化思维的发展。第三，趣味“评价单”，让个性化思维自信发现：在探索课堂教学模式创新的过程中，发现评价方式的改变是影响课堂教学模式的一个因素，因而，课题组尝试探索了多元评价与多样评价，以此来促进课堂教学模式的变革。多元评价形式有教学单中的“橙果”评价，单元练习中的“橙果园”评价，数学日常学习评价量表的评价，口试过程中的“摘果”评价；多样评价方式有自评师评相结合，家长参评重过程，趣味评价成常态。第四，主题“作业单”，让个性化思维长远发展：设计“多姿多彩”的作业，让学生体验数学学习的乐趣和实际生活中的运用；布置“多姿多彩”作业，真正促进学生个性化思维的发展；设计了特色作业——“主题长作业”,促进学生的个性化探究。这样,低年级数学课堂教学中实施个性化思维的研究促进了学生的生动发展,教师的专业发展,提升学校的办学品质:促进了学生对个性化思维、主动探究、合作交流与实践体验学习的兴趣,促进了学生数学学习综合能力与学习兴趣的提高,促进了数学教师课程教学改革理解能力提高与自我专业发展,促进了学校引领课程教学改革的主体性和主动性。

该研究成果的先进性比较好。从开展的情报文献资料研究来看,进行小学低年级数学课堂教学中实施个性化思维的研究不多,因此其研究成果具有一定的先进性。在本区四十多所小学数学学科教学里,类似的研究尚没有见到。该课题的部分成果在区数学学科教研活动、学校课程教学改革活动中都做过介绍,受到兄弟学校同行教师的肯定与赞扬。

该课题的研究成果还有效地促进了小班个性化教学的发展。由于在低年级数学课堂教学中实施个性化思维的研究中,小班学生个性化思维的展开本身就是小班个性化教学的结果;还在有形“教学单”、趣味“评价单”与主题“作业单”三个方面都进行了个性化教育的探索,它给班级全体学生,特别是数学学习能力偏差的同学,以有效的激励,激起他们学习数学、开展数学活动的自信心与兴趣;它给班级全体学生,特别是数学活动兴趣大的同学,以有效的导向,引导他们学习数学时重视探究实践,重视数学知识的运用,重视自我思考;它给班级全体学生,特别是数学学习很粗心或较差的同学,以有效的反馈、改进,反馈出并改进他们数学活动中的错误与缺陷。这样,低年级数学课堂教学中实施个性化思维的研究有力地促进了低年级数学学科教学及数学活动中小班个性化教学的发展。

最后,期望“齐一”小学该课题组全体老师,继续深入研究低年级数学课堂教学中个性化思维的实施,探索出更好的理论成果与实践成果,促进学生学会数学、学会动脑与学会动手,促进小学数学教育教学的发展,促进教师的专业发展,促进齐一小学教育教学的特色发展。

(杨浦区教育科研室原主任、特级教师　项志康)

案例

“单”读思维

——二年级数学课《东南西北》教学活动案例

章晨骏

一、案例背景

小学小班化教育能够满足家长对学生个性发展的需求，有利于促进学生良好个性的发展，适应新课程要求关注每个孩子的发展的需要。小班化教育是以小班为基本的配置条件，逐步体现其个别化、个性化教育价值理念的具体实施过程。它在一定程度上改变了传统教学同步单一的要求，创建了别具一格的教学环境，营造了适合学生个性发展的教学氛围，增强了师生活动的密度、频度和效度，改善了师生关系和生生关系，使得求新求变的教学策略得以实现，让学习活动变得多姿多彩，教学过程洋溢着生机和欢乐。我们针对小班化教学在低年级数学课堂中如何呈现学生的思维过程，通过教学单的设计和使用为载体进行研究。教学单设计的主要目的是让每个孩子们根据自己的已有经验，用自己的思维方式，自由地去探索去发现，去创造数学知识。如果学生对已有的知识掌握得越扎实，理解得越透彻，新的知识接受起来就更快更好。因此，教学单能充分帮助学生将学习新知识必备的有关知识有条理的准备好，为学生主动参与学习创造条件，为培养学生探究的学习能力、思维深度和广度的发展寻找最佳途径。

二、案例描述

本节课“东南西北”来自二年级数学第二学期。我通过教学单的设计，为学生提供了三个层次的活动来呈现他们的思维的过程。

［**教学片段一**］

认识平面图上的方位：出示“上海轨道交通示意图”，介绍方向标。

这是上海轨道交通示意图，从图中你有没有找到判断东南西北方向的图标？你有什么好方法记住它？(1)在这幅图上请你找到8号线和2号线，先用手沿着它们行驶的路线划一划，然后轻轻地说一说它们的行驶方向是怎样的。(2)8号线最北面和最南面分别是什么站？2号线最东面和最西面分别是什么站？

在数学学习中，学生需要在特定的数学活动中，逐步体会数学知识的产生、形成与发展过程，获得积极的体验。因此，与之相适应的教学单，可以既关注多种活动的充分设计，更关注活动后的所思所想，使活动后的体验、感悟充分外化。教学单不同于一般意义上的纸笔测验，它因教学活动而诞生，着眼于课堂教学中活动的引领，记录下学生学习活动的历程。如上述平面图上的方位认识设计，通过观察、交流、操作等活动，使学生真正体验生活中的数学。伴随着学习过程的始终，引导学生用自己的头脑去思考，用自己的眼睛去观察，用自己的耳朵去聆听，用自己的嘴巴去表达，用自己的双手去操作，这正是教学单与一般纸笔练习的区别所在。

[**教学片段二**]

认识街区平面图上的方位。根据学生的观察提问：

1. 街区平面图上有哪些场所？小胖家的北面有什么？南面、西面、东面分别有哪些场所？你是怎样找到的？

2. 小胖家在游泳池的什么方向？你是怎样想的？

尽管低年级的学生具备了一定的生活经验，但他们对于周围的各种事物、现象有着很强的好奇心。我就紧紧抓住这份好奇心，结合生活中的实际问题，创设情境。设疑引思，用学生所熟悉的生活环境作为实例，引导学生利用已经学过的知识，并结合生活经验来探索新知识，掌握新本领。通过让学生在教学单上指一指，认一认的活动，让学生在自主探索和合作交流的过程中理解和掌握数学知识和技能，获得数学经验。真正的学习并非发生在学生的手上，而是发生在他们的头脑中。这包括学生在观察中的思考，对获得的数据进行整理、分析等处理，在与同伴的对话和交流中相互质疑、评价，自觉进行反思等等。每个学生作为一个独特的个体，他们在数学活动中所获得的体验是不同的。而在实际教学中，我们提供的大多数任务和完成任务的方式同一，对班级中许多学生而言，他们往往丧失思考的时间，丧失表达的机会，无法用自己擅长的方法来表述自己的思维和实践过程。由于教学单提供的活动需要每个学生都主动参与，并且把自己的思维过程记录下来，这就为不同的学生提供了更多的机会。他们可以在面对具体活动时，采用自己熟悉、喜爱、擅长的思维方式、实践方法来开展活动。在这一过程中，学生能够充分地进行思维的碰撞与心灵的交流，加深对新知的认识与体验。这也是设计此教学单的基本策略。

［**教学片段三**］

运用所学的本领，根据要求将（　　）小学平面图填完整（只填序号）。

1. 霍山路的南面是学校正门。
2. 新教学楼在正门的东面。
3. 操场在学校的中心。
4. 跑道在操场的最西面。
5. 老教学楼在跑道的南面。
6. 领操台在操场的南面，在老教学楼北面。
7. 体操房在新教楼的南面，也在边门的北面。

（　　）小学校园平面图

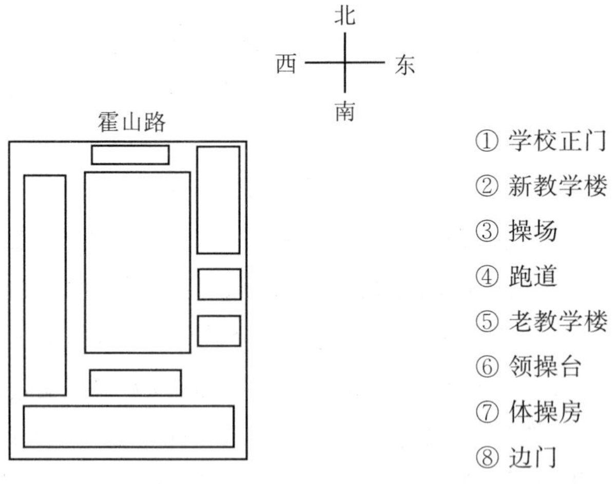

北

西　　东

南

霍山路

① 学校正门
② 新教学楼
③ 操场
④ 跑道
⑤ 老教学楼
⑥ 领操台
⑦ 体操房
⑧ 边门

这一环节的设计是对本节课所学知识的综合运用。以任务为驱动，就是在教学单中呈现一个需要解决的问题，使学生在任务驱动下展开活动，由简到繁、由易到难、循序渐进地完成。在完成任务的过程中，学生需要综合运用所学的知识，如：能看懂方向标，能读懂老师提供的信息，根据信息合理判断或调整每个场所所在的正确位置等来解决实际问题，能培养他们从不同角度分析问题、解决问题以及处理信息的能力，并有助于培养学生与人共处的合作精神，使学生不断获得成功体验。数学教学单能够在教与学之间架起一座桥梁，给学生留下自主探索的空间，保证学生有更多的精力投入到探索性的数学活动中，有益于学生学习方式的改善。

三、案例反思

“东南西北”是二期课改二年级第二学期中的内容，这一教学内容由于与学生生活实际联系比较紧密，识别东南西北也可以说是生活的一项基本技能，因此在自然常识、品德与社会中也都有相应的内容。如何将这部分内容呈现出数学课的内涵，既不沦为自然课、思品课，又要突出我们所用新教材的特点，这就需要对教材内容、教学目标、教时分配有所整体把握。从教材分析中看到，整个“东南西北”的教学内容分为两大部分：其一，方位的确定；其二，借助方位符号形象描述到达目的的路线。从学生角度来看，学生已经会用上、下、左、右、前、后描述物体的相对位置。虽然在日常生活中对东、南、西、北等方向有一些感性的经验，但缺乏系统认识。本课通过对东南西北四个方向的简单认识，帮助学生建立初步的空间观念，并为进一步学习路线图奠定基础。

根据二期课改的课程目标，我认为，方向的认知是属于“图形与几何”领域的。主要通过辨认方向，初步建立和发展学生的空间知觉和空间观念。我的设计意图是从学生熟悉的生活事例出发，通过辨认、游戏、合作、交流等等教学方法，完成这节课的教学目标，使整节课围绕着生活化、情境化、游戏化来进行学习。

这节课教得特别轻松，学生学得也非常愉快，学生在玩中学会了东、西、南、北四个方向。将抽象的知识形象化，具体化，让学生感受到数学就在生活中，生活中处处有数学。教学设计和教学思路符合了低年级学生的年龄特点，玩是小孩子的天性。我抓住了这一特点，让学生在玩中学，学中玩，教学中，激发了学生的学习兴趣，使课堂气氛活跃轻松。

（一）联系生活经验，使个体经验显性化

课一开始，我就先借助学生已有的生活经验，如果你和爸爸妈妈去一个陌生的地方旅行，你有什么好方法判断“东南西北”这些方位呢？对这个问题的解决孩子们是有生活经验的，他们争先恐后地说：“可以借助指南针”“可以看路牌上指示标志”……将学生自然而然地带入了认识方向的现实情境中，让所有的学生都能积极地参与到学习活动中去。接着，我出示了一张“上海轨道交通示意图”，同时也把这幅图设计在了教学单上，告诉孩子们：在这幅图上请你找到8号线和2号线，先用笔沿着它们行驶的路线划一划。然后请他们轻轻地说一说它的行驶方向是怎样的，再用笔圈出8号线最北面和最南面分别是什么站，2号线最东面和最西面分别是什么站。通过操作后孩子们能很快地回答出："8号线南北走向的，2号线是东西走向的。"这样的设计目的是使每个孩子都能成为学习的主人，把自己的想法呈现在教学单上，有了教学单，学习不再是一对一的交流，它可以为每个个体经验提供呈现的平台。

（二）串联活动体验，使个体感受系统化

《国家数学课程标准》指出："学生的数学学习活动应当是一个生动活泼的、主动的和富有个性的过程。"为了让学生体验东南西北的位置关系，为了让学生更好地体验东南西北的位置关系，我通过教学单上三个环节的设计：让学生从辨别"上海轨道交通示意图"上的方位到街区平面图上的各个场所之间所处的方位，最后到根据方位条件，综合运用所学的知识填齐一小学的平面图，并在此图的基础上再进行空间上的方位拓展，比如跑道的西面是什么，再往西是哪里……可以提高学生对周边环境的了解，激发学生的学习兴趣。整节课的学习过程就是活动的串联过程，通过教学单引导出孩子思维发展的一条路，上完一节课，每一个活动的感受都进行叠加和整合，获得对一个知识点的系统认知，这个就是尊重孩子思维发展的特点，并且给予每一个孩子发展的经历，辅助他获得活动体验。

教学单——学生思维的舞台

——二年级数学课《两位数加两位数》教学活动案例

张　瑜

一、案例背景

《国家数学课程标准》提出:“教师要根据学生的具体情况,有创造地设计教学过程,要正确认识学生的个体差异,因材施教,使每个学生都在原有的基础上得到发展。”

综观目前教育现状,学生的个性发展尚未受到足够的关注,许多形式主义倾向依然存在,由于过于强调学习目标、学习内容、学习方式、学习评价等方面的统一,而忽视学生个体间的差异,学生的学习已渐渐失去了个性,这在某种程度上限制了个性发展和创新潜能的开发。苏霍姆林斯基说:“每一个孩子都是独一无二的。”学生的学习原本就是一个动态的充满灵气的个性活动,每个学生都是作为一个独特的生命个体参与教学活动的始终,他们的学习必然闪烁着创造的火花和人性的光辉。

二、案例描述

100 以内的加减法对一年级的学生来说是很重要的一部分,新课标对计算部分的要求是不仅要让学生能够比较熟悉地进行计算,而且在学习过程中,还要注意引导学生算法多样化,让学生积累四则运算的感性认识,探究计算方法,力争在课堂上最大限度的调动学生的主题思维,让学生在教学过程中以多维思考的方式进行有意义的学习,努力让思考成为一种常态。

因此在设计本节课时,我就在认真思考这样一个问题:怎样才能打开学生思维?学生之间还会进行怎样的思维的碰撞与启发?在交流碰撞的过程中怎样逐步提升思维的深度和广度?于是我们想到了一定要给学生的思维呈现提供一个舞台,一个载体,那就是教学单,所以针对本节课新授设计了以下教学单:

在位值图上圈一圈，并说说计算过程。比一比，谁的方法多。

38＋25＝□

十	个
○○○	○○○○○ ○○○
○○	○○○○○

十	个
○○○	○○○○○ ○○○
○○	○○○○○

十	个
○○○	○○○○○ ○○○
○○	○○○○○

十	个
○○○	○○○○○ ○○○
○○	○○○○○

十	个
○○○	○○○○○ ○○○
○○	○○○○○

十	个
○○○	○○○○○ ○○○
○○	○○○○○

情境：妈妈带小胖去买玩具，小胖挑选了两件玩具，一架飞机和一只足球，应付多少钱？

(1) 说出算式：38＋25

(2) 38＋25 等于多少呢？（猜一猜）

(3) 你们都说是 63，对不对呢？我们来验证一下。让我们请出学习好帮手位值图，先请小朋友自己在教学单上圈一圈，然后同桌交流一下你们的方法，比一比，看哪组的方法又多又好。

学生动手，老师巡视学生的计算过程。

师：谁愿意上台来说说的你是怎么想的？

(1) 30＋20＝50　　8＋5＝13　　50＋13＝63

(2) 38＋20＝58　　58＋5＝63

(3) 30＋25＝55　　55＋8＝63

(4) 38＋5＝43　　43＋20＝63

(5) 38＋2＝40　　40＋23＝63

当出现第五种方法时，师马上追问：和前面一道题都是拆 25，有什么不一样的地方？生：前面一种拆法：拆成整十数和一位数；后面的拆法：是为了先凑到整十数。师继续引导：这几种方法很不错。还有不同方法吗？你们可以再圈圈，试试？于是第六种方法出现了：

(6) 38＋22＝40　　60＋3＝63

师：真棒！追问：你听懂了吗？在小组内互相说一说。生：他的意思是把

25拆成22和3,先38加22等于60,60再加剩下的3等于63。所以38加25等于63。继续追问:与他的方法差不多的有吗?学生们兴致很高,都开动了脑筋:

(7) 35＋25＝60　　　60＋3＝63

也有小朋友出现8＋25＝33,33＋30＝63和5＋25＝30,30＋33＝63的情况,说明也就是像上述过程一样,两位数先加一位数再加整十数;把25先凑到整十数。

师:我们想出了这么多的方法,你能不能根据拆的特点分分类?

个位加个位,十位加十位的方法。

先加整十数,再加一位数或先加一位数,再加整十数的方法。

先凑整十数的方法。

师:这几种算法都是转换成已经掌握的什么本领来进行的?

当遇到新的问题时,我们要想能否转化成已经学过的知识来解决。

小结:通过自己的探索,自己研究出两位数加两位数(进位)的计算方法。(揭示课题)

三、教学反思

以上案例中,学生自主探究的时间有将近15分钟,通过学生的自主探究,借助教学单在位值图中圈一圈、说一说,从不同的角度思考问题,呈现出不同的思维方式、暴露了学生的思维过程,并进行整理与归类。

教学单以“生”为本,以“学”为线,着力凸显学生的主体地位。因此,教师设计教学单时,一要强化教学单目标引领,关注目标信息对学生刺激的深度、广度。一份好的教学单能开辟最佳的“航海”线路,教学时,教师仿佛是海港的领航员,引领学生在知识的海洋里自主学习、合作、探究,唤起他们内心的需求,达成教学单目标。二要以问题强化学生感知。儿童心理学研究表明,问题磁场对儿童的影响是深远的。因此,教师设计教学单时,强化问题引领,学生在问题磁场效应下,在知识的海洋里泛舟目标更明确。

(一)打开学生的多向思维

上面案例中,学生出现了几种不同的思维结果:想法一是个位加个位,十位加十位,最后合起来的方法;想法二将加数25拆分为20和5;想法三将加数38拆分为30和8,在教学单的“引导”下,就出现了和不进位加法完全一致的三种方法。透过学生的多向思维的三种结果我们可以看到,尽管学生的思维是多向的，方法也各有不同，然而在这些不同中总有着本质的相互联系，也有着本质的共同点：三种算法都是通过分拆转化为借助“整十数加整十数”“两位数加整十数”“两位数加一位数”这些以前已掌握的计算方法来进行的。随后师继续引导：还有不同方法吗？你们可以在教学单上再圈一圈，试一试。

在教学中，面对一个数学问题，由于学生的先有经验、思维特点、思维水平的不同，往往会有不同的思维方向，进而产生不同的思维结果。比如以上案例中，就出现了方法(6)38＋22＝40　60＋3＝63 虽然与我的教学预设思路不符，但我仍对这种方法进行了肯定“真棒！”，并进行了适时介入，引导学生彼此的沟通和相互的理解，“听懂他的意思了吗？谁再来说一说？”“你的方法与他不同在哪里？”因为“表达”不仅仅意味着让学生讲出不同的算法给他人听，更要在理解他人算法中做出比较和判断以转化为自己的算法。学生运用自己的方法解决问题，他们才会对解决数学问题有深切的体验，才会取得学习数学的经验。借助教学单，给学生的思维提供了一个广阔的舞台，为学生与老师，学生与学生之间进行数学交流提供了较大的空间，希望学生在数学交流中不断地讨论、表达，在表达、讨论中促进数学思维活动，从而使学生数学的思维品质得到培养，数学思维能力得到提高。而教学单又正好将学生的思维轨迹一一呈现了出来：

在位值图上圈一圈，并说说计算过程。比一比，谁的方法多。

38 ＋ 25 ＝ □

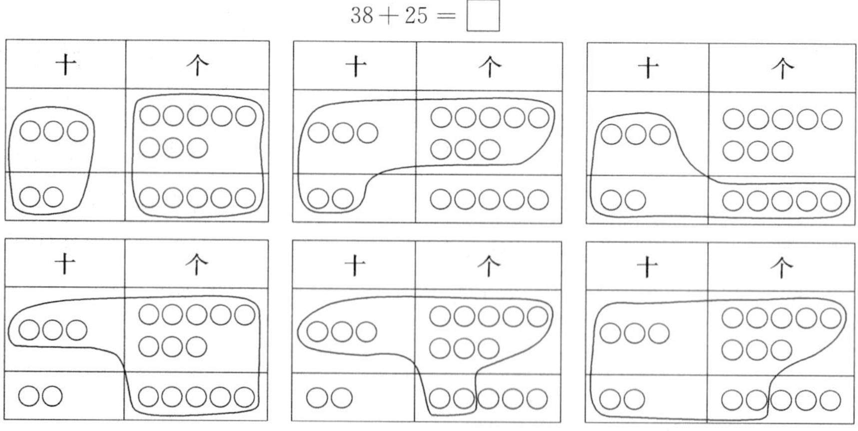

（二）要顺应学生的多向思维

在这个案例中，我们可以看到绝大多数学生都能在教学单的引导下积极主动地展开学习活动：大多数学生都能写出四、五种方法，就连几个平时学得比较慢的学生也能写出三种基本方法，而有的学生的思维则超出了教师预设的思维范围想出了六七种方法，如 38＋22＝40　60＋3＝63、35＋25＝60　60＋3＝63。教学单给了所有学生展示思维的舞台，事实证明，小部分学生超出预设的思维带动了全体学生的思维走得更远，其他学生的思维一下子被打开了，最为可贵的是学生习得了在举一反三中让思维向深处发展的能力。教学单将教与学两条线索有机融合在一起，将学生自主学习与小组合作学习有机整合在一起，从而使更凸显学生的主体地位的教学理念和教学思想得到了较好的体现和落实。在这样的课堂上，不仅可以看到学生积极主动学习的身影，而且能感受到一种浓郁的民主、平等的师生关系，能倾听到学生知识、技能、情感、生命等和谐拔节向上的声音。

打造灵动的、富有生命力的课堂，让每一位学生动起来，并在活动中学会学习，让教学单成为学生思维的舞台是我努力追求的"小班化"教学境界。由大班向小班的转变，不仅仅是班级人数的变少，更重要的是教学观念、教学方式的转变。

娜娜进步了

——二年级数学学习中娜娜发展个案

解　芳

一、个案背景

数学，本身是一个神秘和富有魅力的学科，作为教师要善于为学生打开这扇神秘的窗，引领他们进入其中，去充分感知数学、发现数学、触摸数学，消除他们对数学知识的陌生感，通过小组合作、同伴互助等形式让学生在心理上缩短与数学的距离，从而激发他们求知的欲望、探索的欲望和学习的积极性。

二、个案描述

娜娜是我在教学二年级时班中的一位小女生。记得在上完“做有余数除法”这节课后，下课的时候娜娜突然走到我身边。

娜娜是一个内向害羞并在学习上缺乏自信的小女生，平时的她在上课的时候总是默默地坐在位置上静静地听着小伙伴的发言，即使请到她回答问题哪怕是一道简单的口算题，她也会脸红得像小苹果，声音轻得像只小蚊子。由于她的胆小和自卑，再加上家中又无人辅导，使得她在学习上的成绩不甚理想，但今天她居然能在课后主动地走到我身边拿出了她上课时自己的算法和我交流起来，这可是第一次啊！这让我感到既惊讶又开心。

她说：“解老师，你看这是我的算法，我把 25 看成了 24，这时 24 正好能够除以 8 等于 3，然后再把 25 与 24 相比多了 1，所以结果是 3 余 1，你看我还画了图呢。解老师，今天这些题目我都会做了，刚才讨论的时候小朋友都说我做得好！”

看着她那稚嫩的图示和简单的过程，我惊喜地发现，在同伴的肯定和老师的鼓励下娜娜进步了，变得自信了，因为在这里她得到了同伴的赞扬、老师的认可。

我高兴地对她说：“瞧，你能够运用原来学过的本领来解决问题，你真了不起,老师相信只要你多开动脑筋,你一定会越来越棒的!”我边说边把她搂进怀里,她开心的小脸又红了。

第二天,娜娜又拿着教学单走到我面前,害羞地对我说:“解老师,瞧,这是我昨天晚上模仿你上课时的题目又给自己出了两道题,下面是我自己的方法,你看看对吗?”我仔细地拿起这张教学单,看着她那稚嫩的字,欣喜地发现都对了,昨天她不但听懂了而且还会运用了,我开心地摸了摸她的小脸并在她的教学单上打上了三个大大的橙子,望着她看着教学单那兴奋的神情,我从心中为她感到骄傲和高兴。

从此以后,在课堂上娜娜举手发言的次数越来越多了,自信心也慢慢增强了,下课的时候也会经常看到她和小伙伴讨论问题的身影,渐渐地,娜娜在数学上的进步越来越明显了。

三、个案反思

这是我在教学课后的两个小片段。娜娜的场景,让我深深地感到,教育工作是一项富有创造性的工作。在小班教育中,由于学生数额的减少,每个学生都能得到教师更多的关爱,增强了师生互动和生生互动。这种互动,不仅可以激发学生的聪明才智,同时也能激发出教师的灵感和机智,促使我去钻研、去探索一套符合小班特点的教学方法和艺术。在课中,我充分发挥小组合作交流的形式,注重先让他们独立思考,在探究受阻时或有自己独特的想法和见解时,再借助小组合作的学习方式来扩展解题思路和交流自己的见解,在小组合作的学习形式中能让不同性格不同层次的孩子得到不同的发展。其次通过教学单的设计,引导学生自己在情境中探索方法,引导学生独立思考和解决问题,突出孩子们的个性,把学习的空间留给了学生,培养他们的合作意识和解决问题的能力。

(一)尊重民主的课堂氛围是开展个性思维的基础

由于班级学生之间存在着各种差异,在课中,我把课堂交给学生,适时引导学生探索;组织教学活动,引导学生逐步、分层次理解,以突破教学的难点。学生讨论、交流、汇报时,注意收集学生的信息,把学生的思维焦点集中在探索的重点问题上,调动了学生的兴趣,让学生学得生动,使静止的课堂变得生动起来,课堂气氛非常热烈。“$25\div8$”是两位数除以一位数的算式,也是新授的内容。这一内容虽然还没有学,但由于在平时的学习中已积累了一定的知识经验和学习方法,所以在计算此题时呈现在教学单上的是学生是多种多样的方法，有的利用学具帮助进行计算、有的利用画图形进行计算、还有的则巧妙地利用乘法口诀进行计算……在那么多的方法中，我适时地组织引导学生在小组内交流各自的思考过程和方法，从中得到启发，开拓思路。在交流的过程中，很多学生都畅所欲言，他们的思维产生了碰撞，激发创造的火花。在整个探究的过程中，教师的教“似乎并不显得很突出”，更多的时间是引导学生去深入思考，自己动手去实践，使学生在深入思考和动手实践的过程中真正的掌握基础知识和基本技能，寻找解决问题的方法。在深入思考和动手操作的过程中，学生就会有所理解、有所发现、有所获得，这样有利于学生的创新个性和创新能力的培养。在这整个探索算法的过程中，教师给学生提供了机会、创造了环境，在这里学生学会的不仅仅是一种计算方法，更重要的是从中体会到了自主探索、自主发现的快乐，感受到像数学家那样进行研究、创造，发挥出自己学习数学的智慧和潜能。

在学生自主合作交流的过程中，我也会不时走到他们中间和他们一起讨论、倾听他们想法，每当我走进他们小组的时候，他们总会变得特别兴奋，讨论的氛围更浓了，甚至还有同学拉着我说：“解老师，你和我坐一起，你不要走。”虽然只是简单的一句话，但我能从中感受到学生和老师之间相互平等、相互尊重、相互信任的师生关系，在师生互动的情境中，师生之间既有信息的传递，又有情感的交流，更有思维的培养，使师生之间做到“没上没下，没大没小”。

（二）在合作交流中凸显个性思维

首先，在小组合作学习中应该培养学生学会倾听的品质，看、听、说、思。倾听是一切学习的基础，也是一种有素养的表现。在低年级的小组合作学习中，要让学生树立从“他”说起的理念，引导学生在代表本小组的成员在汇报时，不但能说出自己的见解，还能通过复述小组内其他成员的话语来回答问题。这样既符合低年级孩子以形象思维为主的心理特征，又可以让他在小组说话交流时主动注意其他小朋友的发言，培养倾听的习惯和品质。

其次，在合作交流、分组合作中，每个学生都有了展示自己个性的空间，学生在此学会了交往、学会了参与、学会了倾听、学会了尊重别人，尤其是对于那些不善于发言、胆子小以及学习有困难的学生，在小组合作中他们敢于放开自我，倾听大家的意见，并能在小组其他成员的帮助下渐渐锻炼自我，提高自我。在这节课中，我提供了两次小组交流和同伴交流的方式，甚至你也可以选择与好朋友共同学习做题的形式。第一次是在探索算法的过程中，另一次是在解题完毕后同伴的交流中，在这样一种合作互动的形式中，孩子们学得更主动了，尤其是那些学困生、胆子小的学生，他们不再害羞，同时积极性也提高了，做题也更带劲了；而那些学习能力比较强的学生，由于帮助了同伴，更增强了他们的学习自信心，整个课堂沉浸在一片浓浓的学习氛围中。

合作交流是小班化教育和课程所倡导的学习方式之一，通过小组合作同伴互助的这种形式，像娜娜这样的胆小害羞并且学习上有一定困难的学生慢慢地开始摆脱胆小和自卑，性格也变得开朗活泼了，和同学与老师的交流也越来越多了。看到学生的点滴进步，作为老师的我们感到由衷的开心与欣慰，我们也在进一步地积极探索，希望通过我们的努力能让更多像娜娜这样的孩子在学习上变得越来越自信。

我一直认为，作为一名数学教师，要给学生一个可以展示自己创造的空间，使他们在质疑与探索、合作与交流中体验到学习数学的乐趣，同时适时地关心、关爱每一位学生，使每一位学生都能茁壮成长。

数学主题作业——张扬个性的乐园

解　芳

在小班个性化教育背景下，数学作业的设计与布置，在小学数学教学中有着举足轻重的地位。为了满足学生个性化的发展，我们课题组通过个性化作业的设计与数学课堂教学有效融合，以提高学生的逻辑思维能力和创新能力。在数学作业设计中，根据学生的个性差异设计个性化的数学作业，并且与数学课堂有效结合在一起，使学生由被动变为主动地学习。因此，通过设计多样化、丰富多彩的个性化作业，充分发挥学生在课堂教学中的主体作用，激发学生的主动性和积极性，使学生主动成为数学作业的主人，真正给每一名学生以自主选择、个性发展的空间，并使不同的层面的孩子在数学上得到不同的发展和提高，让每个学生都体验到学习成功的快乐。

一、结合个体生活经验，凸显“数学生活化”

“在生活里找教育，为生活而教育”是陶行知先生的一个重要的教育观念。数学主题作业也将触角伸向小学生生活的每一个角落，主题作业设计可以与学生的家庭生活、社会生活及其他各科的学习活动结合起来，构成一个和谐的学习整体。例如：学习了“两三位数乘除法”后，设计了“我是小当家”，要求学生和家长一起做一次家庭的采购活动，参与家中物品的采购活动，活动后撰写一篇有关的数学小作文。步骤：(1)制定采购计划：购买目的、采购物品、预算。(2)仔细观察购买时大卖场所举行的优惠活动，并按此优惠活动调整自己的购买活动。(3)统计没有参加活动的总价和参与后的总价，比较两者的差异。(4)撰写自己作为小当家的体会。又如：学习了“时间”知识后，设计了“我的一天”，学生利用自己的生活经验自己去深入体验用小时来表示时间，同时感受到时间段的长度，再通过小组交流、反馈说出自己怎样制定“我的一天”，这样的主题作业发挥了学生的主体作用，使学生在具体的操作中，在相互的交流中不断去完善自己的思维方式。学生在对一天作息时间的记录过程中，也体会珍惜时间的重要性，同时增加了他们对数学的强烈兴趣，也让他们感知了数学与生活是密切相连的。像这样的作业，富有一定层次性，让具有不同水平、不同方法、不同个性的学生都有机会表达自己的数学思想。学生可自主选择内容，充分发挥其学习的主动性和积极性，展示自己、发展个性。

二、鼓励个体创新思维，关注"问题探究性"

创新意识的发展，依托于个性的充分发展。要发展学生个性，就是要发展学生思维能力，使他们富于冒险心、好奇心、挑战心、想象力等，还要鼓励学生从多方面、多角度去理解问题，让学生有机会充分展示自我。如二年级学习了厘米的认识后，设计让学生回家与爸爸、妈妈合作，测量家庭每个成员的身高及两臂伸开的长度，并写出或说出自己的发现，让学生有目的的归纳、总结，培养解决问题的能力。又如：在学习了"轻与重"之后，设计了主题作业是"我的简易天平"，通过制作简易天平，培养了学生动手操作能力，在制作的过程中学会材料的选择和对简易天平的调整，能用它进行物体之间重量的比较，激发学生学习的兴趣。

三、丰富个体学习途径，注重"能力综合化"

生活是一个大课堂，蕴涵着丰富鲜活的课程资源，远离生活就意味着让学生失去课程的另一半世界。数学离不开生活，生活是数学学习的场所，也是学生运用数学解决实际问题的场所。为此，我觉得在主题作业设计时，要尊重孩子个体学习经验，多创设生活性的实际问题，促使学生灵活运用课堂所学的数学知识和方法，寻求解决实际问题的途径，体验数学在现实生活中价值，让学生发现生活中处处有数学，生活离不开数学，使学生逐步成为知识的实践者。如：在学习了人民币的知识以及结合"六一"儿童节，设计了一年级的主题作业是"我的六一我做主"，通过六一节与爸爸妈妈的购物活动，学会怎样的购物过程是合理的，并在此基础上能进行简单的人民币之间的计算和换算，感受到了数学与生活的联系。又如学习了"小数的认识和小数加减法"后，设计了"吸烟有害"的主题作业，要求先完成一张完成调查表（提示：也可选择邻居家或亲戚家的吸烟状况来调查），再根据调查表中的内容回答一些问题：①调查一名学生（也可以是你自己）一年学习费用是多少钱。②核算一下你家（或邻居）一年浪费的钱有多少。③算一算这些钱可以资助多少失学儿童。④估计一下整个中国的烟民一年浪费的这些钱可以资助多少失学儿童。⑤通过今天的调查比较，想一想你有什么发现。通过活动，学生不但进一步掌握了小数的读法与小数加减法的计算，从而也感受到数学与生活的联系，同时利用数字间的强烈对比，使学生进一步加深对吸烟危害的认识，懂得吸烟既害人又害己，增强社会责任感。这样的调查型的主题作业，把学习内容和社会联系起来，使学生提高了人际交往、获得信息及实践的能力。

四、尊重个体实践过程，强调“习得体验性”

《国家数学课程标准》明确指出，有效的教学学习活动不能单纯的依赖模仿与记忆，动手实践是学生学习数学的重要方式。建构主义者认为：学习是学习者建构过程，其最好的方法是动手做。只有亲自动手，才能使创新思维的结果物质化。因此，在主题作业设计中，要提供各种机会，让学生参与活动，拼一拼，剪一剪，摆一摆，画一画，折一折，分一分，使学生在参与过程中掌握方法，拓展思维。例如：学习了“立体图形”后，设计了“小小设计师”环节，让学生去收集生活中各种不同形状的玩具、用具、积木、实物等，再通过个人或小组的智慧去组装设计成各式各样的模型。就这样，使孩子通过“找一找”“数一数”、“比一比”“拼一拼”“拆一拆”等趣味性的活动，既有效地完成了作业任务，又形成了多种能力，激活了创新思维。为了使学生能更好地学数学用数学，充分发挥学生的自主性，培养学生交流、合作的意识和实践能力，我们设计的这个主题作业，力求让学生通过动手操作，积极主动地参与，去培养学生的创新意识和灵活运用知识的能力，在合作交流的过程中学会评价，切实为他们今后的学习生活作好充分的准备，并从中感受和体验数学的美。像这样让“学”融于“玩”中，在“玩”中实践，从而促使他们个性思维的张扬与展现，这样既使学生学得轻松，又培养了他们的多种能力。

每一个孩子都有成功的愿望，每一个孩子都有成功的潜能，成功能让学生产生强烈的自信。小班个性化主题作业，使我们感受到了它给数学教学带来的活力。在这无拘无束的环境中，学生思路开阔，思维敏捷，创造力得到充分的释放。同时，学生在自主参的过程中，认识自我、建立自信，体验到了快乐与成功，使数学主题作业真正成为学生放飞潜能的天空。给学生以灵动的作业空间，服务于每一个孩子，让每一个孩子都能信心满满地有所收获，让每一个孩子都能彰显自己那一份灵动！

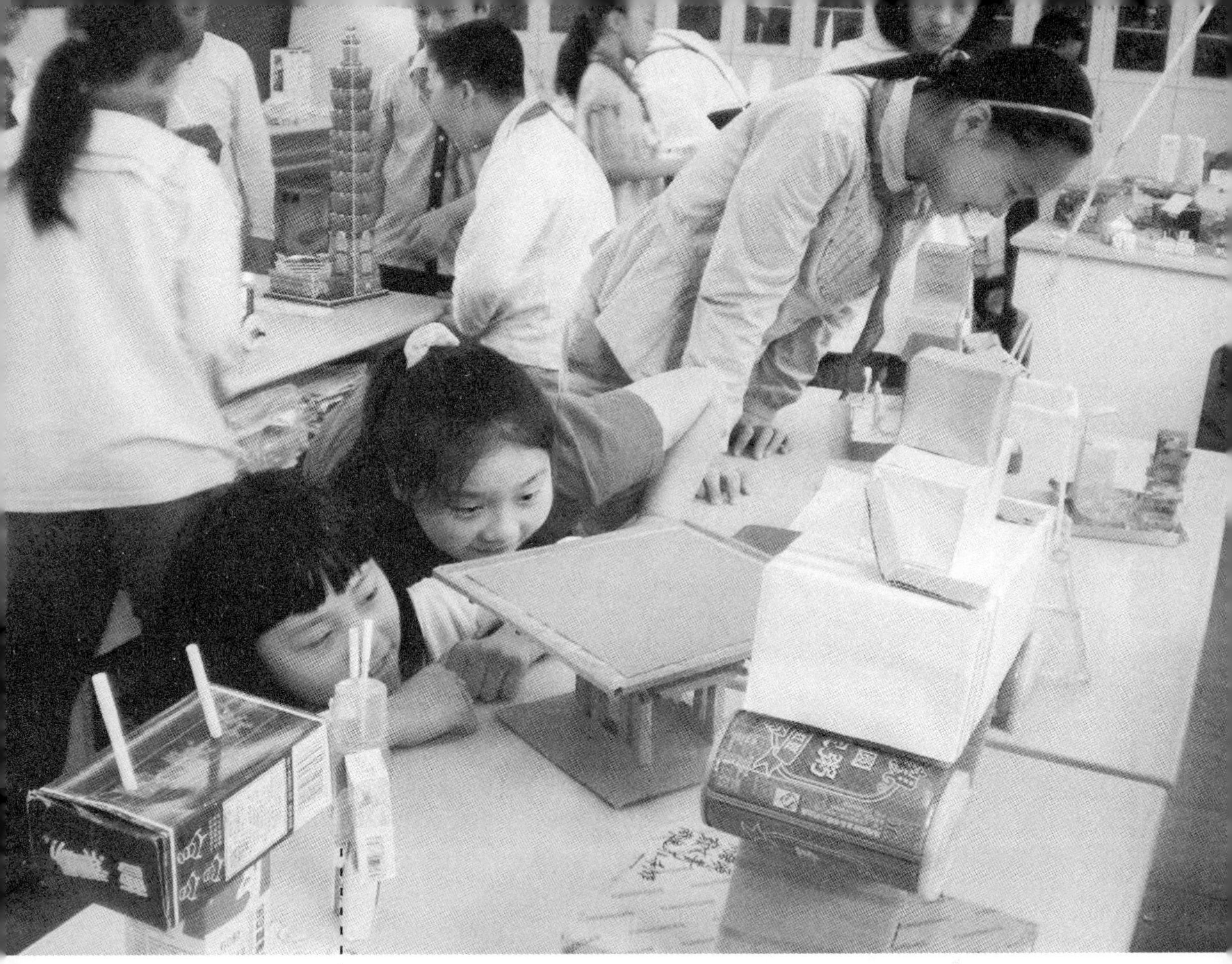

平凉路第三小学

主报告

与儿童一起探究

——小班化教育中儿童家庭科技实验角的实践与研究

平凉路第三小学

平凉路第三小学是杨浦区首批小班化教育实验学校，多年来，学校秉承着小班化教育“为了每一个孩子的发展”理念，将教学与课程的内涵发展作为学校小班化教育改革的切入口。

在十余年小班化教育的实践中，我们发现小学阶段的儿童对周围世界有着强烈的好奇心和探究欲望，他们乐于动手操作具体形象的物体，乐于对生活中的事物一探究竟，这一时期是培养学生探究兴趣，体验探究过程，发展科学精神的重要时期。但在日常教学中我们的老师常常遭遇很多教学问题：课堂的铃声，阻断了孩子们兴趣盎然的探究活动；而离开校园，更多的家长把孩子领进了奥数班，英语班，作文班。

面对孩子未来成长的可能性，面对孩子对课程的需求，面对理想与现实的困惑，我们陷入了沉思：

课堂的铃声，是否意味着教育的开始或戛然而止？

孩子们走进或离开校园，是否意味着学校教育的起点或终止？

如何去呵护、去激发孩子们可贵的创新意识，而不是随着 35 分钟课程结束而悄然湮灭呢？

我们希望能寻找到这样一种载体，通过一定的途径和方法，将课内学习与课外学习全程结合，将基于教材的学习与基于生活经验的探究有机融合，将儿童学习的时空转变与家校指导模式的跟进紧密相连，将家庭教育方式的改善与教师教学行为的变革无缝衔接，建立儿童家庭科技实验角的实践即是我们寻找的一个切入口之一。

一、深入思考，自我追问，厘清内涵价值

在儿童家庭科技角实施前，我们不断进行自我拷问，家庭科技实验角能为孩子带来些什么？为老师带来什么？为学校带来什么？在不断的自我追问和思考中，脉络逐渐清晰：

（一）推进小班课堂教学的变革，促进学科教学有特色的发展

家庭科技实验室能让学生经历不同于传统课堂学习的独特学习体验。这种独特的体验与全新的学习途径，促进着学校教师角色的转变，即真正从传授走向指导，从权威走向合作，从而催生小班课堂教学的变革：教与学的过程不局限于课堂教学，课堂的空间和时间具有无限的延续性。课内，课外形成多种学习途径的结合，学校课程与社会实践获得了真正意义上的广泛结合。这种丰富多彩的学习环境与教学方式、教师角色的变化将促进学科教学形成独特的经验，为学校小班课堂教与学有特色的发展提供实践范式。

在构建百个儿童家庭科技实验角的过程中，学校积极统筹规划课内外课程构建方案，积极开发利用家校资源，积极设计并引导课外探究活动，经历师生、家庭共同参与的真实的、复杂的、开放的探究实验任务。这是学校结合实际设计有特色的学校课程的一次大胆尝试，大大提升了学校科学课程品质，并对学校其他课程的优质提升具有示范意义。

（二）实践“让每一个孩子拥有一片探究小天地，让每一个孩子亲历科学”的教育理想

儿童在校内的学习时间有限，开发与运用家庭资源，建立儿童家庭科技实验角，能将儿童从课堂中解放出来，将课堂学习与课外学习密切结合起来，将基于教材的教学与儿童生活经验全程联结，全方位联结。结合学校学习内容、社会生活、生成问题及教师、家庭、学生自身提供的真实任务，学生在家庭科技实验角里可以进行形式多样、内容丰富的探究活动。这些活动弥补了常规科学课堂在时间和空间上的不足，极大地丰富了儿童科学与社会生活体验，提升了学生正确认识世界，用科学的方法来解决、探究身边问题的意识，儿童可贵的创新与探究意识的萌芽在这片合适的土壤中生长。

（三）为“建设一所师生共同喜爱、生动发展的学校”提供实践沃土

平凉路第三小学所在社区的孩子家庭成长环境并不是很好，学校希望给他们最好的教育，让儿童家庭科技实验角的脚步从校内延伸至家庭，再展现在校园，从课内走向课外再回归课堂，让孩子们从学校到家庭都能感受到

学校教育、家庭教育与自我教育的力量，极大地提升儿童校园生活愉悦感，合作意识，自主学习与管理能力。此外，学校是培养创新人才的摇篮，不扼杀学生创造的天性是教育的底线，为孩子种下一棵创新的种子才是教育的使命，"在家庭中拥有探究的天地"是我们的教育情结所在。我们希望植根于社区的孩子们从这片探究小天地中像童年的爱迪生那样生发一颗创新与探究的种子，带着理想和探究的喜悦感走出小学校园。这不仅仅是课程领域的变革尝试，更是一种基于学生发展的育人模式，也是学校追求优质教育和特色教育的实践案例。

二、创新载体，搭建平台，拓展学生探究时空

"建立儿童家庭科技角"是指学生在各自家庭中寻找固定小场所，进行适当环境布置，建立家庭科技角，确定探究项目，在家长、教师指导下，在家中完成基于项目的活动。这些活动既可以来自课内，也可以是课堂延伸的内容，更可以来自生活中发现的问题。既可以是短期的，也可以是长期的；既可以独立完成，也可以与同学合作完成。

在项目推进的过程中，学校形成了一系列儿童家庭科技实验角的实施对策，包括家庭实验角建立对策、激励机制、运行机制、网络平台等方面的研究。

（一）建立对策，规范操作

1. 场所选择。在选择场所时应根据所要开展的探究活动，做到因"内容、家庭、安全"而宜。如进行种养活动，可以把实验室放在阳台或平台上；实验时可能会产生异味的，实验过程中可能产生副作用的，则可以放在通风良好的地方；一些简单的实验或制作活动，则可以放在室内进行。

2. 环境布置。科技实验角的布置要个性化、实用化，做到科学性、可行性。一般可选择房间的一个角落，如：一张工作台，加上一把椅子和一个架子。

学生可以根据自己的意愿、理想给科技实验角起个富有个性的名称。如小刘同学了解到好望角曾被称为风暴角，因为那里风暴众多，许多船只在那里翻船，所以当时被称为风暴角。葡萄牙的勇士就是因为历经风雨，突破了风暴角，把葡萄牙的特产卖到了印度，便把这里称为好望角。好望角的全称是美好希望角。小刘同学就把他的实验角命名为"好望角"，因为实验角也承载着他的希望，能成为他将来的"好望角"。

3. 器材准备。开展家庭科技实验活动，需要配备一些常用的实验器材。

在配备时要做到通用性、实用性，能自制的尽量自制。不能制作的又是实验所必须的，如天平，酒精灯等实验仪器或化学药品，可以适当购买或向学校申请借用。

4. 注意事项。在科技角建设过程中，学校把安全放在首位，严格按照要求规范操作，合理放置仪器，安全保存药品。如涉及用火、用电、尖锐物品、化学物品等有一定危险性的实验必须有家长陪同。

（二）表彰出色，激励创新

为了表彰在活动中表现出色的学生，鼓励更多的学生参加到儿童家庭科技实验角的活动中来，学校建立了儿童家庭科技实验角激励机制，制定了优秀儿童家庭科技角评选细则、“平三”小学科技小达人评选细则。

（三）合作运行，畅通机制

1. 落实团队协作机制。在实际研究工作中，学校形成三支团队保证研究的运行：即核心研究团队，专家指导团队，家校支援团队。专家指导团队每月一次来校指导课题研究，对课题的运行方向进行高屋建瓴的指导。家校支援团队包括家长志愿者，社区志愿者与大学生志愿者。学校还与定海街道“科学商店”项目签约，与上海电力学院环境与能源系建立共建协议，请大学生进入学校与小学生共同进行项目研究。大学生、小学生手牵手，大教授指导小课题，他们热情加入，发挥各自所长，指导孩子们开展家庭科技活动。

2. 畅通实践操作机制。学校以相对规范的标准制度引导学生进行家庭实验，将学生家庭科学探究引向正确的方向，形成了比较畅通的实践运行机制。

(1) 建立了有关儿童家庭科技实验角管理规范的制度。如“‘平三’小学家庭科技实验角规范”“‘平三’小学家庭科技实验基本要求”“儿童家庭科技实验角申请登记表”等。

(2) 建立了有关教师对儿童家庭科技实验角指导帮助的制度。

如“‘平三’小学教师对儿童家庭科技实验角探究活动指导的要求”“‘平三’小学各年级家庭科技实验指南”“‘平三’小学教师指导学生家庭开展活动契约任务书”“‘平三’小学学生实验任务模板”。

(3) 建立了有关儿童家庭科技实验角活动开展评价性制度。

如“优秀家庭实验角评选要求”“科学小达人评比科技制度”等，保障了家庭实验室的顺利实施。在启动项目的同时，设计丰富的校内外科技活动如参观大学实验室，科技馆，开展“科技大擂台”“设计发明方案”“DIY创意制作”“制作观察生态瓶”等，开设科学拓展课程群——“科技林”，包括“生生农场”“环保创意”“Dream Group机器人梦之队”“科普英语”“陶乐吧”等各类兴趣课程，推动学校具有浓厚的科学探究的土壤。

3. 构建儿童家庭科技实验角网络平台。网络已成为人们互相交流的重要工具，建立网络交流平台可以运用各种学生喜欢的网络交流载体，加强教师与学生、学生与学生、家庭与学校、家庭与家庭间的交流和沟通。

为了更好地开展儿童家庭科技实验角活动，学校建立了“科技小达人俱乐部”网络交流平台，向学生提供相关学习资源及展示交流的载体。学生如果有了问题，可以在网上提出来，大家讨论交流，教师提供参考意见，也可以以合作者的身份参与其中，适当给予点拨。

“科技小达人俱乐部”的具体内容为：

(1) 新闻串串烧，播报家庭科技实验角活动的相关新闻、动态；

(2) 实验展示厅，展示学生家庭科技实验角的活动成果；

(3) 家庭新天地，展示学生的家庭科技实验角；

(4) 科技小达人，展示科技小达人的风采；

(5) 大手牵小手，展示家、校、社区、高校合作的风采；

(6) 资源齐分享，提供相关资料的阅读与下载。

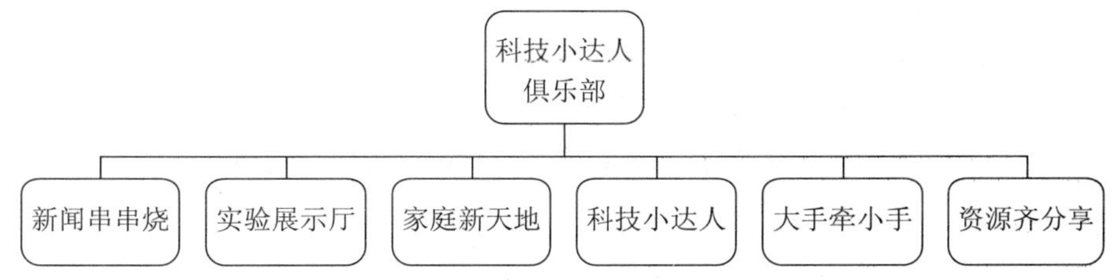

“科技小达人俱乐部”网络交流平台结构图

三、拓展资源，多方联动，促进教育教学增能

课程资源的开发和利用是学校教学与课程改革的一个重要组成部分，学校将课程资源开发的目光投向了学生家庭和所在社区，积极发掘和开发一切可利用的课程资源，为家庭科技实验角提供人员、物质和学术的保障。

(一) 家校融合，为孩子种下一颗创新的种子

不同的家长从事不同的行业，具有不同的经历、职业特点和专业背景，本

身即是一种活资源。在引导家长积极参与家庭科技实验角活动的过程中，学校引导家长转变观念，认识自身作为教育者的价值。如学校召开了多次家长培训会，每次活动都邀请家长代表发言，引导家长认识到自己作为学生科学素养积累的有心人、成为学生科技活动关注者、成为学生科学探究活动参与者的价值。学校通过定期开展适宜的家庭科技活动，让家长感受家庭科技实验活动的价值。如学校的节能小当家活动吸引了 390 多个家庭参与，家长在活动中亲身感受到了学生参加科学探究活动能获得家庭和学生成长的双赢。通过家庭科技活动交流平台，教师加强家校之间、家庭之间互动联系，让更多的家长在家庭为孩子打造一片探究创造的天地。学校还积极引导家长挖掘自身潜在的教育资源，发挥家庭教育优势。如学校对家长提出了一些有益的建议，举办家长联谊会，举办家长的家庭科技实验活动研讨会，引导家长挖掘自身潜在的教育资源，促进家长对其子女科技实验活动的指导。

（二）借力成长，获取多方支持与技术援助

对于学校来说，教育资源毕竟是有限的，要持续推进教育改革的进程，必须想办法吸引和利用校外教育资源。在项目的推进中，学校多次召开促进会议，邀请社区、高校有关专家参与到项目的设计与实施过程，为项目开展提供直接的、现实的帮助。社区的资源可以直接成为学生探究的场域及对象，高校的资源可以为学生的探究提供指导与理论支撑。强化与社区、高校的互动，是家庭科技实验角项目顺利进行的重要保障。

四、锤炼队伍，丰富实践，转变教师教学行为

紧扣儿童家庭科技实验角研究的主题，在指导实践案例的过程中，老师与学生共同经历了探索的过程。在开展家庭科技活动的过程中，自我学习与解决问题所获的直接经验让学生经历了不同于传统课堂学习的独特学习体验。这种独特的体验与全新的学习途径，反过来促进学校教师角色的转变。面对新的学生学习方式，在课堂教学中，教师通过细化课堂指导，探索课内外联动，形成指导策略。

（一）丰富科学课程内容，激发学生探究愿望

家庭科技实验角的诞生，使学生有了更充分的时间与科学现象直接接触，脑子里的“问号”也更多了，这种现象促使教师的课堂教学要有更丰富的内容，更契合的方法，回应学生更具挑战性的问题。如，在探究的过程中，学生们不断生成着新的问题想要继续探究：

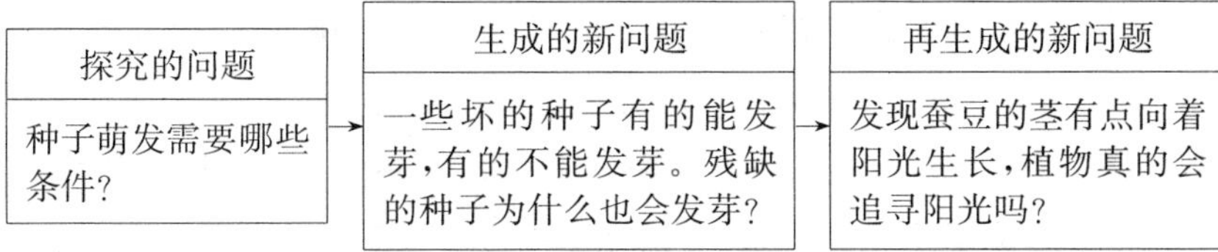

这种过程促使老师对教材文本要吃透、研深。

1. 编写《儿童家庭科技实验角活动指南》。学校梳理小学《科学与技术》十册教材内容,整理出以教材为依据的145个学生实验和学生活动,同时补充68个小学阶段适宜学生操作的实验,编写了《儿童家庭科技实验角活动指南》。

《儿童家庭科技实验角活动指南》中罗列了与各年级科技课相关的探究课题供同学们参考。同学们可以自由选择,也可以从自己的身边发现并寻找课题进行探究。

《儿童家庭科技实验角活动指南》既为学生提供活动来源,启发思路,指导学生从生活中寻找研究的素材,寻找适合自己研究的内容,寻找合适的研究器材,也促进教师对文本的研读与再钻研,更促进了教师课程意识的提升。通过研读教材,教师的教学目标意识增强了;通过设计指南,教师的课程意识增强了;通过不断回应学生挑战性的问题,课堂的生成性更强了。

2. 编写《小学生喜欢做的家庭小实验》。教师把学生在家庭科技实验角里做的实验进行整理记录,选择学生喜欢做的实验进行汇编,编写《小学生喜欢做的家庭小实验》,以供学生参考。

《小学生喜欢做的家庭小实验》分为"教师准备的材料和器材""教师是这样做的""原来是这样啊""妈妈的话""老师的话""你也可以做"几个板块。

(二) 实现教与学的课内外连结,校内外衔接

1. 课内外连结,激发问题意识。小薇同学学习"不倒翁的秘密",在课堂上她尽情地玩不倒翁,在玩中观察不倒翁的特征,发现不倒翁不倒的秘密。教师鼓励学生根据课上学到的不倒翁不倒的原因自己动手做一个不倒翁。

小薇同学回到家后,就在家庭科技实验角里迫不及待地动手做了起来。小薇用橡皮泥作填充物做了好几个不倒翁。可是在制作过程中她产生了问题:"为什么有的不倒翁站不起来,有的不倒翁站不稳,有的不倒翁站稳了呢?"当小薇同学把她做的几个不倒翁带到学校问教师原因的时候,教师没有把答案告诉她,而是告诉她可以把几个不倒翁进行观察比较,自己去发现其中的原

因。通过观察比较，小薇发现橡皮泥要放均匀，不能一边多，一边少。而且橡皮泥要多放一些，放在底部。

教师建议小薇同学可以多用一些材料来制作不倒翁，还给她提供了一只铁螺帽。当小薇同学把铁螺帽放进不倒翁的肚子里后，不倒翁又站不起来了。“铁螺帽比橡皮泥还重，为什么不倒翁反而站不稳了呢?”小薇同学又生成了新的问题。当小薇同学再次把站不稳的不倒翁拿给教师看时，教师还是没有直接告诉她解决的办法，而是让她把装橡皮泥的和装铁螺帽的两个不倒翁摇一摇。此时，她发现铁螺帽在不倒翁里不断晃动，找到了原因，并想办法把铁螺帽固定在不倒翁的底部后，小不倒翁制作成功了，小薇同学由此体验到了探究的乐趣。她还利用生活中的废旧材料设计制作了好几个不倒翁。

2. 校内外衔接，呵护创新情感。小鹏同学在科技课上学到“身边的化学”这一单元时，便对它产生了强烈的好奇心。在开放性科学探究活动中让他有机会真正和这些“化学朋友们”有了亲密接触。小鹏同学对其中如何制作肥皂的课题产生浓厚的兴趣，于是就决定对这个课题进行探究。他向老师借来了酒精灯、烧杯、量杯等实验器材，请妈妈买了酒精、食用碱、猪油等实验材料，开始了制作肥皂的实验。第一次实验油太多了，以失败而告终。小鹏同学吸取失败的教训，第二次实验多加了一点碱，可实验结果依然令他失望。于是又有了第三次、第四次实验。第五次，他足足加了十匙食用碱，终于在杯子底部有了白色的固体。小鹏同学欣喜若狂，用自制的肥皂高兴地洗起手来，可越洗越油，他的实验再次失败！第六次，小鹏同学毫不犹豫地又多加了五匙碱，洗手时，发现“肥皂”硬硬的，十分粗糙，而且去污力也不强，放在室温下不一会儿自己会融化。和妈妈、老师一起讨论后，他发现可能是食用碱的碱性不足，于是又重新买了氢氧化钠，也就是烧碱，又开始了第七次实验。拿着第七次实验“产品”洗手有了少量的“泡泡”，小鹏同学大叫起来：“成功啦！终于做出肥皂了!”虽然肥皂没有超市里买的那样美观，但他却很自豪。小鹏同学不断试验，添加香精和色素，寻找各种形状的小盒子做模子，做出了各种形状的香皂。制作肥皂的实验活动让小鹏同学真正了解了“失败乃成功之母”这句话的涵义，失败并不可怕，只要吸取教训，不断改进，就一定会成功的。他的实验经历在科技节和家长会上做了精彩汇报。在这过程中，孩子的学习行为悄然发生了变化。

3. 利用课堂教学途径，展示学生探究进展。参与儿童家庭科技角项目，是小学生的自愿行为，刚开始参加时，孩子们可能感受到新奇，遇到困难了，挫折了,或者时间长了,有些孩子会坚持不下去。小学生的心理和年龄特点决定了只有通过交流、评价、激励等评价手段,才能让他们在享受到成功喜悦的同时,更加积极参与到家庭实验的过程中去。因此,教师利用课堂教学的途径,为孩子们搭设平台,在分享中激发研究的热情,在碰撞中生发新的课题。

4. 追问学生研究历程,促进学生由单一实验到系列实验。结合课堂教学,学校教师有意识的运用追问法,促使学生由浅入深,逐渐提升思维品质,学会发现更多的问题,学会提炼有研究价值的问题,使家庭实验角活动内容逐渐呈现多元化。这不但可以打开学生的设计思路,而且能给学生以借鉴之用,让学生在类推中学会提炼研究课题,促进学生在家庭实验角中有更多的问号,带着问题走进课堂,更带着问题走出校园,“发现问题”正是家庭科技实验角项目的魅力所在。

小王同学在科技课上学习了有关浮力的知识后,对有关水的知识产生了浓厚的兴趣,她也想自己动手尝试一下。回家后,她找来了相关的书籍进行阅读,这时她看到了小实验“沉浮的潜水员”,可爱有趣的实验深深地吸引了她,于是找来了相关的器具动手实验,并尝到了成功的喜悦。当教师看到实验展示时,及时予以肯定,并指导孩子继续探索水的奥秘,根据水和空气的互推现象、水的表面张力等原理,孩子完成了有关水的系列实验:“不会湿的小考拉”“悬浮的硬币”。作为科技教师,要结合生活实践,善于发觉孩子实验中的契机,及时把握,进行系列指导,这样才能挖掘实验的深度,同时提升孩子参与实验的兴趣。

5. 开设科学拓展课,丰富学生科学经历。在开展科技角的活动过程中,学校根据学生的兴趣点、教师的特长点,开设了“生生农场”“科技林”“生物环保”“机器人”“科学游戏”等拓展型课程,丰富的课程让孩子们接触到更多的科学奥秘,产生更多的探究欲望。

学校在一年级的科学游戏拓展课“不倒翁的秘密”中,教师鼓励孩子自己动手选择材料做一个不倒翁。在交流过程中,一年级的孩子们提出了各种各样的问题:“为什么有的不倒翁站不起来,有的不倒翁站不稳,有的不倒翁站稳了呢?”老师并没有直接给出答案,而是鼓励孩子寻找不同的实验材料再做实验。第二天,学生又带着疑问来了:“为什么我用橡皮泥站稳了,用铁钉反而站不稳呢?”老师再次让孩子们回家尝试,在这样的过程中,孩子们逐步体验了“重心”这样一个他们并不知道的概念。

五、生动成长，内涵发展，提升学校办学品质

儿童家庭科技实验角开展以来，学校设计了一至五年级课外推荐实验84个，建立学生科技实验档案116份，指导学生们成功地开展了297个家庭实验，收集了116位学生的实验案例，先后召开家长培训会议8次，市区学生现场交流活动4次，100多名学生获得了学校授予的“科学小达人”称号，“科技小达人俱乐部”网络交流平台正式建立发布。在我们看来，创建家庭科技实验角是一举多得的教育行为，其在实践中所能够产生的成效主要体现在四个方面：

（一）促进了学生对自主探究的热爱以及综合素质的提高

小班化教育更侧重于能力的培养，在儿童家庭科技实验角活动中，教师不只是关注那些已经获得成就感的学生，而是直面不同层次的每一个学生，让每一位学生都能够有机会获得激发想象力、扩展思维的机会。学生在自主探究过程中获得更多质疑、表达独立见解以及动手实践的机会，能够不断提升自己的观察实验能力、设计制作能力、创意发明能力等，彰显了小班化教育的应有之义。

在开展实验的过程中，学生经历了发现问题—选择项目—寻找工具—搜集资源—亲历探究—验证疑问—展示成果的过程。在丰富自身学习经历与体验的过程中，学生的思维开阔了，表达顺畅了，观察能力增强了，问题意识增强了。实验的过程从来不是一帆风顺的，孩子们在进行探究的过程中，体验到失败的沮丧、成功的欢乐，坚持的可贵，探索的艰辛与愉悦，而这恰恰是在备受呵护、顺风顺水的环境中成长的孩子很难获得的成长体验。孩子们在学习中得到的不仅是知识，还有情感、个性、信念等，这是一个全面成长的过程。

（二）促进了家长家庭教育意识的觉醒和科学理念的生成

不同的家长从事不同的行业，具有不同的经历、职业特点和专业背景，这本身即是一种非常宝贵的教育资源。我们将家长的特长和职业视为一种重要的资源，一次次走访学生家庭，一次次与家长对话沟通，不断地启发和鼓励，寻找家长与学生实验之间的连接点。家长们从一开始的旁观变成了主动参与，从无从入手变为积极应对，其自身的教育价值得到了挖掘和彰显。以科学为纽带，科技角在家校之间架设了一座桥梁，这座桥梁促进家长不仅关注学生的学业，也关注学生获得知识的过程，从而帮助家长不断形成科学的家庭教育理念。

（三）促进了教师课程理解能力的提高与自我专业发展

通过多年的研究，教师在儿童家庭科技实验角的实践，反复研读教材文本，研究学生课内实验与课外实验的融合点。在这一过程中，教师对课程标准的理解程度普遍得以提高。课堂上，随着学生问题意识的增强，学生经常会拿着自己的发现与问题和老师探讨，逼着老师放下姿态与学生一起学习成长——积极设计适合学生开展的科技探究活动，教师指导实验的综合能力得到提升，教师将书本演示实验和各种活动转化为家庭实验的能力得到提高，课堂教学中对学生的有效回应能力得到提高。经过几年的研究与实践，教师对基础型课程的校本实施能力提高了，教师在学科教学中渗透探究性学习的意识提高了，为教师个体的专业发展奠定了良好的基础。

（四）促进了学校引领课程的主体性和主动性

学校根据学生发展的需要，依据学校小班化教育的优势，顺势而为开发学校的课程项目，形成了学校课程新的生长点，在此过程中，学校的课程意识不断提升。课程实施是团队行为，在实践过程中，校长带领教师设计项目方案，设计管理制度，推进项目落实，引导教师共同反思和研究，寻找对策，课程引领、组织、管理、调控能力增强了。“建设一所师生共同喜爱、生动发展的学校”是学校的办学愿景，建设百个儿童家庭科技实验角体现了让每个儿童生动发展的教育观，儿童家庭科技实验角的脚步从校内延伸至家庭，再展现在校园，从课内走向课外再回归课堂，提升着学生校园生活愉悦感。这正是学校通过具体项目促进学校课程整体发展、持续完善的过程，为学校小班化教育建设提供了新的生长点。

[专家点评]

上海市平凉路第三小学开展了“小班化教育中儿童家庭科技实验角的实践与研究”的课题研究。经过三年的研究，获得了研究报告、论文、案例与个案等研究成果，并将出版《与儿童一起探究》成果集；更重要的是有力地促进了学校教学改革，有效地提高了科技学科教学质量，显著地提高了学生的科技实验的能力与兴趣。值得祝贺！

该研究成果应用性强。其成果“与儿童一起探究——小班化教育中儿童家庭科技实验角的实践与研究”研究报告与“主动探究，生动发展——‘种子萌发条件’观察实验活动案例”“发展个性，自主选择——科技实验小达人晟晟发展个案”“巧用资源，收获精彩——学生家庭、所在社区和周边高校教育资源的开发”“家的智慧，教育的合力——‘我的未来不是梦’家庭科技实验角的故事”四篇案例是一项应用性很强的研究成果。它基于学生探究实践与课程时间限制之间矛盾的解决，学生间接经验学习与直接经验获得之间失衡的矫正，学生探究兴趣养成与家庭教育观念之间冲突的缓和，是为了满足学生创新精神、创造能力与探究能力培养的需要而开展研究的，其针对性很强。

研究成果阐述了小班化教育中儿童家庭科技实验角的创建，小班化教育中儿童家庭科技实验角建立与探究活动的开展，小班化教育中儿童家庭科技实验角教育资源的开发，小班化教育中儿童家庭科技实验角指导机制的建立等，有效地实践了小班个性化科技实验教育教学活动。当前，在小班教育环境下，如何使小组教学、个别教学、个性化教学更深入发展，是学校教师都在思考的问题。这次“平三”小学的课题研究，从创建儿童家庭科技实验角入手，改革科技教育传统的教学方式，促进了本校小班化教育教学的深化。该成果值得大家学习与借鉴，值得大家应用与推广。

该研究成果的科学性比较好。该课题研究过程科学性较好，开展了情报文献资料的研究，开展了理论的研究，在此基础上开展了多轮的实践研究。该课题研究内容科学性较好。其研究内容有：第一，深入思考，自我追问，理清内涵价值：推进小班课堂教学的变革，促进学科教学有特色的发展，实践“让每一个孩子拥有一片探究小天地，让每一个孩子亲历科学”的教育理想，为“建设一个师生共同喜爱、生动发展的学校”提供实践沃土。第二，创新载体，搭建平台，拓展学生探究时空：建立对策，规范操作（场所选择，环境布置，器材准备，注意事项）；表彰出色，激励创新；合作运行，畅通机制（落实团队协作机制，畅通实践操作机制——建立了有关儿童家庭科技实验角管理规范的制度，建立了有关教师对儿童家庭科技实验角指导帮助的制度，建立了有关儿童家庭科技实验角活动开展评价性制度）；构建儿童家庭科技实验角网络平台。第三，拓展资源，多方联动，促进教育教学增能：家校融合，为孩子种下一颗创新的种子；借力成长，获取多方支持与技术援助。第四，丰富科学课程内容，激发学生探究愿望：编写《儿童家庭科技实验角活动指南》，编写《小学生喜欢做的家庭小实验》。实现教与学的课内外连结，校内外衔接：课内外连结，激发问题意识；校内外衔接，呵护创新情感；利用课堂教学途径，展示学生探究进展；追问学生研究历程，促进学生由单一实验到系列实验；开设科学拓展课，丰富学生科学经历。这样,儿童家庭科技实验角的研究促进了学生的生动成长,教师的专业发展,提升学校的办学品质:促进了学生对自主探究的热爱以及综合素质的提高,促进了家长家庭教育意识的觉醒和科学理念的生成,促进了教师课程理解能力提高与自我专业发展,促进了学校引领课程的主体性和主动性。

该研究成果的先进性比较好。从开展的情报文献资料研究来看,进行小学儿童家庭科技实验角的研究不多,而全校所有班级、学生都开展研究的尚未见到,因此其研究成果具有一定的先进性。在本区四十多所小学科技学科及家庭教育里,类似的研究尚没有见到。该课题的部分成果在区科技学科教研活动、学校校本课程开发活动中都做过介绍,受到兄弟学校同行教师的肯定与赞扬。

该课题的研究成果还有效地促进了小班个性化教学的发展。由于在小学儿童家庭科技实验角探究活动主题的确立、探究方案的设计、科技实验探究活动的实施、探究活动的总结评价四个方面都进行了个性化教育的探索,它给班级全体学生,特别是科技活动能力偏差的同学,以有效的激励,激起他们学习科技、开展科技活动的自信心与兴趣;它给班级全体学生,特别是科技活动兴趣大的同学,以有效的导向,引导他们学习科技时重视探究实践,重视科技知识的运用,重视自我思考;它给班级全体学生,特别是科技学习很粗心或较弱的同学,以有效的反馈、改进,反馈出并改进他们科技探究活动中的错误与缺陷。这样,儿童家庭科技实验角的研究与实践有力地促进了科技学科教学及兴趣活动中小班个性化教学的发展。

该课题研究的方式也比较好。不仅学校的科技教师都参加了该课题的研究,而且非科技学科的班主任老师都参加了研究,这样将课题研究与科技教学、班主任工作紧密结合在一起,促进了课题研究与科技教学、班主任工作的和谐发展,促进了课题研究、科技教学、班主任工作、教师专业发展、家庭教育的五赢。

最后,期望“平三”小学该课题组全体老师,继续深入研究儿童家庭科技实验角,探索出更好的理论成果与实践成果,促进学生学会动手、学会动脑与学会做人,促进小学科技教学、班主任工作与家庭教育的发展,促进教师的专业发展,促进“平三”小学教育教学的特色发展。

(杨浦区教育科研室原主任、特级教师　项志康)

案例

主动探究　生动发展

——“种子萌发条件”观察实验活动案例

李毅萍

科技课上，班级里的二十几位同学在展示各自在家庭科技实验角里开展的“种子萌发条件”的观察实验，知道了空气、适量的水是种子萌发缺一不可的条件。

“老师，我在实验中发现豆芽好像喜欢向着太阳生长，是这样的吗？”

“我在我的家庭科技实验角里做实验的时候，把黄豆种子分别放在水里和泥土里，结果黄豆都发芽了。我有个问题，黄豆顶破泥土长出嫩绿的小苗苗，一定用了不少力气吧！”

“是啊，种子会生根发芽，但是种子种在泥土里看不到生根，我也想看一看。”

小班化教育尊重学生在学习活动中的主体地位，学生有更多的时间与老师交往，保证了学生处于教学活动的中心地位，能得到老师的个别化教育，充分享受教育资源。同学们七嘴八舌交流的内容，虽然不是教材所设置的教学内容，我还是建议同学们对产生的这些问题设计实验，进一步对种子进行探究。

小班化教育由于班级学生数的减少，使得班级里的每一位学生都有机会参加到科学探究活动之中。班级中的一些同学先认领课题，担任组长，再由这些课题组长招募组员，让有共同研究兴趣的同学在一起研究，组成了不同的研究小组，开始了“种子的秘密”科学探究之旅。

各研究小组分别制定了探究计划，并加以实施。各组同学分工合作，每天中午都来到实验室进行观察。他们将观察、测量到的现象、数据、发现及管理情况、体会、产生的问题等由组长或组员用文字或图记录在观察记录本上，把种子的变化用照相机拍摄下来。学生们对探究活动中产生的疑问进行讨论交流，对收集记录的资料信息进行整理分析，撰写探究报告。我也参与了学生的每天活动，对学生适时进行指导。在活动中产生了许多生动的故事：

种子会追寻阳光吗

在研究“种子会追寻阳光吗”这一课题时，在制订计划时，学生们先想到把种子放在橱里，然后再把橱门打开一条缝。但实施下来发现不是很方便，于是我给了他们一些建议：“这样做实验不是很方便，能不能做一个暗盒呢?”学生们开始设计暗盒了，在盒子的顶端开一个小洞，可以让光线进入盒子。“可这样还是能让阳光直接照到种子呀。”我又给了学生一点提示。“那我们在暗盒内用黑卡纸设置弯曲的障碍，这样，阳光就不能直接照到种子了。”于是，学生们有了自己的小创造。

小班化教育丰富了课堂教学组织形式，强化了积极的人际互动。教学活动的参与者(主要是教师与学生)的活动密度、强度、效度等以及师生间互动关系会得到增强和增加。在小班化科学探究活动中师生关系是民主的、平等的、和谐的。学生在宽松的、无责怪的、无偏见的氛围中，才能勇于提出问题，思考问题，进而找到解决问题的方法。教师不是权威，不是主角，而是组织者、协作者、参与者、指导者、促进者。

种子的力量

在探究“种子的力量”活动开始时学生们就对选择什么材料来做实验进行了讨论。有的同学说把小石子埋在土中进行实验，有的同学说把泥土敲结实了再来做实验，大家提出了各种想法，但很快，这些想法又被学生自己否定了。把种子埋在石头下，种子会从石头与石头缝间钻出来。把泥土敲结实了，太阳一晒泥土又会裂开来，种子会从泥土缝里钻出来，这样还是不能观察到种子的力量究竟有多大。就在大家犯难的时候，在一次科技小组活动制作脸谱时发现石膏又硬，又不会被太阳晒裂，大家觉得可以试一试。学生们设计的实验方法是：将石膏粉倒入杯中，加水搅拌成石膏水，在石膏水中分别放入蚕豆和黄豆种子。实验中石膏水没过多少时间就变成了坚硬的石膏，学生们用剪刀去戳也只有划痕。第 2 天学生们发现黄豆和蚕豆都把石膏顶破，蚕豆、黄豆胀大了还“破石膏而出”。第 3 天学生们发现黄豆居然还发了芽。第 10 天学生们发现黄豆的根也长出来了，蚕豆的根、叶子都长出来了。通过探究，学生们发现种子在萌发时确实能产生很大的力量。他们设计的实验器材在实验中有效又实用。

科学探究活动是向未知方向挺进的旅程，随时都有可能发现意外的通道和美丽的图景，而不是一切都必须遵循固定线路而没有激情的行程。小班化教育能拓宽学生的活动空间，充分调动学生学习的积极性，挖掘其内在的潜能，激发其主动探究的欲望。学生们在延绵不断地对出现的问题开展探究中，不断地有新思维、有新发现，有新发展，充分发挥了学生的主观能动性。

看种子生根发芽

在设计“看种子生根发芽”这一探究活动时，用什么材料来制作实验器材呢？学生们被难倒了。有一天，学生们发现“种子的力量”小组的种子顶出了石膏，而且能够很清楚地看见种子在杯壁与石膏间发芽生根。于是学生们受到启发，就用报纸代替石膏。可是报纸遇到水会烂掉，需要调换，怎么办呢？学生们就不断尝试，在杯壁和报纸间分别添上布、纱布、餐巾纸，放入种子来试一试。功夫不负有心人，成功了。学生们每天进行观察记录。在探究活动中学生们看到种子发芽生长经历了“种子胀大—冒出胚芽—种皮裂开—胚芽生长”的过程，还发现种子生长的方向是先往下长的。

小班化教育使得学生有机会充分地合作探究，发挥主体的积极性和创造性。在这样的学习氛围下，学生有更多的机会质疑、表达自己的独立见解以及动手实践，有利于他们综合素质的提高。学生在活动中对科学研究的兴趣不断受到刺激，内在探究的愿望、创造的欲望不断增强，从而使创新精神、探究意识与科学兴趣得到培养。科学探究活动的过程不是一帆风顺的，其间会遇到许多困难和失败。在小班化科学探究活动中，学生们不断思考、探索，寻找解决问题的方法与途径并进行尝试。在此过程中学生不断追求，认真钻研的科学精神得到培养。

小班化教育拓展了学生科学探究的时间，让学生们多了一些个性自由发展的空间，使得学生创造性思维的发展和实践能力得到极大的提高。在科学探究活动中，同学们不是要别人做给他们看，而是亲自动手做。学生们可以有更多的思考、实践、改进、发现，从而才能充分地调动学生的积极性，使学生成为真正意义上的学习主人。

发展个性　自主选择

——科技实验小达人晟晟发展个案

蔡平利

家庭科技实验角活动中的小达人晟晟，是一个很有想法，善于动脑、勤于动手的男孩。他从小就对画画很感兴趣，家长也很关注培养孩子的这一兴趣，让晟晟养成了细致观察的好习惯。无论花开了、燕子飞来了，晟晟都会第一个发现，通过画画的方式，赋予了他更多感悟美的能力，也给他的实验研究提供了更多的灵感。

自从参加了家庭科技实验角后，晟晟的动手能力进一步得到了提高，动手探究的兴趣高涨，经常利用家里的乐高积木自己设计制作各种各样的建筑、飞机、汽车等。在科学与技术课上学习了有关机器人的知识后，对于用乐高零件拼搭人工智能的机器人产生了浓厚的兴趣。可是课堂时间有限，只有短短的35分钟，人又这么多，材料都分不过来呢！于是，老师推荐晟晟参加学校的乐高机器人课程，对机器人世界进行更为深入的研究。

为了满足像晟晟这样的个别学习需求，学校购置了乐高机器人套件，开设了20个人以下的适合小班教学的机器人课程。在传统的课堂中由于人数众多，教师在教学中难免会“顾此失彼”，关注不到所有的学生，而且教师没有多余的空间来组织教学活动，教学器材的数量也不能满足所有的学生，学生的活动也往往受限制，导致教学效率不高。

小班化教育灵活的课堂教学模式，小的班额，使教师可以关注到每一位学生的个别需求。在乐高机器人课程的活动中，由于学生人数少，教师就可根据不同的学生进行因材施教，丰富教学组织形式，教师有更多的机会了解每一位学生的学习状况，包括学生的基础、心理、个性爱好、特长、能力等，这样在教学的设计时就具有较强的针对性，而且也有更多的时间和空间对学生加强个别指导，有利于拓宽学生的活动空间，强化积极的人际互动，关注学生的个别差异，有利于学生自主学习、合作学习、探索学习。

在一段时间的学习后，晟晟与其他 4 个对机器人也很感兴趣的同学组队准备参加机器人舞蹈大赛。晟晟和队员们先是确定主题，经过一次次激烈地讨论交流，最终确定主题为朝鲜族民间舞蹈。接着晟晟开始上网查找各种相关的服饰、舞蹈、音乐的资料，选定背景音乐，着手搭建机器人，根据音乐的节奏来设计程序，晟晟和队员们利用兴趣课的时间、周六周日的休息日，一起动手搭建，攻克编程难关，通过不断的拆装和调试，使得一个个零件变成了一个个会跳舞的机器人。

在整个设计制作的过程中，最耗费时间和精力的就是编程了，要使三个机器人按照设计好的路线行走，那可是一件相当难的事情啊！队员们设计的第一个动作是这样的：舞台中间放一个机器人，音乐响起就按照鼓点的节拍开始敲鼓；同时在舞台后面两侧的两个机器人先转身再往前走，走到与中间的那个打鼓机器人并排的位置。就是这短短 5 秒钟时间的程序，队员们就整整用了一个星期。一开始不是中间的机器人打鼓打晚了，就是鼓点跟不上音乐的节拍，好不容易把这个问题解决了，新的问题又来了，两边的两个机器人总是走不到位，要么是一个在前面，一个在后面，要么是两个撞在一起。通过大家反复的修改和调试，终于机器人的第一个动作都走到位了，他们又忙着编写第二个、第三个动作……在逐步增加难度的过程中，他们一步步地编写出完整的舞蹈程序，熟悉机器人舞蹈的过程和细节，再不断改进、调试机器人和程序参数。

在多年的小班化教育实践中，我们发现小班化教育以其独特的优势，为学生创新能力的培养提供了新的平台。小班化教育可以依托小额的学生数、更大的活动空间，采用适合学生身心特点的教学方法，调动学生的创新意识。在小班化教育独特的优势下，可以通过小组讨论、合作学习等教学方法的开展，激发学生主动学习的兴趣，调动学生的求知欲与创新意识。

乐高机器人课程的活动不仅培养了学生的创造性思维，还为队员之间密切地交流磨合提供了空间，培养了成员间的相互配合与默契，养成了协作的习惯。同时，由于机器人比赛的偶然性很大，遇到的问题往往出人意料。除了要带好修理的工具、配件，还要做好所有的应急准备，应付可能出现的种种情况。这样不仅提高了学生的技术，还能培养他们良好的心理素质，使他们学会正确面对成功和失败，养成勇于拼搏、不断进取的精神。

在机器人的程序都编写、调试好了以后，晟晟和队员们又遇到了一个难题，机器人是用乐高零件搭建而成的，根本买不到现成的服饰。俗话说："人要衣装，佛要金装。"没有服饰根本看不出机器人在跳什么舞蹈，就在大家束手无策的时候，晟晟和天天分别请来了他们的妈妈和外婆帮忙。作为美术老师的晟晟妈妈设计出了服装和帽饰的图样；然后在天天外婆的巧手帮助下，一块块布料通过剪裁、缝制变成了一件件漂亮的朝鲜族衣服和一顶顶彩带圆帽，终于机器人也能穿着艳丽的朝鲜族少男少女服饰，合着音乐翩翩起舞啦！

在小班化教育中，学生们的学习自主性增强了，可以根据自己的喜好自由选择探究题目，自己选择伙伴组成团队，自主设计探究过程，自觉展示探究结果，这种源于知识又高于知识的操作模式给予学生极大的自由空间，非常有利于学生创新思维的形成和发展。学生与学生之间也有了更充分的时间进行讨论和交流，有助于生生之间的互动，充分发展学生的个性，提高自信。

在乐高机器人课程的活动中，小组成员间密切配合，每个人都具有高度责任感，建立起相互信任、互相沟通的和谐关系。他们在一起共同学习，一起发现问题、讨论问题，一起寻求方法解决疑点，从而共同进步。在此过程中学生学会与人合作，体会到与人合作的快乐，成功的喜悦，学习的乐趣，从而更增强了主人翁意识和小组的凝聚力。

2012 年 1 月，在学校科技老师的带领下，晟晟和小伙伴们组成的 Dream Group 机器人小队参加了 2012 RoboCup 青少年世界杯机器人舞蹈大赛的上海市选拔赛。经过晟晟和队员们不懈地努力，机器人小队在上海选拔赛中荣获冠军，取得去鞍山参加全国赛的资格，并且在 3 月底举行的全国赛中又脱颖而出荣获一等奖，同时获得了参加世界杯赛的资格。此后，在每年的机器人大赛上，都活跃着家庭科技实验角的同学们的身影，每一次都取得了很好的成绩。在此过程中，教师引导他们寻找解决问题的方法与途径，充分调动学生的积极性、主动性和参与性。

通过乐高机器人课程的系统学习，晟晟不仅学会了设计制作机器人，还学会了利用图形化编程软件编写程序。晟晟在乐高机器人课程学习中可以自由发挥创意，进行机器人的设计和制作，拼凑各种模型，编写简单的程序，让所有的模型和机器人真的动起来。

在实践中，我们发现小班化教育在培养学生的科学技术素养方面有其独特的优势。学生在学习中，涉及了包括结构与力、简单机械、动力机械、能源转化等多个不同领域和类型的活动。在小班中，小组成员有充足的时间完成挑战任务和找到解决方案的工具，保证了每一个学生都能亲自动手制作与日常生活密切相关的模型，从而初步建立对相关基础知识、原理的认识与理解，让学生真正体验到实践成功后的喜悦和兴奋。通过解决问题延伸到培养创造力、合作能力、交流能力和获取新知识的能力等，培养学生运用科学方法解决实际问题，激发学生的创新潜能。

在实践中学习，在动手操作中学习，是提倡探究、理解、亲身实践、分享与合作为特征的小班化教育方式。小班化教育为学生营造了动手动脑、进行设计活动的环境，提供了充足的设备和工具，让学生能充分动手实践，积极合作，主动探究。小班化教育，更能保护和激发学生对周围世界的好奇心和学习兴趣，激发他们的想象力和创造力，帮助学生获得重要的科学概念和科学概念之间的联系，同时促进他们语言表达能力、合作交往能力、手眼协调能力、自然观察能力、空间感知能力、逻辑思维能力的综合发展，让学生学会动手，学会动脑，学会做人。

巧用资源　收获精彩

——学生家庭、所在社区和周边高校教育资源的开发

商凌鹂

“百个儿童家庭科技实验角”由梦想变成了现实。可是，当梦想付诸实践时，困难也接踵而来。随着参加学生人数的增多，学校的设备器材开始供不应求了，怎么办？科学教师人数有限，师生一对一指导，教师忙不过来了，怎么办？孩子们的实验内容包罗万象，科技教师专业知识有限，学生的疑问无法一一应答，怎么办？这些问题实实在在地摆在了大家面前。

课程资源的开发和利用是学校与课程教学改革的一个重要组成部分，我们意识到，必须打破固有的思维模式，以创新的思维和方法解决问题，充分开发各类课程资源，才能形成学生创新素养培育的源头活水，实现小班化教育建设的内涵发展。

于是，学校将目光投向了学生家庭、所在社区和周边高校，积极寻求支持，整合各方力量，发掘和开发一切可利用的课程资源，使学生在校内外科学探究活动中有家长老师指导，有场所保证，有动手项目，为优质高效的小班化教育提供人员、物质和学术的保障。

一、聪明的智囊团——家庭资源的开发与利用

老师，我们的孩子五年级了，上补习班还来不及呢，哪里有时间参加这个活动啊？

老师，我们家里很小，没有地方给孩子建立实验角怎么办？

老师，我们可什么也不懂，怎么指导孩子做实验呀？

……

儿童家庭科技实验角的主阵地是孩子们的家庭，在孩子实验的过程中，没有家长的理解和支持，老师们孤掌难鸣。该如何有效地对家长进行指导，从而带动家长自愿、自发指导孩子共同完成家庭实验呢？

学校充分发挥小班化教育中学生人数少的优势，了解每一位参加家庭科技实验角的学生个性、特长和兴趣，不断寻找家庭与学生实验之间的连接点，加强家校间的联系，引导家长转变观念。

于是，放学后、双休日、寒暑假……老师们放弃休息，不辞辛劳地走访学生家庭，主动与家长进行有意义的沟通，不断地启发和鼓励：

“小李妈妈，我们和孩子一起做个微型的家庭科技角吧，不影响家里的空间。为孩子留出一个科技角，就是为孩子种下了一颗种子呀。”已经数不清多少次走进孩子的家庭，只有烈日骄阳见证着老师们淌下的汗水。

“瑞瑞爸爸，你和孩子好好交流一下，看看他做小实验的热情，一定会感染你的。这种求知欲是孩子一生难得的财富呀。”夜晚的星星聆听着老师们与家长一次又一次的电话沟通。

“小明妈妈，我们会组织家长一起培训的。和孩子一起成长，是老师和家长最大的幸福。”QQ、微信、飞信记载着老师们与爸爸妈妈的一次次真情交流。

学校先后组织召开四次家长培训会，举行三次科技小达人俱乐部活动，开展家庭外出参观活动，帮助家长正确认识自己的教育价值。学校建立了相关的网站，教师定期与家长进行联系，帮助不同家长和不同家庭挖掘自身的教育资源，采取不同的策略让更多的家长在家庭中为孩子打造一片天地。

渐渐地，家长们从一开始的旁观变成了主动参与，从无从入手变为积极应对：身为大学教授的爸爸和女儿一起设计了“水与空气”三个系列实验，工程师爸爸亲自为儿子的实验设计制作龙门架，小学教师妈妈一字字帮女儿修改实验汇报稿……家长们说，孩子参加家庭科技实验角，我们从担心到欣慰，是因为我们看到孩子会主动学习与思考了，懂得坚持与感谢了。

学校资源有限，而家长们从事不同的行业，具有不同的经历、职业特点和专业背景，其蕴藏的物质资源和人力资源正是学校课程实施的有益补充。在孩子们实验的过程中，家庭资源的开发起到了推波助澜的作用。

二、有力的后援团——社区资源的开发与利用

在家庭科学探究的过程中，每一个孩子的实验和需要的器材都各不相同，随着参加人数的增加，学校的设施设备和教师力量已经远远不能满足孩子们的探究需求，要持续推进教育改革的进程，必须想办法吸引和利用更多的校外教育资源。

学校积极寻求社区扶植，与所在的社区——杨浦区定海街道签订了共建协议,丰富的社区资源成为了儿童家庭科技实验角项目顺利进行的重要保障。

孩子们开展科学活动,我们一定大力支持。

实验需要什么尽管说。

听说平凉路第三小学开展儿童家庭科学实验角活动遇到困难了,学校所在的杨浦区定海街道伸出了援助之手。学生实验用器械不够,街道拨出专款购买后专程送到科学老师的手里;为了开辟学生科学活动的场所,街道的科学商店开张了;学生要进行实验展示和汇报,街道全程参与。

在儿童家庭实验角建立的过程中,社区在教育中的积极作用越发明显地表现出来了。有了社区财力、物力和人力的大力支持,学校的科学课程建设没有了后顾之忧。迈出校门,走进社区,利用社区资源开展学科综合性学习使学生、家庭和学校更好地认识社区,理解社会,增强了对丰富多彩的社会的接纳与判断力,增强了对社区的安全感、认同感和归属感。

三、专业的技术团——高校资源的开发与利用

老师,我想做滑轮实验,需要一个龙门架,您能帮我想想办法吗?

老师,我想研究一下电从铜到锌的运动是否能够持续进行,醋是否能为我的实验提供需要的酸液?

老师,一个动滑轮能节省一半的力,那多装几个动滑轮是不是就可以把所有的力都节省了?

……

我们的教师不是专业的科学工作者,随着孩子们实验的拓展和思考的深入,科学教师们感觉力不从心了:面对孩子们抛来的一个个“为什么”,他们的知识储备不够用了,怎么办?

为了解决这些问题,学校想到了请外援的好办法。杨浦区是一个高校聚集的地区,学校请来了所在社区的高校——上海电力学院的教授和大学生们担当起了学术顾问和技术团。

于是,大教授们走进小学当起了客座教授,在他们的科普讲座中,一个个来源于生活而又蕴含着深刻科学道理的小实验深深吸引住了孩子们的目光,启迪着孩子们的思考与实践。力学、电学、工程学,当孩子们的实验遇到瓶颈时,大学教授们的学术援助无疑是雪中送炭。不仅如此,电力大学的20名在读大学生还自愿组成了志愿者队伍,与孩子们结伴开展科学实验。他们为孩子们提供24小时热线电话服务,上门指导实验,带孩子走出校园参观大学实验室、院士风采馆。

高校的专业支持，志愿者的无偿援助，这些蕴藏在的高校内的丰富教育资源大大弥补了学校课程资源和师资力量的不足，为孩子们的实验提供了有力的学术保障，为学校的课程建设提供更为广阔的资源空间，保证了课程的有效开展。

在小班化教育建设过程中，社区资源、家长资源和高校资源具有学校自身无法拥有的独特性和丰富性，对学校课程资源是一种填缺、补充、拓展和丰富。百个儿童家庭科技实验角的探索，暨立足于学校小班化教育师资、场地、设施等资源的有效利用，也生成与学生家庭、所在社区和高校资源的开发。学校整合各方资源，建立丰富的、有特色的课程资源，才能满足每一个孩子的学习需求，让每一个孩子都能获得独特的学习经历和体验，收获精彩纷呈的成长，实现小班化教育“为了每一个学生的发展”的美好愿景。

家的智慧　教育的合力

——“我的未来不是梦”家庭科技实验角的故事

沈丽瑾

“我的未来不是梦”——听到这个名称，你会想到什么？歌曲、朗诵、还是一篇畅想未来的作文？告诉你吧，这是平凉路第三小学二年级的栋栋同学为自家阳台上的“家庭科技实验角”所起的响亮的名字。

平凉路第三小学是杨浦区小班化教育实验校，每个班级的班额都在30人以下。在多年的小班化教育中，学校实现了由强调“规模”、“形式”向注重“质量”、“效益”转变，从让“每个人能接受教育”向“每个人享受优质教育”转变。在小班课堂中，每位学生都可以畅所欲言和教师直接进行交流，教师能够关注到每一位学生，就连那些胆小的、性格内向的，平时少言寡语的学生也有了开口的机会。学生自我实现的需要得到了满足，学习的积极性大大提高，同时也激发了学生的潜能，使他们充分发挥主观能动精神，克服依赖思想，学会自主学习、自理生活、自我教育，真正成为学习的主人，使“人人发展”目标的实施得到了有利的保证。

自从学校实施小班化教育以来，班级学生人数减少了，老师们有了更多的时间关注到学生个体的成长，关注学生个别化的需求。正是在这样的背景下，学校启动了“百个儿童家庭实验角”项目，把学校的课堂向家庭延伸，让家庭成为课堂教学的有效支撑。栋栋成为了首批参加试点的五个学生家庭之一，全家人都积极投入到这一充满挑战的活动中去。

虽然家庭科技实验角活动受到了孩子和家长们的欢迎，大家兴趣浓厚，孩子们充满了自信，家长们也非常看好这个项目，觉得孩子可以在学校之外得到动手动脑的锻炼机会，但是孩子年龄还小，在实验的过程中必将遇到许多困难。离开了学校课堂，离开了老师的指导，这些困难该如何解决呢？

让我们的家长成为孩子家庭实验的合作者，与学校老师形成合力这正是以家庭为单位的“家庭科技实验角”创建和实施的初衷。

在建设“家庭科技实验角”的过程中，学校开发家庭资源，探索家校互动，立足于四种家庭资源：家庭在科技教育中的亲情优势；家庭在科技实验中的环境氛围优势；家长在科技实验中的知识、职业与阅历优势；家庭在科技试验中的物质支持优势。学校与家庭进行有意义的沟通，引导家长转变观念，认识自身作为教育者的价值；开展适宜的家庭科技活动，让家长感受家庭科技活动价值；建立家庭科技活动交流平台，加强家校之间、家庭之间互动联系；引导家长挖掘自身潜在的教育资源，发挥家庭教育优势。

活动启动初期，作为班主任的我把对家长的指导放在了工作首位。我邀请家长走进校园，聆听科技辅导员进行的项目诠释、具体项目实施指导，帮助家长渐渐了解活动项目，渐渐理清项目操作思路。

我和栋栋的家长进行有效的沟通。利用课余时间我走进孩子家庭，与孩子共同选择建立实验角的合适位置；经常和家长进行电话联系、飞信互动，指导父母在孩子参与活动中进行具体分工，激发孩子的活动兴趣，肯定孩子的努力。孩子年龄小，在实验过程中肯定会遇到很多困难，我和家长一起进行了设想：

怎样进行系统地实验？

怎样做好规范的实验记录？

如何完成较高质量的实验报告？

孩子实验做到一半，遇到了困难准备放弃时怎么办？

孩子的活动持久性该如何激励？

……

我鼓励家长，走进孩子，充分考虑到 N 个可能性。作为家长，应该成为一名细心的观察者，观察孩子实验中的点点滴滴；作为家长，应该成为一名聪慧的咨询者，帮助孩子了解实验的科技元素；作为家长，应该成为一名耐心的引领者，引领着孩子在实验的过程中走向成功；作为家长，应该成为一名贴心的沟通者，当孩子遇到困难时，进行心理辅导，帮助孩子勇敢地面对困难、解决困难……

记得栋栋的第一次试验，全家人都十分重视，讨论后决定先做一做比较简单的“种子发芽”实验。妈妈替栋栋买来了一斤绿豆，栋栋拿来三个不锈钢碗，随手抓起一大把绿豆放进碗里，妈妈见了连声喊：“不行，不行，太多了！每个碗里只要放上二三十粒豆子就够了,太多了,会影响豆子发芽,也会影响你的观察的。”在妈妈的指导下,栋栋把三个碗分别设为1号、2号和3号碗。在1号碗里加入少量的水,还盖上一层纱布;2号碗里加入适量的水;3号碗里加入较多的水。然后把三个碗并排放在实验观察台上,便于观察实验的过程,进行记录。

第二天,种子开始发芽了。栋栋想测量一下三个不同的碗里种子发芽的长短,可是芽芽都挤在了一起,很难测量。正当他发愁时,又是妈妈帮了他,把那些小芽芽拉开,尽量平均地分布在碗底,这样就容易测量多了。于是栋栋记录下了不同的3个碗中种子发芽的具体数据。

第三天、第四天……没有父母的提醒,栋栋始终坚持着,并且认真记录着。

这一天,爸爸来到栋栋身边,笑着说:“栋栋,给我看一下你的实验记录吧!”“嗯,嗯!”栋栋满口答应。爸爸看着手中孩子的记录,忍不住笑了。“你呀,做事虽然很认真,但是却没有方法。那么多数据挤在一起,谁看得明白呀?这也不利于你最后写实验结论呀!爸爸和你一起来设计一个观察表,这样就方便多了。”于是,栋栋看着爸爸画好了一个表格,爸爸建议横行上写上3个碗的编号,竖行里写上观察的日期,中间的空格上就可以填写测量到的芽芽的长度了。“爸爸,你真了不起!这样一来,我的观察记录就很清晰了!”栋栋马上把自己观察到的数据填到这个表格中,实验的结果清楚地展示在眼前,结论也就显而易见了:1号碗中的纱布吸取了碗中大量的水分,所以种子发芽受到了影响;2号碗中水分适量,再加上阳光充足,所以种子发芽情况良好;而3号碗中的水分过量,种子反而不发芽了。

虽然这是一个小小的实验,但是其中可是蕴藏着全家人的智慧呀!家,是一个温馨的港湾,栋栋就是在这温馨的港湾中扬起了第一次远航的风帆。

这只是起航的第一步,在之后的日子里,栋栋完成了一个又一个实验,随着年龄的增长,实验的难度也随之越来越高。考虑到这一点,实验结束后,全家人都会聚在一起,对栋栋的成功表示庆祝,同时,爸爸也不断向栋栋提出新的希望:“希望你能坚持不懈,完成一个又一个实验,成为一名小小实验家。当然,有困难可以找老师,最关键的是有爸爸妈妈为你做后盾。”栋栋幸福地笑了。

“百个儿童家庭科技实验角”项目在小班化教育的实践中诞生,研究在行动中延伸。孩子们充分运用课堂教学以外的时间和家庭空间,在做做玩玩中丰富科学素养；在做做学学时提炼生活体验，在做做问问中开始探究的旅程，在做做想想中亲历科学的过程，并逐渐从玩玩乐乐到开始记录实验现象。

在孩子们的影响下，在学校氛围的带动下，在交流互动的感染下，家长主动进入培养孩子创新素养的教育过程中，帮助指导学生寻找资源、生成问题，设计方案，积极探究。在这个过程中，家长们的观念逐渐转变，从观望到参与到热情投入，成为学校科技资源开发中的主导力量。

整个活动促使家长认识到了自身的教育价值。不同的家长从事不同的行业，具有不同的经历、职业特点和专业背景，本身即是一种活资源。我们将家长的特长和职业视为一种重要的资源，一次次走访学生家庭，一次次与家长对话沟通，不断地启发和鼓励，寻找家长与学生实验之间的连接点。家长们从一开始的旁观变成了主动参与，从无从入手变为积极应对。以科学为纽带，科技角在家校之间架设了一座桥梁。而这座桥梁促进家长不仅关注学生的学业，也关注学生获得知识的过程。

家长，从门外汉渐渐入门；而我，一名班主任老师，也成为了学校和家庭的有效沟通者。

中原路小学

主报告

在课程建设中激活小班学生发散性思维

——“儿童扎染”“普乐”课程建设的实践研究

中原路小学

一、研究背景

时代呼唤创新精神。习近平总书记在致全国教师慰问信中明确提出了“牢固树立改革创新意识，踊跃投身教育创新实践。”深刻揭示了教师在教育创新实践中的主体地位，为教师教书育人指明了方向。

牢固树立改革创新意识是时代对教师的要求。改革创新是时代精神的核心，是指引我们为实现中国梦奋勇前进的灯塔。一个国家、一个民族在世界上能够立于不败之地，最基本的能力就是创新能力。创新人才要靠学校教育来培养，这就要求当代教师必须具备创新的品质。教师作为文化和文明的传承者，理应牢固树立改革创新意识。

上海市“十一五”规划把杨浦知识创新区纳入上海的创新基地之一。杨浦区在全面贯彻上海市教卫党委和市教委《关于深化教育综合改革进一步加强创新人才培养的若干意见》的精神基础上，充分依托区高校集聚的优势，实施以课程建设为核心、以资源整合为基础、以师资培养为重点的教育创新试验，以增强学生的创新意识，加强创新实践，培养创新能力。杨浦区教育局局长邵志勇指出，创新教育，决不是仅仅满足于学校搞一项活动，教师开一堂课，学生学一门技能，而是全方位、立体化的素质教育。由此可见激活学生思维的重要性。

上海社科院青少年所与市妇联儿童和家庭工作部联合开展的“上海青少年学生创造力发展状况”调查报告显示，上海青少年创造力总体水平为中等偏上，创造力随年级升高而下降①。其中，从小学到初中是青少年创造力下降最

---

① 青少年创造力随年级升高下降.新闻晨报，2013-10-15.

快的关键点。研究发现8～14岁是儿童创造心理发展的最好时期。创造心理包括想象能力、抽象能力等创造性整合思维能力。一个创意作品的产生，是把创意思维变成创意的果实，通常需要调动各种东西，这个过程需要一定的心理发育程度，三至五年级学生既有了较强的模仿能力，又处于创造心理的萌芽阶段，是最适宜开展发散性思维培养的年龄段。小班化教育教学正是面向全体、关注个体，关注差异促进每一位学生健康成长的摇篮。

“问渠哪得清如许，为有源头活水来”，教师的职业特点决定了他们是改革创新意识的源头活水，是改革创新意识的传递者。学生是民族的未来，是时代最有活力、最具创造性的群体，教师的创新素养、创新意识和创新能力是激发学生创新素养的根本。教师的引领是传承创新精神的火种。唯有如此，我们的民族才能拥有持续的发展动力。

我校作为区域重大项目实验学校，基于以上原因，有责任、有义务、有基础在小班的环境下，以课程建设为切入口，积极探索创新思维中发散性思维的创新品质和创新习惯，激活思维，让学生健康快乐成长。

二、研究目的

为了有效地培养学生的创新思维、创新品质、创新习惯，我校以自主开发“儿童扎染”的校本课程和整合汇编的“普乐”(PLAY)课程为载体，以激发学生的发散性思维为切入口，充分利用小班教育环境，在动手操作、合作探究、交流分享等活动中形成培养小班学生发散性思维的方法，促进学生思维的流畅性、变通性、独特性。在实践体验中，培养小班学生的好奇心，树立自信心，培养意志力等创新个性品质，探索激发学生思维潜能的多元化评价方法。

三、研究内容

1. 探索能激发学生发散性思维的“儿童扎染”“普乐”校本讲义；

2. 探究小班环境下利用讲义开展发散性思维培养的方法；

3. 研究激活小班学生发散性思维教学评价的方法。

四、研究方法

本课题主要是用以下研究方法：

1. 文献研究法：搜集并借鉴国内外课程建设、发散性思维、小班化教育等方面相关文献资料和经验文章，为课题研究提供科学的论证资料；

2. 实践行动法：开展课堂教学研讨、实践体验活动、作品欣赏等活动积累有效的案例或作品集，提升研究的品质；

3. 经验总结法：搜集实践中的材料进行归纳、提炼，再进行定性和定量分析，形成具有前瞻性、操作性的研究报告。

五、研究过程

整个研究过程分为三个阶段。

第一阶段组建研究团队，学习《上海市普通中小学课程方案》《上海市中小学拓展型课程指导纲要》、课程建设的相关资料、非物质文化遗产——扎染、北京其普乐少年创意教育基金会旗下的一个公益的教育实验项目（课件、作业本、教学网站、教学材料等）相关资料，形成“儿童扎染”“PLAY 普乐”课程资源。

第二阶段依据课程方案、校本讲义等课程资源开展课堂教学、活动案例等实践研究，积累优秀教学案例、作品集。

第三阶段，总结本课题的研究过程，修订“儿童扎染”校本教材力争出版，形成有校本特色的“PLAY 普乐”课程讲义等，围绕课题宗旨撰写总报告。

六、研究成果

1. 形成“儿童扎染”课程方案、课堂教学案例集、校本教材、课堂教学课件、创意工坊、扎染日记作品集等课程资源。其中校本教材在 2015 年 5 月正式出版。汇编成具有校本特色的四年级“普乐”课程校本讲义、教案集、PPT 等课程资源。

2. 以“儿童扎染”为例，形成学科育人价值落实的研究成果，得到市级课题组的认可，发表在中小学拓展型课程育人价值研究《自主选择　主动发展》一书，成为区域共享课程。《我身边的民俗——“儿童扎染”校本课程成长足迹》DV 获得第十届中国中小学校园影视奖一等奖，全国三等奖。学生作品进入中华艺术宫展出，师生参与中华艺术宫开幕式“绘·出彩”美术教育互动活动。

3. 由顾戎姝老师结合“普乐”课程而设计的班队会活动方案《魔指总动员》，在 2014 年度获得杨浦区“美丽少年梦”少先队中队活动课优秀案例奖；她撰写的课例《在小班化教育中，PLAY 课程的运用与实践》，获“个性小班”2014 年长三角地区第十届中小学小班化教育优秀论文案例三等奖，并被收录于《个性小班》一书。2015 年 6 月 2 日的《少年日报》“向艺看齐”版面介绍普乐课程的“窨井盖大变脸”活动，整个版面不仅介绍了本次活动，还展示了多位学生的创意作品。

七、研究效果

（一）建构课程——营造小班学生发散性思维的氛围

小学阶段作为学生一生中的启蒙阶段，需要营造宽松和谐、自主探究的氛围，让每一个学生富有好奇心、自信心、意志力。强调张扬个性，关注差异，成就每一个，促使他们成为“世间独一无二的自己”。关注个体的小班化个性教育尤为重要。基于小班的小的班额，大的智慧的特点；根据小学生年龄小，寓教于乐的特征，我们认为，以课程推进的方法无疑是一个很好的载体。于是我校选择了具有“做中学、学中思、思中创”的《儿童扎染》课程，在传承传统文化的同时，更注重学生发散性思维的培养和创新品质的形成。

校本课程“儿童扎染”，是一门面向小学三至五年级学生开设的学习折、扎、染的基本技能，体验传统印染工艺独特魅力的实践体验的艺术类自主拓展课程。其核心育人价值是“体验扎染技能　感悟传统艺术　认同民族文化　激活创造思维”。具有“动手动脑、快乐体验、合作创造、传承文化”的特点。该课程的教学内容紧扣教学目标、学生基础、技能要求，由易到难分为“初识扎染、轻松变形、奇妙纹理、魅力线条、色彩天地、创意工坊”六大板块16课时。

该教材每一课分为四个板块，每个板块蕴含着培养学生发散性思维的视角。

“制作坊”板块提供了较为详细的制作步骤图和小贴士，教师可通过示范、课件演示等方式帮助学生理解领会关键步骤，引导学生去观察、去发现、去尝试，掌握基本的扎染制作技能。“制作坊”为学生营造了“做中学”的实践乐园。

“探究园”板块主要是以问激思。通过一个个问题，引导学生自主观察、在实践中发现，培养学生发现问题，解决问题的能力，激发探究的兴趣，可以说这是创造思维的基础，体现了“学中思”。

“设计室”板块主要是制作的要求，是学生创造的乐园。教师引导学生感悟传统印染工艺的独特魅力，鼓励学生学以致用，将自己的独特创意融入设计之中，力求“做中创”。

“分享苑”板块主要是创意火花共享园，是教师引导学生欣赏体验、分享交流、激活思维，感悟扎染独特艺术之美的时空，也是再次激发创意的天地。

“儿童扎染”作为一门原创的校本课程，为小班学生营造了激活思维的氛围，同样“普乐”课程的实践也为培养学生的发散性思维提供了载体。

“普乐”课程是一门尊重天性、开启妙悟、增长灵气、激活思维的动手实践课程。普乐课堂营造尊重天性的教学氛围，相信每一个学生都是有天分的，他们的天真赋予他们丰富的想象力和创造力。在普乐课堂里没有绝对的对错、好坏之分。所有的教学方法是开启妙悟，引导学生，发现“妙”、分享“妙”、领悟“妙”、创造“妙”。课程的教学宗旨就是增长学生灵气，激活思维，培养学生思维的开放性，贯通性，原创性。所谓“灵气”其实是指一种创意品性，体现为灵活、灵通、灵感。灵活（即不拘泥、不刻板、不僵化，这是一种思维的开放性训练）、灵通（即举一反三、触类旁通，这是思维的贯通性训练）、灵感（即感觉敏锐，想象丰富，这是思维原创性的训练）。

为了更好地激活学生的发散性思维，建构了具有本校特征的“普乐”课程，我校根据北京其普乐少年创意教育基金会提供的讲义，针对四年级学生的心理特点，把原先的课程内容拆分、组合、改编成十三个单元的学习内容，这十三个单元的学习分为两个学期完成，每个单元内容平均分为两课时。这样的课时安排，可使课堂教学时间更多用于学生欣赏大师们的创意作品，有更多的时间在课堂上互动，从而在思维的碰撞中，激发更多的创意灵感，也给了学生更充裕的创造时空，把自己的创意转化成作品。在教学目标的确定、课程内容的编排上，顾戎姝、张怡两位老师侧重从发散性思维必须的三个特性，即流畅性、变通性、独特性的角度去思考，去筛选、去改编，主要采用分享和实践相结合的形式，将课程框架设置为2节基础课加1节实践课的“2＋1”模式，使得课堂上教师的指导更具针对性。

“普乐”课程所提供的“灵动的视角”“体认特征”“物种合体”“意象融合”等内容贴近学生的生活，在“普乐”课堂上，教师给予学生想象的时空，给予学生鼓励，引导他们大胆想、大胆说、大胆做，教师的评价是为了更好地激发学生的思考，更大胆地去创造。

两个校本课程的建设，特别是教学内容的设计，为学生营造了发散性思维培养的乐土。

（二）课程实施——探寻培养小班学生发散性思维的方法

发散性思维，又称扩散性思维、辐射性思维、求异思维。它是一种从不同的方向、途径和角度去设想，探求多种答案，最终使问题获得圆满解决的思维方法。

以“儿童扎染”课程为例，在“轻松变形”单元制作坊板块中，老师引导学生观察和尝试基本的折法、扎法，在探究园中启发学生去探寻不同的扎法、扎法都会产生不同的纹理，学生们惊奇地发现，同样的扎法，疏密不同纹理不同；同样的扎法，松紧不同也会纹理不同；反之，同样的折法，扎得松紧与扎得疏密也会产生纹理奇妙的变化，而且因煮染时间的不同，更会产生丰富的变化。

在设计室中，学生们根据学到的知识加以实践，有的在米字折的基础上再对折，有的选择折扇折再去掉一个角，有的是两种折法的组合，“加一加”“减一减”“反一反”……学生思维的变通性在这里一览无余，可以说每一幅作品都是唯一的，每一幅作品都是个性化的，每一个学生都是创造者。小班化的个性教育在这里得以彰显。

“奇妙纹理”单元中“夹子总动员”一课，当老师将用夹子制作的作品让学生猜一猜时，学生们的思维顿时活跃起来：木夹子？风尾夹？回形针？文件夹？……通过动手做一做，通过观察，通过思考，学生发现了其中的秘密。原来不同的夹子产生的纹理是不一样啊；木夹子一般会产生“长方形”图案，凤尾夹留下有缺口的横线和圆弧线，回形针留下等距的横线……通过学生们的再次探究，他们又发现了新的秘密，同样的木夹子由于夹的部位的不同也会产生不同的纹理。学生们继续探究不同类型的夹子、不同大小的夹子、不同材质的夹子，不同功能的夹子带来的变化。在老师的引导下，学生们发现：原来制作的过程与夹子的材质、颜色并没有直接的关系，关键是夹子夹住布的位置的大小。当学生们发现规律之后，他们变得兴奋而愉悦，恨不得马上去创造，思维的流畅性、变通性被激活了，他们会根据自己的预想选择相应的夹子，还会使用叠加法，创意地设计，没有一个雷同的想法，没有一幅相同的作品，让我们深感学生潜在的创意是无限的。

“奇妙的纹理”单元中的“包裹变戏法”，也是培养学生发散性思维的重要一课。在制作扎染作品时，加入包裹这一环节引发学生的创造火花：包裹什么会产生纹理？除了种子还可以包裹什么也能产生纹理？包裹的物品煮染时会发生什么变化？每一个环节的教学中教师是引领者，学生是实践者。

由此我们发现培养小班学生发散思维的方法，引导学生欣赏、观察是激活思维的起点，引导学生发现问题是思维得以流畅、变通、独特的关键，引导学生敢于去尝试，敢于去求异更是激活思维的重要步骤。

创意来自惊奇，创意来自疑问，创意来自想象，创意来自发现，同样在“普乐”课程的学习中，教师善于让学生在欣赏中发现，在发现中探索，在探索中创造。

“普乐”课程红系列第1课“轮廓变变变——灵动的视角”中，教师通过分享一系列关于“轮廓变化”的有趣图片，打开同学们有限的思维空间，放飞天马行空的想象。首先教师出示各种各样的轮廓引发学生的创意思维。就算是同一种轮廓也有它的千变万化。在这节课上，学生们从“鸭梨小姐”身上感受到“转变视角”的奥妙，通过“转一转”“切一切”“拼一拼”，层层领悟，不但要树立不拘一格的意识，更要掌握“多角度看事物”的门道和方法。

（三）创意活动——激活小班学生发散性思维的灵感

学生们在两个课程的实施中，不仅在课堂上得到了充分的思维锻炼，而且在课外的活动中让思维的火花得以延续。

每一个学生的扎染梦都是精彩的

扎染是我校兴趣课的特色课程，作为一门动手动脑，培养学生创新能力的课程，一直以来深受学生的喜欢。如何让更多的学生感受扎染的独特魅力，体验创造的快乐，我们做着积极的尝试。“帘梦”活动是一次学生体验扎染，参与创造的实践活动。

这次活动先由沈佳芸老师对全体班主任进行了先期的培训，旨在以“大手牵小手”的形式让更多的学生分享扎染的独特魅力。

2014年5月5日的校会课上，全校学生通过了解非物质文化——扎染视频以及亲手制作扎染作品，让早在东晋时期就已经出现的这一中国民间传统手工艺焕发出生命的活力。

四、五年级学生尝试的是用绳子扎出纹理，而三年级学生体验了用夹子替代绳子防染的方法制作扎染作品。不一样的折法，不一样的扎法，让每一个学生都有了创造的机会。

一节课的时间是那么的短暂，学生们做得意犹未尽，当中午时分学生们领到煮染、漂洗之后自己的作品时，迫不及待地打开，他们被自己的创意惊呆了。有的像跳跃的点点火苗，有的像梦幻的时空隧道，有的像百变的万花筒，有的则像盛开的朵朵鲜花，还有的像高昂的印第安头像……兴奋洋溢在他们的脸上，欢呼荡漾在校园。

当天晚上学生们把作品带回家与父母分享，还完成了扯流苏的任务。扯流苏既是技术活，又能考验耐心，要创造一幅真正意义上的作品，创新、意志力、自信、耐心缺一不可。

从学生们经过“做中学、学中思、思中创”过程的400幅独特作品中，我们挑选出285幅作品，在经过“整理流苏—熨烫—上摩丝—塑封—撰写姓名”等流程后，这些作品愈发大气精致、充满神韵，可谓“晕染方寸间，尽显民族风”。我们将它起名为“帘·梦”，代表着学生们的一个个扎染梦，展示在学校大厅。

“普乐”课程让我们“玩起来”

“普乐”课程，即英文PLAY，“P”指“play”游戏、开启；“L”指“love”热爱、喜爱；“A”指“Action”行动、活动；“Y”指“yearn”渴望、向往。我校从普乐课堂教材中选取能培养学生发散性思维的内容建构“PLAY普乐”课程，旨在激活学生的思维，培养他们的创新能力。通过各种形式的活动，激发学生的好奇心、想象力，通过思考、设计、动手操作、合作协调，提升思维的变通性、流畅性和独特性，培养学生发散性思维能力。经过两年课内外的实践活动让我们欣喜地发现学生想象力和创造力是无限的，好奇、自信、意志力在他们的行动中一览无余。

“小丑也萌”是普乐红系列“对立的转换”单元的开篇课，其启悟点是通过装扮一些外表并不讨人喜欢的动物，而使它们大变样，体现事物的多面性。

教师在课堂中引导学生观察线条、构图、色彩以及神态等，从中发现小丑变萌的几个视角。教师成为课堂的引领者，学生成为课堂的主角。

线条变得圆润了刺猬也是萌萌的，可爱温柔；大嘴的猴子、大肚的青蛙、大眼的蟒蛇、大尾巴松鼠，局部器官的夸张手法使得“小丑”吸引眼球；色彩的多姿多彩让蜗牛不再令人生厌；喜怒哀乐的神态使得“小丑”令人忍俊不禁；除此之外学生们搞笑的文字、花纹的装饰，使得“小丑”萌态十足。

当学生“玩”起来时，创意让我们惊叹，即使是平时不起眼的学生，在这样的课堂也一样的充满自信。

在“隐身弟子”一课中，教师们设计了为校园窨井盖隐身行动。学生带着问题，走进校园去实地观察校园的窨井盖。校园的窨井盖有圆的、有方的、还有很长很长的，怎么隐身，让它们变得更加美丽?

学生们来了次头脑风暴:“将圆圆的窨井变成蜘蛛的身子。”“圆形窨井盖可以隐身为来放大镜。”“圆圆的窨井盖加上支架不是地球仪吗?”“将长方形窨井改装成立体的面包炉，漏水处里弹出面包啦!”……

学生们的创意变成美丽的画，校园的窨井盖有的变成了憨态可掬的河马，有的变成了大嘴的鲸鱼，有的变成可爱的企鹅，还有的变成漂亮的卡车……“普乐”的课堂充满创意。

（四）多元评价——促进小班学生发散性思维的发展

小班化的个性教育呼唤关注个体，关注差异。在“普乐”课堂中，学生们亲昵地称呼顾老师为ROSE GU，顾老师成了他们的大姐姐，成为他们的伙伴，学生们兴奋的状态、期盼的眼神足以证明激励性评价、过程性评价在课堂中的效果。多元的评价不仅能激活学生思维的潜能，同时也起到了促进思维发展的作用。

纵观这两个课程，多元化评价是一个亮点。

首先，评价的主体体现多元化：教师的评价、学生评价，甚至邀请家长一起参与评价。

其次，评价的内容多元化：课堂教学中教师既评价学生完成的作品，更多地评价学生参与的积极性、思维的发散性、合作的态度等。

最后，评价的方法多元化。一个棒棒的拇指章，一段精彩的点评，一个大大的拥抱，一次上台分享的机会……在这里不见分数，唯有分享；在这里没有高低，参与就是最棒。

“儿童扎染”课程中，教师以学生的扎染日记为主要评价内容，倡议学生在每一次完成作品之后把作业收集起来，写一写成功的喜悦，说一说失败的心情、找一找成败的原因，甚至还可以与作品来一次生动的对话，引导学生养成收集作品、及时记录的好习惯。评价方式为自评（写写自己对作品的感受）、互评（口头交流，互动分享）、师评（教师根据每一次扎染日记的完成情况以敲章的形式给予学生鼓励）。评价内容包含作品的数量和扎染日记。采用优秀、良好、合格和须努力四个等第评定。在扎染日记里，呈现的是每一位学生学习扎染的足迹。从草图、习作到反思，不论是成功还是失败，记录了他们的思维过程，汇集着扎染学习的点滴智慧。

教师在扎染日记中可以发现学生在课堂中未能显现的智慧火花，也能够发现课堂中未关注的问题。不仅能够更全面地对学生的学习做出判断，也为调整教学方案提供了的依据。在这个过程中淡化了评价的甄别功能，强化评价的诊断、改进与激励功能。这样的评价方式少了一点比较，多了一点促进。

六、问题与思考

课程的推进激活了学生的思维，提升了他们的思维品质，但是我们感到课程的完善是个永恒的话题，发散性思维的培养是一个持续不断的过程，需要不断研究教法激活思维，同时还期待各学科共同的参与和推进，可以使学生思维的流畅性、变通性、独特性不断提升，为学生的成长奠定基础。

（课题负责人：钱文静；课题组成员：顾戎姝、张怡、沈佳芸、马薇佳、王健、柳瑾、华鸣）

［专家点评］

仔细分析课题研究的有关前期准备资料，经过认真评议，形成如下评议意见：

1. 课题选题具有研究价值。实施“小班化教学”是实施新课程改革的现实需要。课程改革的具体目标是要改变“六个过于”，其中之一就是改变“过于强调接受学习，死记硬背，机械训练的现状”。“逐步实现教材内容的呈现方式，学生的学习方式，教师的教学方式和师生互动方式的转变。”“小班化教学”可以说是新课程实施的具体实践载体，是新课程理念转为优质教学的具体反映，推进“小班化教学”就是在积极实践新课程。难能可贵的是该课题立足学校实际，通过小班化教学的契机构建具有学校特色的校本课程，有利地推进了校本课程的有效实施，促进学生学习方式和教师教学方式的改变。

该课题符合小班化教育的教育规律，符合国家新课程改革所提倡的实现学校课程类型多样化、具体科目比重均衡化的要求。

课题的主导思想及其研究内容具有一定的前瞻性及推广意义。

2. 课题研究目标明确。旨在通过对本课题的研究，探索在小班化教学中，结合校本课程，为提高学生综合能力提供学习、交流、展示、评价的支持，贴近学生，有较强的可行性。课题定位了理论目标及实践目标，既兼顾了学术价值又突出了实践意义。

3. 课题研究内容具体。课题明确了在小班化教学中建设校本课程，提高教师及学生综合素质为核心的研究内容，较为准确地把握了课题研究的方向，面向实际，有较强的实用性，具有一定独创性。

4. 课题研究方法得当。本课题研究所采用的行动研究法，既保证课题研究的顺利完成，也真正将课题研究成果服务于教学改革。

5. 课题研究有序进行。课题组成员结构合理，研究任务分工明确，并定期召开课题研讨会，形成例会制度，并把课题研究和学校的教研工作联系起来，有助于全体教师科研能力的提高。

6. 课题研究成果多样化。结合研究目标，课题组的研究成果不仅仅局限于研究论文，还设计了学生作品集，并对此采用多元评价方式进行过程评价。

建议教师多渠道收集、开发教育信息资源，成果形式可增加值得推广的策略或模式、评价标准、优秀课例等在网站及推广，并注意成果的学术性和理论水平。

7. 该课题实现了较好的社会效益。教育均等是指社会中的任何成员都享有均等参与学习和受教育的权利。义务教育作为法定教育，更要体现教育均等的思想。该课题以校本课程为载体，为每一个学生的充分发展，为他们在课堂上动脑、动口、动手提供了更为广阔的空间，该课题研究没有仅仅局限于课题研究的完成，而真正实现"把课堂还给学生，让课堂充满活力"，使"教育好每一个学生"的教育目标。

该课题在以人为本的教育理念指导下，强调以学生为本位，以为学生的可持续发展奠定基础为目标，在传授知识、技能的同时，更注重学生思维的参与与内驱力的调动。该课题的研究内容以人的发展为出发点和归宿，充分体现人的个体性、充分性与主体性，在完成教学任务的同时，实现学生道德品质、审美情趣、创新精神、实践能力等综合素质的全面提高，将以人为本的教育思想贯穿于小班化教学的始终。

新课程的评价研究要求"改变过分强调评价的甄别与选拔功能，发挥评价促进学生发展、教师提高和改进教学的功能，同时在评价方法与技术等方面进行大胆探索和尝试，建立以发展评价为中心的多元化的评价体系"。该课题将多元智能作为逻辑结构和灵魂来设计评价体系，科学、全面、真实地反映和评估每一个学生各方面的智能发展情况，发展学生的优势智能，开发学生多元智能，促进学生的发展。

该课题研究成果表明，教师以全新的眼光看待学生，进行更为有效地评价。教师在教学过程中、在教育评价中给学生以充分的尊重；建构起新型课堂环境，更为关注学生的学习状态；对校本课程和校本教材进行重新定位，充分发挥其更为积极的作用。

课题研究过程中，教师注重学生点滴行为的表现，进行及时地评价，为学生提供了发挥出多种智能的机会；扩充评价角度，家庭、同学等多元评价主体参与，使得教师更为关注学生的发展，学生对于自我有着更为全面的认识。

8. 课题可借鉴之处：

(1) 建构和谐开放的课堂。在小班化教学的环境中，教师创设出一种和谐的课堂环境，使师生在课堂上轻松、愉快的开展学习活动，有效地提高师生的活动质量，进而提高课堂教学的效果。

(2) 培养了学生合作学习的习惯。现代社会需要会合作，又能积极参与竞争的人才。课题组在小班化教学中，以校本课程为载体，重视学生的小组合作意识的培养，让学生在自我学习的过程中养成合作的习惯。

(3) 重视学习方法指导，发展自主学习能力。为了学生终身发展的需要，学校教育必须重视学习能力的培养和发展。课题组针对小学生的年龄特点，着重在学会倾听、学会表达、学会合作与交流、学会搜集资料等方面，教师注重培养学生认真倾听的习惯，以保证课堂交流中听课的质量，培养认真预习和复习的习惯，不断提高自主学习的能力，培养认真作业的习惯，提高知识运用的能力。

期望该课题组成员在原有基础上，对此课题进行更加深入的研究。为了学生发展，也为了教师自身的专业发展，可采用多种研究方法获得多种研究成果，为小班化教学和校本课程研究提供更多的成果。

（上海师范大学副教授　张艳辉）

案例

打开创意的魔盒　体验个性化教育

——"PLAY 普乐"课程与个性化教育的实践探索

顾戎姝

一、问题的生成

每一个学生都有与生俱来的想象力，但是随着年龄的增长，学习压力的增大，在"你已经长大了，别幼稚了"的"善意"的忠告下，他们下意识地、慢慢地关上了那扇想象之门，创意之灵感随之减弱乃至枯竭，取而代之的就是机械化的练习，模式化的思维方式。"普乐"课程恰恰弥补了这个缺失与遗憾，"普乐"课程的课堂教学不仅有助于学生们想象力和创造力的发展，也有助于教师在倡导充分"关注每一个学生全面而富有个性的发展"的小班化教育中，体验了成功的快乐。

小班化教育追求对每一位学生提供个性化的教育，强调教师应了解学生的经验、能力、兴趣、性向等个别差异，采取适合个别学生的教学策略。

个性化教育作为一种重要的教育理念，对于培养学生的个性、促进教育质量的提高、培养创新人才、实施素质教育都具有重要的意义。在教学实践中，教师脚踏实地地通过课堂的教学，实现培养学生的人文素养，塑造良好的个性品质的目的，是每一个教师的毕生追求，也是其责任所在。在一年多的教学实践中，笔者对个性化教育产生新的见解，新的收获。

二、"普乐"课程与教育民主性

教育民主的本质在于为受教育者提供适合其个人特点的教育，让其充分、和谐、自由发展。个性化教育正是在个人特点基础上展开的，以适应并促进个性发展的方式，实现具有完善个性的人的培养。

教育的民主性主要体现在民主的师生关系上。个性化教育所倡导的师生关系是民主型的。教师不仅仅是师长，还是朋友，他了解学生，理解学生，尊重学生，帮助学生寻找最适合他自己个性发展的方式。

记得有一次，我和学生们一起上"森林公主"这堂实践课。这一课旨在启发学生抓住动物、植物、水生物的显著特征，运用局部特征带动整体的思维方式，以三四人为一组合作设计出相应的家具、物品等，从而解救出情境创设中遇难的森林公主。

师：王子因为热气球故障意外坠入普乐森林，善良的森林公主和小精灵们帮助王子修好了热气球。为了感谢森林公主的出手相助，王子决定邀请森林公主去自己的王国做客。可是，从没有去过人类世界的森林公主因为担心自己不能适应而十分为难，王子向众多小精灵求助。现在小精灵们帮帮王子吧！

生：让王宫中的家具出现森林小精灵们的身影。

生：让公主生活在她熟悉的环境里。

……

于是大家纷纷给王子支招：每一个学生都献计献策，从庭院到大厅、卧室、书房，甚至细致到盥洗室一应俱全。

随着情节的起伏，大家都投入其中，为了让学生们尽可能多地获得展示自己的机会，教师还请同学们分别扮演角色，清脆的童声将各个角色演绎得活灵活现。

正式开始创作时，同学们一派忙碌：有出主意的，有画草图的，还有到其他小组串门取经的……同学们紧张而快乐地创造着。

在课堂上我也忙得不可开交，学生们总是第一个与我分享他们的成功："老师快来看呀"，"先来看我们的呀，我们已经好了"……当他们创意得到教师的肯定、受到鼓舞后，学生们灵感如泉涌般涌现，让教师们受益匪浅。孩子如期交出了他们的杰作：

花园里喷泉是海豚的飞跃姿态，公主卧室里的橱柜长出了鹿的犄角，天花板上的吊灯灯罩是一朵一朵的花瓣，公主休息的靠椅设计成小兔子的大耳朵……

种种创意都来自于师生间平等的交流与互动，教师时常说的是："我只能提出建议，最终的创意还得你们自己讨论完成……"在这样的课堂教学实践中，教师做到了真正尊重孩子的天性，相信每一个学生都是发光体；教师与学生处于平等的地位，与他们共同探讨，共同出谋划策，在一次次互动中完成知识的传授与思维的碰撞。学生们体验到伙伴们的创意融合，会产生更佳的创意合体。

教育作为一种培养人的社会活动，与人的个性完善有密切联系，但它是间接推动人的个性发展的，而此中介就是人的自我建构活动。因此个性化教育应该具有民主性的特征。

三、“普乐”课程与教育针对性

为个体提供适合个体特点的民主化教育，也是个性化教育针对性的体现。针对性还隐含着选择。教育要针对学生个性特点，有选择地进行，既不盲从，也不放任自流。让学生通过张扬积极个性，发展优良个性，摒弃消极个性。在这个过程中，教育者要帮助受教育者充分认识其个性特点，达成共识，双方共同有针对性，有意识地建构受教育者的优良个性体系。在该过程中，教育者自身也能不断超越自我。

“普乐”课堂教学中，学生通过学习与实践，通过分享与交流后，把自己的创意思维实践成创意成果，转换中往往要借助语言等形式来表达、阐述、说明。如何把自己的创意思维表达出来，如何把自己的创意成果诠释给伙伴们听，无形中提升了学生的综合能力。

随着年级的上升，“普乐”课程教学内容的深度也在递增。五年级的课程内容需要传递意象方面的创意，而不是一年前以具象的设计为主。在教学实践中，有些创意的奥秘更适合意会，而不是言传。有时教师作为课堂组织者，穿针引线的人，都难以用言语来表述清楚，但学生们却能激发出个性潜能与优势，他们很自然地把自己的创意设想，用自己的语言自然、贴切地表述出来。

五年级“普乐”课程“盐在哪里”一课，意在揭示“形”和“意”的关系。“意”融于“形”，就像“盐”之于“水”，“盐”已经融于清水中，看不见，摸不着，但这杯清水已经有了味道，耐人寻味，值得人用“心”去品悟。教学关键是形和意的共存——创“形”的同时也在创“意”，立“意”的同时也在赋“形”。形和意的水乳交融，混化无迹，才是创意活动的根本诉求。体悟形意相随的妙趣后，学生们需要完成任务——举办创意时钟设计大赛，检验学生借普通的时钟造型去

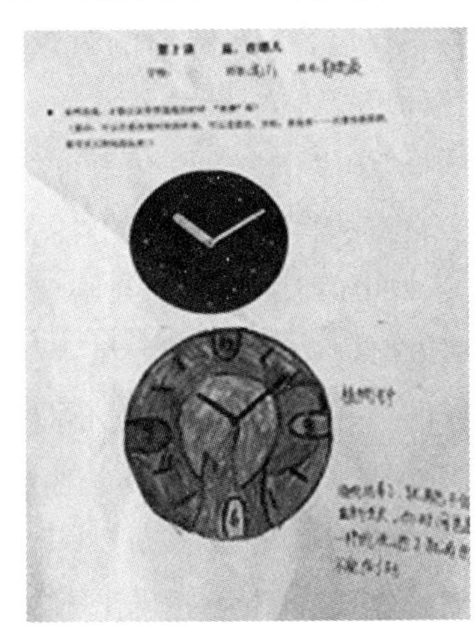

通过联想，把意赋在形里，赋予理念和价值观，使得它传神，更具气韵。笔者在备课时，非常着急，对学生是否可以完成教学要求而焦虑。上课时揣着一颗忐忑之心走进课堂。但事实证明，学生们不仅知其然，还能表达其所以然。

小郭同学的“植物钟”：生机勃勃，枝繁叶茂的大树，随着时间的流逝也会枯萎、衰败。借植物的四季更替说明时间一去不复返。

小设计师的设计理念：植物枯萎了，就再也不会重新生长，而时间也是一样，流逝了就再也不能倒转。

这幅作品中的时钟与我们生活中见到的，没有太大的差异，但设计者小杨的设计理念是：“生命随着时间流逝，也许你现在还是个孩子，但很快你就会长大、变老。”这幅作品被小设计师赋予了很丰富的内容：这个时钟是一个短发的人脸造型，又通过时间段将其一分为二，早上和晚上，而再细推，就会发现他设计的精彩之处，早上如同朝气蓬勃的婴儿、年轻人，并且发色也是黑色，然而随着时间的流逝，慢慢夜幕降临，人到暮年，两鬓也花白，时间就像一位睿智的观察者，见证我们的生老病死。

从这个教学案例中看出，在个性化教育的过程中，教育者要帮助受教育者充分认识其个性特点，达成共识，双方共同有针对性，有意识地建构受教育者的优良个性体系。同时，教育者自身也能不断超越自我。针对性并不仅仅针对“部分”有特长的学生或只针对学生的特长方面，而是面向所有学生的所有个性特点。

四、“普乐”课程与教育多样性

个性化教育不仅是方法论上的变革，也是价值观念上的变革。个性化教育不仅包容多种有益的教育方法，还在学校教育制度、组织形式、教育内容、教育评价等各方面、全方位的具有兼容性，以适合个性不同的学生发展的需要。同样，学生作为个性化教育的核心要素（出发点和归宿），通过接受多样的、适合自身的教育，而表现出各自不同的个性特征，这是人类发展目的之所在。

四年级的学生刚开始学习“普乐”课时，最多的困惑是：“老师，我可以这样吗？”“老师，我这么做对吗？”而教师则重复回答“当然可以啦”“没有什么不可以的”，并不断在 PLAY 的课堂教学中不断传递着：“不怕你做错说错，只怕你想不到，没有属于自己的创意”的教学理念。

在 PLAY 课堂教学中，学生的发言只要言之有理即可被认可，这可让他们敢于敞开心扉，大胆说出自己的想法，表达自己的观点，不仅自信心得以增强。

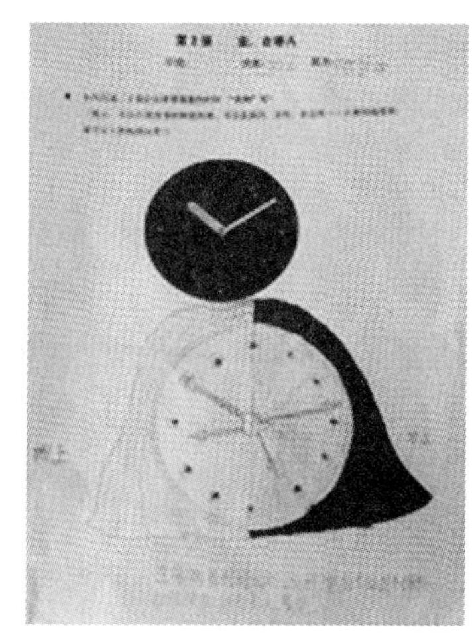

学生的作业(作品)也让我们惊叹,学生的世界比我们想象得要精彩。只要给学生提供一个释放的空间,会有意想不到的收获。学生的想象力超出了教师的预设,学生的创意作品也是我们成年人无法企及的。

"普乐"课程中的《方圆谷》一课,其教学目的是让学生掌握一定的规律和方法,能通过简单的符号来表达一个复杂的事物之后要完成的一个任务:帮助动物完成方圆变身。课程要求通过用简单的平面符号来表达立体的对象,培养"提炼和抽象"的创作能力,体验"化繁为简"的思维方式。

这幅作品学生设计方部落的蜘蛛架着一副学术眼镜,萌萌的表情,同时又给人一种无限延伸感。圆部落的蜘蛛似乎是刚刚狩猎完,嘴边还残留着美味的午餐,脸上还有一丝红晕,配上闪着泪花的大眼睛,显出楚楚动人的可怜形象。整幅作品创意感十足。

这幅作品的小设计师为方圆谷设计两个物种。萌萌的斑纹猫,身上的斑纹在不同外形上也一一对应,心思非常巧妙;再看跃跃欲试的红眼小兔,可爱之余又给人充满活力的感觉。

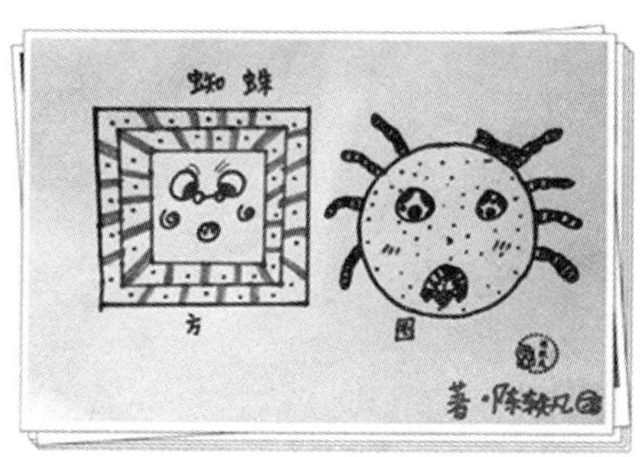

学生的创意作品表明,学生掌握一定的规律和方法,可用简单的符号来表达一个复杂的事物,并可化繁为简。这种课程不仅启迪了学生们的思

维方式，也渗透了人文化的教育；培养学生的自信心，使他们更敢想，更敢尝试，更敢表现，从而有利于培养学生的创造意识，培养学生的创作能力。

五、结语

每周一次的“普乐”课，我都与学生们一起成长，我和他们一样，在课堂上欣赏着大量的、不同主题的创意图片，分享着创意大师，还有“普乐”课先行者给我们留下的精彩作品，它不仅开拓了孩子们的视野，给他们续燃了想象的动力，也使我和孩子们的相处更加的自然与和谐。每当我看到学生们时而惊喜连连、时而豁然开朗、时而因灵感闪现而得意不已的表情时，总在想，“普乐”课真是魔力无穷，它让学生体验到了快乐，收获了自信，懂得了合作……

个性化教育的本质其实是人性化教育，为学生的终身幸福着想是它最终的指向。作为教育教学在第一线的普通教师的我来说，如何脚踏实地地通过课堂的教育教学实践，来达到培养学生的人文素养，塑造良好的个性品质的目的，是我教师生涯的追求，而这一年多来的“普乐”课堂实践，使我另辟蹊径，找到了一个较为合适的途径，也有了一定的收获与体验。

让创意感动生活

张　怡

一、背景与问题

常言道教师的面貌决定了教室的内容，教师的气度决定了教室的容量。小班化的教育给予了我一个平台，让我有更多时间与空间关注每个学生，走进学生的心灵。

三年来学生们在我“墨守成规”的教育熏陶下变得乖巧，守纪律。小班化的教育环境似乎应呈现给学生开放的教育，教室中学生的作品更多，教室的媒体更新了，教室内的活动空间更大了，但是教室的一切似乎凝固着。尽管我使出浑身解数，但是只有几个学生的精彩发言，而大多数学生都是沉默的观众，课堂上总不能显示出勃勃生机。课堂上大多数学生拘束、紧张，害怕发言，怕“言多必失”。可不曾想，一次普乐课程的课堂教学却打破了“常规”。

二、在快乐中遐想

当我走进教室时，学生们充满期待与疑惑的目光，仿佛在问我：普乐课程的课堂是怎样呢？会不会很有趣？会不会很好玩呢？当我打开 PPT 时，拘谨的学生们双眼紧紧盯住屏幕，普乐小精灵跃入学生们的眼睑。课堂原有的平静开始被打破，学生们有的小声笑出来；有的开始“指手画脚”；还有的忍不住大声叫道“哇！这太有趣了！”……我带领学生们在普乐世界中畅游。当看到在普乐世界旅行的特殊交通工具时，学生们居然一改往日的沉默，纷纷抢着说出了自己的想法，大有要和原来的这几件一决高低的态势。平时举手人寥寥无几，现却居然“层出不穷”，举起了小手把我围在了中间，课堂气氛异常地活跃……

在为自己设计的自画像展示说明会上，我居然看到了他，我班的“闷葫芦”小海。平时他在老师面前总是躲躲闪闪，生怕别人发现他的存在。上课也总是摆出一副一问三不知的架势，偶尔被催急了，也只会稍稍地歪一下头，咧一下嘴，算是回答问题。今天可是一个奇迹，我立马请他上来。呈现在我们眼前的是一幅自由飞翔的自画像。他的身体如风筝般在空中翱翔，脸上带着好奇与期待……他断断续续述说着自己的创意，同学们给予他持久的响亮的掌声。

晚上当我打开班级日志，一句句肺腑之言映入眼帘：

小毅：今天普乐课给了我极大的快乐。

小亮：普乐课给我们带来了很多乐趣。

小幸：我第一次接触到普乐这样的课程；第一次设计自己的肖像画，我被难住了。可看了其他学校的同学作品，很受启发。我把身体画成一个“S”形，然后加上手和脚。虽然画得不好，但是我想经过一个学期的学习，我一定会得到许多奇思妙想。

一堂普乐课吸引了学生们的眼球，为他们搭建了表现的舞台。但是普乐课仅仅就是一堂让学生们欢笑的“副课”吗？仅仅是有趣与好玩吗？

三、在奇思中妙想

“在玩中学，在学中思”是每个学生在普乐课堂的真实写照。学生们喜欢普乐课，每个星期都翘首以盼。

在课堂上学生们“摆脱了束缚，放开了手脚，打开了思路”。手上绘画的教学，是让学生们第一次尝试同伴合作，让他们各出一只手合拢在一起创作出作品。这堂课需要各种颜料，需要学生们丰富的想象力，需要在手指上奇思妙想。可热闹的教室，令我担心颜料会不会打翻；嬉闹的同伴，令我担忧学生们只是乱涂，没有作品……然而我看到的却是，他们低声细语中，他们有条不紊的调颜料中，我看到了他们的自信，看到了原本平淡无奇的手指被他们演绎成另一种风范。一件件栩栩如生的作品展现在我眼前：在草原上奔驰的斑马，在沙滩上逗趣的螃蟹，在空中翱翔的雄鹰，展示魅力身姿的孔雀……

普乐课开拓着学生们的思维，他们学会从不同的角度去观察事物。在设计中学生们迸发出思维的火花：丑陋的窨井盖在他们的“美容”下超级变变变，伶俐的小青蛇、飞天兔耳猫、有着阳光般灿烂的笑脸、提醒人们珍惜时间的窨井盖时钟……一件件作品记载了学生们的奇思妙想。

学生们由最初的一味模仿到如今已经有了求异的思维。在小班互动共创的普乐教学中，他们成了主角，他们时而读、时而论、时而辩、时而演。开放的教学内容犹如催化剂，激起学生思维的多元化。

四、在创意中联想

普乐课的教学已经开展近两年，学生们依然是那样的喜欢与投入。在学校组织的各类活动中，学生们不再需要我来分派任务，自己组织演小品、编舞蹈、排相声。那自信的神态，那富有创意的背后让我看到普乐课堂上的影子。

学生心中的普乐课程——来自学生的普乐心语：

小幸：语文课上老师经常让我们写方案。以往我几十分钟也想不出一个。可是学习了普乐课以后，我能想到二、三个。写作文也是如此，总有许多奇妙的想法被我写入其中。

小陆：自从学了普乐课以后，我的画画好多了，不再那么丑了。

小陶：这是一堂有趣的课，开阔了我的思维。我原本是个不太爱笑的人，可是现在我变得非常爱笑。

小戴：在普乐课上我有许多想法，就像一个炸弹爆出无穷的创意。对于原来难解的奥数，我不再只一味傻傻地套公式，而是学会从不同角度去思考。

小颜：以前我只会一味模仿别人的画作，现在我尝试画自己想画的东西。

小静：我是一名小记者。以前我采访的问题只能提出一两个，但现在思路开阔了，能从不同的角度提出新奇的问题。

小钱：我发现我的审美能力提高了不少。陪妈妈去买衣服能提出许多建议，我的搭配也得到了妈妈的赞赏。

普乐课程的教学模式彰显了小班化教学的优势，拓宽了教学的渠道，增加了教学的厚度。普乐课程让每一位学生成为学习的主人，让每一个头脑的创意火花迸射而出，让创意感动生活。

教育评价多元化的实践探索

——以“儿童扎染”课程为例

沈佳芸

在每一次的“儿童扎染”课堂教学中，学生们至少完成一张作品。虽然平时习作的尺寸不大，但是方寸之间却也都充满了变幻莫测的晕染之美。在课程开发的最初，学生的作品都由老师替他们收集起来。偶尔翻看这些作品，除了赞叹孩子们的创造力，脑海中也会想到他们在课堂中的奇思妙语。总觉得这些灵光闪现随着下课铃声而消失，实在可惜！如何让这些课堂习作更有价值、如何才能够使课程评价更多元化？笔者一直思索着这个问题。

一、体现自主、合作、探究学习的评价方式——一本“能倾听”的日记

学业评价是教育质量评价的核心。教育评价标准应首先关注学生的学习，体现新课程的核心理念——为了每一个学生的发展，倡导主动、合作、探究的学习方式。

一次下课后，笔者发现一组学生并不像往常那样急于背书包回家，他们围在一起，正津津有味地在议论什么。原来几个学生没来得及在课堂中交流自己的作品，现在正有模有样地向同伴介绍着。

小华：你们看呀，那凌空飞腾、奔跑疾速的雄姿，像不像驰骋在大草原上的骏马？

小雯：我的作品也不赖，你们瞧，这星空深邃、迷人，让人一看，立马浮想联翩哦……

笔者没想到，看似平凡普通的一幅扎染作品，竟被这些学生们赋予了如此多彩的生命。学生们充满灵性的眼神、充满创意的奇思妙想，自信满满的发言，再一次引发笔者对多元化评价的思考。

每单元的自评、互评固然重要，每学期的扎染作品展也能展示学生们的才艺。但是对于每一个学生来说，有什么能比记录他们的探索足迹更重要呢？

何不尝试为学生们搭起一个展示自我的评价舞台呢?

于是,笔者提议学生把每一次的作品收集起来,记录下自己的所思所想,整理成一本属于自己的"独一无二"的扎染日记。这个设想一经提出,便得到学生们的欢迎,他们对这本"日记"给予了极大的关注,热情高涨、全情投入。

就这样,一本本满载着收获的"扎染日记"诞生了……

陈子怡的扎染日记

日期:10 月 12 日

这幅是我目前最满意的作品了!感觉像一张光碟,真是很漂亮!希望以后能做出更美丽的作品来!Go! Go!加油!

日期:10 月 26 日

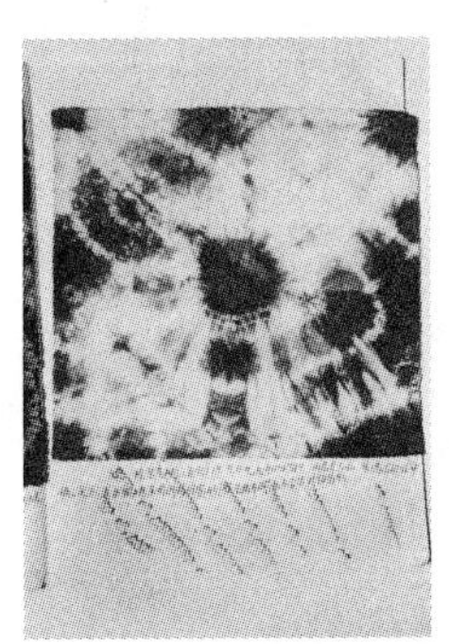

这一张是我用折三角的方法制作的,先扎中心部分,再层层下扎。作品跟我的设计稿很像!

戚心怡的扎染日记

日期:11 月 12 日

今天我们学了"包裹变戏法"我发现这幅作品做完了以后,两面是不一样的效果。一面有米粒的印记,一面却没有。我用了两种不同的米,所以左边和右边的有些不一样。我觉得左边的图案向印第安人,右边的却有些白,但总体来说,我觉得很独特。

日期:12 月 17 日

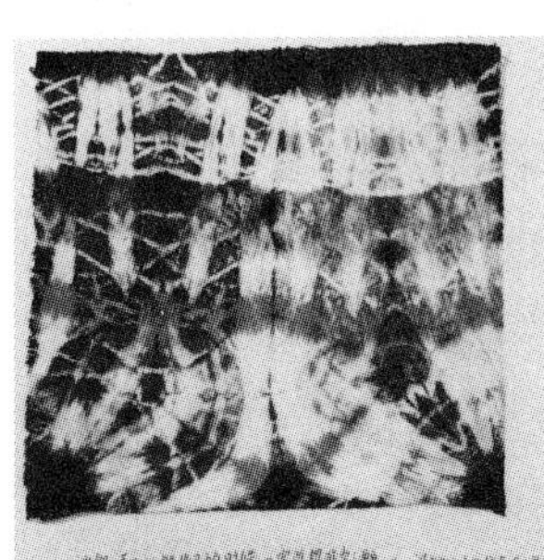

当你看到这幅作品的时候,一定觉得非常漂亮吧!没错,这幅作品就是用彩色的染料做出来的。

不知道你有没有发现,有些绳子的印记也变成彩色了呢!

侯怡林的扎染日记

日期:10 月 22 日

今天我用了"筷子"这个工具,它可真神奇。

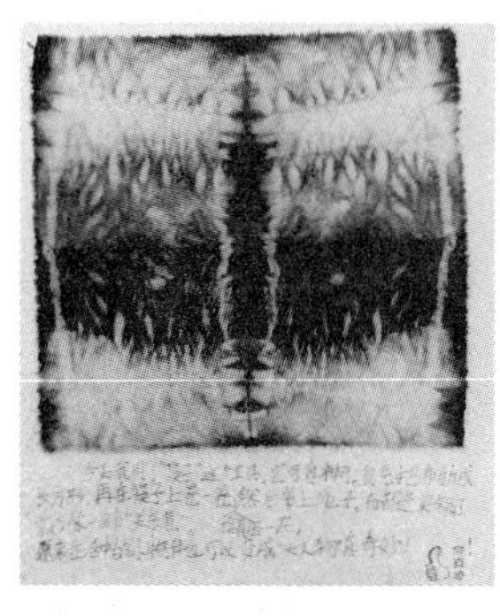

我先把布折成长方形，再在筷子上卷一卷，接着压一压，最后扎上绳子。布都进染锅后就像一串串“关东煮”。

原来，生活中的小物件也可以变成“大人物”，真奇妙！

日期：4月14日

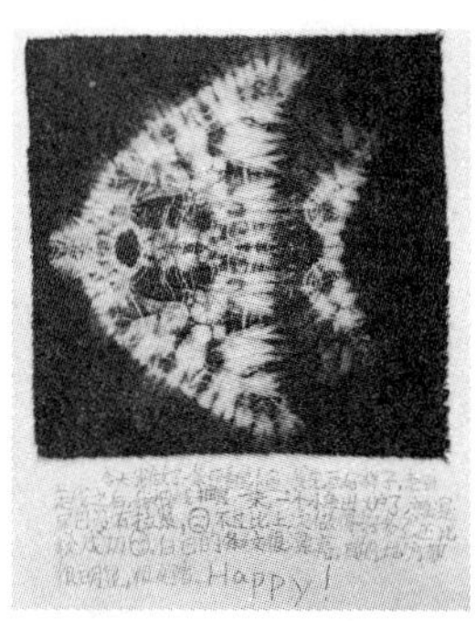

今天我做了一条可爱的小鱼。我先画好样子，走针走线之后，把线抽紧。染完后，一条小鱼出炉了，就是尾巴没有拉紧。（不过比上次做得好多了。）白色的条纹很漂亮，图形总体很清晰，很好看。Happy！

一本“有想法”的日记

作为一种传统手工艺，扎染具有独特的艺术特征，每一幅作品因为折扎的方法不同，会产生独特的晕染效果，每一幅作品都是独特的。如同每一个学生一样独一无二。作为教师，学生的每一份作品都是他们在学习过程中的足迹，应加以关注，及时地引导。

“教师在课堂教学过程中，要关注学生的差异，引导全体学生参与学习活动，促进学生的合作学习。要认真倾听学生发言，多给学生表达的机会，并适时予以鼓励。”开始由于每个学生的美术基础和动手能力不尽相同，完成的作品中差异较大。尝试写扎染日记时，往往是做出漂亮作品的学生有话可写，而一些失败的学生闷闷不乐。笔者特别关注这些学生，鼓励他们寻找失败的原因。引导学生寻找失败的原因，并详细地记录下来，这也是非常有价值的。因为发现问题比解决问题更重要。在笔者的耐心引导下，学生们不再为失败而苦恼，变得有话可写。《扎染日记》的内容不仅记载了成功的喜悦，也有失败的反思。学生们学会了在动手实践中发现问题，探寻规律，并及时地加以记录。同样的一节课、一类工具、一种技法，每一位孩子都能做出与众不同的作品，同时也有他们思考、设计的独特角度。

教师的评价要做到因人而异。教师要了解他们的基础，关注他们的发展状况和努力程度，尊重差异，为每个学生的发展创造宽松的环境，并给予具体指点和引导，耐心期待学生一点点成长、进步。

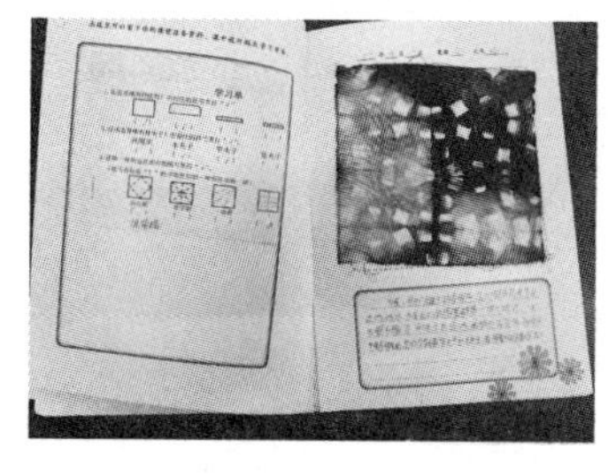

日期:12 月 15 日　倪紫嫣

今天,我们做了两幅作品,他们都是用夹子制作的,所以,今天我们的图案都是一块一块的,一点儿都不像平时用绳子扎的那样。我的作品用了两种夹子,他们分别是窄夹子和木夹子,我很喜欢这幅作品!

日期:12 月 15 日　李若昀

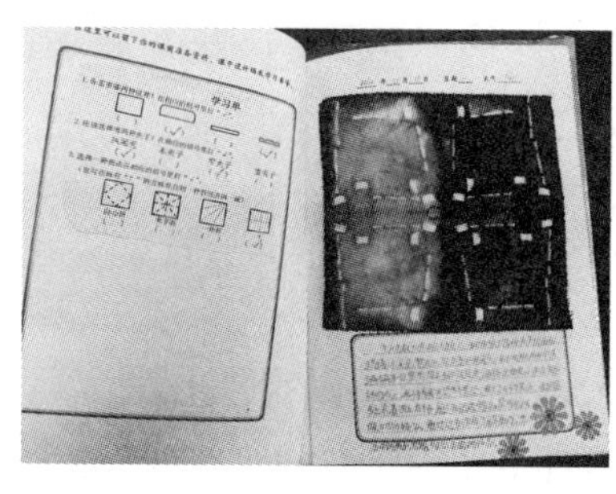

今天老师教了“夹子总动员”。我们知道了四种夹子的名称。我从这些夹子中选择了两种,分别为窄夹子和凤尾夹。我将这些夹子夹在折好的布上,再将布放进染料里。打开作品后,我发现布上出现四个方格,所以我就把这幅扎染作品叫做“四方格”。通过这节课我了解到生活中的夹子,也能做出美丽的作品。

日期:12 月 15 日　苏易

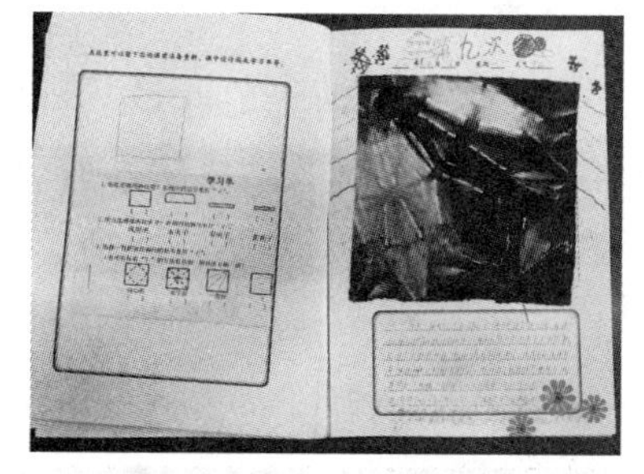

今天在课上,我认识了四种不同的夹子。老师提了一个要求:选其中的两种夹子,并选择一种对称折法来完成一张作品。我选择了宽夹子、凤尾夹,一角折。做完作品,在等待染色的过程中,老师问了我们一个问题:你用的夹子会产生什么样的纹理?同学们争论不休。过了一会,到了见证答案的时刻。我打开一看,果然和我预想的纹理一样。夹子作用真大!

学生在独立的情境中自由地发挥想象力,得到更多的与众不同的思维,激发他们潜在的创新精神。

分数固然重要,但问题意识和反思能力却让学生终身受益,一本“日记本”记录了学生的探索足迹,有助于学生的持续发展。如今,一份份精彩纷呈的学生扎染日记还将出现在即将出版的《儿童扎染》教材中。这些日记将让学生不断获得前进的动力,增强自信心,检验成功的快乐;也给后续学习扎染的学生们更多启迪,也只有这样,“儿童扎染”课堂才会折射出智慧的光芒,才会充满生机和活力。

学生心得一组

雕刻之眼　普乐之最

四(2)班　陈奕朵

每周的星期二，我们都异常兴奋，因为那一天有我们最喜欢的普乐课。

“轮廓变变变；雕刻之眼；窥一斑见全豹；风马牛也相及；谁的边缘线；你中有我，我中有你”。怎么样，是不是光听课名也觉得这课一定非常有趣，没错，老师每一节课都讲得十分精彩有趣，每次都能带领我们进入一次不一样的奇妙之旅。

我最喜欢的一节课是“雕刻之眼”，PPT 中有许多用各种水果雕刻成的作品。比如：用南瓜做成的娃娃，用橘子做成的搬运橘子工……每一件作品都是那么得栩栩如生。课后老师给我们布置了家庭作业，让我们也用水果做一两样东西。

回到家，我就用家里现成的香蕉，决定做一只八爪鱼，我发现香蕉有四个面，可是八爪鱼有八只脚，我先剥开香蕉，把香蕉咬去了三分之二，接着把香蕉皮的每一个面都分成两瓣，最后在剩余香蕉部分的外皮上画上了眼睛和嘴巴，一只活灵活现的八爪鱼就这样诞生了。后面我决定挑战难度，用橙子做一个篮球，我找来美工刀，可是左看右看都无从下手，一刀下去皮

倒是没扣下来，手倒给割破了，我连忙把血擦掉，拿出创口帖贴上。没办法了，只好求助我那动手能力超强的老爸了，爸爸在我软磨硬泡的攻势下终于答应帮我的忙，只见爸爸拿着美工刀一刀一刀的刻着，神情是那样的专注，看来他也对普乐这个课程挺有兴趣的。终于，经过我和爸爸的努力，普乐作业顺利地完成了。

普乐课就是这样在有趣中激发我们的无限创意，享受创意带给我们的快乐。

［**教师点评**］

观察力是智力的一个重要的组成部分。没有观察，就不能积累感性材料，也不能具有丰富的表象。对于小学高年级的学生，教师可以有计划地培养学生主动地自己给自己提出观察的目的、任务的能力。上课时，教师充分发挥探究性学习的特点，让学生自己寻找问题，发现问题，自行收集材料。课堂上把大量时间留给学生，让他们充分表现自己，学生自主学习、自主探究的能力得到有效的发挥。孩子们的观察力及想象力是丰富多彩的，最后他们自己动手制作蔬果雕刻，把课堂气氛推向高潮。

动手实践、合作交流，创意来自想象，创意来自内心，活动中分享智慧、分享快乐、分享创意。（王　健）

奇妙的想象力　神奇的窨井盖

四(3)班　王琛玮

四年级，我们多了一门学科——《PLAY 普乐》。

普乐课程不像其他课程那样直接传授知识，而像是在和我们进行交谈，从而在我们的脑海里慢慢打开了想象的盒子。

普乐课堂上充满了我们的笑声，我们有多期盼着上普乐课啊！每一次老师都能给我们带来惊喜与欢乐！

有一个课程的主题是“隐身弟子”。大脸猫、白骨鱼、蜗牛等把自己藏在日常的事物中，需要我们睁大眼睛，仔细寻找才能发现。那些创意太高明了！于是老师让我们也发挥想象，构思各种窨井盖。我把窨井盖变成了火红的太阳，八条腿的蜘蛛和地球仪。特别有意思！

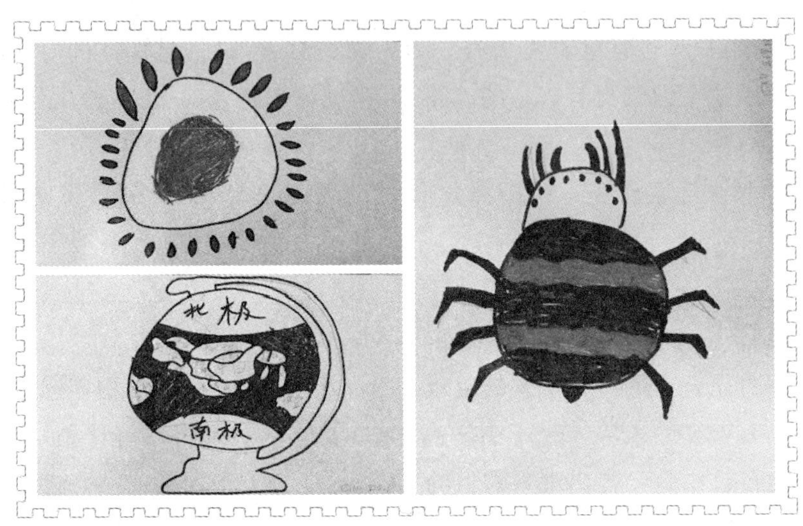

还有一次的课程主题是“风马牛也相及”。龙是我们中国人想象的产物。它融合了许多生物的特点：头似牛，角似鹿，项似蛇，鳞似鱼。老师让我们发挥想象，创造一个属于自己的合体物种。我让思维海阔天空般的驰骋，在想象中创造了一个独特的新物种：头似象，角似羊，牙似虎，身似蛇，蹄似马，翅似鹰，尾似猪……画完后，我把自己也逗乐了！

我还喜欢“轮廓变变变”一课。老师仅给我们几个粗略的轮廓，让我们张开想象的翅膀，自由发挥。我把同一个轮廓既变成犀牛战车；又变成了鸭子飞机，好似电影里的变形金刚一样，有趣极了！

普乐课奇妙又新奇，让我们在课堂上发酵出快乐，让我们的快乐互相传染，让我开心得疯狂！

［教师点评］

“隐身弟子”是学生比较感兴趣的一课。结合这节课的内容，组织学生设计学校的“窨井盖”，学生展开了充分的想象，小组讨论时情绪达到了沸点。看着学生的这份热情，我从心里乐开了花。再看到学生交上来的作品，顿生一股暖意。多可爱的孩子，多有创意的孩子，为你们点赞！（王　健）

另附学生作品：

If we can dream it, we can do it!

四(2) 王逸辰

普乐课是我心目中最有趣的一堂课，每次都带给同学们许多乐趣。我们都非常喜欢上普乐课，每节普乐课前，同学们都会无比兴奋。

有一次的普乐课上，王老师给我们上了“谁的边缘线”一节课。听听名字也很有趣吧！在大屏幕上，我们都看到了：一只雄鹰的一对翅膀下藏着一只小马和一只小鸟，它们好像在唱歌似的，非常高兴，老师让我们发挥充分的想象力。于是，我们七嘴八舌地讲起来了：

有的说：“我感觉雄鹰的一只翅膀下可以藏一个圣诞老人，另一只翅膀下可以藏两只小鹿，这样它们就可以拉着圣诞老人去送礼物了。”

有的说：“雄鹰的一对翅膀下还可以藏着两只青蛙似乎在河边嬉戏。”……当老师一声令下，我们戛然而止。瞧！这又是什么呀？啊！原来一个婴儿正坐在大树上荡秋千呢！下课铃声响了，可我们班还是热闹非凡。

王老师鼓励我们大胆想象，培养了我们的创意思维，让我们感受到了创意之妙，受益匪浅。

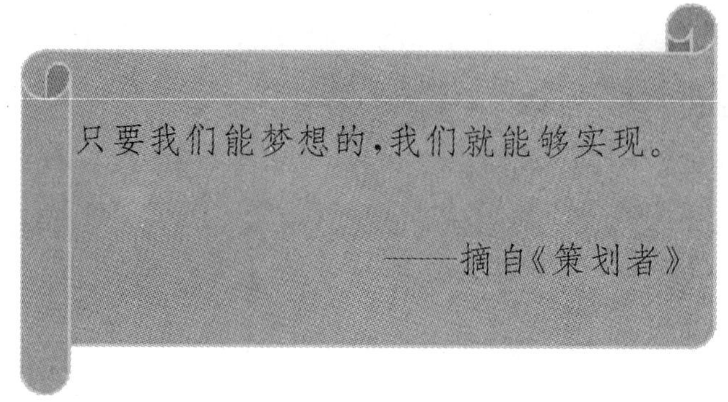

[**教师点评**]

每个人都有梦想，它是人人所向往的。有梦想就有动力，有梦想就有创造。没有梦想就如飞机失去航标，船只失去灯塔。梦想像一粒种子，种在“心”的土壤里，尽管它很小，却可以生根开花。

有了梦想，就有了动力。梦想，是一架高贵桥梁，不管最终是否能到达彼岸，拥有梦想，并去追求它，这已经是一种成功，一种荣耀。

也许在实现梦想的道路中，会遇到无数的挫折和困难，但没关系，跌倒了自己爬起来，为自己的梦想而前进，在追求梦想这个过程中，孩子们成长着。（王　健）

天马行空的普乐

四(3)　赵炫亘

普乐课堂不像其他课由老师直接传授知识，却最大限度地放飞了我们的想象；在普乐课堂上，同学们可以天马行空，好像都在打开心中和脑子里从来都没打开过的想象盒子。

普乐课堂不仅可以培养我们的想象力和创造力，而且还可以培养我们美术的天分，使我们的美术跟想象力、创造力一起提升，一起更上一层楼。

在发挥想象的过程中，我学会了循序渐进、举一反三，知道了创意素养是可以在一点一滴中培养起来的。

普乐课堂可以让我无限地发挥想象，比如：当雕刻之眼作业布置下来，在吃青椒时，突然灵机一动，想到可以用青椒当材料刻一只青蛙；当老师说要画一幅风马牛也相及的画时，我想到骆驼、大象、河马和老树根也有相似之处，就这样一幅作品很快呈现在我眼前。

普乐课堂除了上课，在互联网上还有一个供我们大家分享的地方——角马网。角马网有一个功能，就是可以分享自己的作品，让大家互相评价。

我喜欢普乐课堂，它让我发挥想象，让我无限创造，我喜欢它！

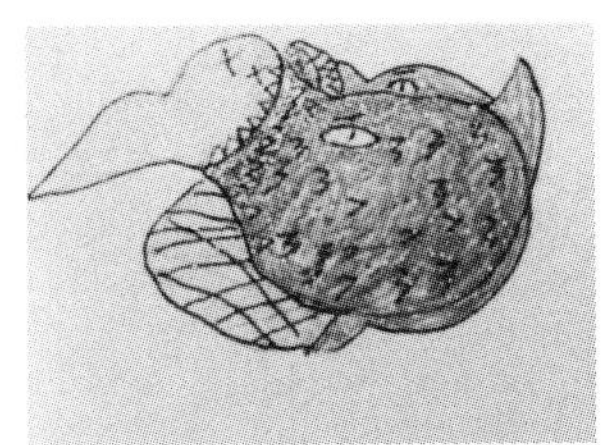

［**教师点评**］

“天马行空”，这个词用得多么贴切啊。孩子们乐在其中，用心创作的作品将留给他们宝贵的记忆。想象力无处不在，放开孩子的思维，放开孩子的手脚，取得事半功倍的效果。这样的课程是受学生欢迎的，也可教会学生许多知识。（王　健）

普乐让我插上想象的翅膀

四(4)班　叶雨萌

“PLAY”——“普乐”这个原本陌生的词，现在成了班上最热门的话题。在普乐课上我们可以大声地喊出心中的答案，可以天马行空地发挥想象。普乐课的内容涉及面广：手工、美术、科学、写作都有。普乐课让我体验到学习的快乐。通过老师生动有趣的教学，培养了我们的创意和创造力。

普乐课还有一个网站——“角马网”。在“角马网”上有许多有创意的作品，可以分享学生们学习的过程，是个精彩纷呈的网站。

每次上普乐课，同学们都睁大双眼，目不转睛地盯着 PPT，就连班上的调皮大王也沉浸其中，没有一个人开小差，做小动作。如果要问我上普乐课的体会的话，有的同学会说："每周我最期待的不是体育课，也不是活动课，而是普乐课。"有的同学会说："真希望每周多几节普乐课，因为课上我们能开拓思维。"还有的会说："主课基本都要守规矩，讲规范，可普乐课不一样，普乐课是轻松愉快的，学习成绩不好的同学也可以在这里发挥他的长处，重拾自信。"

普乐课让我们插上翅膀自由地飞翔！

[教师点评]

普乐课堂让老师看到了一个不一样的你，数学课上不太举手的你，普乐课上却不甘示弱，把手举得高高的，有时整个人都快站起来了，生怕老师看不到。你富有创意的回答，不仅让同学们刮目相看，也让老师惊讶，期待你的作品。（马薇佳）

“普乐”课程为我打开一扇窗

四(4)班　陈佳怡

普乐课是一门生动有趣的课。它没有数学课的严谨，也不同于语文课的课堂学习。在普乐课上，我们在老师的带领下，进入了一个魔幻神奇的国度。在那里，马儿长上了一双洁白的翅膀，自由飞翔在粉红色的天空。一转眼，马儿跃入大海。身子变成了鱼儿，在大海中遨游。

普乐课并不仅仅是带给我们欢乐。还教会了我们许许多多奇妙的小知识，丰富了我们的知识宝库。在某一节课上，我们的老师带来了一个苹果，把它一分为二，并且详细介绍了苹果的构成，在我们食用的果肉内隐藏着它的种子。这一粒粒小小的种子，只要有合适的环境就能茁壮成长为一棵参天大树。再长出许许多多香甜美味的果实。另外，老师还让我们猜猜看，苹果的剖面像什么？于是，各种奇怪的答案纷纷出现，可都没有猜中。正确答案竟然是——蝴蝶。真的出乎意外，不过还真的挺像一只展翅的蝴蝶！

我喜欢普乐课，因为它不仅生动有趣，还能教会我们许多生活中有趣的小知识，给我们打开了一扇通往知识殿堂的大门。

［**教师点评**］

愿你在普乐的海洋里有所发现，有所创造。（马薇佳）

有趣的普乐课

四(4)班　胡浩阳

这学期我们新增了一堂普乐课，我一下子就爱上了它。新奇的事情、精彩的内容让我兴奋不已。

有节课是鸭梨小姐的“变身术”表演。大家不知道尖尖脑袋圆圆肚子的她能表演什么。一眨眼，她竟变成了一个小灯笼，我们都惊呆了。一会儿，灯笼又不见了，而出现了一只小熊猫，倒挂在树上，可爱极了。伸伸胳膊，伸伸小腿鸭梨小姐变成了一把小茶壶。转一转,一只活灵活现的小老鼠出现了。大家都不知道是怎么回事。看着我们疑惑的神情,猫头鹰博士就站了出来向大家解释说:“这些都是鸭梨小姐的即兴创作,每样东西改变它的位置就会变成另一样东西。看,站在水池中的小青蛙,把它的图片向右旋转90度,就会变成一匹马。”观众们看了都合不拢嘴。连连称赞鸭梨小姐的表演十分精彩。

下课了,我依然意犹未尽,还沉浸在刚才的气氛当中。我真喜欢这有趣的普乐课啊!

[教师点评]

生活中很多事物我们都可以从“多角度”去观察,你会发现打破思维定势后的你想象力是如此的丰富,让我们一起来感受“转变视角”后的奥秘吧!(马薇佳)

有趣的普乐课

四(5)班 陈 佳

在普乐课这门课程中,我学会了许多知识。在开学第一次上普乐课的时候,我就迷上了这门学科,在第一讲“轮廓变变变”中,我知道了一个物品倒过来看也可以是一个一模一样的图形,这能在我们的生活中给我们意想不到的惊喜。再加上我们的想象力，就能让事物变得栩栩如生。

在“风马牛不相及”这课上，是讲用手指摆成各种各样的动物和物品，然后动一动脑筋，就能把手指变成一个可爱的东西了，是不是非常神奇呢？对啊，他让我开了眼界，回家我也可以表演给妈妈看，我相信妈妈看了以后绝对会大吃一惊的。

但最让我难忘的是这学期中的最后一讲——“谁的边缘线”，上了这节课我知道了树干旁边的空当，通过你的想象，他可能会变成一只大老虎，还有老鹰展翅翱翔的时候像一只独角兽，这实在是太神奇了，回到家后，我迫不及待地还照着样子又画了一幅，给爸爸妈妈看，他们都夸我很聪明呢，当然我心里也很高兴。

还有一节课老师给我们看了几个杯子，可那几个杯子不像杯子，反而像一个动物，而且非常逼真。老师让我们自己动手画一个杯子。我画了一只章鱼杯子，爸爸妈妈看了都说我画得很漂亮，我心里美滋滋的。

普乐这门课真是一门有趣的课程，我热爱普乐课，我要在四年级第二学期中更加努力，把在普乐课上学习的知识带回来和大家分享，我真盼望着下学期早点到来呀！

[教师点评]

发散性思维是一种寻求多种解决问题方法的思维活动，它的发展可以使人的思维更具流动性、灵活性与独创性，是创造性思维的核心部分，对培养创

造性人才有着十分重要的作用。普乐课堂带领孩子走进普乐世界，与小精灵亲密接触，在奇妙的普乐世界中感受快乐，激发学生创造的潜能，开启想象的大门。这两幅作品就是孩子利用边缘线共享的精彩创意，让人们从一个事物的轮廓边缘去联想另一个事物存在的可能性。（柳　瑾）

有趣的 PLAY 课

四(1)班　吴煜杰

这个学期，我们又多了一门新课——普乐课。如果要让我总结这门课的话，那就是有趣，为什么呢？那就听我来说一说吧！

当我们第一次上普乐课时，柳老师就告诉了我们：普乐课需要有丰富的想象力，画一些有创意的事物，而且是世界上不存在的，当听了老师的介绍后，越发地激起了我对这堂课的好奇和遐想。

第一堂课的内容，我们认识了普乐世界中的小精灵，和他们来了一次亲密接触。第二堂课，我们学习了“轮廓变变变”让我们从鸭梨小姐身上开始感受“转变视角”的门道和方法。第三堂课的“雕刻之眼”让我们知道物体的内部包含着丰富的轮廓线，能用不同的眼光去发现。生动的第四堂课让我学到了“窥一斑见全豹”，让我们知道了能够抓住物种最独特的特征从相同中找到不同。精彩的第五堂课，我们学了“风马牛也相及”，告诉我们要能从颜色，文理，质感，气质等入手，寻找物象之间的统一性。

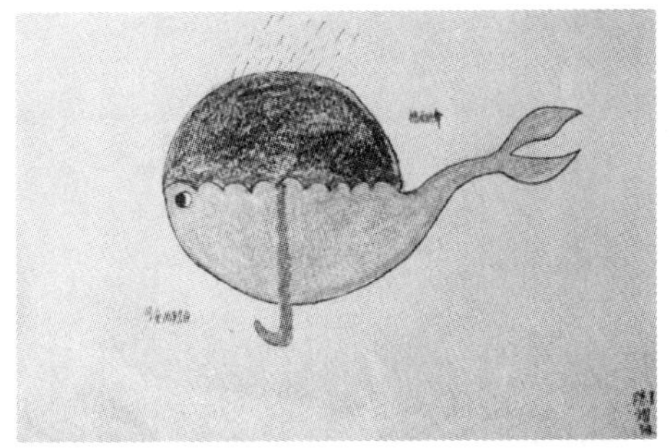

现在知道我为什么说普乐课有趣了吧！我觉得普乐课激发了我的想象力，使我创作出小兔仙女、字母杯子等作品。我喜欢这门有趣的普乐课。

［教师点评］

俗话说："海阔凭鱼跃，天高任鸟飞。"只有那些拥有灵动思想的人，他们才会真正地感受到思维自由驰骋的幸福。普乐课程带给孩子们的就是一个奇思妙想的世界。在这里，孩子们的思维被开发，孩子的想象力被肯定，孩子的动手能力被提升。上面两幅作品是孩子们学习了"你中有我，我中有你"一课后的创作。通过局部共享图的欣赏知道某个元素既可以是一个意象的"此"，也可以成为另一个意象的"彼"。在学生领略"你中有我，我中有你"的意境中培养他们思维的独特性与变通性。（柳　瑾）

民办打一外国语小学

主报告

评价，让小班更精彩

——基于课程标准的学校英语课程教学个性化评价研究

民办打一外国语小学

一个周二的下午，英语老师的区级进修活动照例又要开始了，今天为所有老师们展示的是民办打一外国语小学的两堂二年级的英语课。只见黑板的一角有一张河马的图片，张着它的大嘴，但是奇怪的是河马的嘴里一颗牙齿都没有。课堂上，当学生答对问题时，老师就会把一颗河马的牙齿贴入它的嘴里。因为是小班教学，几乎每一位同学都有回答问题的机会，都可以得到一颗河马的牙齿。当一堂课结束，一个张着大嘴并露出满口大牙的河马跃然于黑板上。在第二堂课中，老师把全班30位小朋友分成五组，每组的桌上都插有一个大大的字母牌，分别为G、R、E、A、T。在黑板的一角老师画了一座小山，小山上也有这五个字母牌，这是要做什么呢？原来，五个小组的孩子们是在模拟登山情景，G、R、E、A、T，作为每个小队的队标，每参与一次课堂活动或正确回答一个问题，小队字母就向着山顶方向爬上一格，但这不仅是竞争，比谁跑得快，更是合作，因为当五个小队的队标在同一个水平线上的时候，学生就可以欢呼：Great！为了达到这一目标，各小队之间互相鼓励、互相加油。师生之间、生生之间融洽的氛围不仅使学生轻松愉快地学习英语，更有利于学生情感态度的和谐发展。

以上只是我校进行的基于课程标准的学校英语课程评价研究的一个小小的缩影。近十年的小班化的英语教学模式使这项改革研究更有效，而小班化教学的优势也使得形成性评价的效果更突出。

一、基于课程标准的学校英语课程教学个性化评价研究课题的提出

（一）基于上海课程教学改革的需求

为贯彻落实上海市基础教育工作会议提出的“让每个孩子健康快乐地成长”要求，深化中小学课程与教学改革，切实减轻小学生尤其是低年级小学生的学业负担，基于课程标准的教学与评价的改革是当下我校教育教学的“大观念”。我们根据课程标准提出的课程理念、课程目标、课程内容和要求、课程实施和课程评价的相关要求，开展教学和评价活动的研究，激励学生的学习兴趣与积极性，使他们能在一个轻松、真实的环境中评价自我，既能发现自身英语学习上的不足，又始终保持对英语学习的学习兴趣。

（二）基于小学英语教学中不良现状改变的需求

当前小学教学与评价还存在一些偏离课程标准要求的现象，如教学要求、作业要求和评价要求被人为拔高，学生必要的学习经历被忽视，针对学生差异进行有效教学的研究与实践比较缺乏等。这些现象影响了小学生尤其是小学低年级学生的健康成长，引起了家长和社会的广泛关注和对小学阶段课程改革的质疑。我校实施的基于课程标准的学校英语课程教学个性化评价的课题研究，是促进学生全面发展与个性发展的需要，是保障全体学生接受公平且高质量教育的需要，是切实减轻学生过重学业负担和心理负担的需要，更是当前深入推进小学阶段课程改革的必然选择。

（三）基于小学生英语综合能力提高的需求

基于课程标准的学校英语课程教学个性化评价的课题研究，我们重新审视了学校的工作，不断完善以往的学生评价方式，关注学生全面而有个性的发展，为学生搭建多元发展的平台，通过多元评价主体共同参与，采用学生自评、生生互评、家长参评、教师综合评定的民主、开放性的多方协商评定法，对学生进行全员、全方位、全过程评价，关注学生个体，尊重差异，有效沟通，互赏互育，促进学生综合素质的提升。

（四）基于本校外国语教学特色发展的需求

我校是一所英语特色学校，基于课程标准的学校英语课程教学个性化评价的课题研究，是发展我校英语教学特色的一个重要的保障。我们改革英语教学评价体系，评价标准多元化，评价方法和评价手段多样化，坚持形成性评价和终结性评价并重。通过评价，使学生在英语课程的学习过程中不断体验进步与成功，认识自我，建立自信，促进学生综合语言运用能力的全面发展，使

教师获取英语教学的反馈信息，对自己的教学行为进行反思和适当的调整，促使教师不断提高教育教学水平。英语教学的评价研究更好地让学生做到"学以致用"，这也是我校英语教学最终要达到的目标。它进一步改变了学生英语学习的方式，扩大英语实践的时空，拓展英语学习的环境，培养学生的英语思维能力，也更凸显了学校的英语特色。

（五）基于本校小班化教育教学深化的需求

小班化教学更有利于对学生进行多元化评价，在小班化的教学中会更多地采用表现性评价和形成性评价。这种交际性和语用测试能更好地评价学生运用语言解决实际问题的能力。在小班教育环境下，如何使小组教学、个别教学、个性化教学更深入发展，我们一直在思考这个问题。这次"基于课程标准的学校英语课程教学个性化评价研究"的课题研究，从英语评价改革入手，改革英语教学的传统评价方式，以促进本校小班化教育教学的深化。英语教师根据学生的学习风格、学习能力的差异采取适当的评价方式，关注每一个学生。促使每一个学生都得到最优的发展，绽放学生的个性，充分体现了小班化的教学优势，充分地挖掘了小班化的个性教育的潜在能量。

二、小班化英语个性化评价方案的确立

在评价方案的实施上，我校基于小学英语课程标准，立足于校本教材，结合各类校园文化活动、课堂活动、学生作业等内容，采用形成性评价和终结性评价相结合的方案，形成基于课程标准的小学英语个性化评价方案。具体包括：

第一，小班化英语课堂教学活动评价改革。教师观察学生的上课发言、课前准备和课堂纪律情况，做出课堂口头即时评价，并参照"学生课堂学习等级量表"进行观察评价记录。

第二，小班化英语校本活动评价改革。开发儿歌课程、口语课程、演剧课程，针对不同年级学生不定期设计英语文化活动，并进行活动和作品的展示。如"Happy Halloween""My poster, my style""Bobbing for Apples"等，对学生的个人英语能力进行展示性评价。

第三，小班化英语作业评价改革。一二年级取消书面作业，中高年级减少书面作业，设计个性化朗读录音作业，为学生的每次作业作出一对一的口头评价或给出等第。

第四，小班化期末考试评价改革。设计“勇闯智慧岛”的期末考察活动，以考察学生情境对话、儿歌表演、听力、思维与反应为主口试代替纸笔测试，将考题设计成扑克牌，让学生进行随机抽签。每到一个摊位顺利“过关”的孩子将获得不同数量的“smart”（智慧章），集满一定数量的“smart”能成为班级中的superkids（超级达人）。这样的方式让学生感到期末考察就像在“玩”游戏，像在逛游园会，即使第一次表现欠佳，也可以再试第二次、第三次，直到最后顺利通关，将知识完全掌握为止。这样，每个学生在这一学期的成绩通过四类合一得到了综合评定，结合日常作业和活动中的评语，我们将采用等第制和评语相结合的评价方式来构建我校学生英语学业评价体系。

三、基于课程标准的英语课程教学个性化评价在小班中的实践

教学评价直接影响学生的学习行为的积极性，但以往人数众多的大班教学上老师往往会忽略部分学生的情感态度和个性差异，有的学生因为不能及时得到老师的关心和指导，学习兴趣逐渐减弱。面对这种情况，如何能使每个学生都达到最理想的学习效果，充分体现小班化个性教育？我校对小班化的评价方式进行了以下的探索实践。

（一）个性化课堂，评价促进学习进步——课堂教学活动评价改革

良好的英语课堂个性化评价有利于学生体验英语学习过程中的进步与成功，激发和保持学习英语的兴趣和自信心，形成良好的情感态度和价值观。① 评价应该是教学与学习过程中的一个有机组成部分，而不是凌驾于教学之上的。根据这样一种理念，我们尝试在课堂教学中采用能检测多种学习结果，并能为教学决策带来丰富有用信息的表现性评价方式。因为是小班化的教学模式，在每节课上，教师有机会观察每一位学生的上课发言、课前准备和课堂纪律情况，一边作出课堂即时评价，参照“学生课堂学习等级量表”我们对全校不同年级的学生进行课堂学习评价。下面我们将以“学习习惯”这一维度为例，进行具体说明。

通过课堂观察评价，我们认为达到了以下四个目的：有利于营造和谐民主的课堂氛围，有利于学生学习信息的交流，有利于培养学生自我评价和评价他人的能力，有利于充分调动不同层次学生学好英语的积极性，促进学生主动、全面的发展。

---

① 王英杰.小学英语课堂评价中存在的问题及对策.中小学外语教学（小学篇），2014.11.

表1　学生课堂学习等级量表(学习习惯维度)

评价项目	低年级	中年级	高年级	评价结果
学习习惯	1. 认真听老师要求,耐心听同伴发言。 2. 积极发言,能与同伴一起有感情地朗读和表演对话。 3. 能积极参与小组活动并积极表达、模仿、表演。	1. 积极参加课堂活动,积极发言,热情较高。 2. 能认真倾听同伴的发言,并能提出建议。 3. 能流利、有感情的朗读文章。	1. 课堂上积极参与,积极发言,热情高,对小组活动有所贡献。 2. 思维活跃回答问题时有自己独特的见解。 3. 在小组合作时能积极主动地参加,主动请教,并能汇报小组活动情况。	☆☆☆
	1. 认真听老师要求,在同伴倾听方面略有欠缺。 2. 愿意发言,能朗读和表演对话。 3. 能在老师要求下参与活动并愿意表达、模仿、表演。	1. 课堂上主动参与并愿意发言。 2. 能比较认真地倾听同伴的发言,并能提出建议。 3. 能认真进行课堂朗读活动。	1. 能主动参与课堂活动,并愿意发言。 2. 能按照老师的要求正确地回答问题。 3. 在小组合作时能参与,主动请教。	☆☆
	1. 基本能听老师要求,偶尔开小差,不能坚持专心听同伴发言。 2. 较少发言,能在老师和同伴帮助下朗读、模仿和表演对话。	1. 课堂上能在老师要求下参与活动,较少主动发言。 2. 基本能听同伴的发言,但对提出建议有困难。 3. 在老师的帮助下进行课堂朗读活动。	1. 课堂上参与活动和举手发言都较少。 2. 能在老师帮助下回答问题。 3. 在老师和同学的要求下参与小组合作。	☆

(二) 个性化活动,评价成为学生展示的舞台——英语校本活动评价改革

作为一所外国语小学,我们在学生五年的小学生涯中还开设了众多丰富多彩的课外英语活动,在这些活动中,学生既能充分展现自己的英语才华和学习积极性,也是老师对他们的活动表现作出个性化评价的良好契机。评价有一条很重要的目的就是要有利于学习者提高学习兴趣,有成就感,进而产生学习动力,而让学生产生动力的有效途径就是肯定学生学业成绩的同时为其提供展示才能的平台。在这些丰富多彩的活动中,展示性评价的形式也有很多,在 Happy Halloween 活动中,制作并展示南瓜灯,还进行 cosplay 表演;在复活节活动中低年级学生画彩蛋并进行展示;感恩节中书写并展示感恩卡片,进行找玉米活动;英语周的传统活动"每日一题",shopping mall;圣诞节制作小报

和网页，进行“my poster, my style”的展出并进行英语剧的演出等。下面，我们就以万圣节为例，具体说明我校英语活动评价的实施策略。

表 2 万圣节英语活动评价量表

年级	评价内容	评价等第标准
一	Amazing Mask（疯狂面具秀）	☆能在老师或家长的帮助下完成万圣节的面具制作。
		☆☆能独立完成面具的制作，颜色鲜艳，图案美丽，契合主题。
		☆☆☆能独立完成面具的制作，颜色鲜艳，图案美丽，契合主题，有独特的创意，制作精美。
二	Jake-O-lantern（创意南瓜灯）	☆能在老师或家长的帮助下完成万圣节的南瓜灯制作。
		☆☆能独立完成南瓜灯的制作，制作精良，惟妙惟肖。
		☆☆☆能独立完成南瓜灯的制作，制作精美，惟妙惟肖。有创意，有个性。
三	Bobbing for Apples（谁咬了我的苹果）	☆能带好苹果，仔细听这一游戏的规则，积极参与其中。
		☆☆能带好苹果，主动为小组准备脸盆、水等游戏道具。仔细听这一游戏的规则，积极参与其中，能咬到苹果。
		☆☆☆能带好苹果，主动为小组准备脸盆、水等游戏道具。仔细听这一游戏的规则，积极参与其中。主动查找咬苹果这一游戏的资料，并和小组成员分享。
四	Our Party Time（小主人队会）	☆能认真参与队会活动，积极思考，回答问题。
		☆☆能查找万圣节资料，为主持人的主持稿和多媒体制作提供材料。认真参与队会活动，积极思考，回答问题。
		☆☆☆能查找万圣节资料，撰写主持稿，制作多媒体，精心组织和策划队会。
五	Dreaming Class（学子课堂）	☆能认真参与万圣节的学子课堂，积极回答课堂提问。
		☆☆能积极查找万圣节的资料，提供给学子课堂的小讲师。能认真参与学子课堂，积极并正确地回答课堂提问。
		☆☆☆能担任学子课堂的小讲师或主持人，向全体学生讲解万圣节的知识。自己撰写主持稿，制作上课的多媒体材料，并能熟练流利地为同学们讲解。

在这一系列的英语活动评价中，我们首先是对每一位参与活动并认真制作作品的学生给予肯定的评价，在此基础上，对那些作品特别优秀的学生，为他们开辟向全校同学展示的平台，颁发优秀奖状，评选英语明日之星等等。每

一次英语周结束，都会请学生和家长填写参与活动的反馈表，使家长也成为我们活动评价的主体。

表 3　学生英语主题周活动调查问卷

学生英语主题周调查问卷表

班级________姓名________

1. 你喜欢英语周的活动吗？____________
2. 你最感兴趣的英语周的活动是：____________________
3. 你觉得在英语周的活动中最大的收获是：____
4. 请你给学校的英语周活动提一下建议____
5. 你觉得还可以开展哪一些英语周的活动？____

表 4　学校英语主题周活动家长反馈表

AMAZING TRAVEL TO NORDIC EUROPE

——2014 学年第一学期民办打一外国语小学英语周活动家长反馈表

亲爱的家长：

孩子的成长离不开学校的教育，更离不开家长的支持与配合。希望通过今天英语周的活动，使您对学校的教育、教学有更多的了解。希望通过此次活动，留下您宝贵的建议。感谢您对我校工作的一贯支持与配合！

活动内容	活动评价		
闭幕式	好	较好	一般
您对本次活动的想法与建议：			

活动结束，请各位家长返回多功能厅填写反馈表，离校前投进门口的信箱。再次感谢您的关心和支持！

英语周活动过后学生和家长在调查表上留下了他们的肺腑之言：

家长一：我最喜欢学校的英语周活动了，因为英语周正值圣诞节，一早在校门口能收到老师们发给我的糖果，还能收到圣诞老人送给我的礼物呢。班级的 The Sound of Music 英语歌曲表演我也喜欢，因为我又学会了一首好听的英语歌曲。还有大型的英语以物换物的活动，既能练习我在课堂里学到的英语语言，又能把我舍不得扔的那些好玩的玩具带到学校和小伙伴们交换，分享。这样还特别环保呢！

家长二：这次我女儿在《新补丁》里扮演的是主人公老奶奶。自打排练起，咱家每天都像过节一样，我女儿每晚睡觉前，总让我们看她表演的《新补丁》，我们真不明白，这么长的剧，她却能一字不漏地演下来，还有模有样的。后来我们几个家长碰一块说起这件事，想不到大家都有同样的经历。排一个戏，老师很辛苦，但对孩子们来说进步是非常明显的，无论是英语语音，还是表演方面，更重要的是孩子对英语学习的兴趣大大地被激发了。

这一系列的英语活动形式既可以让学生跳出呆板的课堂形式，又能让学生自己的努力得到多方的欣赏与肯定，更是让学生体会到英语学习的乐趣，充分展示自己的才能。相比以前班级学生多的状况，小班化的班级规模，能让每一位学生都参与到各项活动中来，形成他们的综合语言运用能力，为真实语言交际打基础。老师们所追求的也不再是一张考卷带来的质量评估，而是学生身上所体现的一种综合实力。

（三）个性化作业，评价让“一对一”成为可能——英语作业评价改革

英语作业既是教师教学活动的一个重要环节，又是学生学习过程的一个重要组成部分。然而传统的英语作业强调死记硬背和机械训练，作业评价也忽视了对学生发展的教育功能和激励功能。① 因此，我校开展了作业形式的设计和评价的深入研究。

对于小学生而言，特别是低年级的小学生，他们的英语作业大部分以听说为主，然而，离开了课堂和学校，教师又应该如何评价学生的“听说”能力呢？我校低年级的教师尝试了为学生设计个性化的作业——朗读录音，让学生能在课后通过作业的方式与老师进行“一对一”的交流，让老师能对每一个学生的课后作业进行“一对一”的点评。低年级的英语教师每天都会布置一定量的口语作业，包括听读课文、唱儿歌、自编小对话等。在这期间，老师请全班每一位学生将录音作业统一录制到磁带中上交，或者通过网络云盘的方式上传，在仔细聆听每一份录音作业的基础上一对一地对孩子的听说情况进行评价，然后，老师也会把反馈录制到学生磁带中或通过微信的方式反馈给学生。

以下列举几段我们教师对学生录音作业的评价。

---

① 张俊玲.小学英语作业的创新与实践.中小学英语教学与研究，2010(8).

教师评价一:Oh, dear Mark. Your reading is marvelous. I like it very much.老师觉得你读得实在太棒了,一定认真听了很多遍录音吧,因为老师发现你的发音和录音磁带中一模一样,连语音语调都很像,太了不起了。请你一定要保持下去哦,成为我们班的 super star!

教师评价二:Lily, your reading is just so so. This time. You read it correctly, but not very fluently. What happened to you? 为什么这次你交的录音作业让老师觉得没有以往那么认真了呢? 在老师心目中,你的英语发音不应该仅仅是这样的,而老师对你的要求不仅仅只是正确朗读,更是能够流利朗读,模仿录音中语音语调。老师相信只要你认真听磁带是可以做到的,是吗? 加油哦,期待你下次更好的表现。

小班教学不仅让一、二年级的"一对一"录音作业评价得到了保证,也使中、高年级的个性化作业评价更易于实施。在我校,对于中高年级学生的作业教师也都会给出评价。这些评价符号不是生硬地打一个冰冷的等级或是大大的叉和勾,而是在作业评价中采用个性化评语。比如:"Your handwriting is very good! /Keep it up! /Hope you work harder!"有些老师还会对学生的作文习作给予评价:"The story is very interesting. You're an amazing writer. I think the mouse in your story is very clever. "还有些老师会在作业评语中渗透一些格言,如:"No pains, no gains/Practice makes perfect/Where there is will, there is a way ..."这样寥寥数笔具有很大的激励性。对于学生来说,他们不仅仅完成作业,也是近距离地与老师进行了一次交流,课堂上也许没有办法每次都听到老师与自己呼应,但是通过每天的作业,孩子们却能感受到老师对自己的关注,因为老师的每一句话,甚至是一个表情符号,都是为了每一个孩子所写的,是对个体的评价和关注,这也体现了小班个性化教育的理念,正是有了小班化的背景,这样的一种个性化评价才有可能实现。在这样的背景下,学生翻看作业本看老师的批阅再也不会是一件苦恼的事,这样的"有形"评价在无形中使教师加入了学生的行列,融入学生,更加个性化、人性化。

(四)期末评价,考试不再成为负担——期末考试评价改革

不得不说,考试也是重要的评价手段之一,但是如何对学生进行"考试"却是我们进行评价改革的关键。根据英语课程标准中规定的小学阶段的主要任务——培养学生学习英语的兴趣,提高学生的综合语言运用能力和学校英语教学实际,我校将小学英语教学的形成性评价和终结性评价有效整合,不断改

进评价内容和评价方式，以促进学生英语语言能力的发展。2013 学年度至今，我校取消了全校性的期末考试，取而代之的是实施了一、二年级的英语口语闯关活动，以游戏闯关的形式作为评价学生英语学习的方式。口语闯关的内容直接影响教学内容的确定和学生口语能力的发展。我校在确定口语闯关内容时注重综合性、灵活性和发展性，力求做到两个有效结合：教材内容与课外拓展有效结合；基础知识、语言运用与语言拓展有效结合。如下图所示：

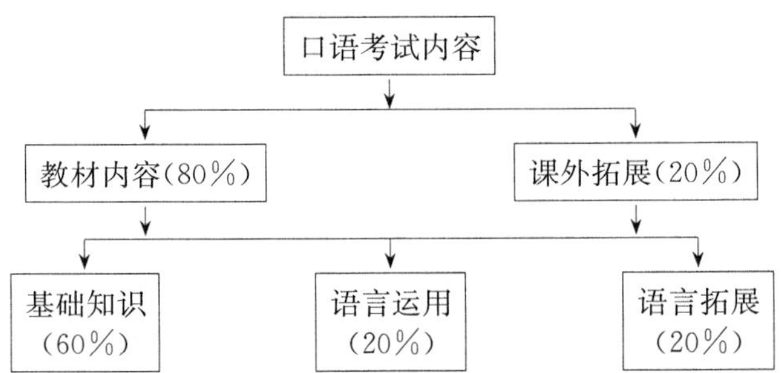

在基础知识方面，我们主要通过游戏的方式，让学生在游戏中认读字母、单词、句型、意群等，这部分主要还是考查学生对基础知识和基本技能的掌握程度，目的是让学生表达出自己所学的、能说的内容。除此之外，语言运用主要通过英语问答、情景会话等形式考察学生在实际情境中对语言的使用能力。在拓展知识方面，我们主要要求学生唱一首英语儿歌，或者根据图片介绍一个卡通人物，考察学生在英语拓展知识方面的能力以及对英语学习的兴趣。

以 2014 学年第一学期二年级英语闯关活动为例(见下图：who is the superkid 评价表)：第一部分 Catch the balloon(读单词抓气球)和第三部分 Take a super train(超级句子小火车)属于教材上的基础知识。第四部分 Get to the island 属于语言运用部分。第二部分 Pick the flowers 用 4—5 句句子介绍你看到的图片属于语言拓展，是课外拓展的话题，是教材内容的延伸。

比如：在第一部分的闯关活动中，我们为每一个气球都设计了一张图片，能正确朗读全部图片，抓住六个气球的能得 3 个 super 章，读错一个单词，放走了一个气球的得 2 个 super 章，读错两个以上的单词，放走两个以上的气球能得 1 个 super 章。在第二部分 Pick the flowers 活动中，我们设计了花园摘花的场景，请小朋友读一读花朵中的单词和句子，能摘满 6 朵小花的小朋友将获得 3 枚 super 章，摘错一朵花的得 2 个 super 章，摘错三朵以上的话就只能得 1

个 super 章。我们的每个闯关活动都不止给孩子一次尝试的机会，如果这次你没有摘满 6 朵花，没关系，也不要气馁，老师会鼓励你再次来闯关，只要孩子们愿意，他们就可以再次排队再次尝试。这也让小班评价更人性化，评价不是为了分出孩子的优劣，而是为了孩子英语学习更好的发展，如果通过多次尝试可以达到学会掌握的目的又何乐而不为呢？

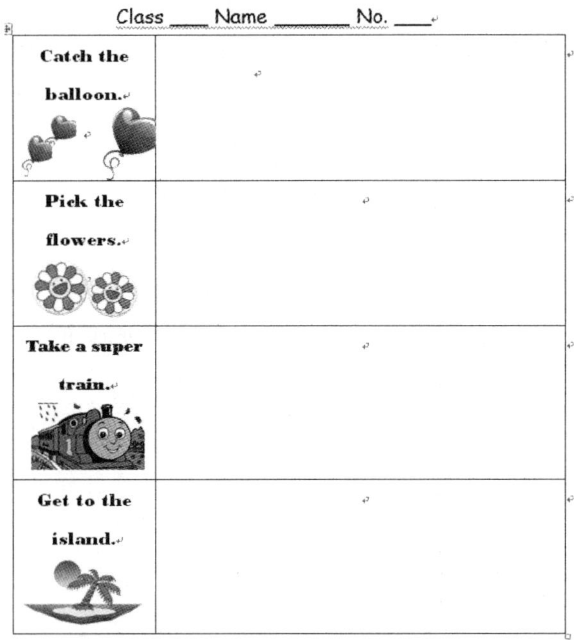

Who is the Superkid?

Class ____ Name ______ No. ____

Catch the balloon.	
Pick the flowers.	
Take a super train.	
Get to the island.	

通过评价，学生的自信心和对英语学习的积极性进一步得到提高。在以往的学业评价结束后，学生是空手而回的，有些学生对于自己的能力达到什么高度是模棱两可的，完善之后的评价方案中专门为学生设计了一张“who is the superkid”评价表。学生在完成了所有内容的评价之后可以带回家和爸爸妈妈分享成功的喜悦。

四、我们的思考

在小班化环境下开展英语教学，由于班级规模小，人数少，组织活动比较容易，教师还能够兼顾到每组甚至每一位学生。通过把个性化评价引入到小班英语课堂教学中，我们旨在对每一个学生进行更有效的过程性评价，促进每一个学生的英语能力发展。

（一）小班个性化评价——为了学生的英语综合能力

对于小学生而言，英语学习的重点是“听说”能力的养成和发展，这要求他们通过坚持模仿、听读、以及日常练习，慢慢养成一口比较漂亮的英语发音，以及基本的日常对话交际能力。因此，在实际的英语学习中，训练听说能力的活动就显得尤其重要。我们英语听说活动设计时，充分发挥小班优势，人人参与，让更多的孩子有机会 show 一下自己的英语水平。孩子们听说英语的积极性，主动性得到了极大的调动，这在人数多的大班显然是不容易做到的。我们也通过“一对一”录音作业评价，帮助学生养成良好的听说习惯，提高学生的英语听说能力。从这个角度而言，个性化评价已经成为了孩子学习的组成部分。

（二）小班个性化评价——为了英语的兴趣和学习动机

在个性化评价体系中，学生可以通过各种评价活动，展示自己的才华，也可以参与到学习的评价中去，他们从评价中看到自己的进步，也从每一次老师对他们作业的反馈中感受到老师对他们的关注。这一系列个性化的评价活动都非常注重对学生个体的激励。小班化的背景中，老师可以关注到每一个学生，都能及时和学生交流，使师生间的沟通成为零距离。学生觉得我是被老师关心着的，我的每一次进步都能获得老师的赞赏和肯定，老师也能及时指出我的不足，长此以往，学生的英语学习兴趣和动机自然就会有所提升。

（三）个性化评价——为了教师的教学改进

我们知道，评价的作用是双向的，它在评价学生学习状况的同时也为我们提供了教学的导向，让我们更了解学生，了解教师在教学和作业设计中不恰当的地方，并作出及时改正。比如通过录音作业的评价也让我们了解到，由于年龄较小，有很大一部分学生表示独立完成录音作业有困难，也有很大一部分学生和家长认为录音作业占用较多时间，这就督促我们的老师不断思考调整通过减少录音频率或减少录音内容来改善、减轻学生的负担。再比如，通过活动设计的一些展示性评价，让我们老师反思自己在设计活动时是否考虑到大多数孩子的发展需要，是否能让大部分学生完成他们的作品并进行展示，如果学生作品完成数量较少，这就敦促我们必须改善下一次的活动设计。

五、结语

学生是学习的主体。无论是教学还是评价，都应以学生的综合语言应用能力的发展为出发点，为学生的学习服务。而小班化的英语课堂，由于班级人数少，教学时间充裕，生生间，师生间交流的频率也大大地增加了，教师有大量的时间来分析学生的个性特点，更多地关注每一个学生的学习差异，个体差异。我们应该注意根据学生的学习风格，学习能力的差异采取适当的评价方式。在这个提倡个性化教育和个性化发展的时代，我们的评价也应日益走向"个性化"，学生个体客观存在差异决定了教师对学生的评价不应该只关心其学习成绩的好坏，更应关注学生学习的过程。这不仅有利于学生客观而全面地认识自己，了解自己的长处，明白自己的不足，还能激励学生明确自己努力的目标与方向，增强学习的信心与决心，同时也为教师的教学实践提供反馈与借鉴。

（执笔：孙海宁　程　夏）

［专家点评］

上海民办打一外国语小学孙海宁、程夏等老师开展了"基于课程标准的学校英语课程教学个性化评价研究"的课题研究。经过三年的研究，获得了一篇研究报告、四篇案例的研究成果；更重要的是有力地促进了英语教学改革，有效地提高了英语教学质量，较大地提高了学生的英语综合能力与学习兴趣。值得庆贺！

该研究成果应用性强。其成果"评价，让小班更精彩——基于课程标准的学校英语课程教学个性化评价研究"研究报告与"让评价在小班课堂上神采飞扬""设计邮票我做主，激发学生英语学习快乐因子——小学英语周活动中学生英语学习的评价活动""学会欣赏沿途风景——'录音朗读'作业评价实践活动""勇闯智慧岛，听说我能行——记一次小学英语考试评价改革活动"四篇案例是一项应用性很强的研究成果。它基于上海课程教学改革、小学英语教学中不良现状改变、小学生英语英语综合能力提高、本校外国语教学特色发展与本校小班化教育教学深化的需求而开展研究的，其针对性很强。

研究成果阐述了英语课堂教学活动、校本活动、英语作业与期末考试四个方面的评价，有效地实践了小班个性化教学评价。当前，在小班教育环境下，如何使小组教学、个别教学、个性化教学更深入发展，是学校教师都在思考的问题。这次民办打一小学的课题研究，从英语评价改革入手，改革英语教学的传统评价方式，促进了本校小班化教育教学的深化。该成果值得大家学习与借鉴，值得大家应用与推广。

该研究成果的科学性比较好。该课题研究过程科学性较好，开展了情报文献资料的研究，开展了理论的研究，在此基础上开展了二轮的实践研究。该课题研究内容科学性较好。其研究内容有：第一，小班化英语课堂教学活动评价改革。教师观察学生的上课发言、课前准备和课堂纪律情况，做出课堂口头即时评价，并参照"学生课堂学习等级量表"进行观察评价记录。第二，小班化英语校本活动评价改革。开发儿歌课程、口语课程、演剧课程，针对不同年级学生不定期设计英语文化活动，并进行活动和作品的展示。如"Happy Halloween""My poster, my style""Bobbing for Apples"等，对学生的个人英语能力进行展示性评价。第三，小班化英语作业评价改革。一、二年级取消书面作业，中高年级减少书面作业，设计个性化朗读录音作业，为学生的每次作业作出一对一的口头评价或给出等第。第四，小班化期末考试评价改革。设计"勇闯智慧岛"的期末考察活动，以考察学生情境对话、儿歌表演、听力、思维与反应为主口试代替纸笔测试，将考题设计成扑克牌，让学生进行随机抽签。每到一个摊位顺利"过关"的孩子将获得不同数量的"smart"（智慧章）。这样，每个学生在这一学期的成绩通过四类合一得到了综合评定，结合日常作业和活动中的评语，采用等第制和评语相结合的评价方式来构建学生英语学业评价体系。

该研究成果的先进性比较好。从开展的情报文献资料研究来看，进行小学英语教学评价的研究不多，而从课堂教学活动、校本活动、作业与期末考试等四方面进行评价研究的尚未见到，因此其研究成果具有一定的先进性。在本区四十多所小学英语教学里，类似的研究尚没有见到。该课题的部分成果在区英语教研活动中做过介绍，受到兄弟学校同行教师的肯定与赞扬。

该课题的研究成果还有效地促进了英语小班个性化教学的发展。由于在英语课堂教学活动、校本活动、英语作业与期末考试四个方面进行了个性化评价的探索，它给班级全体学生，特别是英语学习偏差偏慢的同学，以有效的激励，激起他们学习英语的自信心与兴趣；它给班级全体学生，特别是英语学习很努力的同学，以有效的导向，引导他们学习英语时重视口语，重视英语实际运用，重视英语开口实践；它给班级全体学生，特别是英语学习很粗心或较差的同学，以有效的反馈、改进，反馈出并改进他们英语学习中的错误与遗漏。

这样，英语小班个性化教学评价研究有力地促进了英语小班个性化教学的发展。

该课题研究的方式也比较好。民办打一小学的英语教师都参加了该课题的研究，这样将课题研究与英语教学紧密结合在一起，促进了课题研究与英语教学的和谐发展，促进了课题研究、英语教学与教师专业发展的三赢。不少学校教师开展学科教学的课题研究，往往是某一个教师确立一个课题进行研究，这样一方面研究的成果推广应用比较困难，另一方面研究的成果质量也不一定高。

最后，期望民办打一小学该课题组全体老师，继续深入研究英语教学的个性化评价，探索出其理论成果与实践成果，促进小学英语教学的发展与英语教师的专业发展，促进民办打一小学英语教学特色的发展。

（杨浦区教育科研室原主任、特级教师　项志康）

案例

让评价在小班课堂上神采飞扬

程　夏

一、个案背景

杨浦区的“小班化教育”探索已经走过十多个年头，我们进入了个性化教育的时代，尊重学生个性，关注个性与发展成为主流。在这样的条件下，我校作为一所外国语小学，也以英语学科为突破口，在各年级开展了小班背景下英语学科评价改革的相关研究。我们希望充分利用小班学生人数少的优势，尝试利用多样化的评价手段促进学生的个性化学习发展。就我个人所执教的班级而言，评价改革的研究还是带给了我们许多改变。初接班时，我们班的孩子在英语学习方面也存在一些问题，班中既有基础特别好，英语成绩非常优秀的孩子，也有相对学习基础较为薄弱，上课不敢说、不爱说、不会说的孩子。可以说孩子们强烈的“两极分化”曾经让我非常迷茫。如今，这个班级已经和我一起走过近两年的时间，这两年中，我思考了很多也尝试了很多，可以说，这是我们结伴成长的两年。

二、个案描述

在我看来，在小学低年级阶段养成良好的课堂英语学习习惯比什么都重要，不管是上课认真听讲，积极举手发言的习惯，还是团结协作的习惯，抑或是倾听的习惯。小班化的背景给了我良好的教学氛围，而我也希望利用多样化的评价手段促进孩子良好学习习惯的养成。

（一）张开双臂，说“I LOVE YOU”

记得刚刚接手现在这个班级的时候，课堂发言是一个很让我感到头疼的问题。英语是一门需要“开口说”的学科，可是举手的总是那几个学习基础特别好的孩子，怎么鼓励更多的孩子举手发言呢？我试着利用小班化教学，班级人数较少的优势，在课堂上采用“一对一”的评价和指导方式。

英语课堂上每当有孩子发言，我都会给他们一个即时评价：“Good job!” “Well done!” “Terrific!” “Fantastic!” “Super!” “Wow!”学生受到老师的表扬会很开心，继而更愿意表达自己；而当有学生产生错误时，我也会用“Never mind. Try again”来鼓励引导他们，希望他们不要灰心胆怯；当我发现有学生虽然不确定答案仍然愿意举手尝试时，我会对他们翘起大拇指“You are so brave! I’m proud of you.”

当然课堂上光用语言表扬学生是远远不够的，有的时候 body language（肢体语言）的评价更能促进课堂上情感的共生。

记得那天的课堂上，有一个平时内向的女孩怯生生地举起了她的小手，她的回答虽然声音很轻，还带有一丝不确定，但是却非常精彩。我当时特别为孩子的表现感到高兴，于是立刻走到她面前，对着她张开双臂，用夸张的语调笑着对她说道：

“Oh, dear! I love you. Give me a hug!”

女孩子一下子愣住了，其他学生也纷纷把目光转向了我——他们显然没想到老师会给出那么热情的评价，更没想到我就真的这样一把抱住了这个女孩子，给了她一个大大的拥抱。

“哈哈哈……”

孩子们一下子被逗乐了，而那个被我拥抱的孩子在愣了几秒后伸手回抱住了我，然后略带害羞地对我说：

“I love you, too.”

这下孩子们更开心，纷纷举手想要回答我的问题，想要获得我的拥抱，那节课大家情绪都很高涨，这也让我开始思考肢体语言评价在调动课堂气氛方面的积极作用。渐渐地，我在课堂上开始经常性地运用肢体语言评价，除了拥抱，我还会给回答问题的孩子远远地抛去一个飞吻“Give me a kiss. Mua!”或者走到他们的面前和他们“High five”击掌，孩子们都会特别兴奋特别激动地回应我。在我们的小班课堂中，我和学生的近距离接触让这些评价实施起来更方便也更有效。渐渐地，因为我的这些小举动，我们班的课堂气氛越发轻松活跃了起来，一个小小的拥抱、一个飞吻，一句鼓励的话语，孩子们在这样具有情感互动的课堂中体会到了评价带来的快乐。

（二）努力吧，我们都是“SUPERMAN”（小超人）

可以说课堂上激励性的评价语言和肢体动作确实一定程度上促进了学生课堂听讲、发言习惯的养成。许多原本害羞的孩子，不愿意举手尝试的孩子都纷纷举起了他们的小手。但随着学生年龄的增长，单一的评价方式是远远不够的。在很多课堂上，老师都会采用比赛加分的评价方式，我也不例外。将学生分成几组，每次回答问题加一分，如果不认真听讲则扣一分。这样的一种“竞赛”式的评价方式一时确实有效，可是实施不久我发现经常会出现这样一些状况：

生1：老师，你刚刚漏加分了，我们组回答问题你没有加分。

生2：不对，加过了加过了！（另一组的学生提出不满）

生3：是没加，刚刚Cathy回答问题，你没加！（同一组的学生附和）

生4：加过了，加过了，我们都看见了！（其他组的学生都觉得不应该给这组加分，以免他们分数过高取得胜利）

课堂上一下子乱作一团，由于评价过于强调“竞争”，小小的一分引发了班级内部矛盾，于是课堂一度陷入僵局，直到我批评了学生才告一段落。

又有一次……

生1：老师，刚刚Gordon上课在书上画画，应该给他们组扣掉一分。

生2：我没画！你自己还一直在玩笔呢（Gordon同学力争自己清白，同时也指出同桌的不当之处）

生3：我看到的，Gordon他一直在画画！（旁边也有同学来当“证人”）

为了避免又一场争执，我只能给两个小组都扣掉一分。可之后我却发现很多孩子的注意力已经不在我的课堂教学上了，他们都开始左右观望着寻找可以让其他组扣分的“证据”！

最初是为了激励学生学习兴趣而设计的评价，却最终起到了反作用。由于评价的竞争意味要远大于激励，很多小组眼看胜利在望，于是举手愈发热烈，而那些眼看胜利无望的小组呢，渐渐也就放弃了想要发言的积极性，这样一种评价方式其实偏离了“评价是为了促进学生发展”的初衷。那怎么样才能使我们的评价更有效呢？我又动起了脑筋。

由于在我们的小班教学中，每个班级的班额都控制在30人左右，我利用小班教学的优势，调整了班级里的座位，采用小组教学的方式，将全班分为5个小组，依次用五个字母命名，分别是：S-U-P-E-R，整合在一起正好是一个

super，每当有孩子举手发言回答问题时，我都会让他们这组的字母往上走一格。如果你单纯以为这也是一种小组间的竞争方式的话，那你可错了，因为，当五个小组达到同一水平时，孩子们会一起大叫一声：SUPER！每当这个时候，班级中的每一个孩子都会很兴奋，他们彼此比出代表胜利的手势，因为这个时候他们每个人都是“SUPERMAN”。他们会互相鼓励，互相加油，因为这不是某一个人的胜利，而是整个班集体通过共同努力合作获得的胜利，在这样一种“生成”合作和胜利的评价中，我和孩子都能明显感受到上课的氛围更积极也更融洽了。

（三）我也来做“小小评论员”

通过一段时间的评价改革实践，同时随着学生升入三年级，我可以明显感受到课堂上气氛的变化，愿意举手发言，愿意参与到课堂活动中来的孩子越来越多了，喜欢英语课的孩子也越来越多了。我一边欣喜着孩子们的变化，也一边开始烦恼新的问题：举手发言是积极了，但现在的孩子们大多爱说却不爱听，愿意表达自我却不关心别人说了什么。其实倾听是一种非常重要的习惯，我也希望通过我的课堂评价能够对现状加以改善。

进入三年级，我要求学生不仅做一名学习者，同时也做一个倾听者，做一个“小小评论员”，要对其他同学的发言、表现进行评价。因此学生们就不仅要关注自己，也要关注别人是怎么说怎么做的，好在哪里，不足又是什么。于是，在我们的课堂上，经常可以看到这样的画面：

师：Group one, can you read this part for us?（请一组学生朗读文本语篇。学生朗读完毕）

师：What do you think of their reading?（请其他学生评论第一组学生的朗读）

生1：I think they read well. 他们读得很整齐，也没有拖音。

生2：I think Michael is wrong.他的th音发得不好，这个音需要咬舌头，他没有发音到位。

生3：I agree, group one里有几个同学把three中的th念成了/s/，但是他们读得很整齐而且很有感情，这点很好。

生4：这段文章中有一个the，后面跟的单词以元音开头应该读成是/ðiː/，他们有人读错了。（班级中其他学生对第一组同学的朗读进行即时评价，提出优点和不足）

师:Group one, can you try again and be better? Who can read it too, please stand up and join them. Let's read together.(请第一组的学生针对同学们提出的意见重新再读一遍,同时也邀请班级中其他会读的学生站起来加入第一组一起读。在第二遍朗读的时候,学生特别注意之前评价中提出的几点建议)

师:OK, now Michael, how do you think of your reading?(请刚刚被提建议的学生进行自我评价)

生5:I think I read it better.因为我比刚刚更注意了th的发音(学生自我评价认为第二次注意到了同学们提出的问题,所以比第一次朗读效果更好)

师:So, what about others, what's your opinions.(询问班中其他学生对于第二次朗读的看法和评价)

生6:I think it's better, too.而且也很整齐!(其余学生附和,再次对第二次朗读做出评价,大家也认为有所改进)

也许很多一线老师不禁要问:要在短短的35分钟课堂内组织教学已经非常不容易,我们真的可能落实有效评价吗?作为小学生,他们真的有能力成为评价的主体吗?在课堂上进行评价真的不会影响我们的正常教学吗?其实我也有过许多顾虑和疑惑,还好小班化的课堂给了我非常好的实践背景。由于班级人数较少,经过一段时间的训练之后,学生的自我评价并不会占用太多教学时间,反而能使他们更专注于课堂,更好地学会倾听。师生间明显缩短的空间距离可以让我更进一步地与学生交流,给学生反馈。我愿意在小班的课堂上给孩子更多的时间、更大的信任,更深的鼓励,让他们能在评价中展现出更多个性化的智慧。

三、个案反思

(一)评价,在小班课堂上促进学生发展

我坚持认为评价应该是教学和学习过程中的重要一环,不可割裂,而其价值指向不仅是"对学习的评价",更是"为了学习的评价"。评价的目的是促进学生的学习和发展,使学生的潜力尽可能得到发展。小班化的英语课堂教学给学生提供了更为充足的展示空间,使得教师在施教的过程中能根据学生的不同表现实施即时评价。更重要的是,在评价中他们养成了积极发言、团结合作和认真倾听的良好学习习惯,我想这比划分学生优劣要更有意义。

（二）评价，学生在小班课堂上感受学习快乐

在我们的课堂上，评价不仅仅是老师给学生一个点评，每一次的点评背后其实都凝聚着老师对学生的关注，学生也能在老师的评价中获得快乐。不管是老师给出的拥抱也好，通过合作后大声欢呼 SUPER 也好，甚至是来自同学的肯定或建议，这一切的一切都让学生感受到英语课堂的快乐，英语学习的魅力！我们的评价已经成为学生快乐课堂学习的一部分。

（三）评价，在小班课堂中推动教学改进

我们知道，评价的作用是双向的，它在评价学生学习状况的同时也为我们提供了教学的导向。在小班中，师生间的课堂活动密度、强度和效度有所提高，我和学生间的人际接触、互动交往机会也明显增加，这让我有更多的时间去了解、评价我的孩子们，继而通过他们的反馈来改进我们教学。当我发现单纯的竞争机制影响了学生的课堂听课效果时，当我看到孩子们只懂诉说不懂倾听时我都果断改进了我的评价手段和方法，可以说课堂评价不仅没有影响教学，反而促进了教学的改进，促进了学生的后续学习。

设计邮票我做主——激发学生英语学习快乐因子

——小学英语周活动中学生英语学习的评价活动

曾丽瑛

一、案例背景

小班化的学校教育为每一位学生的个性地发展提供了有力的保障，也让我们有更多元、更有针对性的方式对孩子的学习表现进行评价。具体表现在对于孩子的评价不再是以往的“以分取人”，取而代之的是分阶段和类别的评价。评价不仅在课堂中，也在课堂外。作为一所以语言学习和文化体验为特色的外国语学校，每学期众多的英语文化活动就为孩子们展示自己提供了平台，也为老师进行评价提供了途径。

这次英语周的主题是 Close to Nordic Europe(走进北欧)，在学校的大主题下，三年级的分主题是 Amazing Sweden in my eyes(我眼中的美丽瑞典)。在设计英语周活动时，我们就一直在思考以下的一些问题：如何让我们的活动深入每一位同学的内心？如何让每一位学生在英语周中找到学习英语的快乐，发现英语的魅力，找到自己的英语学习定位？如何让那些平时在英语课堂学习中缺乏自信的学生在活动中体验成功的快乐？基于上述的思考，在三年级组中我们最终尝试设计开展了“小小瑞典邮票设计家”的活动。活动中我们要求孩子们进行瑞典主题邮票设计，最后以展览形式将学生作品在每一个教室门口进行展示。

二、案例描述

在本次“小小瑞典邮票设计家”的活动中，我们让学生快乐地感受英语魅力，自信愉悦地学习英语知识，创新灵动地展示英语才能，从而进行多元的、有针对性的个性评价。

（一）让学生快乐地感受小班化英语学习的魅力

校园中萦绕在一片优美且耳熟能详的英语歌曲中，这一次的三年级英语周主题是瑞典，所以自然让大家最能联想到的便是冰雪童话世界，"小小瑞典邮票设计家"的活动拉开了帷幕。

"今天我们一起来上一节英语先导课，好不好？……"我走进教室说道。此时，同学们听到上课，个个正襟危坐。

"喔，天呐……老师，那么今天要默写哪些单词呢？我昨天没准备过。"小周同学立马惊慌失措地问道，说罢，摆出一副苦大仇深的样子。他的英语学习可不轻松，特别是默写单词可是他的"头号敌人"。

"同学们这一周是英语主题周，对不对?"我并没有马上回答他的问题，而是莞尔一笑，继续说道。

"对啊，老师，那不还是要上英语课，又不能放假，不还是要默写嘛。"小周同学也不善罢甘休继续追问。其他同学也用一种十分赞同的眼光肯定了小周的观点。

"对，是不放假，但是本周我们要举办一次走进瑞典的邮票设计活动，所以今天我们的课是一节先导课。"我直入主题，打消了大家的疑团。

我继续补充道："今天，我们一起走进瑞典，感受瑞典的魅力所在。"我打开了多媒体课件，顿时教室中的孩子们聚精会神地看了起来。

"这节课，你们要做的就是，用心、用力、用情去感受瑞典。"一张张富有瑞典民俗特色和著名建筑的照片以及英语文字说明展现在了同学们的面前，我一一为他们做了介绍。

"老师，我也去过瑞典。瑞典真的很美，而且瑞典的斯德哥尔摩火车站十分具有人文精神……"小李同学津津乐道地为大家解说起来。

"瑞典魅力无穷，我爱瑞典，我爱英语课，今天没有默写，而且免费环游了瑞典，太棒了!"那个一开始畏惧英语默写的小周突然发表了一句感慨，同学们禁不住笑了起来。

一节先导课就在同学们的欢声笑语中进入了尾声。

通过先导课，班级中的60%的学生能够正确用中文表达出瑞典的一些著名建筑和人物，如诺贝尔、斯德哥尔摩火车站等。20%的学生能够用英语表达上述瑞典元素。10%学生通过本堂课了解到瑞典的风土人情。之后的另一节先导课中93%的学生能够完成书面介绍，50%的学生能够用流利的英语介绍瑞典；7%的学生由于不能上网等原因，没有查阅瑞典的风土人情介绍，没有完成。这些数据带给我们的不仅是一个可以量化的评价标准，而是小班化教育给予英语教学的优势——充分让每一位学生参与活动。并且摆脱了传统的书面作业方式,从中获得学习的快乐。

（二）小班化多元评价让学生自信愉悦地学习英语知识

“老师,这次的英语周的邮票设计制作活动,我家宝贝也获得了一张奖状。她回来可激动了!”

“那太棒了！我对孩子的英语有信心,妈妈和小雯一起加油哦!”

“嗯,老师真的非常感谢您,这次的活动让她一下子对英语的学习有信心了许多,同时她主动学会收集一些英语信息。”

“是吗？其实孩子需要我们作为师长去引导和激励,这样他们的自信心和学习内在驱动力都会被唤醒。”

“是的,谢谢您了……”

这是和一位家长的短信聊天记录,这位孩子在英语周的“邮票设计”活动中第一次获得了殊荣,家长和孩子都欣喜若狂。

下面是英语周活动开始前几周的一次和小雯妈妈的聊天记录。

“老师,孩子的英语书面练习评价等级总是C,我快没有信心了。”打开手机映入我眼帘的便是一段几乎令人失望的文字。

“妈妈,别急,我们要纵向与孩子的自身成长轨迹中的每一次进步作比较,不能通过几次书面练习的评价就将孩子的学习能力进行定义。”这是我的回复。

“我也这么告诉自己,当然我也安慰孩子,不想打击她。但是很明显孩子自己也在一次次的C中备受打击,几乎都想放弃了……”从妈妈发来的字里行间中我读出了母女俩的失落、无助。

聊到这里,我也想尽可能宽慰家长,我回复道:“我会在适当时候和她谈谈的,当然条条大路通罗马,我们评价孩子的学习能力有很多种方式,我们将要开展一次英语主题周活动,到时我相信孩子一定会找到自己的舞台的。”……

努力的小雯同学在英语学习上,一直没有自信,具体表现在英语的平时练习中,评价等级总是在C,并且平时上课也不爱举手回答问题。有时即使回答了问题,质量也不高。长此以往,她的英语学习自信心慢慢被消磨掉了。她变得内向、不自信。特别在英语课堂中,那个总是把头低着不举手的就是她了。渐渐地,我发现她说英语会有结巴的现象。为此,小雯的妈妈十分着急。

然而这个问题却在这次的英语周中出现了很大的转机,小雯在英语学习中，发生了质变，只因为她获得了英语学习中的第一张奖状。

小班个性化的教育评价是对每一个学生的学习过程进行评价，就英语学习而言，其目的在于挖掘每一位学生的英语学习潜力，并发展他们自身的英语学习能力，提升学习兴趣。在以往英语周活动中，笔者发现一些平时在英语知识层面学习上薄弱的学生，总是到了英语周就提不起精神，后经了解得知，因为英语周的活动很大程度上，和英语口语表达有关，比如英语诗歌朗诵、讲英语故事比赛，英语知识演讲等，都需要英语口语流利表达。这样一来，这些学生心有余而力不足。长此以往，英语周活动的开展便出现了两极分化现象：那些英语口语表达以及英语知识技能水平高的学生成为了英语周的绝对主角，而那些英语口语表达不流利，平时课堂学习又表现平平的学生成为了英语周的看客，甚至他们开始抵触英语周。对于一些处于中游位置的学生，他们的英语周也就是走过场，其实并没有学习到什么。小雯就是这样的同学。对于这类学生，只有通过有效的小班化英语学习的活动评价，树立他们的自信，使他们对英语学习渐渐产生兴趣，这对于他们的英语学习无疑大有裨益。

三、案例反思

（一）让每个孩子都成为参与者

通过本次的活动实施，我们试图探索出一些有效的评价方式，这些评价不仅能够促进学生的学习发展，并且是在英语活动中可实施、可操作的。通过统计，我们也发现，本次活动中，三年级四个班级学生活动参与率高达94%，即使是一些平时作业拖拉，成绩较弱的“学困生”也积极参与到了活动中。这些孩子在平时的学习中，英语的语言运用能力较弱，但是在这一次的活动中，有相当一部分人都提交了较高质量的作品。还有一些孩子，虽然提交的作品不够美观，英语介绍书写得也比较简单，甚至有错误，但是他们都很努力地参与了，动手制作了邮票作品，我们也给这些孩子点了大大的“拇指赞”，并将他们的作品进行了展出。

（二）让每位孩子都成为“成功者”

我们的活动评价并不是为了分出学生学习的好坏，也不是为了烘托出优秀作品，我们的评价为的是促进每一个孩子的个性化发展，正是因为小班化的活动背景为我们提供了良好的保障。

在如今的小班化课堂中，我们针对学生的个性特点设计活动和评价，鼓励每位学生发挥自己独特的优势，通过评价促进每个人的进步。有的孩子由于学业成绩长期不理想，对英语学习没有信心，英语能力的自我评价也相对较低，而英语活动中的评价却能重新唤起他的学习兴趣和学习信心，让他们品尝到了成功的喜悦。通过本次活动的实践和评价，也让笔者认识到我们的教育应多方面、多角度，以多种方式去发现学生、培养学生。通过英语周的活动，恰巧能够解放那些在课堂中、在一张张试卷面前缺乏自信的学生，点燃他们的英语学习兴趣。

（三）让每个孩子都成为快乐的学习者

在小班化教学的理念指导下，我们一直在思考如何让英语活动成为真正的快乐活动，而不是学生甜蜜的负担？正如之前所说的，一般的英语活动总是成为一部分学生的“脱口秀”和另一部分学生的“烦恼”。好比文章开头提到的小雯同学，由于平时成绩不理想，渐渐地她和父母都对英语学习失去信心，上课也不愿意举手发言，但是这一次的邮票设计制作活动中，她意外收获了自己在学校英语学习的第一张奖状，妈妈也高兴不已。其实我们设计任何活动都要以孩子的快乐成长为前提的，评价更是如此，通过不同形式的评价希望他们能成为一个快乐的学习者。

英语活动评价的设计对于每一位学生，尤其是那些平时英语缺乏自信的学生而言是一个展示自己的契机，有效地进行活动评价，能使英语活动真正“活起来”、“动起来”，服务于我们的学生。让评价成为激发学生学习英语的快乐因子，让学生快乐的活动中学习英语，这也是小班化教学的初衷所在。

学会欣赏沿途风景

——“录音朗读”作业评价实践活动

宋晓娴

一、案例背景

“录音朗读”是我校针对低年级学生英语口语发展水平而设计的个性化作业，而随着时代的发展，“录音朗读”的形式发生变化了。过去，我们采用磁带的方式与学生进行口语交流，而如今随着互联网时代的普及，我们要求学生将“录音朗读”作业统一上传至网络云盘，增加了操作的便利性，也让师生间的互动更频繁了。改变的是方式，不变的是通过这样一种形式对小班中的学生进行形成性评价的目的，以及对学生英语口语发展的促进和激励。

我认为“录音朗读”作业真实地呈现出教师教与学生学的过程，并为教学与学习提供了有效的反馈信息，帮助学生和老师把注意力集中在如何提高教育活动的质量上。

二、案例描述

（一）为你喝彩

“你好，宋老师。我来交本周的录音作业了。牛津英语 Module 3 Unit 1……”熟悉的声音从耳边传来，这是我们班小 S 同学一贯的录音作业开始模式，对此我已经再熟悉不过了。他每次的录音作业一开始时都是语速很快，语气很急的样子。在读到正文的时候就没有那么顺溜了。不知道这次的录音对他来说难不难。他能否顺利完成呢？我心里有些忐忑，说实话，每次听小 S 的录音，我的心里比他还紧张。我希望他能在我一次次的评价和鼓励中获得进步。

“Listen and enjoy. Spring is warm. Summer is hot. Autumn is cool. Winter is cold. Spring，summer，autumn and winter. Warm，hot，cool and cold.”我继续默默地聆听着，还不错呢！这首儿歌朗读得很顺，而且发音也比较标准，我打心眼里为他高兴。当他读到 Say and act 板块时，由于副标题 outside这个词有点长，而且运用得也比较少，他停顿了几秒钟，然后支支吾吾地读下去了。

在听完他的录音后，我马上进行了反馈，首先我肯定他的进步。“I'm so glad to see your development in oral English.”然后对于朗读中出错的或读得不清楚的地方加以纠正“Please pay attention to the pronunciation of the word ‘outside’”。除此之外，我还提了点要求，希望他能尽可能地多听录音。“I hope you can listen to the tape as often as possible. I believe you'll be better.”虽然比起班里的其他同学，他的录音作业不算最棒的，但从他自身来看，的确进步不少，所以我也不会吝惜我的赞美之词。

这样的评价有效地体现了小班化个性教育中师生间的和谐相处，师生之间像朋友一样，形成一股巨大的正能量，进入良性循环。学生们每次都很期待老师对自己录音的评价，因为他们希望更多得到老师的肯定，当然，也想让老师找出自身的不足，以此可以更加促进自己的学习。

（二）相信你一定行

就在我如火如荼地听着孩子们的录音作业时，一位妈妈通过微信给我发了一条消息，上面写道：“宋老师，孩子英语读了很长时间，但还读得不是很好，孩子自己都急哭了。怎么办啊！（流泪的表情）。”我细看这位学生的名字，他学前是没有一点基础的。在我看来，刚开始的学习中难免会碰到点困难，这就是幼小衔接，这个时候关键的是坚持，所以我马上给这位家长进行了回复，跟她说：“孩子现在可能觉得有点累，有点辛苦，这是正常的。这时候需要的是爸爸妈妈的鼓励，还有和孩子一起坚持。英语学习在一开始就是靠多听、多读，慢慢来，会好的。让他多读两遍，没问题的。”怕他有些单词不会读，我马上用微信语言朗读了一遍发给她。没想到，傍晚时分，我又收到了孩子妈妈的微信。微信中说到：“宋老师，Yoyo早上读得不太熟的东西现在居然会读了，看来有时真的需要时间慢慢来，孩子会给我们惊喜。我把他的录音发给你。”言语中，我能感觉到这位家长的喜悦之情，与此同时，我也为孩子的这股韧劲点赞。

在随后的反馈中，我是这么评价的：“Wow, it is a nice recording. You speak quite well. So try your best. You can be better.”手机屏幕上回复过来两朵小花，还有一声轻轻地、略带羞涩的“谢谢！”

孩子之间的学习能力大相径庭，每个孩子都希望得到老师的鼓励和肯定。在录音朗读评价中，绝大多数的同学认为，通过老师的评价，对于提高自己的朗读以及增强自信心方面都有很大的帮助。

（三）人人都是小小评论家

“宋老师，我和妈妈双休日在家里听了其他同学的录音作业。”一位同学周一见到我，就面带微笑地对我说道。

“是吗？那你觉得谁读得好呢？”我有些好奇地问。

“嗯，我和妈妈都觉得小A同学读得很好，我妈妈让我以她为榜样。”

“哦，你觉得小A读得最棒啊！为什么呢？”我轻轻抚摸着他的头。

他不假思索地回答道：“她呀，读得很流利，而且发音什么的也都很好听。”

他的这段话一下子给了我灵感，于是我走进教室，请小朋友们坐好。“小朋友们，老师现在有一个问题想了解一下。我们上传到云盘的录音，有谁听过其他小朋友的录音作业呀？”“刷”的一下，很多只小手都高高地举着，数了一下，有75%表示每次都会听其他小朋友的录音，我的心里欣喜不已。我又紧接着问道：“你觉得我们班哪个小朋友的录音作业完成得最棒，说说原因。”孩子们纷纷举手，争先恐后地要表达自己的想法。

学生A：我觉得小D的录音很好。她的发音很标准，声音很好听，跟磁带里一样。

学生B：我觉得小A的录音最好。她朗读的时候很有感情，也有节奏感。

学生C：我觉得小J录音好听，而且朗读得非常流利。我妈妈也觉得小J读得很好。

学生D：我也想说小A读得好。她跟宋老师几乎都读得一样了。

学生E：……

小朋友们你一言，我一语，说得头头是道。我发现他们有些点评的都还挺到位的，一个个都是小评论家呀！

通过孩子们为同伴做出的评价，我体会到现在这种“录音朗读”作业的形式可以使评价的主体不再是我老师一言堂，孩子和家长也成为评价的主体，这种交互式的评价方式很简单却很有效。

三、案例反思

英语教学形成性评价的核心就是关注教与学的过程，关注平时表现。录音作业的评价极好地体现了形成性评价的特点。

（一）评价要关注每一位孩子的个性发展

课程改革的理念是：“一切为了学生的发展。”在小班化教育的环境下，老师对学生的关注可以更加细致,每个孩子也能借此机会有更好的发展。而作为老师,我们首先应该认识到孩子个体之间的确是存在差异的,同时应该学会关注一个孩子自身纵向的发展。孩子的进步不是一蹴而就的,但是经过一次次的评价、纠正、鼓励、再纠正……基于不同学生自己原有发展水平上的评价,是小班教学"以人为本"教育理念的体现,尊重了学生的个体差异,满足了每位学生的心理需要,使每个孩子的自信心、个性得到充分发展。

(二)评价是为了激励每一个学习者

评价要面向全体学生,激励每一个学习者。在我看来,学习能力较弱的孩子需要鼓励,学习能力强的孩子同样需要老师激励的言语。因此在我的录音反馈中,我首先是表扬学生能够积极地完成录音作业,然后用 but, however 来纠正他们的错误。看来是个教学行为,但对学生来说也是一种评价,这样可以有助于他们的发展,更重要的是能够让他们看清自己的真实状态,在学习过程中及时地调控自己的学习状态,激励他们更好地学习。在我对学生的一份调查问卷中显示有 91.2%的学生认为老师的评价对激励他学习很有帮助,剩下 8.8%的同学同样认为有点帮助。可见,教师的录音评价对于学生的激励作用是显而易见的,它让每个学生都有被重视的感觉,找到自身的闪光点,找回自信。

(三)让每一个孩子都成为评价主体

随着互联网时代的普及,我们采用网络云盘保存录音作业,而评价也不再单纯由教师主宰,教师、学生、家长可以共同实施评价,评价的主体多元化了,而且途径也很便捷。因为这个资源是共享的,所有学生的录音作业大家都能看到并且听到,据我了解,大部分的孩子和家长会共同聆听其他学生的录音作业,其实这是一种很好的自我评价和互评的方式。

从多年的教学实践看来,"录音朗读"作业对于低年级学生口语发展非常有帮助,而我们的小班评价也应该以发展的眼光,从多个角度、多方面去看待每一个学生,多用一些智慧,多肯定孩子们的点滴的进步,让每个学生在自尊、自信中快乐成长!

勇闯智慧岛　听说我能行

——记一次小学英语考试评价改革活动

夏　斐

一、案例背景

学生学业成绩测试是学业水平评估的一种，是指经过一定的教学或训练后所学到的东西，是在一个比较明确、相对的范围内的学习结果。小学英语学业评估的方法和模式有很多，而最为人所熟知的就是传统的考试或测验。随着课程教学的改革和考试评价制度与方法的改革，如今的小学英语学业评估也在不断地改变。在小班化教育个性化教育的时代，传统的纸笔测试已经不能满足我们对与个性化评价的需求。尊重学生个性、关注个性与发展已成为主流。《上海市中小学英语课程标准(征求意见稿)》所提出的小学阶段关于听与说的一级目标中85％以上都是关乎听与说的综合能力培养，很显然，这也是语言学习的终极目标。从2013学年起，学校开始在一年级尝试了以朗读课程为主的低年英语级拓展课程的实施，从课程开始实施的第一天起，我们就在思考除了课堂中的活动评价和课后的录音作业评价之外，还应如何对学生进行合理的阶段性评价。我们很清楚地意识到在重视学生语言能力培养的今天，传统的评价观念和方法在小班化教学中已不合时宜。

二、案例描述

(一) 办公室里的激烈讨论

1月上旬的某个星期二下午，伴随着悠扬的音乐铃声，英语组的老师们按照惯例陆续地走进了二楼的会议室。随着期终考试的临近，学校教导处和英语组的老师们将在这次教研活动中最终确定一、二年级英语口试方案，这已经是大家第二次坐在一起商讨此事。在前一次的教研活动中，大家已经基本确定了口试的几大板块，这一次需要将方案进行完善。

孙老师：虽然之前的几个学期一、二年级已经陆续开展了期终口试测评，但是对于形式,内容和方法,我觉得还是需要不断改进的。上一次的活动中,我们已经达成共识的是,作为以英语为特色的民办小学,英语学科是我们的拳头产品,一直以来,学校倡导的是让学生在语言学习中得到多方面能力的锻炼,我们不仅要关注学生书面评价,更要重视他们口语能力的发展,特别是在一年级开设了朗读拓展课程之后,拓展课程也需要相对应的评价。

夏老师:我们先来看看上次活动之后整理出来的一二年级口试的基本框架,材料已经放在各位老师面前了。两个年级的口试题型基本是一致的,只是在程度和内容上有所不同。首先是看图片说单词。然后是朗读看到的句子,一年级的这部分换成朗读看到的英语单词。接着根据听到的内容,作出相应的应答,即根据新世纪英语教材和灵通英语教材中功能性的语言进行应答。最后是背诵一首自己喜欢的儿歌,即从一学期的基础型课程或拓展型课程里学到的英语儿歌、英语歌曲中选择自己喜欢的或拿手的内容进行背诵。

程老师:这几部分内容还是应该能看出孩子们的语言运用能力的,特别是第二、第三部分。个人觉得前三部分的内容在评价时对孩子来说还是比较客观的,而且评价标准也是相对科学的,但是第四部分背诵儿歌的评价标准比较难统一。同样两个孩子背诵儿歌,一个背诵的儿歌篇幅比较长,一个背诵的儿歌篇幅短;一首儿歌内容简单,一首儿歌内容比较难。那么什么标准才是优秀?什么标准是良好呢?这存在一定的问题,评价的标准不统一。不知道大家有没有发现这个问题?

宋老师:对,我也想到了这个问题。我觉得既然是一个学期的学习综合评价,关注的是学生整个学期学习之后的成果,为何不参照平时课堂教学中语用输出环节,让孩子根据图片和关键词或关键句来看图说一段话呢?这才是综合运用语言的能力啊!我不知道一二年级的老师或者其他年级的老师是不是也和我有相同的想法?

曾老师:这个想法倒是不错的,所有年级的课堂教学中语用输出环节都常常会让学生对某个话题进行一段话式的描述的,一二年级的孩子应该适应了吧。

孙老师:那么就把第四部分改成“根据图片内容和关键句式描述一段话”喽?其他三部分内容还有什么意见吗?

老师们:没有了。

夏老师:然后我们再来看看口试卷面的形式,之前几次从题型上感觉像是中、高年级的听力考试，我觉得，既然是针对一二年级学生的，是不是需要在口试卷面的形式上动动脑筋，让学生看到的内容更符合他们的年龄特点？比如说“小猫钓鱼”“穿越迷宫”之类的？

胡老师：这是个好建议，就像我们的英语周活动和元旦游园会那样，内容是大家熟悉的，换个名称感觉就不一样了。我想到一个名字，“抓气球”，把单词或图片放在气球里。

曲老师：开开小火车也不错啊，就是把句子放在小火车的一节节车厢里，都读出来了就把小火车开走。

孙老师：这些想法都还挺好的，那么我们最后敲定一下形式，抓气球、小猫钓鱼、开火车、采小花？大家觉得如何？如果没有其他意见的话，我们就要分工去找资源了。

老师们：没问题！

……

虽然是口试，但是“畅游乐园”这样的标题让孩子感觉到这不过是在做一场游戏，充满童趣的口试题型给人焕然一新的感觉，从某种程度上来说，缓解了孩子们因为面临口试而产生的不安与焦虑，这样的形式更容易让孩子在口试过程中更好地发挥出自己的水平。

（二）加油，你行的！

1 月下旬的某一天，寒风凛冽，这天对全市绝大部分的中小学生和他们的父母来说是令人高度紧张的一天，他们将暂时告别连续几天甚至是一个多星期的迎考复习，从这天开始孩子们将面临为期两三天的期终考试，一如以往多年的传统，他们将通过笔试的方式检验自己一个学期的学习成果。无论是上学路上抑或是异常安静的校园里，似乎都被这种凝重的氛围所笼罩。对民办打一外国语小学的一、二年级各班的孩子们来说，无疑也是特别的一天，但是从他们的脸上并没有看到一丝紧张与焦虑，相反孩子们的脸上都洋溢着愉悦的表情，他们时不时三五成群地出现在教学大楼的走廊中，孩子们步伐轻盈，欢声笑语。

此时，一个班级的学生正在教室门口排队，孩子们手里都拿着一张 A3 大小的练习纸，他们要去哪儿呢？跟着他们的队伍一路走到了学校摇篮多功能厅，里面摆放着 5 张大桌子，30 个孩子在 2 位老师的安排下在 5 张大桌子前开始有序地排起了队，桌子的后面分别坐了 5 位老师。排在队伍中的一位小女孩正认真地看着手中的练习纸，嘴里轻声地说着什么。走进一看，原来她正在准备口试的内容。拿过试卷，仔细地看了看，发现这并不是一张普通的试卷，对孩子们来说，也许是充满童趣的：

1. Let's catch the balloon.

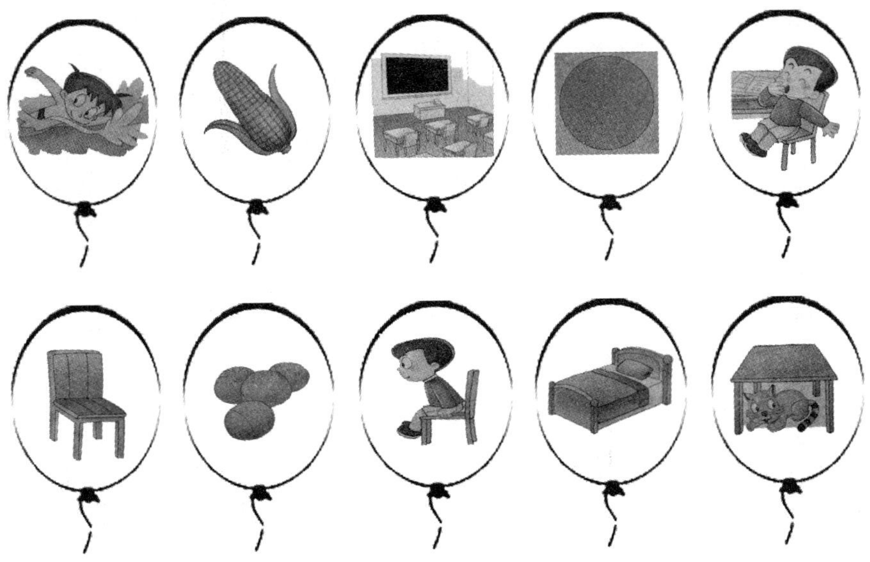

2. Let's take a super train.

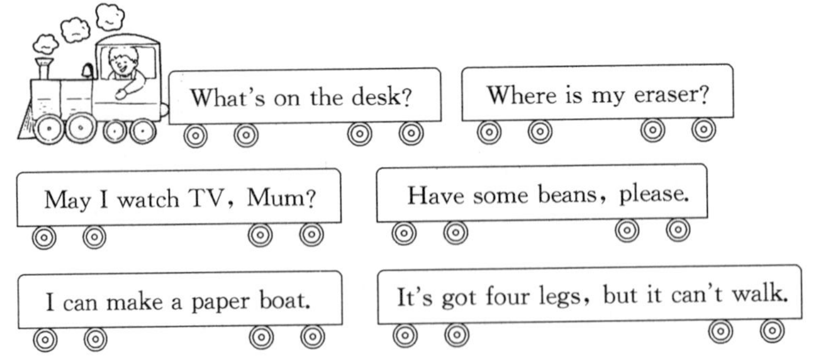

3. Let's get to the island.

1. Can you skip the rope?

2. Here is a pencil for you.

4. Let's pick a beautiful flower.

This is a ....
... is ...
... can ...
How ...!
(*cute*/*nice*/*cool* ...)

一、二年级的口试已经开始了，老师们分别在和排在第一位的孩子说着什么。

老师 1：Morning！早上好。

学生 1：Good morning，teacher！老师早上好！

老师 1:Are you ready? 你准备好了吗?

学生 1:Yes.是的。

老师 1:Please tell me what's in the balloons.来,看着这个气球告诉我,气球里有什么东西呢?

学生 1:bag, peach, ruler, pig.书包、桃子、尺和小猪。

老师 1:Wow, good job. Please go to the next part.哇,你说得真棒,请到下一关试试闯关好吗!

老师 2:Let's try to get the gift! OK? 让我们试着得到这个礼物好吗?

学生 2:OK! 好的!

老师 2:How many apples? 看看这里有多少个苹果?

学生 2:Two apple.2 个苹果。

老师 2: Think it over. Count the apples. 再仔细想想,别紧张,可以数数看。

学生 2:One, two, three. Oh, three apple.一、二、三,哦,是 3 个苹果(单数)。

老师 2:Three apple? One apple, two apples ...是三个吗? 来跟老师一起数数看,一个苹果(单数),两个苹果(复数)……

学生 2:Three apples.是三个苹果(复数)。

老师 2:Congratulations! Super kid.祝贺你,你真棒!

孩子们完成了他们的英语畅游乐园闯关之后陆续走回教室,在门口,他们将口试试卷交给了一位英语老师。瞧,那两个正在交流着。

女生 1:你总共得了多少颗星?

女生 2:20 颗,你呢?

女生 1:我得了 19 颗,我有一句话好像没说对。你觉得难吗?

女生 2:好像不是很难,都是上课时学过的,昨天我妈妈帮我把一本书都复习了一遍呢,我都读出来啦!

……

孩子们边说边走出了多功能厅。

所有的评价都有相应具体的操作方式,方便不同的教师进行相对统一的评价,但这并不意味着学生在尝试的过程中只有一次机会,考虑到小班教学中学生的个性差异,在评价过程中,学生首次尝试出现错误,老师可给予适当的提示或提醒,让学生自行对错误进行修改。老师在此过程中也通过激励性的语言不断地激励学生，使学生通过努力与尝试体验成功的乐趣成为可能。

（三）带着愉悦的心情走出学校

中午放学时，家长们在学校门口伸长了脖子等待各自的孩子走出校门。此时，一年级的孩子们刚解散，孩子们纷纷走向家长。

家长：你今天英语考试考得怎么样啊？

学生：我们没有考试。

家长：今天不是期终考试吗？

学生：可是我们没有。

家长：那你们今天干什么了？

学生：我们今天玩了畅游乐园。

家长：畅游乐园是什么？

学生：就是一个闯关的游戏，总共有四关，有看图片说单词，看单词说单词，还有说句子，最后是看图说话。

家长：那你玩得怎么样？紧张吗？

学生：一点都不紧张，都是平时上课时老师教过的，昨天爸爸帮我复习过的。我得了 20 颗星呢！

家长：那么厉害啊！你真棒！

让孩子在愉悦的氛围中完成一个学期的综合能力评价是我们一直提倡和关注的，作为教师，我们既要关注学生学习兴趣的培养，也要关注学生在学习过程中表现。作为名校的教师，让家长通过孩子的转述了解学校的办学理念也是非常重要的。

三、案例反思

（一）在听、说中关注语言综合能力的展现

对于一、二年级的小班学生来说，无论是课堂教学还是课后作业，多以听、说、读的任务为主，因此对于学生学业水平的评价也应保持相对的一致性。其中，看图片说单词、朗读看到的单词和句子考查的是学生对词、句的识读能力，这与平时老师们对孩子所提出的指读要求保持一致。根据听到的内容作出相应的应答考查的是学生在真实语境中的语言交际能力。用一段话描述自己喜欢的图片关注的是学生是否能正确地综合运用语言的能力。作为教授语言的教师来说，培养学生综合运用语言的能力是最终的目的，良好的语音面貌是达到目的的重要因素。

（二）在闯关中关注评价过程的乐趣体验

在不断完善的考试评价过程中，老师们越来越多地关注到学生听、说等综合运用语言能力的培养与反馈，学生也在这个过程中有了全新的体验，在整个评价过程中，学习能力强的学生也许一次就能完成所有的闯关，而对那些学习能力相对较弱的学生而言，经过几次或多次的尝试，最终也能顺利完成闯关。学生的自信心不断增加，从而使自己以更好的状态展现自己的英语能力，并不断地体验到了成功所带来的乐趣。这与参加评价的老师对待孩子的耐心密不可分，在生活、学习、工作节奏日渐加快的情况下，给予孩子更多尝试的机会，耐心等待他们成长，让他们在小班的学习和评价中体验成功的乐趣也是良好的教师师德素养的体现。

（三）评价标准更加详细具体

由于评价的内容相对客观统一，评价标准的制定也相对更具科学性。如二年级英语畅游乐园的评价标准：(1)Catch the balloon，能正确朗读每个单词，语音标准，得六颗星，读错单词，不给星。(2)Take a super train，能流利朗读每句句子，语音语调好，得六颗星。能正确朗读每句句子，比较流利，得五颗星。读错句子，不给星。(3)Get to the island，能根据听到的问题，给出正确的回答，且语音标准，得六颗星。回答错误，不给星。(4)Pick a beautiful flower，能根据 4 句句型提示，对一个物体或动物进行描述，且流利，语音标准，得四颗星。没有说满 4 句，或不够流利，酌情扣星。

客观科学的评价标准使老师和学生都能看清教和学过程中的优势与不足，从而不断地改进与完善，使自己在教与学的过程中不断攀登新的高峰。

通过这样的评价，学生综合运用语言的能力不仅得以充分体现，而且学习英语的热情和自信心也不断提高。这仅仅还是在小学低年级英语学业评价中的尝试，如何在小学全年段的小班化教学中实施个性化的评价却仍处于探索阶段。这不仅需要我们老师革新观念，也需要我们运用智慧，不断完善小班化教学，激发学生学习的自信心，从而使学生在英语学习中勇于前行，不断闯夺新的智慧岛。

民办阳浦小学

主报告

开放·多元·综合·选择
——我们的"阳光课程"

民办阳浦小学

这是一个普通的清晨，和每一个清晨一样，鸟语啁啾，花香盈盈，孩子们的欢声唤醒了沉睡的校园，老师们的步伐迈进了沉寂的校园，校长的微笑洋溢在沉静的校园。和煦的阳光倾洒着，瞬间给校园镀上了一层温暖的底色。从那刻起，平静的校园里生机舞动……

这就是立校于 2006 年的民办阳浦小学，至今已近十个年头。在人们的眼中，这是一所具有科学的教育理念、优秀的教师群体、先进的教学设施、优美的校园环境，一流的教学质量的素质教育实验校。随着学校良好社会形象的树立，办学水平、办学效益的螺旋上升，学校正面临着新的挑战和机遇。学校的办学特色何在？如何通过精品教育、特色课程，以满足家长、学生对教育多样化选择的需要？如何借助优质的教育资源，培养专业化的教师团队，孕育出类拔萃的学生？如何顺应教育本土化和国际化的变化，更好地发挥社会影响力？

这是学校在高位发展与转型成长中必然存在的问题。是不予面对、刻意回避，还是基于优势、直面挑战？毋庸置疑，为了校园里这群健康、自信、好学、灵动的"阳光少年"的美好明天，我们的"阳光团队"征程再启。在一次次思想交锋、一次次理念磨合、一次次情感共生中，我们达成了共识：课程是学校发展的生命线，阳浦小学应该践行有自己特色的"阳光教育"，打造"阳光课程"，以此成就一所学校，成就一群教师，成就一届又一届的学生！

一、课程建设

（一）构建顶层设计

经多位专家的数次指导，校长带领课程教学部全体成员从学习到内化，从初探到讨论，在一次次头脑风暴中，“阳光课程”从一个概念慢慢孕育成了一个实体，课程目标、特点、框架逐一显现。

1. “阳光课程”总目标。根据阳光教育的内涵，应对阳光少年的培养目标，我们把学校课程命名为“阳光课程”。我们的“阳光课程”力求通过各类课程的合理设置，校本教材的有效开发，教学内容、方法和手段的科学运用，评价形式的多元尝试，实现“面向每一群、走好每一步、提升每一层、成就每一届”的目标。

2. “阳光课程”特点。我们的“阳光课程”具有“普适、开放、创新、多元”的特点：

普适，即课程设置具有普遍适应性。根据上海市教委制订并颁发“学年度课程计划”及说明，开足开齐每一门课程，面向学生的发展，适应学生的需要，促进学生快乐健康地成长。

开放，即课程开发拥有开放的视野。既传承民族文化经典，又能引入各类优势资源，在关注学生发展和社会发展的同时，形成校本特色，培养学生自信大气的风范，促进学校内涵发展。

创新，即课程内容推进有创新意识。坚持以小班化教育为主体模式、参与教育为基本策略、信息技术为有效手段，通过课程教学活动，建立良好和谐的师生关系，以新理念促成新方法，以新模式带动新体验，发挥阳光团队的创造力，来成就聪慧好学的阳光少年的创造力。

多元，即课程评价呈现多样化趋向。引入“绿色指标”评价体系，设立“免考制度”，在低年级中继续尝试综合考查活动，切实减轻学生过重的课业负担。尝试过程评价，以满足不同年龄、不同性别、不同文化背景的学生的需要。

（二）搭建课程框架

1. “阳光课程”的设置及说明：

(1) “阳光课程”框架图。“阳光课程”的设置打破了传统的课程结构，形成了浓郁的校本特色。视野开放、板块推进、育学合一、文理兼修成为了“阳光课程”最大的特点(见下图)。

(2) “阳光课程”设置说明。

① 从学校课程设置的背景来看：根据《上海市普通中小学课程方案》有关精神，“上海第二期课程教材改革，提出了以学生发展为本的课程理念，它所蕴涵的重要认识是承认并尊重学生的个体差异，期望通过课程的合理设置和有效实施，来促进每一位学生的发展。”

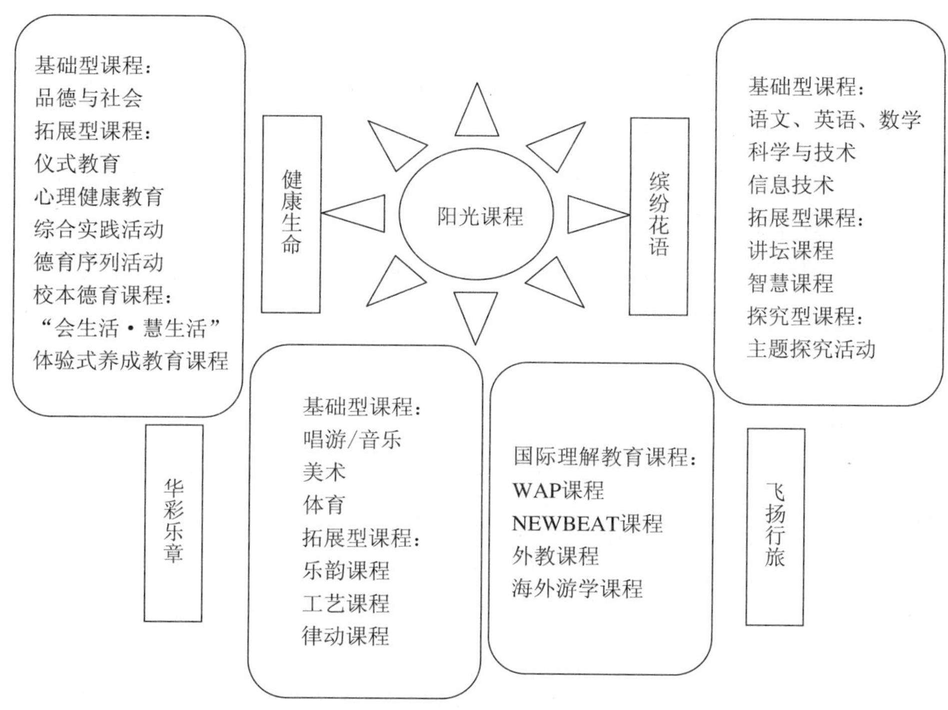

以此为据，学校课程方案从“培养学生的创新精神和实践能力，促进学生全面发展和个性健康发展”出发，力争让课程适应和促进每一位学生的发展，为学生提供丰富的学习经历。因此，我们打破常规的文理分科设置，使学生的学习更具综合性，以提升他们的综合学力。

② 从课程的结构来看：上海市教委提出的国家三类课程，即基础型课程、拓展型课程、探究型课程，看似独立，其实内涵与外延相互交叉、融合、渗透，三类课程之间有着千丝万缕、不可完全分割的内在联系。由此，我们大胆尝试，打破三类课程独立列项的格局，将三类课程自然糅合、整合，以主题项目的形式呈现。另外，从规范角度来看，“健康生命”“缤纷花语”“华彩乐章”隶属国家课程范围，“飞扬行旅”为校本课程的内容。

③ 从课程的内容来看：“阳光课程”的项目板块（包括课程主题）完全对接学校“阳光教育”的内涵，每个板块的课程设置都有相对应的阳光特质。“健康生命”，关注学生生命的单纯，不仅诠释了“两纲教育”中“生命教育”的主题，更突显出阳光教育育人养心的特点，整个课程旨在教会学生“怎样做人”；“缤纷花语”，整个国家课程中知识、技能类（动手能力）课程的整合，不分文理，着力培养学生的综合能力，教会学生“知识与本领”；“华彩乐章”，艺体课程的集合，

通过体魄的增强、艺术的熏陶，让学生有美感、不断提升文化气息与人文修养。另外，今年教师节前夕，习近平总书记在北师大的重要讲话中提到教师要“带头弘扬社会主义道德和中华传统美德，以自己的模范行为影响和带动学生”。我们在“华彩乐章”课程中渗透民族、民俗文化教育，使学生在民族文化摇篮中浸润滋养，渐渐地学会“做有修养的人”。

作为校本课程的“飞扬行旅”，是对“国际理解教育课程”的理解，即我们满怀着信心与希望，行走在放眼世界的旅程中。“阳光教育”希望我们的学生是开放、大气、博大、宽容的，这才是具有国际视野的阳光少年！

2. “阳光课程”分项目实施标准

(1) 健康生命——阳光是纯粹而透明的！她赋予生命的意义，让人健康，让人快乐！该课程对应的阳光特质是：纯粹、透明。重在关注生命个体的身心健康，培养学生养成良好的校园生活习惯、家庭生活习惯、社会生活习惯，初步形成积极向上的人生观、价值观，做一个乐观开朗的阳光少年。课程目标、内容及安排：

在基础型课程中，以品社学科为载体，融合生命教育的内容，让学生在丰富多彩的活动中，在赏心悦目中体验民族文化的经久魅力，促使其成长为快乐健康的阳光少年。

在拓展型课程中，以仪式教育、心理健康教育、综合实践活动、德育序列活动为载体，开发多种学习渠道，挖掘社会资源，充分利用校园网络、图书馆、科技馆、博物馆和各种青少年教育基地开展学习活动，丰富学生的经历和经验，实现知识传承、能力发展、态度与价值观形成的统一。

开发“会生活·慧生活”校本德育课程，立足于学校实际，从学生的现实生活、现实活动出发，采取“个性化教育”和“体验式教育”，让学生在自己感兴趣的活动中去经历，去感悟，去建构自己的价值理想，从而树立良好的道德意识，培养良好的生活素养。

抓住学校两项重要德育课题研究的良好契机，我们编写了《会生活·慧生活》校本德育教材——《“会生活·慧生活”——低年级学生体验式养成手册》。教材将生活习惯分为校园、家庭和社会三大板块，教材的编写将知与行统一起来，教给学生基本的生活能力，训练学生不断提高能力，并且持之以恒。

我们把该课程纳入一年级拓展型课程课表，每班每周安排 2 课时，由班主任、幼小衔接互通型教师共同参与课程教学。老师们以活泼丰富的形式，生动有趣的多媒体配图给学生正确的感性认识，加之实践活动的辅助，激发学生的学习积极性，参与的主动性。

"会生活·慧生活"校本德育课程的开设，循序渐进地帮助起始年级学生养成了良好的生活习惯。以此为基础，我们准备进一步对中高年级的学生生活素养进行整理、归纳，从而集结成第二本德育校本课程《"会生活·慧生活"——中高年级学生体验式养成手册》。

通过"会生活·慧生活"体验式养成教育课程的开发和实践，关注学生的实际生活，关注学生的发展需要，指导学生掌握必要的生活技能、养成良好的生活习惯和文明健康的生活方式，助其在个人成长的道路上，形成良好的发展，成为一名合格的社会人。同时，提高学校德育教育的实效性和长效性。

(2) 缤纷花语——阳光是多彩的！她热情奔放，让人充满自信，让人充满能量！

该课程对应的阳光特质是：多彩、热烈。通过语言类、思维类国家课程的设置，让学生掌握知识与技能，能够学会学习，培养良好的思维品质，使自己能美好地生存，能自信地融入社会，做一个博才多学的阳光少年。课程目标、内容及安排：

基础型课程中的语文与英语课程同属语言类课程，这类课程将工具性和人文性有机整合。在拓展型课程中，辅之各类语言活动，能在充分发挥人文精神教育优势的同时，培养学生良好的双语沟通能力、社会交往能力，使学生成为自信大气的阳光少年。

在拓展型课程中，开发多种学习渠道，发挥教师特长，挖掘社会资源，开设丰富多彩的"讲坛课程"，在进行语文、英语双语学习之余，品味乡土文化，学说本土方言；开拓国际视野，初探小语种学习；提升文化品位，练出一手好字。

在基础型课程中，数学、信息技术、科学与技术等课程同属思维类课程，辅以拓展型课程中智慧课程的落实，加强以科学知识、科学方法、科学思想和科学精神为主要内容的教育，体现民族精神在中华文明发展进程中的重要作用，培养学生成为聪慧好学的阳光少年。

从小学探究型课程学习包内选择相应的学习内容，根据学生不同的年段特点，能力发展要求，知识水平接受度，学习兴趣，对探究内容进行筛选、重整，使探究内容形成序列，具有校本特色。开展各项"主题式、综合性、探究型"活动，通过短、中、长周期的探究活动，使学生开阔视野、丰厚学识，具有探究的眼光,学会探究的方法,形成探究的策略,滋养探究的精神。

在各年段的语文课程中开设 1 节阅读课。我们认为,从小培养孩子的阅读习惯、阅读能力,不断增大阅读量,对于他们综合能力的提升有着至关重要的作用。因此,藉部分教师参加市级阅读指导培训项目之机,我们梳理了一到五年级课外阅读书目,定期对全体语文教师进行阅读方法指导,再由语文教师在阅读课上对学生进行有效的读前、读中、读后指导。"新书推介""快乐导读""浸润悦读""读后赏析"的活动在不同年段、不同班级中有序开展。我们力求通过五年针对性的阅读指导,使学生扩大阅读量,积累名家名篇,掌握阅读方法,养成众生阅读的习惯。

在英语课程中增加朗文教材,是基于这样的思考:我校使用的英语课程教材是由上海外语教育出版社发行的 New Century English,该教材是杨浦区统一使用的英语教材,但是通过问卷调查可以发现,学校 80%以上的学生在入学前已有英语学习经验,在新世纪教材的教学过程中,我们发现不少学生存在"吃不饱"的现象。由此,我们引入了朗文香港出版社发行的 Welcome to English,期望通过这套图文并茂、声像兼备的优质教学资源的辅助,帮助学生不仅能"吃饱",而且能"吃好"。

为此,英语学科组全体教师着力做了以下四件事:第一,分析朗文教材。英语教研组全体教师对 1—6 年段的朗文教材进行了全面的学习与分析。这本教材的主要内容为:1—3 年级,每册学生教材 6 个单元+1 个故事,学生们通过发声练习和多种活动来发展 Phonics(自然拼音)技能;4—5 年级,每册学生教材 7 个单元,在 4—6 年级教材里提供有趣的活动来发展学生的认知能力,学生能通过不同的语言艺术活动和游戏来享受英语的乐趣。第二,整合教材资源。为了使这新世纪教材和朗文教材能有机统一,优化课堂教学,我们英语教研组组织所有英语教师以教学大纲为依据,对两本教材的教学目标、教学内容和教学要求方面进行了梳理和整合规划。第三,定期进行培训。在推进英语学科有效教学的实施与研究的过程中,职初期教师在师傅的带教下,能做到认真研读教材,课前准备充分地进课堂,能在教导处有序的培训中过好备课关、上课关,夯实专业基本功。教研组全体英语老师认真参加每月一次 Welcome to English 的教学研讨活动,了解和掌握本教材的教学目标和教学要求,以及掌握如何整合 Welcome to English 和 New Century English 两本教材的内容,形成我校英语教学特色。第四,开展日常实践。在日常英语学科教学中,我们各年段尝试实行两本教材并用。朗文教材既可以作为新世纪教材的辅助材料，也可以独立成系列。

Welcome to English 和 New Century English 两本教材的统一使用，使教学文本的文体更多样化，有故事，歌曲，儿歌，诗歌，传记，广告等，教学内容也更新更贴近学生生活的话题，每册学生教材都有配套推荐的系统读物，丰富有趣的学生资源充分激发学生学习的主动性。教材中的很多词汇、句式时常复现，帮助学生们强化记忆，增加积累，有效运用，丰富学生英语学习的体验。同时，老师们也在教学模式上也进行了改革，运用螺旋式、复现式的学习体系，把听、说、读、写（三年级的学生开始有写的要求）的训练贯穿于每一篇课文的学习中，使学生的学习过程由浅至深、层层递进，并留给学生自我发挥的空间，充分提高孩子们学习的自主性，这样，有效地解决了孩子们“听不懂，写不出”的问题，以达到优质量、轻负担的教学效果。

(3) 华彩乐章——阳光是绚烂的！她活力四溢，让人美丽，让人灵动！

该课程对应的阳光特质是：绚烂、充满活力。通过艺术类、运动类课程，让学生们增强体魄，提升人文修养，做一个多姿多彩的阳光少年。课程目标、内容及安排：

在基础型课程中，通过音乐、美术、体育课程的学习，让孩子们在丰富多彩的学科及活动中强身健体，美化生活；辅以拓展型课程中的乐韵课程和工艺课程的渗透，积极发挥艺术、体育类课程的美育功能，培养学生良好的审美观，促进他们机体协调，提高他们形象思维、空间智能、动手的能力，提升其文化品位，陶冶其情操，使学生成长为多姿多彩的阳光少年。

美术专职教师结合美术学科的特点，整合美术教材中的相关内容，以校本教材“纸艺”为载体，制定三维目标，使学生在课堂中了解并掌握纸艺创作的画（即图形绘制）、剪（即以刀代笔）、折叠（纸张形状的改变），以及卷（产生立体）、塑（产生凹凸）、粘（形状定型）等剪纸基本方法和技能，同时兼顾到美术课标中对学生立体塑性、色彩搭配等能力的培养，在二、三年级的美术课中，每周设 1 节纸艺课，进行全面有序的课程实施。通过一段时间的学习之后，我们发现学生在参与制作纸艺作品的过程中能主动与同学分享制作的快乐，不仅对纸艺课充满了浓厚的兴趣，更通过动手、动脑及纸艺作品实际制作乃至创作，促使学生大脑的立体思维、空间概念得到发展；增强学生的审美情趣、想象力和创造力；动手操作能力显著提高，手部肌肉的协调性、灵活性都得到了锻炼。

(4) 飞扬行旅——阳光是博大的！她用自己的包容，让人大气，让人宽厚！

这是学校的国际理解教育课程，它所对应的阳光特质是：博大、包容、无处不在。我们希望通过此课程，不断增强孩子们对各国的文化认同，增强文化融合，用博大的胸怀理解、悦纳世界各国的人文元素，做一个开放大气的阳光少年！

国际理解教育是学校继双语教学之后推出的新的课程，旨在传承和发扬学校原有的教育特色，以国际理解教育课程项目建设为契机，着眼于提升与创新，通过WAP课程、NEWBEAT课程、外教课程的开设，通过海外游学项目的开展，让学生了解异域文化，体验异域风情，开拓国际视野，积淀人文素养，提升学校文化内涵。

目前，学校国际理解教育由三部分内容组成。第一，在取得外籍教师聘用资格以后，我们将规范外教聘用制度，在一、二年级开设NEWBEAT课程，三至五年级将寻找更合适的外教中介机构，延续目前的外教课程。第二，在一至五年级开设WAP课程精英班，每个年级选取40名学生，以20人小班形式每周有1节授课。第三，利用寒暑假，在四年级学生中开展澳大利亚游学项目，五年级学生为美国游学项目。

（三）改变评价方式

小班化的教学模式，让我们把目光聚焦到了更多孩子的身上；“绿色指标”的提出，让我们对学生的学业评价作了新的思考、新的探索。拓宽对学生的评价领域，建立对学生多方面发展的评价体系，注重对学生的综合评价，才能真正使学生得到全面的发展。

因此，我们提出为每一个学生建立三个档案袋，即健康成长档案袋、阅读思考档案袋、活动感悟档案袋，取名为：小脚印的故事。根据不同年龄、年段学生的不同特点，我们为一二年级学生的三个成长档案袋分别取名：茁壮参天树、璀璨智慧星、七彩缤纷乐，为四五年级学生的三个成长档案袋分别取名为：健康·成长、阅读·思考、活动·感悟。让成长档案袋伴随孩子度过五年的小学时光，成为一份厚重的毕业季礼物。

1. 健康成长档案袋，旨在记录生命的单纯，关注学生生理、心理健康的发展情况。

2. 阅读思考档案袋，旨在记录学生在学校提供的课程、教学活动中的综合表现，以及在此领域的收获。

3. 活动感悟档案袋，旨在记录学生与人交往、情感变化的历程，记录他们进行科学探索、创新实践等过程中的感受与体验。

通过三个成长档案袋的建立，强调学生评价的人文因素，即注重评价者与被评价者之间的交流和合作，促使被评价者主动、愉快地参与到评价过程中来，及时进行自我调整，促进自身不断完善和提高，以此来关注对学生发展过程的评价。在过程评价中，让学生真正参与到评价中来，使评价能够走近学生的内心深处，使评价产生教育意义，把学生评价过程变成教育的指导过程，变成不断促进学生发展的重要手段，以此来践行立体、综合、多层次的评价方法体系，切实而有效地对学生进行全方位的评价。

二、课程效果

（一）锻铸校长课程领导力

如果说课程是一个学校办学的生命，那么校长的课程领导力就是使生命保持鲜活的心脏。

从“阳光课程”创意之初，到课程框架的建构、课程目标的制定、课程内容的确立、课程实施的推进、课程评价的改革，其间无不凝聚着校长的心血。只有立足高纬度，全面做好顶层设计，一所学校的课程才能有突破、有变革，从传统中走出一条新路，形成独具一格的校本特色。在建构整个“阳光课程”体系的过程中，校长无疑是经历理念革新、学习内化、助推实践的第一人。第一个勇于创先，突破国家三类课程的模块，合理设置具有校本特色的课程体系；第一个想到将基础型课程的学科拓展与拓展型课程分开，并对各自内涵及外延做出清晰的诠释；第一个结合游学项目，引入 NEW BEAT 课程、WAP 课程，推出国际理解教育课程；第一个提出从学生的身心发展、学业水平发展、活动体验发展三个维度对学生进行全面而又客观的评价……每一个“第一个”凝聚着无穷的智慧和胆识，每一个“第一个”预示着无限的未知和可能。校长的课程领导力就是这样不断锻铸，得到升华，更上一层楼！

（二）打造教师课程执行力

在校长的引领下，课程教学部全员全程参与了“阳光课程”的顶层设计，并带领全体教师参与实践。经受一场场“头脑风暴”的洗礼，经历一门门课程从无到有，经过一次次亲自实践和完善。无论课程教学部的成员，还是普通的一线教师，每个人的身上都在发生着“静悄悄的革命”，在理念上、在管理上、在实践中、在反思时，那些有新意的小策略、有价值的小建议、有想法的小尝试，不仅使自己的专业发展得到了提升，教育科研能力也有了长足的进步。很多授课老师还能将科研意识渗透到日常工作中，用文字、摄影、摄像等方式随时记录学生的发展动态，为课程研究主动积累和提供最鲜活最直观的素材。这一切无不体现着教师在课程推进过程中执行力的提升与增值。

（三）提升学生综合素养

“阳光课程”建设的初衷就是为了适应“每一个孩子全面而有个性的成长”。在四类课程全面实施的过程中，明显能从学生身上体会到这样一种渐进的发展与成长。“健康生命”课程借助品社学科、心理健康教育、各类仪式教育、综合实践活动、“会生活·慧生活”体验式养成教育课程的整体推进使学生身心得以健康发展，在待人接物中热情友好识大体，在学校组织的各类活动中以小主人翁的姿态献计献策、积极参与；“缤纷花语”课程在践行文理统整的过程中，借助“情智课堂”的学习，让学生乐学、善学，同时了解生活常识，掌握基本知识与技能，富有一定的探究、创新精神，掌握一定的自主解决问题的方法和能力；“华彩乐章”课程，可以说是很多学生的大爱，开放的学习时空，锻炼健康的体魄，培养良好的艺术修养，习得一项工艺技能，发现美、欣赏美、享受美的同时充分形成了自己的爱好、培养了自己的特长；“飞扬行旅”课程，无疑给了学生不一样的体验，在 NEW BEAT 课程中他们载歌载舞，在 WAP 课程中他们接受国际文化交流，在游学活动中他们亲身体验当地的风土人情，因此更具国际视野、更有博大胸怀的一群青少年正在崛起。

（四）树立家长良好口碑

“阳光课程”的建设与完善，除了学校这个架构主体，也离不开家长群体的支持与认可。学校会定期对家长进行“阳光课程”实施问卷，在近期的调查问卷中，分别有 88.22％、69.56％、72.22％的家长认为学校的课程设置对学生起到了开阔视野、增加文化修养、培养探究精神的作用。近 98％的家长认为学校课程设置打破常规的文理分科，对学生综合能力的提高很有帮助，学校拓展型课程分长中短三类为学生提供了更广阔的学习空间。同时，家长可以借助网络平台、家校互动活动、“一米阳光”校刊直接了解并参与学校的课程建设，及时与校方进行沟通，提出合理化建议。课程教学部成员也根据家长的反馈意见，对课程设置、实施、评价逐步进行调整和完善。

（五）推进学校内涵发展

在“阳光课程”从提出到实施的数年时间里，学校的各项工作开展都积极向这一代表着学校办学生命的项目靠拢，形成了更加多元，更加充实、更加具有活力的课程体系。学校课程教学部在校长的直接领导下，与一线老师并肩积极投身课程建设的实践工作，同时综合管理部在课务安排上提供有效助力，学生发展部在各项活动落实中积极创新，后勤保障部在课程建设所需要的软硬件设施的更新中鼎力支持。"一部牵头，多部合作"的模式为课程建设的顺利推进奠定了基础。当然，课程建设能健康有序地得以发展，也与各级专家的引领、家校间的合作、社会教育资源的引入、兄弟学校的互助关系密切。如今"阳光课程"已经是一张能够代表民办阳浦小学办学特色的名片，是一道能够代表民办阳浦小学师生风貌的景观，是一项能够代表民办阳浦小学未来发展的工程。

三、课程发展新思考

第一，"阳光课程"框架已具雏形，特色也显而易见，但为便于日常教育教学工作的展开，在课程管理方面还是以基础型课程、拓展型课程、探究型课程、国际理解教育课程、校本德育课程等名目进行管理和实施的。既然"阳光课程"已经在国际三类课程的基础上重构了框架，那么如何建立与课程相匹配的管理模式和教研模式将是我们下一步要认真思考，并着手解决的难题。

第二，"阳光课程"在实施中，不断进行课程结构优化整合，不断推陈出新，那么在此基础上，又该如何进一步打造一些具有校本特色的精品课程，成为具有区域推广价值的课程，也是我们将要面临的问题。

第三，毋庸置疑在"阳光课程"的整个创意、设计、实施、修改过程中，可以说在校长的引领下、在课程教学部的推动下，全校教师人人参与，但是不同人群因分工不同，参与程度也有很大的不同，如何调动一线教师的积极性，为学校课程建设提供宝贵意见、有效实施，甚至做出典范式的创新，也是值得思考的问题。

我们期待，期待这样的清晨，依然普通如昔，依然鸟语啁啾，依然花香盈盈，依然阳光倾洒，依然由孩子们的欢声唤醒着校园，依然是老师的步伐迈进了校园，依然有校长的微笑洋溢在校园……只不过那欢声更雀跃，那步伐更坚定，那笑容更灿烂……

（执笔：卢　燕）

[专家点评]

每一棵树都有自己的土壤。对应学生差异，杨浦区把自己建成小班化教学的研究基地。在这块基地中，有一个实验田名叫“阳浦”，它研究小班化，却又不止于“小班”研究——它关注班额，却更加关注教育方向、关注学生个体和教育策略。这形成“阳浦”别具特点的生长姿态。

一、“成功办学”不是目标，“育人成功”才是方向

阳浦小学是一个历史并不悠久的小学。在十年不到的时间里，完成“办学”的基本目标：环境优美、团队优秀、成果丰硕、口碑一流。对于一个民办小学而言，“办学”应该算成功的了。可以坐享“红利”、轻松“守成”。

阳浦小学之所以是阳浦小学，就在于它一直有更高的追求，有不断“更新”理念、优化学校文化的习惯。在阳浦人的概念里，“办学成功”未必是“育人成功”。“成功的学校”有更多的功利因素，而“成功的教育”，取决于是否培养出理想的学生。

什么样的学生是理想的学生？阳浦的定义是：阳光特质。

阳光是纯净的，所以理想的学生首先应该心思纯正、身体健康。

阳光是有力的，所以理想的学生应该热忱、自信，有本领，富能量。

阳光是绚烂的。理想的学生应该美丽、快乐，充满活力。

这是怎样“高大上”而又“高精尖”的目标啊。一个民办小学，如何走好这条光荣的荆棘路？

二、“阳光课程”，支撑着对学校教育观念的提升和重塑

据说，在中国首富李嘉诚的办公室，挂有晚清封疆大吏左宗棠的名言：择高处立，选平处住，向宽处行。任何高远的目标，都必须从平常处起步、向阔远处延伸。阳浦选择的“平常处”，就是每个学校都有的“课程”。

什么是课程？一本正经的教科书说：课程是一切学校教育的总和。什么是教育？教育专家们一致表示：教育就是帮助学生快乐充分地成长。但是，“教育的综合”与“充分快乐地成长”之间，还有很长的一段路，在当今的教育现实中，经常是左右奔突也常常没有走通的路。因为，要想让课程直达育人目标，有以“人”为灵魂、以“人”为核心至关重要。

这两大关键，又并不是校长的一纸命令，或拼装几节优质课就能完成。它有赖于全校所有师生的科学而温情的教育理念。科学温情的教育理念也不是一蹴而就的，必须在一个相对漫长的过程中交锋、交融、积淀、提炼方能形成。

阳浦的策略是"让课程成就思想"。"在阳光课程从提出到实施的数年时间里，学校的各项工作开展都积极向这一代表着学校办学生命的项目靠拢……学校课程教学部在校长的直接领导下，与一线教师并肩积极投身课程建设的实践工作，同时综合管理部在课务安排上提供有效的助力，学生发展部在各项活动中积极创新……""一部牵头，多部合作"。表面看起来只是一个行动框架，实际上，融合着统一意识、更新思想的过程。

课程成为支点，支撑着阳浦对学校教育观念提升和重塑。

三、阳光课程，构建"天然"又理性的成长空间，成全学生的"选择权"

"我终于抢到这门课了！"

这是一句多么令人振奋的话。

在教育承载太多功能、面对太多压力的今天，"学习"早已变成一件沉重、令人苦闷的事情。阳浦的学生能够为了得到某项科目的学习机会而这样欢欣鼓舞，实在令人喜悦而惊奇。我们从来不怀疑任何一门课程的价值，但是，确实很少有课程真正圆满地实现它的价值。这里的心理原因不可忽视。

相信没有好奇和热望的学生，是学不好这门课的。

好奇和热望，又是多么奢侈的东西。一张课表派下来，密密麻麻，表达的是学校不容商量的"强制执行"。有多少学生还能保留他们的好奇和热望？

阳浦是"善解人意"的。它有要求，但是它不搞强制要求。它有期待，但是它不直接生硬地表达。当它认为学生某方面的素养需要建设或强化的时候，它不是简单的圈画名单，也不是做敷衍了事的应景式动员。它愿意"足足进行一个月的筹备和宣传"。它喜欢采用的是近乎民间沙龙的"第六空间"。

自主选择权，一个看起来并不复杂的权利，在教育现实中却难以实现。夸美纽斯的班级制至今400多年，中国大地上大部分学校还是秉持着"集权"精神——对学生进行不容商量的自上而下的"安排"。比之"自下而上"的"挑选"，"自上而下"的"安排"在管理和操作上当然轻松简捷很多，但是，真正的教育应该是唤醒学生的自主意识、基于自主意识之上的教育。一个"学奴"式的学生怎么可能拥有健康人格和快乐人生？阳浦的真诚和魄力在于，它拿出极大的爱心、决心和信心，同时拿出解决问题、面对压力和挑战的智慧：一方面它在学校层面开发它认为"最合理"的课程、以"学分卡"、"档案袋"的形式对课程进行严格的管理，另一方面，又"引导学生自己教育自己"，让学生"享受"他们正在接受的"教育"。既无强制，又不放纵——学校在内在的高要求和外在的温和之间有效调度，学生在不知不觉之中完成自己的“进化”而不觉进步之苦，在学生快乐的笑声里，悄悄完成“教育”的一个个或大或小的使命。阳浦成就的，是适合学生成长的，理性其中、感性其表的立体空间。

当然，阳浦知道，它的“阳光课程”——无论具体科目还是宏观构架，都还在建设和完善的路上。与此同时，从特色课程到课程特色，从课程特色到文化特色，学校仍然面临很多挑战。但是，对于一个“以育人目标为办学目标”、有“不断更新和不断建设”习惯的阳浦，所有的困难和挑战，都是一路成长、一路绚烂的机缘。在这里，“小班化”不是问题，有理想、有智慧地教育才是目的。

每棵树都是在吸收中成长，每棵树也都在成长中示范和反哺。这是“阳浦”对于“大地”的意义。

（杨浦区教师进修学院科研室主任　王白云）

案例

“我的舞台我做主”——我们的拓展型课程

卢　燕　黄　琳

拓展型课程是学校课程中的亮点。它是学生们的心头大爱、老师们的脑中大事、家长们口口相传的大热。短短三年，拓展型课程的建设经历了量变到质变的过程，从开出足量的课程到根据学生年段特点区分课程门类和内容，从开设长中短套餐到学生网络自主选课。一次次变革脱胎换骨，一次次变革宛若新生。

一、管理策划篇

“拓展型课程的设置必须继续推陈出新，每门课程的长短要根据学生的需求做出变化。可以尝试开设长、中、短课程，供学生选择，让学生能在一个学期有限的时间中享受到更丰富的课程资源，获得更丰富的学习体验……”暑假中层培训中，校长对学校的课程建设提出了新的想法。此时，我们课程教学部的成员神色凝重，若有所思。自从上海市教委确定了国家三类课程、开设了“创新半日活动”后，原先的“兴趣小组”慢慢变成了内涵更为丰富的“拓展型课程”。根据相关要求，每个学校都要开足开好拓展型课程，活动班额必须达到学校班级数的1.5倍，课程内容要适度区别于基础型课程。接手这个任务后，我们课程教学部的成员可是颇费心思地调动老师们的积极性，发掘老师们学科外的技能和特长，甚至借助家长资源开发出了6大类别50多门新型课程。满以为对于“拓展型课程”的改革可以告一段落了，可是今天，听到这个新想法，不禁让人皱起眉头。既然要求提出了，势必是要想办法落实与推行的，可是怎么设置所谓的长、中、短课程？怎么确保这些课程同一时间开始同一时间结束？怎么在满足学生个性选课的同时便于老师管理？怎么保证校队建设？怎么进行课程评价？一连串的具体问题排山倒海般地袭来……

众所周知，一个好的 IDEA 要完全得到落实，要充分体现价值，必须有一套具体可行的方案，一个具有执行力的团队。好在我们的课程教学部就是这样一个团队。

“我们可以将一个学期的拓展型课程活动总时数定为 12 周，长、中、短课程分别为期 12 周、6 周和 4 周。中课程和短课程分别以套餐的形式出现，两门或三门不同类别的课程打包成一个套餐。这样既能保证所有课程同时起讫，又能为学生提供自由选择空间。”

“很有道理。建议根据学生不同的年段特点，做出几套不同方案。比如说一年级学生年龄小，刚刚接触学习生活，对学校环境有待熟悉，不适合走班学习，是不是可以安排 6 位老师走班执教？”

“嗯，二到五年级学生本来就是分成两组安排课程内容的，现在可以继续沿用这个办法。二、三年级学生年龄较小，不宜频繁换班，可以安排长课程和中课程。四、五年级就可以长中短自由切换。”

“对于评价，是不是可以设计一张学分卡？学生每完成一门课程的活动，则可以得到相应的学分和评价。学分卡还能存放在‘小脚印的故事’里。”

“那么校队呢？”

“校队建设应该得到保障的，是否可以让校队的指导老师结合学生的意愿优先选择。其余学生就根据我们的方案自主选择课程套餐，走班学习？”

“部分校队还可以把时间调整到周二至周四的下午，这样参加校队的学生也能在周一下午选到自己喜欢的课程了！”

“好！在全员参与的基础上，能够满足学生的个性选择了。”

“可行！”

在连续数日的独立思考、互相讨论、头脑风暴中，我们不断自我否定又重新突破，不断推敲方案又细化细节。就这样，一个个难题迎刃而解。

足足进行了一个月的筹备和宣传，正式活动开始了。因为预案充分，因此运行效果优于预期。连续两个学期实践下来，课程的确改变了学生，也改变了老师。随着学生们自主选择的空间不断放大，人际交往的空间也随之扩大，认识的老师和学习伙伴更多，交流与欢笑也更多；随着学生们自主学习的时间获得保证，学习体验和经历也日益丰富，学习情感也逐渐发展。学校为了保证老师们的特长得以发挥，提供了一切便利：修建了“第六空间”，购买各项拓展活动材料，出经费聘请专业人士。老师们也在课程开发的过程中释放着个人魅力，发挥着主观能动性，记录着日常活动的点滴甘苦，甚至还经常与课程项目负责老师交流授课心得，提出课程设置的改进建议。不能说这一切就是完美的，但要说：没有新思想的注入，没有新行动的实践，就不会有新课程的活力！

又是一年假期中层培训，关于课程的新话题如约而至。这次校长的新举措是要将拓展型课程的报名流程全部网络化，让家长和学生一起参与学校的课程建设。这一次，我们神情泰然，内心期待并好奇着学校、家庭和网络公司会擦出怎样亮眼的新火花？

二、实践体验篇

今天是学校创新拓展活动日，我这个语文老师，放下书本，戴上围裙，成了西点烘焙师。今天是本学期第一节课，不知有哪些幸运儿在网上“抢”到了我这门据说是全校最热门的拓展课——西点君校。

一进学校的烘焙教室，孩子们已经都翘首以盼啦！哇，这阵容着实让我吃了一惊！以往清一色的15个女生的活动社团，今天居然有好几枚暖男啊！数了数，竟然有5个，正好占了三分之一！

“来，小暖男，说说，为什么要选择我们西点君校啊？”好奇心使我忍不住发问。

“这个，西点嘛，男生也可以学的呀！”一个男孩挠挠头，羞涩地回答。

“我想来学做曲奇饼干！”这个倒是落落大方。

“能在网上秒到西点君校可是不容易哦！”我一边准备上课一边随口说道。

这下，教室里可炸开了锅……

“老师，我老早就上网看好了，就想报这个班！”

“老师，你不知道，我妈妈发动了三个人一起帮我抢课！结果，我舅舅的网速最快，是他帮我抢到的！”

“老师，你知道吗？西点君校在几秒钟之内就报满了，我们班好多同学都想报，结果都没成功。我妈妈在公司里帮我报的名，我真是太幸运了！”

……

叽叽喳喳的讨论不禁把我的思绪引向前一阵子。那天放学，女儿一回家，书包一扔，就催促我赶快上网。“妈妈，快上学校网站看看，我要选课啦！”打开电脑，女儿迫不及待地抢过鼠标，这个社团点点，那个社团看看。“这个百灵鸟电台不错呀，”我建议道，“或者创意手工也很好玩！”“妈妈，你让我自己来选，好不好？”也对，学校设置这样的选课方式，不就是让孩子自己做出选择吗？自己选的课程上起来才是最开心、最积极的。想到这儿，我索性让女儿独自浏览网页，自己乐得躲到一边。“妈妈，我要参加巧手慧心和布艺王国!”经过一番研究，女儿坚定地做出了自己的选择，全然没有考虑我的建议。“你记住了吗?到时候，你可要帮我网上报名的!”女儿再三叮嘱，生怕我一忙起来，又忘了她的事。

眼看报名的日子到了，11 点 55 分，我已守在电脑前，坐等 12 点整报名开始。除了激动，还真有些紧张，我怕抢不到女儿心仪的课！平时热闹的班级微信群，此时也鸦雀无声，相信，所有的家长和我一样都在盯着电脑吧！报名开始了，上网、登录、报名，一切好像还顺利。可是，就在这时，屏幕不动了，我急了，不敢轻举妄动，只能等待……

这时，微信开始闪烁……

“老师，电脑怎么不动了?”“老师，我们无法登录!”“老师，打开网页了，但找不到移动图标……”家长们个个心急如焚。“不要刷新，耐心等待，我也在等。”我的等待让大家心安了不少。

不一会儿，“老师，我成功啦!”“我也报好了！这个比拍车牌还紧张哦!”透过这短短的文字，我俨然已经看到了家长们雀跃的样子。这下好了，家长们开始互相安慰，互相指导，我呢，继续专心等待。不一会儿，“报名成功”四个字出现在眼前，我这才长长地舒了一口气，终于完成女儿交给我的任务了。

校园里的这一场小小的变革，牵动了多少孩子的心，也牵动了多少家长的心，自主选课，自主报名，我的课程我做主。这才是让孩子们真正成为学习的主人，变“让我学”为“我要学”、“我想学”。

“老师，我们开始上课了吗?”在孩子们的催促声中，我收起了思绪。

“好，今天我们……”

教室里，顿时鸦雀无声。

“我和春天有个约会”——我们的语文综合活动

周　珺

今天，不妨在这里和大家分享一下我们的语文综合活动。语文综合活动是一种新型的语文学习方式，它倡导学生的自主学习、探究学习、合作学习，体现了语文教育改革的新思路和新理念。此外，还在阶段目标、实施建议等部分反复强调要在实践中学习语文、跨学科学习语文、重视课程资源的开发等，充分表达了新课程倡导综合性学习的理念。

上学期，我准备进行一番大胆的尝试，组织学生开展一次“主题式　综合性　探究型”语文综合活动。然而，活动的主题从何而来？整个活动需要多少其他学科的老师共同来设计？组织学生以何种形式开展综合学习？综合活动后用怎样的方式来呈现学习效果？……一连串的问题萦绕耳际，单干不行就找伙伴互助吧！我执教的是二年级学生，于是，二年级语文老师、音体美老师、科学与技术老师都被我召集而来，在一番狂轰滥炸、面红耳赤之后，最终，大家定下了综合活动的主题：“我和春天有个约会”！因为二年级语文教材的第一单元课文内容都与“春天”有关，我们联合科学与技术、音乐、美术等学科教师共同参与活动设计，让学生选择个性化的学习方式来寻找春天、感受春天、表现春天！

一、方案设计及实施

于是课内，我与学生一同学习了《春天在哪里》这篇琅琅上口的诗歌，学生从优美的文字中体会到春天给大自然带来了勃勃生机。然后指导学生进一步阅读二年级课外阅读教材《大海的梦》上一组春天的小诗及“有趣的作业”等与春天有关的诗文；课外，我组织全班学生用四周的时间，以“我和春天有个约会”为主题，开展项目学习计划。学习计划分成“诗文篇”“科学常识篇”“音乐、歌曲欣赏篇”“考察篇”四个板块。

（一）“我和春天有个约会”项目学习计划之一——诗文篇

我对学生们说：“古往今来，有不少作家诗人用自己独特的视角观察春天，感受春天的美，写出了不少优美的诗文，你们有没有兴趣到课外去找一篇自己所喜爱的诗歌或散文来和大家一起交流、欣赏？学生听罢，都兴奋地表示愿意去找。当我问他们用什么方法找诗文时，他们有的说可以回家在自己的课外书中找，有的说可以请父母带他们到附近的图书馆找，还有的家里有电脑，上网查找也很方便。看来学生查找资料的途径还真不少呢！”

在第二周的阅读课上，我们举办了一次有关春天的诗文交流会上，不少学生大胆地登台为大家吟诵古诗《春晓》《春风》等，有的学生则相互合作，共同朗诵优美的散文《春天散发出什么样的气息》，也有学生考虑到英语是自己的强项，就选择用英语为大家朗诵些春天的小诗，倒也别具一格。我惊喜地发现学生在相互交流的过程中，欣赏诗文的能力有所提高，不少学生不仅能吟诵诗文，且能尝试翻译古诗或谈谈自己对文中某些诗句粗浅的认识和理解。交流会上，学生在相互合作，会前，谁去找资料，如何分工，根据内容选择什么音乐等，也需要他们彼此合作学生的人际交往能力在潜移默化中得到了发展。

（二）“我和春天有个约会”项目学习计划之二——科学常识篇

继《春天在哪里》之后，课内我又与学生一起学习了《一粒种子》这篇课文，学生从中懂得了：种子的生长离不开空气阳光和水分。

课后，又由科学与技术老师因势利导，对学生说：“你们学习了《一粒种子》这篇课文，懂得了种子在春天发芽，它的生长、发芽需要空气阳光和水分。其实，如果你能做个有心人，到课外去找一找，就会发现许多有关春天的科学小常识，让我们比一比，看谁找得多，好吗？”我们与学生约定第二周的阅读课上举行一次有关春天的科学常识交流会。

会上，学生们交流的资料令我大开眼界，如《今年巧遇蛇头蛇尾两“立春”》、《春天开放的花》等，有的学生则以交流观察日记的形式，与大家分享自己养花、养小动物的快乐。此刻，学生与自然如此贴近，相互交流使学生加深了对自然界的认识，学生认识自然的潜能得到充分的挖掘。

（三）“我和春天有个约会”项目学习计划之三——音乐歌曲欣赏篇

要让学生充分感受春天的美，仅局限在语文课文内容欣赏上是远远不够的，除与科学与技术老师联手，我决定继续跨学科，与音乐老师联系在音乐课上，给学生欣赏一些有关春天的音乐、歌曲，请音乐老师配合，引领学生赏析一些名曲，以培养学生初步的音乐欣赏能力。学科间的融合确实有效，学生变换视角再次体会到春天的美。他们欣赏了门德尔松的《春之颂》，约翰·施特劳斯的《春之声》等世界名曲及《嘀哩嘀哩》等一些脍炙人口的儿童歌曲后，兴奋不已；有的学生当即提议要自己到课外去找一些有关春天的歌曲、乐曲，再来进行次春天的乐曲、歌曲欣赏会。会上，有的学生让大家欣赏乐曲后，想象音乐所描绘的画面或景象；有的学生则根据音乐自己编舞，以表达对音乐的独特理解有的学生以小组唱的形式来交流；还有的则干脆自己在钢琴上弹奏曲。通过此次欣赏会，学生对音乐的感悟力有了进一步的提高。

（四）"我和春天有个约会"项目学习计划之四——考察篇

在先前几次交流会的基础上，我向学生提议："同学们你们能不能以小画家、小诗人、小作家的独特视角，用不同的形式来寻找春天、捕捉春天的美呢？"学生们爽快地答应了。于是有的学生去公园写生通过手中的画笔尽情展现春天的美，有的学生拿起相机捕捉春天的景致，还有的学生以写观察日记的形式记录春天景物的变化。学生们纷纷根据自己的特长，选择适合自身个性的学习方式来寻找春天，感受春天。学生对"我和春天有个约会"项目计划的兴趣延伸到了课外。活动之后，他们仍在课外收集材料，师生之间、同学之间的交流更多了。

二、反思

我认为"我和春天有个约会"语文综合活动成功的原因在于以下几点：

1. 多样化的搜寻渠道为学生的自主学习提供了选择的前提，也为他们个性化的学习注入了热情和活力。

2. 交流的形式多样，朗诵、图画、摄影、唱歌、乐曲欣赏等都可，所以每位学生都能根据自身的强项选取适合的交流方式来一展身手。此举深受学生欢迎，因为每一个学生都可能是成功者。

3. 每位学生查寻到的材料各不相同，他们对彼此所要交流的材料充满好奇，有新鲜感。在交流中，他们学会了彼此欣赏彼此理解和分享。

4. 教师在组织活动的过程中，充分发挥学生的主体作用，尊重他们的劳动成果，且能在活动中采用多元评价观，即从多方面观察评价和分析学生的优点和弱点，并把由此得来的资料作为服务于学生的出发点，以此为依据选择和设计适宜的教学内容和教学方法，使评价确实成为促进每一个学生智力充分发展的有效手段，因而学生敢于并乐于当众交流。

玩转 XT 课程

王维玮　滕晓辉　陈　轲

小班化教育的根本宗旨是促进每一位学生全面而富有个性的发展，对不同学生不同的学习水平，学习速度，学习能力倾向，应该给予不同的引导、帮助，充分挖掘每个学生的内在潜能，为每一个学生个性特长的发展提供机会，使每一个学生的个性得以彰显，让每一位学生都得到主动和谐的发展并获得成功。

小班的课堂呼唤有这样一门课程以满足学生全面而富有个性的发展的需要。而 XT 课程正是在这种背景下应运而生的。

XT 课程，又称学科拓展课，它以基础型课程为前提，以跨学科整合丰富内容，拓宽渠道，开阔视野，提升素养为目的。在 XT 课程资源的开发与应用中，我们力求开发出"在同一年段具有鲜明学科特点"，且"在不同年段能体现提升学科素养序列"的课程。我们充分调动学生、教师两方面的积极性，通过"挖掘资源—整合资源—应用资源"的方式，在激发学生学习兴趣、增强学生学习能力的同时，让阳光课堂变得更加精彩。

经过近一学年的尝试，我们发现无论是教师还是学生均在 XT 课程的实施过程中发生潜移默化的改变。

一、我们的演奏会

音乐简单而又美好，作为一名音乐课教师，我一直希望通过音乐课能给学生带来音乐艺术的兴趣和对美好生活的热爱，让学生爱听、敢唱、自然地展现内心真实的声音。从上学期开始的二年级音乐 XT 课程——"走进民族音乐"，应该是我从事小学音乐教育五年来第一次没有大纲课标，由教师来设计教学目标、方法的课程。

"民族乐器分为吹奏、拉弦、弹拨、打击乐器四大类……古筝属于弹拨乐器""古筝我学过的，我还去比赛过呢……"我一边做古筝示范，一边观察到有小朋友在窃窃私语。课前调查时有一半学生学过民族乐器，会乐器的孩子或许觉得这样的介绍课程简单，不会乐器的则会觉得课程还不够生动。“我们今天了解了古筝，王老师知道，有一些小朋友不仅学过古筝，其他乐器也学过，下一节课，我们邀请会民族乐器的小朋友来展现一下才艺，做一次演奏家和小老师，好不好？有谁愿意报名的？”孩子们一下子面面相觑，我用鼓励的眼神看着这群小脸蛋，终于一只小手举了起来，“王老师，我会……”“还有谁报名？我们多一些伙伴，一起来开个演奏会……”又有几只小手举了起来。

就这样，我们的演奏会开始了，有孩子在台上演奏，讲解他所知道的音乐知识和演奏技法，没有基础的孩子认真地欣赏后则会简单地谈谈对刚才演奏的感受，我则在后续进行补充。就这样，一个欢乐的教室里，小演奏家们、小评论家们……似乎都有模有样，他们眼里闪着光，天真而执著。没有黄钟大吕，只有稚嫩的天性，“走进民族音乐”让民族音乐在寓教于演中生根发芽、被孩子们喜爱。课堂上的演奏让孩子更勇敢更自信，不仅是器乐技法的提升，而且身心在演奏会的氛围里获得延伸的空间，同学的感受则会使他们思考自己演奏的背后，探索民族音乐的底蕴；欣赏讲评则使孩子们不由自主的专注，用心体会同学的演奏，鉴赏的同时激发出他们对民族音乐的兴趣，或许课后也会去学习乐器，发掘出音乐内涵天性，更重要的是他们走进了音乐。

由此可见，开设XT课程确实有助于提升学生的学科专业素养。

二、我们的藏宝图

在小班化课堂教学改革中，互动教学策略被体现得淋漓尽致。它是指教师充分调动学生的积极性、主动性、参与性和创造性，充分发挥班级群体效应，使学生最大限度地投入教学活动中，且师生之间，生生之间，互相启发，互相帮助，使学生有成功的体验，有提高学习成绩的成效。

以下是师生在上“生活中的数学”这门XT课程时发生的一幕——

“故事中，藏宝图被分成七巧板的样子，怎么拼成完整的藏宝图？”

“好玩，好玩，我来试试。”

“我也要玩。”

分析：从孩子喜欢的游戏、故事入手，将他们吸引到活动中来。在宽松的氛围中，所有的孩子都热情高涨。同学们迅速拼完后，纷纷跃跃欲试，还想自己也制作一幅这样的藏宝图。

“观察拼成正方形的七巧板，怎么在正方形纸上画分割线呢？”

“我能行!”“我也行!”同学们自信满满地折起手中的纸片。

“哎呀,我怎么对不齐?”

“没关系,我来帮助你。”

分析:孩子们你一言我一语地补充道。老师根据孩子们的发言逐一板演,并指导怎样画得精准。在每个操作环节中,孩子们会互相帮助、指正。

“老师,这个中心点……”小天为难地皱着眉,轻轻拉了拉我的衣角,不好意思地小声问道。

我微笑着弯下腰,把纸沿着对角线,对折了两次后展开,递给他。他羞涩的,满脸笑容地望向我,从我手中接过纸,继续埋头画了起来。

分析:在学习互动中,教师要留意孩子的非语言信息表达,同时也要注意自己给孩子的非语言信息流露。作为言语艺术的有益补充,非言语技巧不仅能起着加强言语表达,配合言语传递,丰富言语内涵的作用,还能独立有效地传递情感信息,包括面部表情,身体姿势、声音特征等。对于天真的孩子,面部表情与他的情绪最息息相关,一个人的喜怒哀乐或多或少都能在面部表现出来。了解一个孩子的情绪,首先注意其面部表情。面部表情中最重要的是眼睛,俗话说眼睛是心灵的窗户。交流中,学生的眼光可以提供丰富的信息。学生目光游移不定,说明他心神不宁;眼睛发亮,说明他感到兴奋、激动;目光有意避开,可能性格内向害羞,也可能有意逃避问题。教师与学生保持目光的接触,表示对学生的关注和尊重,对对方的谈话感兴趣,有支持鼓励的意味,但这种目光应该亲切、自然、柔和。此外,教师也要善于运用自己的肢体语言,如点头、微笑、握手、轻拍肩膀等让孩子感受到自己行为得到的肯定。教师亲自参与到孩子的活动中,并以角色的身份和口吻与孩子互动合作。

“大家完成得不错,这次不用老师带领,能再做一份七巧板藏宝图吗?”这下同学们自主性更大了,有的小组埋头自己各管各做起来;有的小组开始分工合作,有负责画的,有负责剪的,配合得相得益彰。

分析:教材数学广场中有研究七巧板和拼七巧板的内容,在这次 XT 课中,主要把教学要求落实在制作七巧板和生活中的应用上,让学生学做小设计师。

有的学生动作很快,做完后开始交头接耳讲话了,原本比较安静的教室,开始有点嘈杂起来。“小杰真棒,做完后一声不响,在帮身边的同学!即使交谈声音也是轻轻的,不打扰其他同学。”随着我的表扬,同学们看向小杰,纷纷效仿他的样子,教室的秩序恢复了原样。

分析:榜样是具体形象的,有强大的说服力和感染力,比语言的议论更容易使学生信服,产生最直接、最具体的影响。在教学过程中,孩子中树立的榜样更能引起他们的关注,也较容易使他们产生共鸣。这就需要教师在带领孩子们活动时,注意观察他们的行为,及时发现好的榜样,引导学生向他榜样学习,让孩子学会自己教育自己。

"七巧板是种益智玩具,利用他的特点,还可运用在日常生活用品中。有一种七巧桌,当宾客较多时,七张小桌子可拼成一个长桌聚餐;茶余饭后可分开摆设满足下棋、品茶、闲谈;可供需要拼出各种式样。七巧攒盘也是人们使用较多的,逢年过节盛放干果甜品招待来访的客人。意大利设计师设计一组七巧板书柜,随意组合,灵巧生动。"在看了这些介绍后,同学们七嘴八舌议论开了,也想设计家具中的变形金刚。

分析:数学在我们的生活中可以说是无处不在,到超市买东西付钱时,测量某东西的面积时,……都是数学知识在生活中的直接运用。如何引导学生爱学、会学,并将所学运用到生活中,去分析解决遇到的实际问题,如何渗透人文数学、把数学的艺术美介绍给学生,还是需要老师作一番思考的。

由上述案例不难看出,师生间的有效互动促进了多角度的交流,起到相互补充的作用。为打开师生交流的局面,教师想方设法改善教学过程中与学生的人际关系,开发课堂教学交往的潜能,把学生真正当作学习的主人,充分激发学生的生生互动的参与热情。教师具有指导学生积极参与教学活动的能力,启发学生在交往中引起争论,激活思维,互相启发,取长补短,加深理解,真正达到提高学生口头表达能力,分析问题,解决问题能力的目标,与学生共同完成学习任务。这对以前课堂上"教师布置任务,学生埋头苦练"的现象是一种颠覆。

三、尾声

XT 课程犹如一道道丰盛的精神大餐,为小班学生健康而有个性的成长提供了多元营养,它改变了固定、封闭、单调的传统教学模式,构建起了变化、开放、多元的现代教学模式,从而让我们的课堂别开生面,异彩纷呈。

WAP转变我的视角

徐　冉

WAP(World Ambassador Program)课程，不仅是我校"阳光课程"中飞扬旅行板块中的重要组成部分，也是我校继双语教学之后推出的新课程，旨在传承和发扬学校原有的教育特色，着眼于提升与创新。该课程将英语语言教学、国际文化、多元知识、品德教育融为一体，通过故事、游戏、写作、艺术、音乐、讨论等形式营造愉悦的学习环境与文化主题，每一个主题都与学生的日常生活相联系，提高学生学习全球文化的意识，培养他们用尊重的态度及积极的心态参与，鼓励学生制定原则性决定，引导学生具备持续的跨文化学习的能力和学习服务世界的意识。WAP课程不仅课程内容丰富，每一年段都有八个单元构成，主题分别为Connection(联系)，Celebration(礼赞)，Critical Thinking(反思)，Cooperation(合作)，Creativity(创造)，Character(个性)，Compassion(关爱)以及Ambassadorship(全球使者精神)。除此之外，还有丰富的主题活动，例如专场音乐会、英语演讲比赛等等。学生将在国际理解课程的课堂中学习到：人和事的差异性和相互联系、关心他人和我们的地球、团结协作的团队精神、个性和价值观决定个人行为、互助互爱共建和平地球村、独立自主、创造性和分享。

一、故事演绎

在情景表演板块学习中，学生通过教师所呈现的多媒体课件来学习单元的主题故事。每个单元的价值观将通过来自不同国家的人物故事来表达。小学低年级一般用童话故事，小学中年级用与他们生活贴近的少儿故事，高年级则多用人物传记。在学完每篇故事之后，老师会要求学生模拟故事中的主人公，以主人公的身份进行一些拓展活动。

(一) 活动片断

四年级的Unit 1 Connection(联系)这一单元的主题故事是Ryan's Well

慈善基金创办人 Ryan 的传记故事，故事描述了他小时候通过做家务筹钱捐给非洲儿童，以及挖井来获取安全洁净水源，到长大后成立基金会。这篇传记传递表达了这一单元“联系、团结”的主题。学生通过阅读与学习之后，以主人公 Ryan 的身份模仿演绎他的筹款过程，最后再通过小组合作为 Ryan 设计一张筹款的海报进行小组之间交流。

（二）分析思考

在学习 Ryan 的故事时，学生先初步学习故事内容与体验异国的文化。随后的故事演绎环节，学生演绎了 Ryan 的筹款过程。这样，学生不仅熟悉了故事内容，而且故事的学习也摆脱了机械感，变得有趣和富有意义。在演绎过程中，班中的每一个人都有机会去进一步感受其中所传递的人与人之间“联系，团结”的价值观。最后，学生以小组合作形式为主人公设计筹款海报。如何写筹款口号？如何排版？如何美化海报？这需要在组内成员共同商量，探讨下自主去完成。这样的拓展活动很好地培养了学生相互之间的合作意识，也为学生的自主学习提供了非常好的情境。可见活动的过程是课堂的重心。在我们平时的教学中，对于这类活动我们更关注的是结果。我想，我们应该转变观念，着眼于学生之间“合作学习，自主探究”的情感体验过程。

WAP 课程的人物故事来自世界各地，这给了孩子们一个全球化的视野。同样也带给了老师们全新的视野。我们在教学过程中，也可以把培养孩子的全球化意识作为一个长远的目标。这样一种意识正是属于我们课堂教学目标中文化与情感一项。外语的教学不单单落在语言知识上，蕴藏在语言中更为丰富的文化内涵正是我们需要带给学生们的。

二、绘色绘影

绘画作为 WAP 课程的主要课堂活动手段，需要学生独立或合作完成每个单元不同主题的绘画创作。绘画形式多样，有的需要学生给所示图案上色，有的需要孩子们发挥创意自己创作，有时会用到 ipad 进行绘画。

（一）活动片断

在四年级 Unit 2 Celebration（礼赞）这一单元中，老师通过介绍不同国家的节日，带出各国的文化及价值观。在介绍到西方的感恩节时，老师请学生用 iPad 来作画。绘画的内容为自己手掌的轮廓，并在每根手指上写下要感谢的人。运用 iPad 作画，是一种全新的体验与尝试，学生们兴致盎然。在绘画完了属于自己的感恩手掌之后，进行组内分享，并表达对于写下的这些人的感谢。

（二）分析思考

绘画作为孩子们最感兴趣的活动之一，WAP 课程为学生提供了丰富的绘画内容。四年级这一单元，通过学生感兴趣的绘画形式来激发他们的学习他国节日文化的兴趣，积极主动地与同学分享自己的作品，及表达感谢与感恩。通过绘画让学生在画中学，学的不是传统上的语言知识，而是课程所传递的价值观与文化。相比之下，我们的课堂在介绍到感恩节时，通常会把重点先放在对该节日的背景介绍以及教学生如何去表达感谢上。这样一来，学生的角色变得相对被动，兴趣也不是很大。没有文化的背景与认同，孩子们是很难有同样丰富的情感体验的。通过 WAP 的这堂课，我在想，我们是否也可以变化一下视角，把教学的顺序进行一个小小的改变。也就是说，激发兴趣放在最先，可以通过绘画，也可以是制作卡片，又或是可以带他们体验一些其他和感恩节相关的活动。在充分调动了他们的积极性之后，接着让学生表达感恩与感谢，在当中体验感恩的主题和价值观。最后再向他们介绍感恩节这个节日背景。这样的改变对于调动全班的积极性非常有效果，每个人热情参与其中，在课堂中，我想我们只有始终把激发学生的兴趣放在首位，这样我们的课堂才会更加生动，更加精彩。

三、主题活动

每个学期，WAP 课程都会为学生及老师提供一系列的专场主题活动，这是 WAP 课程中非常具有特色的一个部分，例如演讲比赛，创意大赛，互动演唱会等等。

（一）活动片断

2014 学年，WAP 课程邀请了曾获得格莱美奖提名的音乐家 Red Grammer 举办儿童互动式演唱会。在演唱会上他和老师、学生们一起演唱了 WAP 国际理解课程中的歌曲——Listen, I think you're wonderful, Didding for diamonds, See me beautiful, On the Day that you were born, Hello world, Teach in Peace, Rapp Song 等歌曲。整场演唱会演唱者、学生、老师都融入美妙的音乐之中。

（二）分析思考

WAP 课程是活跃的，有趣的，所有的主题活动的内容都是跨学科，甚至是跨国家的。在这场互动演唱会中，最让孩子高兴的是音乐家 Red Grammer 演唱了他们平时在课堂中学习的歌曲,贴近了孩子们的生活和世界,把演唱会的气氛带入了高潮,也充分体现了东西文化的融合。在歌声中,学生们和老师们一起体会着 WAP 课程所传递给我们的价值观。我校每年也会举行一些主题活动,比如复活节寻彩蛋,万圣节讨糖果等。通过这类活动来加深孩子们对国外文化的了解。而 WAP 课程的主题活动给我们注入了新的思考,我们可以把主题活动的范围扩大,不再局限在学校之内,可以跨校甚至是跨国。在我们这个持续变化的全球性社会中,时下的孩子们在明天将会和来自不同文化背景的人们一同生活,玩耍以及工作。他们知道仅仅依靠知识来创造成功是远远不够的,所以我们的教育观念需要国际化的视野。WAP 课程的引入丰富了学校课程建设的内涵,为国际理解课程注入新的"养分",与我校推进的关注每孩子个性发展的小班教育理念相融合,极大充实了学校课程的内涵和发展目标,形成我校新课程的特色与亮点。

成长的伴手礼——我的“小脚印故事”

高天匀

我是民办阳浦小学的一名学生，今年已经三年级了，阳浦小学的学习生活可丰富啦，说都说不完。有一次，妈妈的同事带女儿来我们家做客，小妹妹跟我聊天：“哥哥，学校里好玩吗？”“好玩啊！”我兴奋地说道。可当我神气活现地跟她描述的时候却发现许多事情真的记不真切了……那时候我就想，如果把这些好玩的事记下来该多好啊！

没想到过了几天，我们的班主任老师拿来了一套很神秘的盒子，盒子里面有三个袋子，可以记录我们身心、学习和活动三个不同方面的成长故事。那看着绝对是高端大气上档次，低调奢华有内涵哦！老师告诉我们，这是我们的成长记录册，它有一个好听的名字：小脚印的故事。里面的三个袋子是成长档案袋，它们分别又有好听的名字，它将伴随着我们一步一步成长。现在我就带大家一起走进我的小脚印故事。

我的第一部小脚印叫做“茁壮参天树”，里面是我的一些个人信息，姓名：高天匀，性别：男，视力：5.1，过敏史：无，体重：25 公斤，血型：不详，身高：保密。虽然我现在长得还很“迷你”，但是相信有了知识的灌溉和我妈的基因遗传，我一定会长成一棵参天大树。除此以外呢，我们还可以在这个档案袋里，记录一些我们生活中难忘的经历，比如一次让长辈感动的故事啊，像我这种资深暖男，常常为爸爸妈妈做个饭捶个背什么的，把他们感动得眼圈红红，这样暖人的故事都得记录下来了，我还贴上了自己做咖喱饭时的照片呢！此外，还有我收获友谊的故事，我么，最喜欢交朋友来，这中间点点滴滴的故事都可以记录下来的。当然，生活不总是开心的时候，人吃五谷，“一次病痛的经历”也是我成长中值得记录的“小脚印”哦！

我的第二部小脚印叫做“璀璨智慧星”，这里记录着我各学期的习惯，能力，体会，成绩各方面的情况，由我做的小报、美术作品、纸艺及科技作品等，涵盖了我在学习生活中方方面面的成绩和收获，比以往我们的“学生记录手册”不知道要丰富和生动多少哦！我还把自己最满意的试卷作业放在里面保存，我想长大了拿出来给我的儿子看看，哈哈，我这个做老爸的一定很有面子！伙伴们，我们一定要努力学习哦，今天，我们以阳小为荣，明天让阳小以我们为荣！

我的第三部小脚印叫“七彩缤纷乐”，这是我最喜欢的一部小脚印故事了。里面记录了我丰富多彩的校园活动，周一下午最最热闹，家长志愿者的大讲堂是我们最喜欢的，介绍飞机啊，游艇啊，图文并茂。特色的队活动数都数不过来，绘本漂流、笑林大会、唱歌比赛、趣味运动会、万圣节面具派对、元旦迎新会、花灯会、母亲节感恩、儿童节义卖……各色的社会实践活动也层出不穷，我们走出校园，走到社区，走进自然，昆虫馆逛逛，公园里玩玩，博物馆参观参观，地铁站里考察考察，那么多活动为我带来欢乐，带来笑声，终于孕育出我这种极品——阳小第一届笑林大会冠军！大家都说我是：小个子有大精彩，噱头得来不得了！

学校的德育系列活动也是学校送给我们的“成长大餐”，入团仪式、入队仪式、十岁生日庆典都让我难忘，听说四年级的二日营汇报展演和五年级的毕业典礼也是同学们可以珍藏的记忆，我很期待哦！就拿这次十岁生日来说吧，同学们在老师的带领下，排练节目，展示才艺，收获了太多的快乐，也让爸爸妈妈对我们刮目相看。特别是我们还亲手制作了一本成长相册送给爸爸妈妈，一张张从小到大的照片留下了我们欢乐的童年时光，一句句既有趣又暖心的话语让照片锦上添花，还有那创意无限的美化和装饰使相册趣味盎然……我的妈妈把这本相册翻来覆去看了一遍又一遍，眼里是满满的欣慰和自豪，她还把我亲手制作的相册拍下来传到朋友圈里，引来了许多亲朋好友的点赞呢！

这就是我小脚印的故事了。相信我，它不仅仅是成长的记录册，它更是童年的故事，友谊的故事，开心的故事，绝对原创，绝对个性，多元评价，一年一盒，完全免费，你——值得拥有。

[家长的话]

当孩子第一次拿回来这套《小脚印的故事》时，我的眼前一亮，这不是我一直想为孩子留下成长记忆，却因为种种原因一直没有做的事吗？难得学校帮我们家长想到了，还如此富有创意。三个档案袋涵盖了孩子在校成长的方方面面，不仅有学习的收获，还有心灵的体验；不仅有活动的欢乐，还有动手的乐趣。从中可以看出阳小“关注每一个孩子成长”的小班化教育理念，可以看出老师们对孩子实施多元评价的用心和慧心。当我们和孩子一起翻阅这本《小脚印的故事》时，孩子的每一个成长的瞬间都变得那么鲜活生动：一本本整洁的作业、一份份主题小报、一次次活动感悟、一张张欢乐的照片；有的记录稚嫩笨拙，有的制作用心用情，有的画面忍俊不禁，有的感悟纯真质朴……孩子们在阳小生活的点点滴滴都历历在目，孩子们成长的脚印都弥足珍贵，让人欣喜，令人感动。感谢学校给予学生的这一份“成长大餐”，我们一定珍藏！

[**老师的话**]

当今学生的个体发展比以往任何时候都要显得更加多元，更具个性，而传统的教育评价体系却无法与之同步，甚至愈发显得滞后和单一。为此，我们自主设计了我校独有的学生评价手册——《小脚印的故事 & 学生成长记录》。我们在综合分析了学生在校学习生活各个方面的基础上，力求给每个学生最全面、最客观、最积极、最生动、最有个性的评价。为此，我们将这份评价手册又细分为“茁壮参天树”（四、五年级对应的是“健康 · 成长”）、“璀璨智慧星”（四、五年级对应的是“阅读 · 思考”）和“七彩缤纷乐”（四、五年级对应的是“活动 · 感悟”）。不同的关注点使评价更适合不同学生的个体特征，不同的层次设计又使评价有了深入和递进的空间，不同的体验使评价呈现出灵动活泼的独特风貌。让我们感到欣慰的是不但孩子们喜欢这本《小脚印的故事》，主动参与制作记录自己成长的脚印，而且家长也对此给予了很高的评价和期待。我们相信，小学五年，五本《小脚印的故事》一定精彩万分，这是我们送给孩子最好的成长礼物！

（俞咏梅）

控江初级中学

主报告

创智数字课堂　探索深度学习

——《基于小班化环境下的数字化课堂教学探索》结题报告

控江初级中学

一、问题的源起

（一）政策法规

在《国家中长期教育改革和发展规划纲要》(2010—2020年)第十一章第三十二条"创新人才培养模式"中指出："注重学思结合。倡导启发式、探究式、讨论式、参与式教学，帮助学生学会学习。激发学生的好奇心，培养学生的兴趣爱好，营造独立思考、自由探索、勇于创新的良好环境。……充分发挥现代信息技术作用，促进优质教学资源共享。注重因材施教。关注学生不同特点和个性差异，发展每一个学生的优势潜能。"同时在第十九章"加快教育信息化进程"中提出："强化信息技术应用。提高教师应用信息技术水平，更新教学观念，改进教学方法，提高教学效果。鼓励学生利用信息手段主动学习、自主学习，增强运用信息技术分析解决问题能力。加快全民信息技术普及和应用。"

（二）教学新形势与新技术新媒体运用

1. 小班化教学。小班化教学以现代先进教育思想和教育理念指导，以面向全体学生，全面提高学生综合素质和创新精神和实践能力为目的，充分体现学生在教学过程中的主体地位，并运用现代教育技术开展的教学实践活动。小班化教学班级规模一般在30人以内，在此教学情境下，可以为学生提供广阔和谐的自我表现与发展空间，并尊重学生的个体性，主体性和创造性，从而激发学生的学习兴趣，增强其学习主动性，积极性，以利于课堂教学中的多向交流，多维互动。它具有实践性、互动性、和谐性、针对性和开放性等特征。

2. 深度学习(depper Learning)。深度学习是以创新方式学习和应用核心知识。深度学习包括基于问题的学习、基于体验和探究的学习、基于项目的学习,也就是能够让学生在校内外具有更多获得主动学习的经历的学习。在深度学习中,技术作为体验和探究学习的工具,让学生感知、体验、理解和应用知识,在情景中积累课程经验,发展学生的批判性思维能力。

3. 数字化教学。数字化教学是指教师和学习者在数字化的教学环境中,遵循现代教育理论和规律,运用数字化的教学资源,以数字化教学模式进行培养适应新世纪需要的具有创新意识和创新能力的复合型人才的教学活动。简而言之,数字化教学就是利用多媒体教室、各种数字化终端等现代化多媒体载体进行的教学。

二、课题研究的意义

越来越多的学校使用数字化终端应用于课堂教学,但往往是为了用设备而用设备,为了用技术而用技术,并没有真正领会到数字化教学的内涵。大数据时代让一线教师不仅面临而是必须要面对来自信息时代各种各样的信息与数据,而且还面临随着学生对象的生活特征、学习特征的变化,教师要积极思考数字化学习方式,更主要是学习合理充分利用资源与工具到课堂教学中。我们一天天发现信息时代学习更加开放、融合和个性化,而如何利用资源与数字化环境,怎么样才算、如何才能采用合理有效的教学手段,使学生获得自主发现、合作与探究的体验,就在于教师进行深度学习的设计与运用,只有在深度学习中,才能更好地培养学生自主学习、合作学习与探究学习的能力,这是我们课题探索的意义。

本课题研究的关键问题就是:各学科应该如何选择数字化资源与技术才能实现学科教学的最大效益?如何寻找与创建深度学习的环境?什么样的技术算是深度学习的互动学习工具?在数字化教学中,基于问题的学习、基于体验和探究的学习、基于项目的学习,如何设计问题和项目,才能带学生进行深度学习即进行数字化学习与探究活动设计?

三、课题研究的目标

1. 研究在经过数字化信息处理的虚拟教学环境下如何实现各学科的深度学习。

2. 不同学科根据学科特点,通过实践研究如何充分合理地利用数字化学习资源。

3. 把技术作为体验和探究学习的工具，让学生感知、体验、理解和应用知识，在情景中积累课程经验，发展学生的批判性思维能力。

四、课题研究的主要内容

1. 学校数字化团队教师进行讨论、合作学习等研修，通过对资源的收集利用、处理发现、探究知识、发现知识、创造知识以及展示知识的方式进行实践研究。

2. 教师利用各种资源、平台、通信和工具，进行以数字化学习为核心的信息技术与课程的整合，摸索与发现深度学习的互动学习工具，再创造以学生为中心的、能满足个体需要的个性化的教学方式。

3. 学科教师通过实践，利用数字化平台和数字化资源，探索适合自身学科的数字化学习方式，实现深度学习。

五、课题研究的方法

1. 理论研究法；

2. 实践研究法；

3. 教育技术应用研究。

六、课题研究的步骤

第一，计划与学习(2013 年 9 月—2013 年 10 月)。2013 年 9 月，学校制订计划，组成课题研究小组，专门成立了学校的数字化团队，进行小班化理论、教育技术理论及国家、上海市教育中长期规划与教育信息化相关文件学习，确定所需要的数字化环境与平台、技术，制订实施方案。学校投入硬件与软件的建设，并提供教师培训的机会进行理念学习与技术学习。

第二，实施研究(2013 年 11 月—2015 年 2 月)。根据方案进行数字化环境下的深度学习教学设计并实施。邀请专家指导，教师按照不同内容要求与软件应用方式，进行数字化环境课堂教学，并进行录像、观摩录像、案例反思分析，撰写数字化课堂教学的案例。

第三，总结成果与结题(2015 年 3 月—2015 年 5 月)聘请专家对已试验形成的深度学习案例进行评估诊断，在总结发现问题的基础上，进行相关策略总结，形成课题研究报告的最终成果。

七、课题研究的主要过程

第一阶段，学习与培训。2013 年学校开始进行小班化课题研究时，确定该课题由学校科研室管理的一支数字化团队成员进行实践研究，当年在学校规划中细化了课题组织管理制度、教师教学改革实施方案措施，从制度上保障了学校小班化数字化课堂项目有序稳步地推进。另外，日常通过科研室网络教科研的渗透与管理，学习新技术、新理念；通过制定阶段目标，借助课题推动教师提升自我的内驱力。通过共同协作、共享资源与教研，坚持整体运行，团队成员不断地自发壮大，业务能力增强，提高了团队的凝聚力。

自2013年12月至2015年4月，学校推荐课题组成员分别参加了“上海市教委——英特尔数字化环境下的课堂教学变革创新”的各种培训：“技术支持下的深度学习以及课堂观测与评估”“‘数字化环境下的课堂教学变革创新’项目的微课设计”“设计混合式学习”“微课程与课堂教学变革”“技术支持下的深度学习”“信息化教学课堂案例分析与评价”等培训课程，还两次参加了由著名编辑金玉扬先生及小班化教学专家张治先生指导的在“小班可以这样做”的专题培训。

第二阶段，实践研究。为有效落实数字化课堂深度学习教学设计的开展与有序推进，学校抓住区级、市级各类展示与互动平台，积极搭建小班化教学环境下的教师数字化课堂教学运用的展示平台，促进了教师多方面素质与能力的提高。在研究阶段课题小组成员进行了以下展示：

2013年11月28日，毛云辉老师向全区初中地理教师公开展示平板电脑运用地理课堂的教学研讨课《新疆》。来宾还有全国数字化专家薄全峰及南京市部分学校领导与教育同行。

2013年12月26日，袁蓉老师公开展示平板电脑于语文课堂教学的区级公开课《不动笔墨不读书》。

2014年5月15日，严蓓莉老师的数字化英语课“How to learn English song”向福建厦门外国语学校的领导与教师同行进行展示。

2014年9月26日，举办控江初级中学“小班化课堂展示”暨武汉市小班化教学骨干教师高级研修班交流活动，严蓓莉、张碧芬老师进行数字化课堂教学展示。

2014年10月16日，控江初级中学开展了“创智云课堂”展示暨青岛市南区教研中心交流活动，毛云辉老师展示了一节地理数字化课堂教学“中国的地形特征”。

2015年4月2日，学校举办了以“创智数字课堂，探索深度学习”为主题的长三角优质资源共建共享项目推进暨杨浦区创智云课堂教学实践现场交流活动，其中进行了公开课“我的素材我做主”(语文)、“Be What You Wanna Be”(英语)、“第二次科技革命”(历史)的数字化课堂教学展示，受到区市级领导、专家及外省市同行的高度赞誉。

2015 年 5 月 21 日，毛云辉老师作为杨浦区教育信息化特色学校的控江初级中学代表，参加了在山东青岛举办的首届国际教育信息化大会中的“全国中小学教学信息化应用展览”活动中的布展与解说工作。

以上这些活动与实践研究激发了所有团队成员教师专业提升的活力。

第三阶段，总结反思。回顾课题开展过程，罗列与筛选实践研究成果，总结讨论反思。

八、课题研究成果

（一）数字化课堂教学深度学习实现策略

通过不断学习、实践与反思，我们总结出在基于数字化环境下的小班化课堂教学的一些实施策略。

1. 组织策略要有机制：形成学校的管理机制与考核办法，进行自上至下的有序管理，加强校内团队教师的研修组织与安排，以任务促动教师由内向外地积极自觉地加强深度学习与专业提升的觉悟。

2. 技术选择与运用策略要有目标：寻找适合不同教师的设计深度学习的互动学习工具，作为体验和探究学习的工具，让学生感知、体验、理解和应用知识，在情景中积累课程经验，发展学生的批判性思维能力。让移动终端载体实现个性化自主学习、泛在学习，使学生思考和合作学习成果得到及时产出，呈现互评、互学、互助等互动方式。

3. 教师研修策略要有特长分类：根据教师技术使用特点、学科特点及教学内容特点进行不同层面与不同类别地研修。

4. 教学设计策略要有个性：针对教学流程，从知识传授为主，向能力为本的教学设计转变。根据教师自身素养与个性，让技术与资源帮助与促成教师教学风格的形成。

（二）教师成功实现专业成长

教师在实践中理解了深度学习教学理念，学会进行基于课标的学科教研、技术工具与教学活动设计，主动探索在经过数字化信息处理的虚拟教学环境下如何实现各学科的深度学习，并取得了相应的专业成长，在数字化课堂教学环境下，技术与设备并没有掩盖甚至抹杀教师应有的教学特长，而是更好地帮助教师风格形成。

例如：张碧芬是控江初级中学一位从教 13 年的数学教师，2014 年正式加入由课题研究，开过两次小班化数字化课堂的公开课，在整个数字化团队的共同努力下，不断地学习和实践，逐渐形成了朴实严谨又充满智慧和乐趣的教学风格，并于 2015 年 5 月 22 日，受中央电教馆第八届电子白板活动组委会邀请，参加了在山东青岛举办的首届国际教育信息化大会中的“全国中小学教学信息化应用展览”活动的现场赛课活动，并取得了优异成绩。在 2015 年第一次申报校骨干的过程中，顺利通过评审，与张老师一样的还有袁蓉、吴蕾老师都被评选为校骨干教师，孙延燕老师首次被评为区骨干教师。

另外，所有团队成员均在专业上取得了优异的成绩。自加入小班化环境下的数字化课堂教学研究以来，已有 14 人次获市级及国家级奖项！

姓　名	成　　果	时间
张碧芬	《平方差公式》在 2015 年新媒体新技术教学应用研讨会暨第八届全国中小学互动课堂教学实践观摩活动教学课评比中荣获一等奖	2015.4
孙延燕	《美国独立战争》在 2015 年新媒体新技术教学应用研讨会暨第八届全国中小学互动课堂教学实践观摩活动教学课评比中荣获三等奖	2015.4
严蓓莉	《How to Learn an English Song》在 2015 年新媒体新技术教学应用研讨会暨第八届全国中小学互动课堂教学实践观摩活动教学课评比中荣获三等奖	2015.4
毛云辉	《思维导图软件助学生地理思维能力培养》发表于《中国现代教育装备》	2015.3
袁　蓉	《春》获第十八届全国教育教学信息化大奖赛基础教育移动课例上海赛区一等奖	2014.12
毛云辉	《新疆维吾尔自治区》荣获第十八届全国教育教学信息化大奖赛基础教育移动课例上海赛区二等奖	2014.12
吴　蕾	《booking a package tour to beijing》2014 第七届全国中小学互动课堂教学实践观摩活动教学课评比荣获一等奖	2014.05
袁　蓉	《不动笔墨不读书》2014 第七届全国中小学互动课堂教学实践观摩活动教学课评比荣获一等奖	2014.05
徐丽娟	《旋转对称图形和中心对称图形》第十七届全国教育教学信息化大奖赛上海赛区“基础教育——一对一数字化学习综合课例”二等奖	2013.11
严蓓莉	《Festivals in China》第十七届全国教育教学信息化大奖赛基础教育——一对一数字化学习综合课例二等奖	2013.11
周颖隽	《现代人和地球》获 2013 全国“新技术支持下的个性化学习”赛课活动二等奖	2013.11
孟之丹	《探究成语典故》获第十七届全国教育教学信息化大奖赛基础教育组信息技术与学科教学整合课例三等奖	2013.11

（三）深度学习的课堂实践成效

“教师的工作是需要想象力。”数字化环境下的教学是真正的“创智课堂”，为教师的想象力插上了腾飞的翅膀。教师相互之间通过共同研修，学习利用各种数字化设施、资源和工具，摸索与发现深度学习的互动学习工具，特别在过对资源的收集利用、处理发现后，努力探索适合自身学科的数字化学习方式，在体悟与获取深度学习的理念后，进行了深度学习课堂教学实践，并取得了相应的成效。请看以下相关实例：

1. 基于体验与探究的学习。

语文“我的素材我做主”，应用 Aischool 教学管理平台、思维导图、web2.0 技术实现了教师、学生、文本的多点交互，体现了语文观从单纯的文字解析和词汇理解的技能训练向意义建构和生活应用的转变；发展学生获取、检索、重组文本信息能力，主要体现了语文观从语言技能到阅读素养的转变。

英语“Be What You Wanna Be”：学生熟练使用百度百科、有道词典，自学歌词中的单词、词组及翻译，最后完成以“15 年后的我”为目标的作文“Be What You Wanna Be”，主要体现了个性化学习与发展。

2. 基于问题的学习。地理“新疆”：在移动终端上，学生运用 Google earth、Mindmanager、Evernote 等 APP 重组图文信息的方式，通过真实的图片思维构图，可视化地展示学生在合作中读图、识图、析图、标注图文的学习过程，学生是如何建立地理空间思维、获得人地关系思维发展的，体现了教学设计是以学生为中心的教学活动。

3. 基于项目的学习。历史“第二次科技革命”：学生进行小型辩论，表现学生通过在线资源“思维论证工具”列举科技的利弊，展示学生思辨、组织、口头表达的项目学习活动，学生既掌握了相关知识又锻炼了筛选材料的能力，还学会对历史事件的评价方法。教师还运用微信朋友圈，通过联系时事拓展内容。这种转变主要体现了泛在学习、互动与体验式的学习方式方面。

（四）合理有效运用的技术工具

不同学科根据学科特点，通过实践研究，基本会合理地利用数字化学习资源。把技术作为体验和探究学习的工具，让学生感知、体验、理解和应用知识，在情景中积累课程经验，发展学生的批判性思维能力，让技术与资源实现个性化自主学习、泛在学习，使学生思考和合作学习成果得到及时产出，呈现互评、互学、互助等互动方式。

以下是我们课题组成员对技术的思考与选择：

1. 获取与检索文本信息：电子书、Mindmanager 思维导图、百度百科、有道词典；

2. 整合与解释信息：Evernote 印象笔记、思维导图、百度百科、有道词典、Google earth 谷歌地球；

3. 生成与解决问题：印象笔记、思维导图、http://www.inteledu.cn/思维论证工具；

4. 体验逻辑思维过程：思维论证工具、印象笔记、思维导图；

5. 反思和评价：思维导图、QQ 相册、微信朋友圈。

（五）有利于培养学生多方面能力

1. 数字平台直观形象、功能强大、易于操作，数字化环境下的教与学给予了学生充分的空间，让孩子们乐于协作。利用数字化能给予学生更加开阔的学习视野、更加便捷的交流媒介，能更深层次思考问题。数字化学习环境能营造"问题意识—自主探究—交流思辨—协作总结"的深度学习课堂，让那些学有余力，在现代的数字课堂里探索求知。这些问题意识、自主学习、合作学习的综合素养将让学生终生受益。

2. 数字化环境让学生自由把控学习的"深度"及"广度"。数字化平台营造了无疆界的课堂。数字化的教学环境能提高学生对关键词的敏感度，接触与时俱进的现代科学。让孩子自己把握学习的深度。各个年级教材都有个"度"，但总有一部分渴求知识、能力较强的学生希望有广度与深度的拓展，在多角度有深度的数字化平台上，这些学生能自己"沙里淘金"。

3. 数字化平台让不同能力的孩子都敢于突破。网络平台有个最大的好处，就是孩子们能对自己真正有兴趣的问题展开合作探究，有想法就大胆表达，畅所欲言，让课堂呈现出别样的精彩（如历史课"第二次科技革命"）；在同伴的答复、评价中，学生的个性差异得到互补，看待同一个知识点，孩子们往往会有独到的视角（如语文课"走近鲁迅"）。在数字化平台中，他们也不断向同伴学习，弥补自身的不足，提高了自主探究及思辨交流的能力（如化学课"二氧化碳的实验室制法"）。

九、课题研究存在的主要问题及今后的设想

数字化环境下的教学，主要是合理充分地利用与发挥数字化学习资源与教学活动的设计，在研究过程中，我们发现：要实现这些有效的利用与针对教

学流程的改变，关键在教师的创新与深度学习，也就是往往是因为教师在这些方面的不足，造成不能理想实现数字化课堂深度学习的困难，所以，我们觉得将来我们还应力争探索教师如何进行“以创新方式学习和应用核心知识”的深度学习，及进行教学相长的教学活动设计与运用的专业能力提高。我们希望，将来在研究中能探索组织教师深度学习教学理念、基于课标的学科教研、技术工具与教学活动设计方面的研修方式。

十、结语

小班化课堂教学在关心每一位学生的基础上，尤其有利于关注个体的优化发展。随着现代化教学设施的普及，将教学与数字化环境相结合是一种与时俱进的趋势，是现代化教学的必经之路。数字化环境下的教学为能高效地促进小班化环境下学生个性化发展、多元化发展，激发学生的创新潜能和潜质，为师生展现一片广阔无垠的新天地。数字化平台让思辨、协作呈现多元化、多突破，它帮助课堂有效突破“教—学”的局限，让孩子受益匪浅，能自主把握学习的深度。数字化学习工具使得课程内容及探究具有多样性和交互性，能够有效创新教学模式，突出基于问题的学习、差异化学习、自主性学习与合作探究学习，适应课程改革发展需要。深度学习是有益学生终身发展、健康成长的最好学习方式，是大数据时代有效的数字化教学方式，是社会与家长对教师的新要求。

（执笔：毛云辉）

[专家点评]

控江初级中学（以下简称“控初”）《基于小班化环境下的数字化课堂教学探索》结题报告表明，在近两年的课题研究中，“控初”参与研究的领导与教师，站在时代高度，将小班化研究与现代教育技术在课堂的应用相结合，与培养学生批判性思维和解决问题能力的深度学习研究相结合，与关注学生的差异和个性化发展相结合。课题研究课目标和研究内容，符合《国家中长期教育改革和发展规划纲要（2010—2020 年）》所指明的发展方向，理论依据坚实，研究步骤清晰，取得与目标吻合的丰硕成果。

小班化研究是一个形易实难的课题。小班是现阶段上海市部分中小学的现状和趋势，但“小班化”并不必然带来“国际化”“现代化”；正如，数字环境不等于数字化学习模式,教师高学历也不等于专业发展高水平一样。虽然有不少学校为班级人数减少开列出想象中的“优势清单”,实际上他们不一定做过深入翔实的思考和实践。控江初级中学的教师们同样认为,小班的出现无疑为课堂变革的探索提供了某种机遇,但是他们并未停留在对小班化做泛泛处理。他们提出的系列问题,开启了学校教师对小班化教学的深度思考:各学科应该如何选择数字化资源与技术才能实现学科教学的最大效益?如何寻找与创建深度学习的环境?什么样的技术算是深度学习的互动学习工具?在数字化教学中,基于问题的学习、基于体验和探究的学习、基于项目的学习,如何设计问题和项目,才能带学生进行深度学习即进行数字化学习与探究活动设计?

课题站位要高,不等于好高骛远,脱离实际。“控初”课题管理者意识到,当教师作为研究者时,极其重要的是建立教师团队的共同的研究主题。“如果教师们的共同之处只是工作方法,并没有共同认可的问题和理论,这样建构的知识对于其他教师也是没有用的。”(《国际视野中的行动研究》)控江初级中学这对小班化研究提出的问题目的明确,每个问题都是当前数字化课堂实践中必须面对的重大问题,四个问题之间关联性极强,从技术到学科,从设计到效果,从教师视野到学生体验——实现小班化研究目标应该坚持的方向、原则、策略在以上系列问题中一一体现出来。一旦研究团队集体关注的目光聚焦到上述一系列关键问题上,他们研究过程中生成的案例和策略,都自然带着对小班化教与学目标的深度思考的印记。

“控初”课题研究报告中为我们提供了许多有价值的方法和策略。给人印象深刻的,尤其是他们在小班化研究中的技术选择与运用策略。寻找适合不同教师的设计深度学习的互动学习工具,作为体验和探究学习的工具;让学生感知、体验、理解和应用知识,在情景中积累课程经验,发展学生的批判性思维能力;让移动终端载体实现个性化自主学习、泛在学习,使学生思考和合作学习成果得到及时产出,呈现互评、互学、互助等互动方式。这是“控初”人行动中的体验,实践中的感悟,比起当下许多为技术而技术、把学生为中心的活动误解成热闹而无思维的空心化闹剧、狭隘地以知识技能目标设定为技术整合的唯一目标等走样的样本来,“控初”的技术应用策略有坚定而明确地变革课堂学与教的意向,是值得称道和学习的。

与所有的课题一样,“控初”课题也会有不完美的缺憾。解决下面的问题,也许是推进小班化研究的下一步行动。例如,小班教学怎样面向全体小班学生，发掘出更多有别于大班教学的，关注差异、发展潜能的优势？哪些数字化工具和技术平台与当前小班化教学整合更适切，应用更简捷？在小班化探索中生成的课例和策略将通过哪些方式和途径，给全体教师分享，并成为推动学校和地区教师有效专业发展的校本资源？……正是那些“不完美”，使教育探究无止境，让学校发展永远没有句号。

“控初”人把小班化开辟的教育新时空看成是一次机遇，乘势而上，及时组团立项并有序行动，打造探究课程改革和教师专业发展的新的小班化科研平台。想起最近有校长提出，教育改革容许不容许失败？有人回答，假如我们的课堂一直是这样乏味、沉闷、低效，这种课堂本身已经宣告了失败。坚持失败的形态、拒绝丝毫变革，其实是一种僵化乃至绝望的心态。现在控初的课题研究帮助学校集合了一群有志于中国基础教育变革的梦想追求者，他们正在从跨越现状中超越自我，从超越自我中获取教育变革的乐趣。我们希望“小班化”的研究真正成为控初学校通往教育理想的台阶之一，祝愿他们保持奋斗进取的步伐，实现“控初”的现代教育大目标。

（一对一数字化学习项目组全国专家　潘裕翼）

案例

“数字化”教学环境下的项目教学应用研究

孙延燕

“小班化”教学的理念——“以学生为中心，关注每个学生的成长”与培养21世纪技能是相辅相成的。那么，怎样既能关注每个学生的发展又能培养学生各方面的高级思维能力呢？在大量的历史教学实践中我找到了一个比较好的兼顾两者的契合点，那就是“项目教学”。

所谓“项目教学”就是以“项目”为载体，以学生的发展为中心，充分发掘学生的创造潜能，提高学生解决实际问题的综合能力，引导学生主动学习，促使学生在完成任务过程中进行合作、探究、交流与分享，有效地获得知识和发展21世纪技能。以下是我在这方面的实践体验。

“新航路的开辟”这节课在是九年义务教育八年级第一学期第四单元《从区域文明向全球文明的过渡》的第一课内容。新航路的开辟是欧洲巨变的重要标志，是世界古代历史到世界近代历史的承前启后的重大历史事件。在学完后，学生对它的“影响”还是没有直观的认识，对新航路开辟之后世界历史才真正地成为“世界”历史不能理解。

因此，在整个单元之后我设计了一节拓展课，联系实际生活“感受‘全球化’”让学生通过现实生活切实感受“全球化”给我们带来的影响，并思考：在“全球化”的背景下，“你”应该怎样积极的影响世界？具体步骤如下：

一、课前准备

1. 学生课前分四组查找有关“全球化”的资料。

2. 课前学会创新思维工具 Visual Ranking 的运用，学会使用 docs.google 共享文档。

3. 教师出示预先制作的学生学习支持材料和评价工具，给学生课下探究提供辅助。

4. 提前向学生出示教学目标，让学生做到心中有数，目标明确。

二、教学流程

1. 通过回顾之前的研究结论："新航路的开辟"使世界在地域上开始"全球化"，"早期西方的殖民扩张"使世界在经济上开始"全球化"，"文艺复兴和宗教改革"使世界在思想文化上开始进入"全球化"。全球化的浪潮由此发端。使学生对本单元形成一个"整体意识"。

2. 让学生思考弗里德曼在《世界是平的》一书中提出的观点，使学生深刻认识到"全球化"是一个过程。

3. 请学生根据前期查找的资料畅谈在"全球化"的过程中"中国对世界的影响"和"世界对中国的影响"。

4. 学生以小组为单位利用可视化排序工具 Visual Ranking 对中国影响世界和世界影响中国的共同的一些要素进行排序，在排序过程中相互讨论，并得出这些要素实际上是共同产生作用的结论，把学生的思考引向深入。

5. 通过一则广告——"Made in China"，使学生意识到中国与世界的密切联系。

6. 请同学们再畅想：在"全球化"的背景下，"个人"将怎样积极的影响世界？

在教学中，学生通过搜集、筛选资料、分组讨论（借助 google 文档），理解了在"全球化"的大背景下，中国和世界的相互影响；通过排序（借助 Visual Ranking 思维工具），了解了世界从新航路开辟之后开始连为一体，影响都是相互的；整个教学过程借助于网络资源与技术工具探究历史，培养了学生的信息素养、拓展了眼界；借助《世界是平的》这本书中将全球划分为三个阶段的说法，让学生畅想自己在全球化背景下将怎样积极地对世界产生影响，激发了学生对理想的追求和对生命的尊重。这节课不仅拓展了学生的知识面而且也开阔了教师的视野，学生的研究结果给教师以"惊讶"，做到了"教学相长"。在这节课上几乎是全员参与，人人带着任务，有些因为时间关系可能在课堂上不能展示，但是在课下大家都通过共享文档和思维工具发表了自己的看法。整个教学项目实施下来，不仅解决了教学难点，关键是培养了学生的各方面能力，确实是"事半功倍"。

三、思辨能力的培养

另外，思辨能力的培养在历史教学中尤为重要，我主要引入类似"辩论会"

的项目来锻炼学生的思辨能力。

在上“第二次科技革命”的时候，在时间有限的前提下，我给学生一个任务——组织一次辩论会：科技的利大于弊？还是弊大于利？结果学生主动、自主地参与了从分组、准备材料、组织语言、查找证据到课上的辩论的整个过程。连平时不爱说话的孩子也开口了，尤其是一些在传统课中“昏昏欲睡”的学生，对于这种具有挑战性的活动表现的兴趣浓厚、精神倍增。在这个过程中，学生还运用了思维工具中的论证工具，将自己的论据进行提炼、筛选以支撑自己的论点，“辩论”环节将整节课推向高潮，充分发挥学生的潜质、满足了他们的表现愿望，锻炼了交流、合作能力。在辩论过程中，思想的火花得以碰撞，提高了学生的思辨、表达等能力。在辩论的过程中，很多学生联系到了科技对现代生产、生活等各方面的影响，还联系到了科技的未来，以及科技应该怎样发展才能尽可能地减少其带来的弊端，进而引申为，我们在关注科技发展的同时还应关注人类与自然的和谐统一。这对学生的责任心、创新意识、环保意识、想象力等都是一次很好的提升。

四、结语

当然，还有更多的课、更多的项目等待师生一起发现、发掘。教育家陶行知先生说：“最好的教育是教育学生自己做自己的先生。”我们要在“小班化”的有利环境下，积极主动转变教育教学理念，利用“项目教学”设计或“虚拟”或“真实”的项目，激发学生的主动学习意识。整合课程，拓展教学内容，变“历史课的学生”为“学生的历史课”，变个体的学习方式为合作竞争的学习方式，通过学习活动拉近历史与现实的距离，联系学生关心的热点、焦点问题，反映历史与现实的变化和发展关系，让学生感受历史的继承性与趋势，领悟史学的有用性与魅力，最终让“项目教学”将“小班化”与培养学生 21 世纪技能达成和谐统一，真正关注“每个”学生的健康“成长”。

初中化学小班化课堂合作学习实践

钟　琪

这是一堂"二氧化碳的实验室制法"常规教学课，学生已经学习了氧气的实验室制法，形成了气体制备的基本思路，各项实验基本操作也已经具备。如果教师还是运用常规的讲述、归纳式的教法，教与学必定索然无味。所以在教学中尝试利用小班化的优势，进行分工合作学习，并充分利用信息技术，最终达到良好的教学效果。

课前准备：事先将全班 25 位同学编为 5 组，每组自选组长一人，协助教师安排组员就座，分发实验器具，协调学习进程。

一、教学过程

（一）引入

在桌上正放一瓶气体，同时展示多媒体图：干粉灭火器、汽水等……小组抢答此气体名称及其性质，用实物与图片把学生的注意力吸引到课堂上来，激活小组竞争意识，激发组员学习兴趣，引出本课课题。

（二）药品选择

先提出问题：实验室制取二氧化碳用何原料？

学生活动：以小组竞赛形式列举所知道的能生成二氧化碳的反应，比比哪个小组写得多。好胜心理让同学合作积极性高涨，小组成员有的口述、有的记录、有的补充。经过一番热烈讨论后，各小组代表陈述自己的成果。我先请了相对基础较差的一组，他们说了没几个就结束了，其他小组纷纷要求补充，这组同学面露尴尬。此时，我立即示意暂停，说明虽然这组说的不多，但全都是初中阶段必须掌握的方程式，我们是不是应该为他们的勇敢鼓掌，为他们的成功加分呢？掌声很快消除了尴尬，这组同学露出了欣慰的笑容。我再请了其他小组的代表，把反应补充完整，并一起讨论各反应的优缺点，选出合适的反应。

此时，再次提出问题：哪种碳酸盐与酸的反应最适合制二氧化碳？

学生实验：借助多媒体展示五组不同碳酸盐与酸的反应，以小组合作形式完成实验。

分　组	实验内容	现　　象
1	碳酸钠与稀盐酸反应	
2	碳酸钠与稀硫酸反应	
3	粉末状酸钙与稀盐酸反应	
4	块状碳酸钙与稀盐酸反应	
5	块状碳酸钙与稀硫酸反应	

在此过程中，我走入各小组，鼓励组员分工并动手操作，倾听组员不同看法，适时引导纠错。

实验结束后，先交流各小组实验操作的得失，归纳出大理石与稀盐酸最适合实验室制二氧化碳。并共同梳理出药品选择的依据。

反思：在此环节中，我充分兼顾到不同程度学生的学习进展，让所有学生都能最大限度的参与到合作学习中，激发学生的学习热情、提升学生的参与、竞争意识。由于小班人数少的优势，更能体现师生及学生之间的交流互动，使课堂和谐愉悦。

需要注意的是，学生在回答和提问时可能缺乏考虑，不全面，甚至是错误的，身为教师，在此过程中应表现出最大的耐心和热情，表扬他们提出问题的勇气，并从学生参与的活动中积极寻找闪光点，鼓励更多学生“有问必提”。

（三）实验装置、检验方法的选择

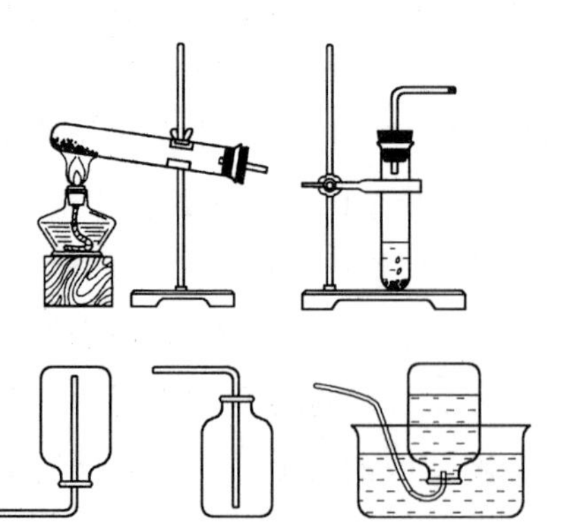

PPT 展示学过的实验室制取氧气的装置、检验方法等。

预设问题：

1. 实验室制取气体的装置由哪几部分组成？

2. 气体发生装置有哪些主要类型？选择依据是什么？

3. 气体收集有哪几种常见方法？选择依据是什么？

学生活动:小组合作,比较实验室制取氧气和二氧化碳时实验装置和检验方法选择的异同,尝试归纳实验室制取二氧化碳的方法。我走入各小组,倾听他们的想法,参与小组讨论,适时引导。最后,全班交流,最终梳理出实验室制取气体的主要思路。

反思:在此环节中,学生通过小组讨论、合作交流,增强了合作学习和语言表达的能力,在其他同学发言时,也培养了学生倾听、思索的习惯。教师及时地参与到各小组的交流反馈,观察每位学生是否真正融入到了课堂活动中。

(四)发生装置的改进

学生实验:利用桌上提供的药品和仪器,选择合适装置组合,画出草图,并制备一瓶满的二氧化碳气体。以小组竞赛形式,看哪个小组完成得快又好。

提供的仪器有:试管、锥形瓶、广口瓶、单孔塞带导管、双孔塞带导管、长颈漏斗、分液漏斗、集气瓶、毛玻璃片等。

此环节过程中,我让学生借小组之力,想办法解决问题。结束后,我邀请各小组派代表上台,借助便携式实物投影仪,展示小组成果,学生自己当小老师,先分析自己小组合作过程中的得与失、再评判其他小组实验装置的优缺点,学生参与热情高涨。

最后,总结本节课的学习重点,让学生书写收获,进行互评。

甲同学写道:“在自己原有的基础上提高了、进步了。”合作学习让学生体验到学习的成功。

乙同学写道:“有了问题可以随时问别人,有了想法可以随时讲出来。”合作学习解决了每个学生自己的问题。

丙同学写道:“同学讲的,有时我们更易听懂。”因为老师的“高高在上”,学生之间便于交流,学生有时更愿意请教同学。

丁同学写道:“给同学讲一遍,自己也记得更牢了。”小组合作不仅成就别人,也在成就自己。

反思:学生的表现欲和模仿力极强,渴望让老师同学见识他的本领。我充分鼓励学生,利用积极的评价引导学生,对那些敢于上台表达和回答问题的学生及时给予鼓励和表扬,让学生体验到成功的喜悦。在完成课堂教学后,能及时评价各小组的学习成果,让学生发现自身的价值,确保每个学生都能认真投入到合作学习当中。

二、案例评析

（一）小班化使合作学习不再流于形式

本堂课利用了小班化教学的优势，让学生参与、合作，激活了化学课堂，使课堂效率大为提高。

问题由学生去发现解决，规律由学生去探索整理，实验由学生去设计实施，合作学习给了学生思维碰撞、交流表达的机会，提高了学生多方面的能力。

（二）小班化能更及时地对学生进行有效评价

小班化使教师对每位学生的评价成为可能，评价阶段是提升合作学习水平的重要环节，这里的评价包括课堂实时评价和课后总结评价。

本堂课教师及时评价各个小组的学习成果，尤其对表现好的学困生进行表扬、奖励，增强他们学习的自信心。让小组成员间进行互评，增强他们的合作意识、团队意识。让学生发现自身的价值，增强学生的集体荣誉感，确保每个学生都能认真投入到学习当中。

三、结语

在小班化教学中，我们应该给学生创设宽松、愉悦的课堂氛围，让学生更多地参与到课堂中来，尽可能地尊重每一位学生，发挥每一位学生的潜能，使之得到最适切的教育，以实现教育的真正平等和公正。同时小班化教学也促使教师转变观念和调整教学行为模式，不断加强学习，勤于实践，善于反思，以更好地适应新的课程改革和新的教育形势的需要。

基于课标，探究小班教育互动数学课堂

——“平方差公式”课堂教学实录分析

张碧芬

新课程标准的基本理念指出：数学教学活动必须建立在学生的认知发展水平和已有的知识经验基础上。教师应激发学生的学习积极性，向学生提供充分从事教学活动的机会，帮助他们在自主探索和合作交流的过程中真正理解和掌握基本数学知识与技能、数学思想和方法，获得广泛的数学活动经验。

小班化教学的基本理念：关注每一个学生，促进个性化发展。两者理念基本一致，都是以学生为本，最终目的都是促进学生全面发展。

互动教学则是达到此目的的重要方法和手段，在小班化数学教学的实践过程中，我一直在探索怎样针对数学知识点内容，基于课程标准，设计生动有效的互动环节。

下面就一节课“平方差公式”的教学实践，选其中三个环节来探究小班化数学课堂师生怎样互动。

一、合作学习，组内互评

小组学习是小班化教学一个常用的模式，但小组学习千万不能作为一种摆设，为了形式而形式，或者根本就没有小组真正的互动，形同鸡肋。

本节课的练习一：

(1) $(x+5)(x-5)=$________

(2) $(2a+1)(2a-1)=$________

(3) $(x^2-2)(x^2+2)=$________

(4) $(2x-y)(2x+y)=$________

(5) $\left(\frac{1}{2}x+\frac{1}{3}y\right)\left(\frac{1}{2}x-\frac{1}{3}y\right)=$________

学生通过观察总结出平方差公式的基本特征后，马上进行一组练习的巩固，训练学生对平方差公式的特征很明显的代数式进行套用公式快速计算，达到公式使计算简便的目的，从而进一步牢记平方差公式的基本特征。学生把练习做在练习本上，做完后进行小组内批改互评。组内互评完后，请组长讲讲组内有怎样的错误，怎样纠正。

这个环节中，组内批改互评意在生生互动互评，通过互相纠错，让本来对平方差公式还有点模糊的学生进一步巩固强化，再让组长讲讲组内同学产生的错误，以警示全班同学不要犯同样的错误，力求每一位学生对平方差公式的套用达到一定的熟练程度。

本节课的练习二：

(1) $(-2m+3n)(2m+3n)$　　(2) $(-a-2b)(a-2b)$

(3) $(a+2)(2-a)(a^2+4)$

学生在练习本上完成三道题后，马上进行组内批改，让学生互相帮助指导，尤其学困生进一步得到指点，再次体现小组合作交流，生生互动。帮同学指出不正确之处是学生很乐而为之的事情，所以学生的讨论氛围很好。老师在巡视过程中，找出典型错误展示评价，并纠正错误，让学生进一步强化巩固，体现师生互动。

二、数字工具，即时反馈

本节课有两个环节利用了 Paid 投票工具和选择题工具，及时反馈学生当堂的学习效果。

1. 用 Paid 投票工具：下列各式能用平方差公式吗？

(1) $(2x-3y)(3x-2y)$　　(2) $(3y-x)(-x-3y)$

这个环节用 Paid 投票工具实现了全员参与和检测的目的，通过选择“能”与“不能”，上传答案，即时统计出学生对平方差公式的基本模式是否熟悉，会不会分辨。

统计结果显示第一小题还有个别学生因为没看仔细，而选“能”了，请错的学生口述自查订正，体现学生自评；第(2)小题的设计目的是作为例题，引出公式特征不明显的一类代数式怎样转化成平方差公式。统计结果显示有小部分学生选“不能”，选“能”的学生马上迫不及待想解释怎样转化，正中下怀，从而引出例题的讲解演示，所以这个数字工具的应用意在引入例题的讲解演示。由学生思考出两种方法的转化，一种是利用加法交换律变化位置，一种是利用提取负号，学生精彩的回答替代了老师凭经验传授的老一套。最后在老师的引导下总结归纳出了一个宝贵的经验：能应用平方差公式进行计算的代数式里，有一组相同项，一组相反项，最后结果等于(相同项)^2－(相反项)^2，那么以后学生也可以通过观察或标记的方式，对这一类代数式进行套用公式，快速计算。

2. 课堂练习用 Paid 选择题工具，在课堂上即时检验学习效果。

课上即时检验是小班化教学的又一教学手段。在数字化环境下，测验结果当场投影反馈，用数据如实反映出每一位学生在课堂上对新知的掌握情况和全班整体的掌握情况，大大提高了课堂效率。测验结果有助于老师即时调整教学进度。由于错的学生仅是个别，所以课堂上直接让这几个学生自查自纠，体现学生的自评，相当于个别辅导。

三、拓展延伸，各抒己见

学公式的目的是为了使计算更简便，面对看似复杂的计算，是否能用已学的知识进行简便运算呢？接下来的拓展延伸环节更是体现了师生互动，积极思考，头脑风暴。

计算：(1) $5\,678 \times 5\,680 - 5\,679^2$

$= (5\,679 - 1)(5\,679 + 1) - 5\,679^2$

$= 5\,679^2 - 1 - 5\,679^2$

$= -1$

这道题请学生讲解，看看学生能否合理利用平方差公式，解决实际难度较大的计算。学生的讲解很精彩，并在老师的引导下，总结出了 5 678、5 679、5 680 这三个数之间的联系：5 679 是 5 678 和 5 680 的平均数。

计算：(2) $(2+1)(2^2+1)(2^4+1)(2^8+1)+1$

进一步提高难度，这道题可以有不同的方法，课堂上有两位学生主动回答，其中一个学生是把$(2+1)$改成(2^2-1)，与(2^2+1)构成平方差公式模式，这种方法并不常规，但非常正确，老师的即时评价，让学生很有成就感；另一个学生把(2^2+1)改成$(2+1)^2$，明显不对，其他学生也马上指出不当之处，生生评价互动很自然。

接着老师又提示了一种添加$(2-1)$的方法，然后老师和学生一起分析出这类题的解题技巧是在不影响结果的前提下，转化一个括号内形式，或“无中生有”补出一个括号，凑出平方差公式的模式。这个环节需要学生深度思维，同学之间互相启示分析，老师适当引导，使学生积极主动思考、尝试、探索，最终找到适合自己的方法，得到个性化发展。这个环节的互动有一定难度、有一定深度，但这种课堂上的挑战，使整节课达到一定的高度，激发学生的学习兴趣。

本节课紧紧围绕课程标准，重点学习平方差公式及其运用，从而达到简便运算的目的。难度一点点加大，思维一步步提升，以达到课程标准体验、熟悉、掌握、灵活应用的教学目标。课堂上，生生互动、师生互动，一次次碰撞出思维的火花。互动环节的设计让整节课衔接自然，气氛融洽，学习效果明显。

互动教学是一种师生之间、生生之间双向沟通的教学法，就是把教学活动看作是师生之间、生生之间进行的一种真诚和谐的交往、沟通，把教学过程看作是一个动态发展着的教与学统一的活动过程。

在这个过程中，老师作为组织者、引导者，和学生的互动要和谐融洽并紧扣教学目标。教师给学生提供独立思考、亲身体验的机会，使学生在实践过程中，体验其中的乐趣和成就感。学生是教学过程中的主体，积极参与和创造，不仅与老师积极互动，还要生生互动，力求共同学习与进步。

通过“平方差公式”这节课的尝试探索，基于课标，抓住重点难点，安排设计互动教学，层层递进解决问题，也让我体验到了课堂上和学生一起真正深度互动的乐趣和成就感。

让"小班化"透过"云端"照进课堂

——语文教学实施初探

秦佩莉

当"小班化"教学成为一种趋势时，作为一名语文教师，我经常在思考，如何在语文教学中去发挥"小班化"的特有优势？寻找到一个适合"小班化"的语文教学模式？这种模式操作性要强，课堂的效率要高。让"小班化"语文教学模式从"云端"真正照进我们的课堂，凸显"小班化"的优势。

一、"工欲善其事，必先利其器"——改变应该从课前开始

"小班化"教学是一种优质教学，与传统的大班授课相比，有了更充裕的时间和空间，教师的"照顾面"明显扩大。教学过程的重心就从"教师为主体型"发展为"学生为主体型"，师生角色也将有机会处于平等互动合作关系，改变应该从备课开始。

在上《从百草园到三味书屋》这篇课文的时候，学生要在"是什么造就了一代文豪"的问题探讨中形成自己的看法。如何引导学生把"百草园"和"三味书屋"看作人生两种不同的学习状态，最后得出自己的结论？这就需要课前预设出不同层次跟进度的框架问题来支撑整个单元教学的有序进行。我希望学生自己主动发现问题、建构知识框架，让学生在获得知识的过程中因为有了亲历、有了体验，而形成了"生成"能力。因此备课时，可以做到以下几点：

首先，在班级开展课前调查工作，让学生填写"成才因素调查问卷"，教师根据"成才因素调查反馈"确定研讨问题，制定学习计划和完成目标。

其次，教师可以带领学生前往"上海鲁迅纪念馆"进行实地考察，并根据自己小组的相关侧重点做好记录。

最后，把学生分成两个学习小组，明确任务分工，从不同角度深入探讨文章两处场景中最明显的不同，小组进行交流。

这些课前备课的预设活动在传统大班化的教学下，因为人多而很难实现，

“小班化”教学带来了语文教学创新性，课堂有效性的进程，让语文教学在“小班化”教学模式下，焕发出新的生命活力。

二、“破浪会有时，云帆济沧海”——实施应该从上课开始

理清思路，认准方向之后，我尝试在自己的课堂上进行“小班化”特色的语文教学，小组学习是合作教学的最基本形式，也是“小班化”教学中最常见的学习形式。小组学习让学生积极参与性增强了。

在进行“罗布泊，消逝的仙湖”公开课的时候，小组合作学习成为这堂课的亮点。为了让学生深入感受昔日的仙湖因为人类的破坏而逐渐干涸消逝的事实，我特意安排了一次小小的辩论环节——为题目加上标点，并说说加上这个标点的好处。让每个小组代表一个标点，以辩论的形式为自己加这个标点说明理由，借此体会各种手法强化文体感情的作用。整个课堂因此而活跃起来，学生不时闪现出的奇思妙想跟妙语连珠的用词，让我惊讶不已。“罗布泊”这个已经消逝的湖泊也仿佛因为这帮孩子的关注跟热情而变得更加清晰深刻起来。

“小班化”教学为学生小组合作学习提供了方便，由于学习的要求是根据学生的认知水平提出的，因此，每组学生通过合作学习均能达到要求。小组合作学习使语文课不再是教师与那几位学生的一唱一和，它让师生间的单向交流发展为师生、生生间的多向交流。如今的语文课上，我们经常上演“师生总动员”的戏码，就连那些以前不太愿意参与课堂活动的学生们，也在“小班化”教学的合作氛围下慢慢参与进来，让语文课成为每个学生演出的舞台。

三、“等闲识得春风面，万紫千红总是春”——效果应该从课后体现

“小班化”教学最能体现课后作业组织形式的多样性。采用这些组织形式不仅能促进学生在课堂中寓教于乐，还可以让学生在课后继续延续学习内容取得较好效果，让学生更乐学了。

在进行“从百草园到三味书屋”的后期成果展示的时候，学生通过“百草园”与“三味书屋”的一系列对比后，发现在“百草园”中作者虽然快乐，却没有目的性和主导性的；在“三味书屋”中的学习虽然有目的性和指导性，却缺少快乐因素的。那么可以指导学生在课后延续完成以下作业：

1. 全班以“怎样把百草园的快乐带入三味书屋”为主题进行主题班会。

2. 让各小组的同学以表演形式再现当时生活情景，分别进行鲁迅先生在“百草园的一天”和“三味书屋的一天”的表演。让孩子切实真实感受到“百草园”与“三味书屋”的不同。

3. 以鲁迅先生的身份分别写两封信。给寿镜吾老先生的信，以老师该如何对待学生提“怪哉虫”的问题上入手，提出如何让课堂学习充满趣味性的建议；再给长妈妈写一封信，让她在今后讲故事中如何能让孩子得到更多更系统的知识。

4. 可以拿起画笔重新设计“三味书屋”的环境摆设。

5. 以“鲁迅先生的成才之路给我的启示”为主题，进行主题班会活动。

由于小班人数少，教师可以全面地了解每个学生的兴趣爱好、个性特征，可以针对每个孩子实施不同的课后作业组织形式，从而让学生乐于接受教诲，乐于投入学习活动，乐于与教师形成愉快的合作教学关系。

“小班化”教学无疑增加了学生受关注的程度，使分层教学，素质教育不再是一种梦想，可以让语文真正走到实践中去，更使我们老师走进每个孩子的心灵，语文课在“小班化”中变得轻松，变成了一种享受。让“小班化”教学真正进入语文课堂，将是我接下来不断努力的方向。目标已定，心意已明，在探索“小班化”教学下的语文课堂的道路上“衣带渐宽终不悔，为伊消得人憔悴”地孜孜以求下去。

初中英语小班化教学在实践中的运用

李沁园

为适应现代教育制度的发展需要，小班化教学可以优化配置教育资源，让教师在教学过程中关注每一位学生的成长进步，减少班级教育教学中学生发展的不平衡状况，并在互动性、情景性和形成性评价等方面体现出较常规班更大的优势。

一、小班化教学深化了教与学的空间

小班化的教学环境为教师和学生提供了有利于互动的环境，教师可依据不同的教学内容，采用不同的教学方法，为学生构建形式多样的学习平台和学习情境。

在教授新世纪初一年级上半学期第二单元第二课 Festivals in China 时，我就课文中的 need 作为行为动词的用法的语法教学进行了大胆尝试。首先在课前通过头脑风暴提问，引出对中国传统节日的复习，再以小组为单位通过竞猜形式对这些节日的时间等基本内容复习，从而引出对 need 作为行为动词后面加名词的句型的操练和巩固。接着就 need 作为行为动词后面加 to do sth 的句型结构进行提问和操练。在对于 need 基本句型的引入和操练中，以四人合作小组形式进行。在引入后，笔者又设置了一个场景，假设你们有一个朋友到上海与你共度中秋节而正好又赶上她过生日，你准备为她开个生日派对，和同伴讨论一下她需要什么。用以下句型的操练：

A：Does she need some birthday cakes?

B：Yes，she does.

A：Does she need to buy some flowers and fruits?

B：Yes，she does.

A：Doe she need to cook a big meal by herself?

B：No，she doesn't. we can have a hot luck.

学生在小组活动中思维被激活，在操练中以第一人称复数做主语时 n 额度，老师置了场景，使学生明白第一人称，第三人称复数做主语时，need 后词形无变化。在这一环节，老师又充分利用了积极互动方式，使枯燥的语法变得生动有趣。

为了使学生更好地把这一语法形式落实到笔头上，笔者又设计了小组用所学句型写一篇关于中国春节的作文，然后全班展示。在整个教学环节中，不断地出现生生互动、师生互动的场景，在此小班化教学过程中，学生沉浸着、兴奋着，保持与调动了学习热情，同时感悟总结出这一语法现象，获得了学习能力。

二、小班化教学搭建了学生乐学善学的平台

新课标要求教师"创造性地设计贴近学生实际的教学活动"。这要求英语教师结合教材、贴近生活、把准话题，精心创设各种利于外语自主学习的环境。在小班化的课堂上，我们可以很好地运用角色教学策略，设计情景对话练习、短剧和小品等，让学生在表演、模仿和运用中提高学习兴趣，大胆开口动手，在游戏中快乐学习，提高学生在课堂教学中的参与度。

如教授新世纪初一年级上册第三单元第一课 Christmas Shopping，在操练句型时，我用不同的单词进行替换，有效地强化了句型并对单词进行了大量的复现。在对课文进行操练时，用不同的单词和词组替换文中内容，从而达到对课文的巩固。在小班化环境中，学生易于动口，老师易于掌控课堂教学。

三、小班化教学易于操作形成性评价

新课标强调"评价应体现以人为本的思想，尊重和体现个体差异性，激发个体主动精神，以促进每个个体最大限度实现自我价值"，所以在小班化教学评价中，评价内容应包括学生发展的基本要素，既有对学生知识学习的评价，也应有对学生在学习过程中客观存在的各种非智力因素的评价。诸如学习态度、学习兴趣、学习习惯、学习方法、品格意志、创新思维及动手动脑能力等的恰如其分、层次分明和手段多样的评价。

笔者对于所任教班级每位学生都设置了一个学习档案，在每学期开学时就学生学习态度(包括学习动机，学习内驱力等)，学习习惯(包括课前预习，课堂听讲情况，课堂笔记情况，错体本订正情况，单词积累本情况，好词好句本情况)学习成绩(课堂回答问题，平时小测验情况，期中期末考试情况等)三方面进行记录，并进行阶段性评价，对于表现良好的学生奖励，对于落后的学生及时进行指导。

另外可以采用作业和辅导分层的评价策略，有的放矢地对学生进行形成性评价。如精心设计学生的练习题，必做题可面向全体学生，重在学习巩固基本知识，达到教学的基本要求；选做题面向学习优秀的学生和部分学习中上等的学生，重在培养运用与创新能力。对学生的练习采用多种批改方式，有即时面批，有时学生自改、互批互改或集体讨论批改。同时在检验教学成果时，要经常利用纠错这一有效的教学模式，采用个人或小组等多种形式使学生能够有效地保证基础题目的正确率。

四、结束语

小班化教学在初中英语教学实践中有明显的优势，教师应利用这一优势在自己的教学中不断实践，不断反思，不断创新，争取取得最好的成效。这是一个不断探索的过程，不是形式上的小班就是小班化教学，应不断把小班化教学的优势发挥到最大，不辜负优质教学资源配置，取得更好的教学效果，让我们成为不断开拓进取，成为这一领域的思考者和实践者。

育鹰学校

主报告

“彩羽计划”助飞每只雏鹰

育鹰学校

成立于1994年的上海市育鹰学校(以下简称“育鹰”)，作为一所普通公办九年一贯制学校，一直在探索个性化教育的思想理念和实践方法。2013年，育鹰作为上海市杨浦区小班化教育工作室的基地学校，组织骨干力量成立课题研究小组，开始总结和反思学校的办学文化和课程体系，启动学校课程的整体建设，构想和实施基于小班个性化教育理念的“彩羽计划”，通过优化校园环境、优化管理机制、优化课程体系、优化教学方式、优化评价方法等措施，为每一位学生的奋飞插上七彩之羽。

一、彩羽计划的理念和提出背景

(一) 基本理念

育鹰融合小班化教育思想，将新一轮学校课程的建设形象地比喻成“彩羽计划”，这个比喻包含了几个层面的课程理念。

1. 核心理念

根据校名中“育鹰”二字，将办学理念确定为“把每一位学生都培养成展翅奋飞之鹰”。关键词是两个，一是“每一位”，明确了培育的对象是全体学生，而不是部分学生；二是“奋飞”，明确了培育的目标是学生的自主飞翔，而不是教师和家长把学生抱在怀里飞。

2. 主体任务

(1) 助飞每只雏鹰。每位学生都是独立的个体，其个性特征应得到尊重，其发展需求应得到满足。“彩羽计划”是一个针对每位学生的培养计划，这个理念将对课程设置、教学方式、评价方法和校园管理等提出新的要求。

(2) 促进自主飞翔。学生不再是知识的容器，而是处理知识的行为主体。

教学方式要从“传递式”转向“导师制”，教师从知识的给予者变成引导学生探究新知的指导者。“彩羽计划”也是教学方式的改革计划，要求教师通过转变教学方式来培养学生的自主发展能力。

（3）培育七色彩羽。学校教育要提供多样化的课程，既为学生的发展夯实共性的基础，也为学生的发展提供个性化支持。“彩羽计划”是一个不断丰富课程资源的行动计划，让每只雏鹰都生长出丰满的羽翼。

3. 培养目标

（1）健康：每位学生的身心健康得到呵护和促进。

（2）自信：每位学生乐观、自信，成为阳光少年。

（3）知书：每位学生关切和拥有新的知识与能力。

（4）明理：每位学生明白事理和正确的人生哲理。

（二）提出背景

随着社会生产力的进步，未来社会将更加追求平等和自由。每一个人都是尊贵的，其个性特征应得到尊重，发展需求应得到保障，创造的潜能应得到激发。教育要从传统的面向大多数转为面向每一个。因此，育鹰提出助飞每只雏鹰的彩羽计划。

育鹰学校作为普通的公办九年一贯制学校，面临两个主要压力：一是生源的压力。按照就进入学的原则，学校不可能挑选生源，要应对学生多样化的发展需求；二是学业的压力。绝大对数家长过于看重学生的考试成绩，特别是关注初三毕业生的升学情况，但是，学校又必须促进教育的内涵发展。在这样的双重压力下，学校不能按旧观念、旧思路，否则就会失去创新的动力和智慧，疲于应付，所以育鹰系统地进行课程创新。

二、彩羽计划的内容和实施策略

（一）主要内容

“彩羽计划”是基于小班化教育理念的新一轮课程建设计划，总的任务是通过五年的时间（2013 年—2017 年），建立起促进每只雏鹰自主飞翔的课程体系，具体包括五个方面的内容。

1. 学校文化创新

（1）塑造育鹰特色。学校塑造校名文化，由“育鹰”办学理念出发，形成课程建设“彩羽计划”，再到一系列与此相关的工作项目。如建设学生成长档案数字化平台“彩羽星空”，开展“彩羽之星”评选活动，开展新教师“新羽沙龙”校本培训，组建学生“彩语”记者团和“彩语”文学社等。

（2）营造创新氛围。学校组织骨干教师和部分青年教师开展课题研究、建设创新项目、开发校本课程、创新节庆活动、组织论坛和沙龙等，传播新的课程理念，培养创新精神，形成积极创新的势头，为开展小班化教育的实践研究提供精神动力。

（3）打造内涵项目。“彩羽计划”要培育对学生终身发展具有奠基作用的教育项目，冲淡功利化思想。因此学校建设九年一贯制的年级组励志教育主题序列，开展“放飞梦想”的数字化创意夏令营，建设“快乐心田”生命教育种植体验基地等。

2. 学校环境创新

（1）传播书香气息。小班化教育所追求的小班是一个爱书香和分享书香的团队，学生具有与书为友，做书的知音的品质。这也是培养目标“知书”的内在要求。“彩羽计划”包含了校园书香气息的传播，如墙面和橱窗中的书香、学校图书馆、走廊书香驿站、食堂书刊栏、教室和办公室的书香角以及“彩语飞扬”诗会、经典诵读等活动。

（2）建设校园生态。小班化教育需要多样化的学习方式，也包括环境中熏陶学习。因此，“彩羽计划”注重校园育人的生态环境，学校在盆景布置、植物种植、景观建设等项目中，让学生一起参与，培育促进学生身心健康成长的生态环境。例如，让学生在校园的景观石上题写“快乐家园”、“结伴飞翔”，形成育鹰主题小花园。

（3）创造温馨时刻。关注每个学生的成长，需要温馨的环境。“彩羽计划”也包括校园温馨氛围的营造，如温馨办公室、温馨教室等环境建设和结伴互助、志愿者服务等温馨项目的实施。

3. 学校课程创新

（1）提升课程理念。“彩羽计划”引导育鹰的教师学习和体验小班化教育的课程理念，体现五个“不”：不把知识学习作为唯一目标、不把灌输式作为主要方式、不能将全体学生同质化、不能忽视任何一个学生的个性和需求、不能只重视结果而忽视过程等。

（2）优化课程内容。小班化教育注重学生多样化、个性化的学习需求，这就要求学校在课程内容设置中要“因需而设”，而不是传统的“因设而学”。“彩羽计划”在课程内容建设上注重两方面，一是国家课程和地方课程的校本化实施，在进度、难度、深度等方面，基于课程标准进行灵活安排。例如，我校学生的数学学习能力较强，学校便开设基于基础型课程的拓展型课程“魅力数学”。二是开设丰富的校本课程，使学生接触到多样化的、具有时代感的课程。例如，学校开设“社区探究”“音乐动漫”“3D创形”“数字美文”“微电影制作”等课程。

(3) 转变教学方式。转变教学方式是实践小班化教育理念的必然要求，也是难点所在。“彩羽计划”希望教师根据“助飞每只雏鹰自主飞翔”的理念，更新课堂教学的价值观、教学设计思路、教学手段、学习方式和评价方式等。因此，育鹰提出“学创融合”的课堂教学形态特征，注重学生自主建构知识和应用知识的活动过程，使学习与创造融为一体。

4. 学校资源创新

(1) 提升师资水平。提出“彩羽计划”后，学校以培养教师开展小班化教育的实践能力为重点，推进师训工作，夯实师资保障。一是针对全校教职工的理念培训，包括上海市学生学业质量绿色指标的学习、小班化教育理念的学习和“彩羽计划”课程建设方案的学习；二是针对部分教师的专题培训，包括课程建设领导小组的培训、小班化教育课题组成员的培训、骨干教师“学创融合”课型研究、“温馨班级”案例分享以及各个创新项目组的专题培训等。

(2) 丰富学习平台。教育理念的变化需要新的教学平台作为支撑，根据小班化教育的理念，学校要使学习平台更加多样化、个性化，并增强体验性。在日常课堂教学中，我们全部使用互动电视，增强课堂学习过程中的即时互动；开展“云课堂”实验项目，学习使用移动学习终端进行学习；参加数字化课程资源环境下的英语教学项目和网络主题教育课程应用项目；建设“数字化创意实验室”“生命教育种植体验基地”等。

(3) 拓展教育时空。为培养学生的社会实践能力和自主学习能力，丰富学生的成长体验和学习方式，学校还与家长、社区一起拓展学生学习的时间和空间。“彩羽计划”中也包括针对全体学生和部分学生而开设的校外课程，如博物馆课程、高校和科技园区体验课程、暑期社会实践课程、长时段探究性作业、网络学习课程等。

5. 学校评价创新

(1) 转变评价理念。评价是一个通过系统的信息收集与处理来进行测评和价值认定的过程，其核心目的是实现价值增值。“彩羽计划”注重评价理念的更新，既重视上级部门和社会对学校的评价，也注重学校对办学情况的自我评价；既注重评价对教师的考核功能，更重视评价对教师的激励作用；既注重对学生学习成绩的评价，还注重对学生综合素养的评价；既注重总结性评价，也注重过程性评价等。

（2）应用绿色指标。小班化教育理念所要求的评价指标体系与上海市学生学业质量评价指标有许多内在的一致性，都是要促进学生快乐、自信、健康、个性化成长和思维能力发展等。在“彩羽计划”中，育鹰根据这些指标，设计校本化的“学生快乐成长指数”调查问卷，改进课堂教学的评价量表，优化学校对教师业务的评价内容，建立反映学生综合素养发展过程的数字化平台“彩羽星空”等。

（3）优化评价方法。根据评价理念和指标的变化，学校必将优化评价方法。“彩羽计划”包括了评价方法的更新，主要表现在三个方面：一是评价主体多维，有外在评价、自我评价、小组评价等；二是评价方式多元，有问卷调查、访谈描述、课堂观察等；三是评价工具多样，有纸质工具、网络工具、多媒体工具等。例如，针对学生的课堂学习表现，教师采用“小组星级评价”，学生以小组为单位摘取“星星”，用“星星”来换取相应的奖励，从而激发小组的合作精神；学校利用“云平台”开展课堂学习作品互动点评和学习效果即时评价，提高课堂教学效果。

（二）实施策略

回顾 2013 年至 2015 年这段时间中的工作，育鹰以开展小班化教育研究为契机来制定和实施“彩羽计划”，主要的行动策略有四个。

第一，顶层设计先行，整体推进的策略。校务会议决定，由校长领导科研骨干，形成一个团队，开展调研，分析校情，征求意见，提出学校发展的新建议。团队形成“彩羽计划”初步框架后，在不同层面听取意见，形成共识，再系统设计，并纳入学校新的发展规划。顶层设计确保了学校的各项工作处于整体的发展计划之中，有理念和方向的指导。在具体的工作中，适时开展预设的项目，或者从实践中生发出新的项目充实到设计中。

第二，巧妙分解任务，团队协作的策略。来自顶层设计的课程建设计划包含许多具体的任务，为减轻压力、确保质量，就必须适时适量地分解任务。一是把任务分解到不同的时间段去完成，二是把任务分解给教师团队，形成骨干先行、逐步跟上、团队协作的机制。

第三，重点项目引领，渐进拓展的策略。在“彩羽计划”实施过程中，各个项目之间并非完全独立，而是一个有机的整体。所以，学校以重点项目为抓手，将其他项目变为重点项目的子项目，形成一个项目群。学校的重点项目有四个，包括两个市级课题、两个区级课题以及三个密切相关的市、区级项目，这些课题都与小班化个性化教育相关，从不同维度渐进式展开对小班化教育理念的实践研究。

第四，总结阶段成效，评价激励的策略。在实施“彩羽计划”的过程中，育鹰注视五方面的成效反馈，使创新活动取得的成效及时变成推动后续创新的力量。一是撰写案例，组织教师撰写小班化教育研究和实践中得到的案例，进行分析和提炼；二是成果汇编，组织教师合作编撰《魅力数学》《数字创意》《杏坛彩语》等校本教材或论文集；三是展示活动，组织教师通过教学开放日、研讨周、课题展示课等形式，进行小班化教育的教学展示；四是媒体宣传，学校重视校内外媒体对“彩羽计划”有关的宣传报道，营造积极的社会环境；五是总结提炼，学校利用制定年度课程计划、三年发展规划、年度工作计划、向上级部门汇报工作等，对“彩羽计划”进行总结、提炼和修正，不断深化认识，梳理思路。

三、落实彩羽计划的创新型项目

（一）“快乐飞翔”——学校文化培育

实施小班化教育，倡导让学生快乐学习、快乐成长的理念，育鹰以《创建“育鹰快乐家园”——九年一贯制学校德育工作机制的实践研究》为抓手，培育“快乐飞翔”的学校文化，通过九年一贯制的主题教育序列——“爱人爱己”（一、二年级）、知书达理（三、四年级）、乐学自信（五年级）、规范自律（六年级）、明理处事（七年级）、立志奋飞（八年级）、超越自我（九年级），使每一位学生认知、体验、感恩、创造和呵护快乐，成为快乐的小主人，共同创造温馨的班级和温馨的校园。

（二）“七彩课程”——课程体系重构

根据“育鹰”理念，从培养目标的角度设计了“七色彩羽”课程结构，包括健康之羽、习惯之羽、兴趣之羽、情感之羽、慧知之羽、惠德之羽、理想之羽。课程内容涵盖了基础型、拓展型、探究型三类课程，一方面突出了各门课程的育人价值，另一方面也便于学校根据学生发展的实际需要来强化校本课程建设，针对薄弱领域和学校特色领域，开发新的校本课程，丰富学生的学习内容和形式。

（三）“学创融合”——教学方式转变

学生的成长是发挥自身力量并利用外部帮助来塑造一个新的自我的过

程。基于这样的理解，育鹰在小班化教育的实践中，提出“创造型教学”的教学思想，建设“学习与创造融合”的创智课堂。这样的课堂中，既有知识的传承，又有知识的创新。师生既探究知识的学科内涵又理解知识背后的思想方法和精神价值，促进教师的教和学生的学分别向“研教结合”、“学创融合”的形态转变。建构学生的“学创融合”学习方式是“彩羽计划”的主体项目之一。

1. “学创融合”教学行动五个理念

（1）培养学生的自主创新精神和能力比传授知识更重要。

（2）引导学生把学习活动变成从多方面创新自己的过程。

（3）要把课堂教学设计为师生一起进行自我创新的平台。

（4）要根据学生的个体差异来设计出不同的创新着力点。

（5）学生在创新过程中的表现需要得到及时有效的指导。

2. “学创融合”教学设计五个要点

（1）明晰教学内容重点并由此来组织本节课的知识树图。

（2）预估学生兴趣源点并由此来设计本科课的情景导入。

（3）设计创新思维激活点并由此来铺设问题和思维支架。

（4）预设个性化教育的关注点并由此设计分层分类辅导。

（5）设计活动环节的时间节点并由此把握课堂教学节奏。

3. “学创融合”教学目标五个效度

（1）强化管理目标的达成度。学校制定《教学常规“五环节”和课程实施“五点”要求的执行计划》，明确管理目标、任务要求、评价方法。通过“推门听课”“教学公开课”“学生问卷”“学创融合”“案例撰写”“教学比赛”“教师微论坛”等方式来促进教师“学创融合”课堂建设能力的提升。

（2）强化教研备课的实效度。教研组着力分析本学科的课程标准、考试动向、学生特点、教学方法和教研组资源共享方式等，培育适合我校学生特点的学科学习文化。备课组分析教材、班级和学生特点、讨论进度和过程性目标检测与优化举措，既有备课组的共性，又有教师的个性。同时，开设好本年级组的学科提优、帮困工作以及探究型、拓展型课程建设。

（3）强化课堂教学的有效度。注重学习习惯培养、学习方法指导和学习兴趣激发。认真落实预设的教学目标，合理调整当堂生成的教学目标，在课堂上关注每个学生，给学生有主动学习的情境。恰当使用教学多媒体技术，选择多样灵活的教学方法。将“评价”引入课堂，在评价中检测、引导和激励学生。

(4) 强化作业设计的契合度。作业设计与课堂学习有机结合,相互衔接,杜绝量多质滥,要求难度适切,体现差异性、针对性,减轻学生不必要的课业负担。

(5) 强化质量分析的精准度。落实自上而下、层层负责的质量责任制和自下而上、层层分析的质量分析制。考试之后,以"小分分析"为基础,"动态分析"为视角,从教师—备课组—年级组—学校,逐层进行质量分析,重在发现不足,提出针对性的改进措施,并跟踪措施落实情况。

(四)"彩羽星空"——绿色评价平台

实施小班化个性化教育的前提条件之一是教师能够尽可能多方面、及时、准确地了解每个学生的成长情况,因此,"彩羽计划"提出一个关于过程性评价的项目,即建设数字化的学生成长档案——"彩羽星空"。2014 年 10 月,"彩羽星空"网络平台建成,2015 年进入试用和修订阶段,2016 年推进,期待在 2017 年能够呈现出每只雏鹰的"彩羽星空"。

与"彩羽星空"相关联,学校自 2015 年起,开展校级和年级组层面的"彩羽之星"评选活动,让这些"星星"在育鹰校园闪烁光芒,引领每一位雏鹰展翅飞翔。

(五)"校际联盟"——课程资源空间

新的理念、项目、实验要进入教学第一线,需要丰富的课程资源,特别是教师创新活力的激发和专业素养的提升,所以"彩羽计划"中包括了建设校际教育联盟的项目,以开放办学的姿态,把本校与外校联结起来谋划,利用联盟的团体力量,实现校际间的资源共享、项目共建、成果共赢。目前,育鹰已有如下一些校际联盟。

——"东方丽鹰"学校联盟。以育鹰学校为组长单位,携手江苏省如东县实验中学、浙江省丽水市实验学校、上海奉贤区金汇学校,开展校际间的办学思想、课程文化、学科教学、学生实践、教育信息化等领域的交流和合作。其中,教师之间的联合教研、学生的"梦飞翔"夏令营为主打项目,为师生提供了交流学习和合作研究的新平台。

——"新绿创梦"联合体。上海市三门中学携手我校、上海理工大学附属初级中学、上海市同大实验学校组成以绿色指标课堂评价为重点的教科研联合体,重点关注小班化课堂教学中师生关系和学生思维能力培养两个点,形成以数理化学科"课堂观察"为抓手来优化教学设计、教学方式和课堂评价的合作项目，并延伸出“新绿杯”和“创梦杯”教学比赛、学习竞赛和师生论坛等实践项目。

——其他类型的校际联盟。例如，我校与上海市辽阳中学等结成以英语学科为主的党建联合体，与上海市新大桥中学等学校结成以语文学科为主的教研联合体，参加上海市复旦二附中牵头的集团化办学联盟，还有杨浦区域内的九年一贯制学校课题研究组，与上海（杨浦）科技创新中心作为共建单位等等，以这些项目引导教师学习、研究、实验新的教育教学理念和方法。

四、彩羽计划的成效与发展期盼

（一）主要成效

育鹰提出“彩羽计划”两年多来，对学校的发展起到了整体推进作用，学校师生、家长和社区已经广泛认同这一计划，为学校构造出小班化教育所需要的生态环境，使学校在队伍建设、教育教学、校园建设等方面取得了一系列成效，学校进入了快速发展期。学校的《为雏鹰奋飞插上七彩之羽》被区教育局评为优秀课程计划，成为区德育先进集体、区行为规范示范学校、区教育科研先进集体。学校连续两年在办学绩效考核中获得优秀。一批中青年教师在“彩羽计划”的实施过程中脱颖而出，有七位教师开设新的彩羽课程，两位教师在上海市百花杯教学比赛获得二等奖，三位教师在信息技术教学方面获得全国一等奖等。

更重要的是，学生得到了快乐成长。“彩羽计划”中的新理念、新平台、新项目、新课程丰富了学生的学习内容和形式。例如，建设了“心灵晴空”“数字创意实验室”“3D 创意作坊”“漫游星空创新实验室”“快乐心田”“梦飞翔夏令营”“彩羽星空”等体验式学习平台，开设了“音乐动漫”“社区探究”“魅力数学”“数字美文”“微电影制作”等新的课程。在个性化教育方面，学校推出了“助燃希望”“英语冲浪”“彩语诗会”“名师讲坛”“爱心结伴”等项目。这两年，我校初三毕业生在学业上连续获得进步，学校还在区初三工作会议上介绍经验。学生在兴趣特长方面也出现新的亮点，我校学生合唱团在区学生艺术节上获得一等奖，一位学生获得上海市阳光少年提名奖，一位学生成为地级市作协会员并被《当代教育周刊》评为“当代小诗人”等。我校的特教工作也得到社会认可，杨浦区教育局在我校召开了特教工作推进会。

（二）发展期盼

“彩羽计划”的主要时间段是从 2013 年到 2017 年，至今为止，已经完成整体布局,系列主体项目已经进入实施阶段。在接下来的两年中,育鹰将以新的三年发展规划为指南,以小班教育助飞每只雏鹰为核心目标,着重从三个方面来推进小班化教育的研究和实践。一是“学创融合”课型的研究。把小班化“学创融合”课型作为新一轮校本研修项目,使小班化教育理念转化为具体的教学方式。二是“彩羽星空”平台的应用,进一步优化学生的个性化发展需求和成长档案的建设工作,使每个学生在课堂学习、校园生活、家庭生活、社会实践等方面的成长信息融入到“彩羽星空”中,让这些过程性信息成为促进学生个性化成长的教育资源。三是“小班云课堂”建设,建立实验班,让多个学科的日常课堂教学、作业、家校互动、班级建设等综合使用云平台,借助信息技术优势来进一步研究个别化辅导、分层教学、课堂互动、即时评价、合作学习、在线学习、学生学习数据分析等内容。

(执笔:张　清　陈　前)

[专家点评]

小班化教育是以班额较小(一般而言,不超过 30 人)为前提的,但是,这个前提条件只是必要条件,而不是充分条件。“小班额”加上“小班化教育理念”才能导出小班化教育实践。一个关键的问题是,学校教师群体的小班化教育理念以及相应的实践动力来自何处?有这样一种情况:某几位教师热爱学习,敢于创新,而且能力很强,于是自觉开展小班化教育的研究和实践,取得成效,引起全校其他教师的关注,带动大家一起来研究和实践。这是一种从局部到整体的创新模式。

上海市育鹰学校(以下简称“育鹰”)还提供了另外一种模式,通过顶层设计,从整体上进行谋划,将小班化教育理念融合在学校的课程建设的各个环节之中。在这个新的课程框架下,教师的实践和创新就有了共同愿景,清晰的蓝图。

这种顶层设计的能力就是课程领导力。育鹰推进小班化教育的主要策略就是以课程领导力建设为核心,实现“从整体到局部、再从局部到整体”的发展思路。从学校《“彩羽计划”助飞每只雏鹰》这一主体报告和相关联的五个案例中我们可以看到实践中的鲜活经验。

事实上,学校的整体发展一定和学校的整体设计分不开,而整体设计就需要学校的课程领导力。育鹰整体推进小班化教育，是自2013年参加区小班化教育工作室开始的。不到三年的时间，取得了比较丰硕的实践成果。这些实践，让我们看到，育鹰的做法是有效的，是有亮点和经验的，值得其他学校借鉴。

一、以小班化教育的理想践行课程领导力的关键内核

课程领导力主要包括学校课程计划编制能力、学科建设能力、课程评价能力和课程管理能力等。这些能力的精神内核是学校的办学理想，理想是聚集和提升各种能力的本源动力。育鹰学校的理想是助飞每只雏鹰，通过彩羽课程体系（健康之羽、习惯之羽、情感之羽、兴趣之羽、慧知之羽、惠德之羽和理想之羽），把每一位学生都培养成展翅奋飞之鹰。这一理想，为教育实践提供了精神动力和具体目标。例如，我们从《你衔枝来我衔泥》这个案例中可以看出，学校努力为每一位学生的成长提供切实的帮助。

二、将小班化教育理念融入到年度课程计划编制之中

课程计划是学校实施教育的总的指南，学校课程领导力的主要着力点是课程计划的编制与实施。学校课程计划不是课表的安排，而是对学校育人理念、学校课程体系、课程实施方法、课程资源平台、课程评价方法等的系统规划，规划的过程就是创新的过程。育鹰学校以课程计划的编制为契机，将小班化教育理念融入进来，引导出新的思路和项目。例如，为满足学生个性化成长，两年多时间中推出《社区探究》《音乐动漫》《3D创形》《数字美文》《微电影制作》等新的校本课程。

三、以系统化思维来创新小班化教育实践

衡量学校课程领导力强弱的指标之一就是看课程计划的系统性。育鹰从整体出发，系统化思考小班化教育。从《“彩羽计划”助飞每只雏鹰》中可以看出，育鹰从“学校文化创新”“学校环境创新”“学校课程创新”“学校资源创新”“学校评价创新”等维度来推进小班个性化教育，其中，每一个维度又有丰富的内涵，比如，课程创新中又包含“提升课程理念”“优化课程内容”“转变教学方式”等内容。

四、通过顶层设计的创新项目来承载小班化教育思想

学校课程领导力不仅体现在课程设计层面，更重要的是要通过项目实践来改进教育教学和管理工作。育鹰以市级课题和参加区级的创新项目、研究课题为契机，融入小班化教育理念，基于顶层设计，推出系列创新项目。例如，

“我们一起摘星星”体现了创新项目“彩羽星空”对于评价的促进作用,“携手跨越思维的台阶”“随着‘云’彩飘起来”体现了“创智云课堂”项目对于改进课堂教学方式的促进作用。这些项目的实施正在引领教师教育教学理念的转变,语文教学案例《让“配角”变为“主角”》可以印证这一点。

五、以“凝聚力”和“持续性支持”推进学校课程共同体的成长

课程领导不是校长一人的事,而是以校长为核心的团队使命。这个团队包括校级领导,也包括中层干部、骨干教师等,主体成员是校级领导。要整体推进小班化教育,就必须有坚强的领导团队。育鹰做到了这一点,具备了这样的课程领导力,所以能系统设计和实施创新项目。管理案例《你衔枝来我衔泥》中的三个故事正是从这个角度来思考的,由此,也看出育鹰的领导团队本身意识到了团队领导力量的重要价值,所以不但在实践培育和应用这种力量,还在这样一组文章中提供这个案例。

“一所学校只有具备高效的课程领导力,才能面对未来社会的需求与挑战,并在实践中逐步形成特色,积淀文化……”育鹰学校推进小班化教育实践所提供的生动案例,告诉我们小班化教育最终要落实到每个教师的课堂上和学校每个活动之中,最终实现学生发展、教师发展和学校发展。我们相信,假以时日,育鹰的校园中一定会在各个层面、各个角度创造出更多、更精彩的小班化教育实践。

(上海市教委教研室　韩艳梅)

案例

你衔枝来我衔泥

张春霞

近年来，学校开展旨在助飞每只“雏鹰”的“彩羽计划”，一系列新的项目相继启动。在实践过程中，也遇到一些问题和困难。如果把“实施一个项目”称为“筑一个巢”的话，则需要团队合力来完成，你衔枝来我衔泥，共铸学校创新发展的支撑平台。

一、“彩羽之星”的诞生

2013 年，学校制定新的课程计划，为体现“把每一位学生都培养成展翅奋飞之鹰”这一核心理念，提出“彩羽计划”，意即要建立更加丰富、更具个性的课程来培育学生的羽翼。把学校的课程创新称为“彩羽计划”，有些抽象，相当大的一部分教师不理解，甚至还认为是在搞花头。学校领导班子统一思想，一致认为:没有关系，慢慢来。

2014 年，学校在课程计划中又提出了“彩羽星空”这个词。它是学生综合成长数字化档案平台，从健康、习惯、兴趣、情感、慧知、惠德、理想这七彩之羽的维度来记录学生的成长足迹。这个创新项目更是无法得到一些一线教职工的理解。校领导班子形成共识:虽然教师一时还不能理解和使用，但是可以让部分年级、部分教师先用起来，由点到面，逐步推广。

2014 年下半年，以基准教学中的评价改革为契机，小学部率先开展“雏鹰摘星星”活动，把学生的亮点视为一颗颗星星，别在学生的“彩羽星空”主页上。这个做法，第一次将“彩羽星空”应用于教育教学，得到专家、学生、家长的认可，老师们开始关注“彩羽星空”的使用价值。

2015 年上半年，学校领导班子商议，根据“七色彩羽”课程评选 7 类“彩羽之星”。学校党支部牵头，组织师生代表讨论七类“彩羽之星”的类别、名称和评选办法，在全校启动“健康之星”“习惯之星”“学习之星”“惠德之星”“科技之星”“励志之星”的评选工作。

有了领导班子的共识和坚持，目前，“彩羽计划”已经得到绝大多数师生的认可，正在发挥课程建设蓝图的指导作用。

二、“快乐心田”的耕耘

在“育鹰快乐家园金点子”的征集中，有部分老师和学生建议学校建立一个小的生态园，让学生在种植中体验生命的成长经验和成功感。这一提议得到大家的认同，校长与总务主任负责菜地的基础建设，副校长和生命科学教师负责组织学生志愿者开始种植实验。

经过一年的尝试后，《快乐心田》生命科学体验式课程方案得以形成，从菜地的土地整理、形象设计、种植计划、过程管理、成果分享等角度进行规划，菜地焕然一新，但是，到翻地、播种、为作物搭支架、收割等环节时，参与该课程的人手不够用。

针对这个问题，党支部书记建议在教师党团员中招募“快乐心田”志愿者，得到了党团员的积极响应，大家都表示愿意做志愿者。于是，党支部以三个党小组和教师团员组织为单位，开展志愿者活动，将“快乐心田”作为党、团员教师服务师生的一个基地，解决了人手不够的问题。

三、“结伴雏鹰”的自觉

中学部有这样三位学生：Y 同学是肢体三等残疾学生，行动不方便，学习能力与其他同学相比有较大差距。K 同学看上去很活泼，但是学习能力很差。S 同学是一位女同学，父母离异，跟着母亲和外婆住。这三位学生的发展需求各不一样：

Y 同学需要老师和同学接纳他，和他交往，帮助他进行康复训练。特别是不能歧视他，要为他创造一个非常友好、平等、励志的环境；K 同学的学习不好，但是家长和他自身比较要强，于是形成“想学好但又学不好”的矛盾，要克服自卑心理，同时又要避免其他同学对他的嘲讽；S 同学学习还可以，但是，她的家庭不温馨，经常和其他学校的学生在外面玩，晚上不睡觉，第二天到学校来补瞌睡，甚至干脆不上课。

校领导班子商议，由班子成员分别与三位学生结对。大家分头了解这三位学生的性格、家庭情况、班级情况，一起分析，讨论帮助的方法，并且共享各自结对的信息，分享经验，分析问题，一起出点子，一起行动，携手呵护学生的健康成长。

四、分析

为推进小班个性化教育，学校启动一批新的项目，建设一批新的校本课程。当创新项目遇到老师不理解、资源不够、脱离实际、成效不明显等困难时，领导班子之间的精诚协作就非常重要。就上面的三个故事而言，有三点启示：

（一）合力支持创新项目

创新有难度、有风险。当班子成员提出创新设想的时候，其他人不能拆台，而是主动参与设计。当项目遇到困难的时候，其他成员不能袖手旁观，更不能说风凉话，而是要主动支撑一把。“彩羽计划”的推进过程就是一个班子携手创新的过程。

（二）打破领导分工界线

学校工作内容很多，有些领域在某段时间会面临重担和挑战。这时，不能把责任完全推到分管的领导身上，也不能有“不是我分管的就不便参与”这样的心理，而是要大家参与，不记个人得失，形成合力。“快乐心田”这个项目，就是这样的案例，发挥党支部的力量来推进课程建设。

（三）共铸学生成长基石

班主任、任课教师、职工、组长、中层干部等都有自己的岗位职责。但是，领导班子不能就此不管，要在教师层面之上，再为学生的发展构筑支撑平台，例如，直接参与困难学生的帮辅工作和特长学生的助飞工作。

我们一起摘星星

刘　萍

在开展小班个性化教育的研究实践中，学校建立了记录学生成长足迹的数字化档案平台“彩羽星空”。学生的亮点就如星星，每个学生都努力创造自己的亮点，摘取更多的星星，别在网站主页上。这为教师开展个性化评价、实施个性化教育提供了新的数据资源。

一、缘起

走进门，他很紧张，怯怯的，眼睛看也不敢看，努努嘴叫了一声：“校长，您找我……”

我看着他，一个挺秀气、挺精神的小男孩：“哦，是小熙同学吧，来，请过来坐。”

他不肯过来，貌似犯了一个“不可饶恕”的错误：前些天，他故意把校园的杜鹃花踩踏掉了一大块。

按照以往，该是一顿狠狠的批评。其实，老师也已经严厉教育过他了，他也知道错了。但我此时请他过来，并不是想深究他的踩踏错误，而是想听听他对踩踏杜鹃花有什么说的，他的真实想法到底是什么？他为什么这么做？

这也是我们思考“小班个性化评价”的一个现实存在课题。

二、调查

“小熙同学，听你们老师说，你知道踩踏杜鹃花是错的，是吗？可它错在哪里呢？”我上前，温和地问。

“老师、同学都说我这是破坏绿化行为……”他有点不情愿地嗫嚅着。

“那你以为呢，是不是破坏绿化行为呀？”我紧问。

“不……不是……是的……校长，校长，我……我是因为觉得，觉得花坛里的花儿不好看，所以才……”他语无伦次，最终还是道出了自己的真实思想。

“花坛里的花儿不好看……”这是小熙同学踩踏杜鹃花的缘由所在，因为不好看，所以踩踏掉，因果很明确，好像说的也有理。

三、分析

从教二十八年来，我还是第一次遇到：一个一年级学生，居然为自己的错误堂而皇之地寻找这样一个“正当”的理由。

随之，凭借教育的敏感度，我隐隐感到，这是一个调皮却有自己主见的孩子，非比寻常。

马上，我的脑海里出现了他在育鹰“彩羽星空”网站里写的个人主页：

“一个性格开朗、嘻哈玩闹的小学生，学习成绩好比过过山车，忽上忽下，让小头爸爸的心也跟着动荡不安。自己的爱好很多，象棋、钓鱼、旅游、阅读等，自己想充分体验生活的快乐，与小头爸爸快乐成长。”

语句组织很有个性，自我介绍蛮有特色，出自一个刚入学不到一年的学生之手，有点不简单。

“我的梦想——建筑设计师”。个人理想具有创造性，更有挑战性，是一个追求现代、时尚和进步的高层次职业。

“校长，是真的不好看……”他不但把踩踏杜鹃花的事一五一十全抖搂了出来，还再三说自己破坏绿化是错误的，态度很诚恳，思路也挺清晰，紧接着在交谈中，他告诉了我，在老师的教育帮助下，他在教室里种了五盆花，而且会每隔三天就去为花儿浇水……

四、引导

哦，我眼睛一亮，感觉这孩子越来越有意思了：“小熙同学，那你能不能告诉老师，你种了哪五盆花？都叫什么名字？还有，为什么要种这五盆花啊？”

我的急切，是想为他踩踏坏杜鹃花寻找到一个真正的理由。

“校长，是这五盆花，”他开始眉飞色舞起来，“风信子，它还有洋名，叫洋水仙、五色水仙；金钱草，原名可叫马蹄金；栀子花，又叫栀子、黄栀子；火祭，别名叫秋火莲；幸运草，又叫四叶草……那都是很好看的花哎，校长。”

他一边如数家珍说着花名，一边慢慢地没了先前的紧张感，讲述越发滔滔不绝，特别说到“花好看”，更是把眼睛定定地看着我。接着，他更是快活地讲述他为这些花儿所做的一切，选花、贴标签、修整……直至说到其中一盆花的枯萎，显示出难过和沮丧。

我渐渐明白了，在他的叙述中感觉到，我们的教育缺失了什么：个性引导，个性尊重，个性评价，需要理解他个人的想法，纠正他错误的行为。

"小熙同学，老师知道，你是很喜欢花的，你踩踏花坛里的花是因为你感到杜鹃种在花坛里不好看，对吗？"几乎对上了他的胃口，只见他连连点头，真可谓知音难觅，知我者还是老师也，小熙同学的眼眶一下盈满了泪水。

五、惊喜

没过几天，我就在小熙同学的"彩羽星空"个人主页上陆续看到了这样几段话：

我的探究课题：杜鹃花的生活习性

我的牵挂：杜鹃杜鹃快快开花

我是班级小主人：我思考，我沟通，我是班级小主人

我最近的一个愿望：校园像花园，教室像庭院

……

春风如此温暖，引无数蜂蝶竞飞舞。漫步鲜花环绕的校园，花坛里一丛丛杜鹃花嫣红摇曳，我的心情是愉悦的，我也同样看到小熙同学的心情也是欢快的，因为我看到了他种在教室里的五盆花开得是那么鲜艳夺目。

六、分析

小班化教育的要务是进行个性化培育，这离不开基于事实的个性化评价。花很鲜艳，点缀在校园里，生机盎然，如若被人踩踏，理应遭到批评，但不问青红皂白，一顿训斥，冷落唾弃，表面看起来是惩罚了他犯的错，但实际问题并没有解决，我们应该有着更深层次的思考与评价。

首先，教师要"护花"。学生如花，假如有"花"受了一点伤，我们应该懂得呵护他，浇灌他，让他康复，健康成长。

其次，教师要"识花"。学生所做的事情，总有其原由。教师不论简单地给予定性，要综合多方面的信息，理解学生。

最后，教师要"育花"。批评不只是为了让学生认错，而是要结合学生个性，设计出学生能接受的新举措来培育学生。

让“配角”变为“主角”

徐　萍

到了初二年级，班里陆续有一些随迁子女转学回老家读书了，剩下的学生少了，这下真的是不折不扣的小班化教学了。这于我而言是个挑战！因为转走的多是一些课堂上惯常发言的“主角”，留下的很多人常扮演的是“配角”。

接下来，我岂不是要唱独角戏？不，我尝试利用小班化教育的独特优势，让“配角”变成“主角”。

【案例】

一、晏殊《浣溪沙》教学片段

《浣溪沙》共六句话。课堂上，我要求对疑难点质疑。生 1 首先质疑“去年”，我据此继续提问：

师：今年的情景为何会让作者联想到“去年”？（师不作解释，只是反复诵读“去年天气”“旧亭台”“似曾相识”。过一会儿，有同学恍然大悟）

生 1：因为去年也是这样的天气，所以作者就说是“去年天气”！

生 2：（惊喜地）作者去年也来过这儿！

师：何以见得？（学生情绪开始高涨，兴奋议论，生 2 更是高兴不已）

生 3：“似曾相识燕归来”，去年作者在这儿也见过燕。（慢慢地，以前的“配角”学生也参与了进来）

……

生 4：作者去年来过这儿，“旧”是说以前就见过“亭台”。（学生多投以钦佩的目光）

师继续提问并不作任何解释，只是反复诵读“小园香径独徘徊”。

生 5：（小心翼翼地）有没有可能“去年”不止作者一个人在这里？（学生头一下子就抬起来了，很吃惊）

师：依据是什么呢？

生5:作者很熟悉这里,有很多相似情景,但现在他非常孤独。眼前情景让他回忆过去,可能是因为过去给他留下了美好的回忆,所以有可能"去年"他在这里有朋友相伴。(很多学生欣喜地认同)

师:那去年他和朋友在这里可能会做什么呢?

生:(七嘴八舌)饮酒、赏花、作词、弹琴、下棋……

二、林莉《小巷深处》教学片段

《小巷深处》中有一组句子:"自我有记忆开始,家就是一张笨重的积满油腻的木桌,一碗拌着焦黄猪油渣的酱油饭,一杯用过期折价的奶粉冲调成的牛奶和一只好大好长的冰棍箱。"

这样的句子应该让它产生一点"蝴蝶效应"! 于是,我鼓励大家完成一组仿写"家是……"初稿、反馈、评讲,二稿甚至三稿后,得到许多很好的句子:

家是一张贴在冰箱上满是关切的便利贴。

家是一个晒满大大小小衣服的阳台。

家是一碗伴着芝麻酱的面条。

家是为你轻轻绾起发丝的人。

家是母亲悄悄放入我书包的一把伞。

家是小时候臭美时偷偷穿的母亲的高跟鞋。

家是一个以为嫌大却又永远塞不下的冰箱。

家是几把稀稀疏疏挨在一起的牙刷。

……

三、戏剧单元教学片段

初二的戏剧单元是初中生接触戏剧的唯一机会。抓住时机拓展阅读,学生就不会浅尝辄止。我给出古今中外的一些名篇:《窦娥冤》《茶馆》《哈姆雷特》……学生自由分组,选一部阅读,3周后以小组为单位开展读书交流。每组一位主讲,组员一起参与答疑,最后教师点评。利用零星时间,学生分工合作、阅读写作、争论、试讲、制作PPT……人尽其才! 最后,是学生交流展示:

生1:《雷雨》展现了一个悲剧,剪不断理还乱,老一辈的爱恨情仇,小一辈的纠纠缠缠。我最欣赏周繁漪,这个敢爱敢恨,结局却如此悲惨的女子。看完《雷雨》,我觉得很震撼。

生2:《雷雨》动人心魄,反映了阶级、伦理、亲情、爱情等之间的深刻矛盾。我看了也从心底为主人公感到悲伤。但连我自己都不敢相信的是,我竟然很喜欢这部悲剧作品。

生 3:《茶馆》里我最欣赏的是松二爷。他是旗人,胆小而懒散……但又不愿自食其力,仍旧留恋过去的生活,宁愿自己挨饿,也要喂鸟,可见他的善良。我觉得他让人嘲笑,但更主要的却是心酸。

……

四、分析

(一)合理化依托文本,等一等,鼓励个性发言

《语文课程标准》认为“阅读教学是学生、教师、文本之间对话的过程”。

教师要善于引导学生质疑文本,展开交流。《浣溪沙》的讲授课堂推进得慢,但课堂却成为多边、多向交流的平台,学生自主解读,相互切磋,思维逐步活跃了。从知之甚少,一知半解,到依托文本大胆假想、推理并论证,学生从“配角”变成了“主角”!

(二)面向每一个孩子,扶一扶,有效个性写作

小班化能提高每一个学生接受教育的充分程度。学生会受到更多关注,有更多机会展示自我。他们的细微成长在小范围内会得到重视肯定,在学习中做“主角”! 基于《小巷深处》的作业“家是……”从文本出发,贴近学生生活,学生有话可讲。由于学生数额不多,教师更能个别辅导,逐字逐句指导,让每个学生都展示个性,获得成功体验。

(三)内外结合分小组,推一推,倡导个性成长

小班化教育有利于引进课外“活水”,也提供了分组教育的时间空间,利于指导学生有效个性阅读。在戏剧拓展“读书交流会”中,学生以小组为单位,在组内互相带动,畅意交流,思想碰撞,智慧传递。小组之间相互竞争,互相激励,互相借鉴。这样,每位同学的积极性都被调动起来了,通过分工合作,每个人的特长都得到关注和展现。

经过一段时间的实践探索,我看到,学生们一个个熠熠生辉、个性张扬,用耀眼的光芒来证明自己不是永远的“配角”! 这,就是小班化教学带来的成功。

携手跨越思维的台阶

李　娜

培养学生的数学思维能力是数学教育的一项基本任务。但是,在日常教学中,会采取比较功利化的数学教学方式,没有用创造性的问题来激活学生的思维。导致这一做法的原因很多,例如,学生学习能力参差不齐,老师会顾虑思维能力不强的学生。再例如,课时比较紧张,没有充足的时间用来让学生去思考。面对这些问题,我们有解决办法吗?我的回答是:“有。”下面几个教学片段是我对此的体验。

一、设计“创新”问题,让学生思维跳跃起来

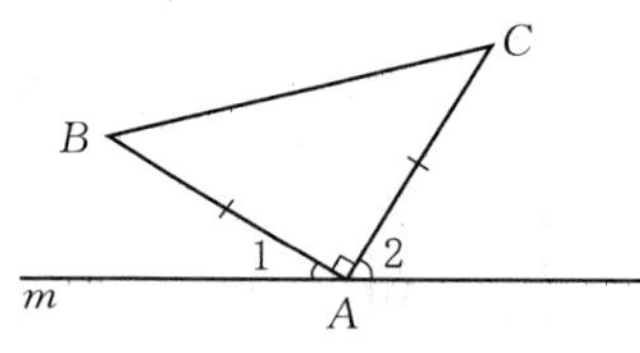

探究任务 1:如图,已知$\triangle ABC$为等腰直角三角形,$AB=AC$,直线m经过顶点A,$\angle 1 \neq \angle 2$。在直线m上找点D,E,创造出全等的$\triangle ABD$与$\triangle CAE$,并说明其全等的理由。

学习方法:全班 28 人,平均分为 7 个小组。提前一天,教师把学习单发给学生,各小组探索完成这个学习任务,把解决方法拍摄成微视频,在第二天的课堂上展示这些视频,并让大家来欣赏和点评、讨论。

成效:学生很兴奋,纷纷利用课间来讨论,用手机或 pad 来拍摄。在解说时,各个小组都反复排练,希望把汇报的思路理得更加清晰。例如有小组做出直角三角形,说明他们全等,而有些小组却先论证出要作的三角形必然是直角三角形。

二、设计“延伸”问题,让学生思维丰富起来

在完成第一个问题之后,教师追问:

探究任务 2:求出$\angle BDA$与$\angle CEA$的度数,他们与$\angle BAC$有什么数量关系。

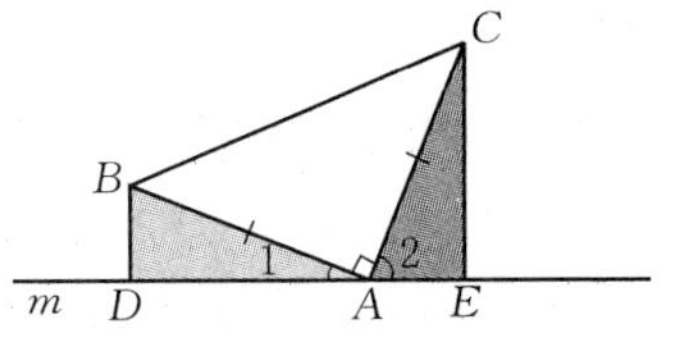

探究任务 3:线段 BD、CE、DE 有什么数量关系?为什么?

探究任务 4:如果 $\angle BDA=\angle CEA=\angle BAC$,$\triangle BDA$ 与$\triangle AEC$ 全等么?

学习方法:学生自主探索这些问题,举手抢答,其他同学来点评,老师给予适当引导和鼓励。

成效:学生顺利完成任务 2。关于任务 3,有同学注意到这个问题的好玩之处,就是把不共线的两条线段“加”在了一起,用第三条线段来表示它们的“和”。关于任务 4,有同学注意到它是任务 1 的逆命题,而且与三角形的三角和定理相关。

三、设计“类比”问题,让学生思维灵动起来

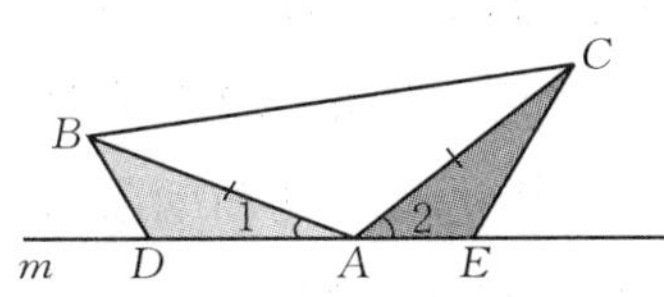

探究任务 5:如图,已知$\triangle ABC$ 为钝角等腰三角形,$AB=AC$,$\angle BAC=120°$,直线 m 经过顶点 A,$\angle 1\neq\angle 2$,在直线 m 上找点 D,E,使得$\triangle ABD$ 与$\triangle CAE$ 全等;并说明理由。求出$\angle BDA$ 与$\angle CEA$ 的度数,他们与$\angle BAC$ 有什么数量关系。线段 BD、CE、DE 有什么数量关系?为什么?如果 $\angle BDA=\angle CEA=\angle BAC$,$\triangle BDA$ 与$\triangle AEC$ 全等么?

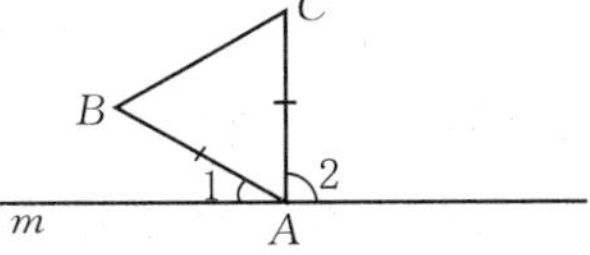

探究任务 6:如图,已知$\triangle ABC$ 为锐角等腰三角形,$AB=AC$,$\angle BAC=60°$,完成任务 5 中类似的问题。

学习方法:男同学完成任务 5,女同学完成任务 6,男生和女生比赛,大家的积极性很高。都想派出精兵强将来交流。这时,老师又说,要保证每一位男生和女生都弄懂各自的任务,由老师来抽查。于是,男生、女生都积极行动起来帮助自己的组员。

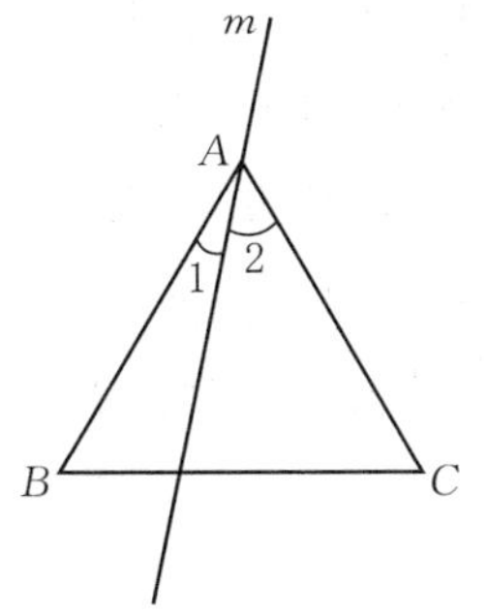

四、设计“梯度”问题,让学生思维紧张起来

探究任务 7:对于等边三角形,当直线 m 在$\angle BAC$ 内部时,在直线 m 上找点 D,E,使得$\triangle ABD$ 与$\triangle CAE$ 全等;并说明理由。求出$\angle BDA$ 与$\angle CEA$ 的度数,他们与$\angle BAC$ 有什么数量关系?线段 BD、CE、DE 有什么数量关系?为什么?当直线 m 在$\angle BAC$ 内部旋

转时，$\angle BDA$ 与 $\angle CEA$ 的度数会发生改变么？角度和线段数量关系会改变么？如果改变，说明如何变化，如果不变，请说明理由。

学习方法：还是以前面的 7 个小组为单位，进行小组合作学习。各自派出一位同学来交流本小组的研究结果。

学习成效：有些小组受 $\angle 1$ 与 $\angle 2$ 的度数大小或者直线 m 两侧的图形的大小的影响，从直观上感觉不到新的两个三角形的位置关系。但是，还是有小组很快推理出 $\angle BDA$ 与 $\angle CEA$ 的度数是 120 度，然后来说明如何构造这两个角。

五、分析

1. 设计思维的台阶，激发学生攀登的欲望，激活学生的思维。

本节课不是直接让学生通过“口述全等三角形的判定定理、性质定理”、“利用已知条件来证明三角形全等”等老套的方式来复习，而是抛出一个开放式的、创造型的问题来学生来回忆、比较、并选择判定定理。用高一级别的“构造任务”来促使学生自动去完成低一级别的知识学习。接下来的延伸问题、类比问题保持思维的高度，使学生的思维在同一水平上得到梳理和休息。而最后的梯度问题，又将思维推向一个新的高度，使学生的思维向更高的方向冲刺，经历更具挑战性的体验。

2. 设计多样化的组织方式，让每位学生积极参与，得到个性化关注。

小组学习、自主学习、男生和女生竞赛，既有内在的激励，也有组内的相互帮助，还有老师的关注，每个同学都参与到学习之中。特制微视频制作环节和交流时的互动点评环节，每个学生的积极性、主动性都得到激发，在推理、画图、制作、口头表达等方面有特长的学生更是得到展示的机会，同时也是对其他同学的激励。

3. 利用微视频制作，让学生利用闲暇时间，实现了在“做”中学。

7 个小组，不算多，老师关注 7 个小组的活动，在精力上可行。每个小组 4 个人，容易分工，每个人都有活干。利用手机、pad 等信息化工具制作微视频，很有趣味，激发学生的积极性。再加之，这个问题是开放性的，具有一定的难度，每个小组都有发挥才能的空间，可以从不同的角度创造精彩。因此，这样的制作过程，使学生在“做”实现自主和合作学习。还有，就是视频的交流展示和点评环节，为制作过程提供了内在动力。

随着“云”彩动起来

周　璇

一、网上搜索,自“动”学习

在对于“存储器”这一知识点进行授课时,当学生自我阅读教材以后,他们能很快回答我的第一个问题:储器分为哪几种? 回答:“分为内存储器和外存储器。”但当我出示第二个拓展要求:“内存分为哪几种?”“作用分别是什么?”这两个问题的时候,大多数学生只能回答内存有随机存储器,它的特点是断电以后信息会丢失。因为书本上只介绍了这个概念,当我有些小失望的时候,马上就有惊喜出现了,有位学生立刻想到借助于 pad 上网搜索关键字:内存+种类+特点,然后我将他的 pad 屏幕进行全班投影展示和分享、点评。

分析:在信息化飞速发展的当今社会,网络已经成为学生获取知识的新途径。当碰到对于书本上的讲解不理解或者对于书本上没有罗列的知识点的时候,可以借助“云”设备进行进一步的理解及拓展,养成自学的好习惯。

二、游戏环节,互“动”学习

在辨别“输入设备”和“输出设备”的时候,我罗列了很多设备的图片,然后找学生上台利用交互式电子白板直接拖动图片进行分类回答。这时候全班同学的眼神都集中在小 A 身上,大家会跟着小 A 答题的情况给出不同的反应,当答对时大家会非常安静点头示意,当答错时台下立刻会反应强烈:有的同学在下面喊:“错了! 错了!”更有些同学恨不得自己上台来作答。此时,我提醒大家在其他人回答问题的时候应保持安静,等作答完毕再举手提出疑问。果然,当小 A 回到座位后,小 B 同学说:“他错了,话筒应该是输出设备。”此时,其他同学反映更加强烈了:“明明对的,话筒相对于计算机是输入的,将声音信号输入计算机进行处理,再经过音响输出的。”此时小 B 同学一下子领悟了,脸红着坐下了,而我抓住机会对两位同学都进行表扬鼓励,课堂上大家就应该敢于表达自己的意见,这样通过讨论分享可以加深对知识的理解。

分析:由于本节课的知识点都非常的"抽象",学生在掌握理解方面有一定难度,因此借助于交互式白板的交互功能,设计根据分类来拖动图片的游戏环节,调动了学生的学习积极性。

三、即时反馈,鼓"动"学习

在学习完本课的理论知识以后,我设计了"知识大比拼"环节,利用三星pad的aischool云平台首先发送了备课时准备好的习题:4个判断题和4个选择题,看哪位同学回答得快、并且准确率高。随后,我请学生们合上书本,每个人独立的完成练习,然后提交上传。等待全部同学上传完毕以后,我立刻将每道题目的答题准确率投影给全班学生,这样可以非常直观的即时看到结果。接着针对错误率比较集中的几题,师生一起进行分析。然后我将每道题目的解析及每位学生自己的答题情况"反馈"到他们各自的pad,学生就可以看到自己每道题目的答题情况,然后根据解析再次进行学习理解,对于还不能理解的个别问题,组内同学可以相互讨论或者举手示意请老师来单独解答。

分析:利用pad,实现课堂的即时测试、反馈和个性化辅导,调动了学生的积极性,关注到整体的学习情况和个别化的需求,提高了教学目标达成度。

四、同伴合作,联"动"学习

当完成了整堂课的学习以后,学生以小组的形式进行同伴合作,完成"学习单"(将计算机系统进行系统性分类)。我提供给每组一张学习单,由组长带领组员首先完成学习单上的空格内容填写,然后拍照上传到aischool的讨论平台。对于完成速度较快的组,可以在这基础上进行拓展,将概念图进行补充延伸。同时,其他组的同学可以在平台进行即时的评价交流。值得指出的是在评价环节,当第一组的同学上传了学习单以后,其中一个空格填写错误,其他组的同学立刻进行了批改、评价并写明了理由,这样第一组的同学看到了评价以后马上进行了修改订正,通过这种学生之间的互评及学习的过程,有助于学生对知识点的巩固理解。还有一个意外收获是第四组的同学在快速准确的完成"学习单"以后,还进行了补充并上传,其他组的同学看到了他们的分享以后立刻给予优秀的评价,然后我再请他们组的代表进行了全班投影展示讲解,加深对知识点的理解。

分析:以小组为单位,完成学习任务。在小组交流展示环节,组和组之间的竞争激发了小组学习的主动性、荣誉感,小组之间的互动点评,达到各个组之间相互联动的效果。

市光学校

主报告

教师成长从这里起步

——小班背景下教师课堂成长的实践研究

市光学校

一、我们的机制建设

（一）建设研修培训机制，全面更新教师教学观念

教师既是自身成长的主体，也是实现课堂变革的主体。教师首先应该具有这种自我发展的意识和能力，才能在实践中变革课堂的同时促进自身的成长与发展。学校以科研室牵头，每学期实施教师小班研究专题培训。培训分为专题讲座、教学常规展示、课堂实践"三大板块"，内容涵盖"小班化教育理论与实践方法""小班化教学模式下的学生座位排放及合作小组的分工设计""小班化有效合作学习单的精心设计"等。依托小班化骨干队伍边学习边提升边扩大的培训方式，帮助更多的年轻教师提升小班教学理念，尽快掌握小班教学策略，胜任小班教学。

（二）建设课堂优化机制，改变教师课堂教学行为

1. 优化课堂教学设计，让小班教学理念在课堂体现。围绕课题研究，全面优化小班课堂教学设计，建立课堂教学新模式、提高课堂教学实效。改进教师小班课堂教学，突出以学生为中心的主体性原则，以能力为中心的全面性原则，以活动教学为重点的活动性原则，在实践中形成各具特色的课堂教学新模式，努力使小班课堂达到"四化"，即规范化、情感化、主体化、现代化。教师在课堂教学过程中，实施了"结构六优化"，即知能结构优化、时间结构优化、认知结构优化、信息结构优化、训练结构优化、创新结构优化。教师力争做到教风严谨、旁征博引、精于启发、工于点拨、详略得当、富有创造性，充分发挥小班课堂的整体效应。经过近年来的小班课堂教学实践，形成了"学生参与，教师引

导”的小班课堂教学设计模式。这一设计模式的主要目的是进一步激发学生的学习动机和兴趣，让学生参与到学习中来。因此，课堂教学设计中各个环节由教师来把控，引导学生主动参与课堂教学。教师从教师活动和学生活动两个方面完成教学设计，重点设计课堂上学生活动，关注教学设计中每个环节的设计意图。比如，青年教师虞芸在执教小学语文五年级教材《五彩池》一课时，把学生对课题的质疑串成教学线索。通过设计“要求明确，内容合理”的学习单让学生通过小组学习解决教学的难点；通过说话练习，让学生学习文本的写法，学会表达；通过朗读训练，让学生在读中体会语言文字的美，产生爱读书的兴趣；通过分层作业的设计，让不同层次的学生有选择的余地，有完成作业的能力，有效实现了从要我学到我要学的转变。

2. 开展课例研究，缩短观念到行为的距离。我们认识到，教学设计与真实的课堂教学行为之间依然存在一定的差距。为此，我校开展了以课例研究为载体，以破解小班课堂实际问题为主要内容的探究。采取同课异构、一课多人上、一课一人多次上、多课一人上等形式进行课例研究。每个课例都经历了“理论学习，指导设计；同伴互助，讨论修改；实施设计，观摩研讨；反思内化，重构设计”的过程。通过开展教师课堂教学自我诊断活动，要求每位教师通过记录自己认为最值得的一堂课的精彩片段，征求同伴的评价与建议，开展自我反思。老师们站在学生需求的角度，回顾教学设计与教学场景，汲取备课组老师的真知灼见，不断修改研讨，切实缩小理念与行为之间的距离。

3. 探索小班课堂教学策略，提升教师教学技能。经过实践，我们总结出参与合作、分层教学、兴趣教学、互动教学、多元评价等多样化教学策略。例如，朱红老师坚持在小班课堂教学中缩小学生差异的探索，按星级标准分层设计预习的要求：

一颗星能流利地朗读课文，不认识的字词要查阅字典标好读音。

二颗星理解文中重要的词语，特别是成语或者你不太理解的词语，并做好记录。

三颗星可尝试课后问题和完成课后习题。要求学生预习时能做就做。

四颗星完成老师事先设计的预习提纲。

一颗星的要求是100%的同学都要做，两颗星的要求是98%学生能做，因为即使是通过语境不能理解的词，可以借助字典等相关工具来完成。三颗星的要求则因人而异，可以尝试着完成能做的练习，一般有30%的学生能独立完成。四颗星的要求相对高些，但可以切实起到让学生把握文章重点的作用。这样的分层预习，促使了每一个学生在原有基础上向上一层次靠拢，向高层次发展，达到分层施教的目标。

王永力老师对实验教学开展个性化评价尝试。老师改进实验流程，即教师不对鲫鱼解剖的实验步骤详细讲解，只提供一份鲫鱼解剖的《学生自主评价指标》用于学生的自评和互评。课堂上，让学生的大脑有足够的"空白"时间，由他们去犯错误、走弯路，让学生拥有科学探究的经历和过程，使学生的学习由外在的压力逐步转向内在的需要，从而提高了学生学习生物知识的兴趣。

（三）建设校本教研机制，培养教师解决课堂问题的能力

为了落实教师既是新课改的实践探索者，又是新课程实施过程中具体问题的研究解决者的要求，我们通过建立有效的管理机制、充分发挥教研机构职能、积极探索校本教研形式、有效展开行动研究等多种途径，初步建立了以"自我反思、同伴互助、专业引领"为主要内容的校本教研制度，形成了探索、实践、研究校本教研主动、积极、自主的氛围。

1. 注重自我反思，引导教师在实践反思中成长。在骨干教师中开展"自我成长设计"活动，激发教师自我发展的意识，引领教师自我设计，制定出自我发展的近期计划和远期规划。

举办校本教研专题培训活动，引导全区骨干教师结合校本教研的三要素，掌握教后反思、课例反思、案例反思、教学日记、课堂记录、成长自述、对话日志等自我反思的途径和方法，并及时加以记载和撰写。

制定校本研修活动计划，定期开展学科教研。定期组织说课、上课、评课活动，给每位教师创设参与研究、自我反思的平台，鼓励教师对自己教学过程中的行为进行重新认识，并把自己在整个过程中的认识提升，写出课后教学反思及教育教学故事。

设置教师课堂成长展示日活动。每学期由科研室牵头，制订各年级展示日活动计划，各备课组落实展示日活动主题，教研组负责展示日活动的记载及评价工作，科研室期中、期末分两次进行资料归档，以备考核等使用。

2. 注重同伴互助，引导教师在专业共生中成长。同伴互助是提高教师教学能力、促进教师成长的重要途径。我校致力于为教师营造求真、求实、民主的教研环境，教师之间开放、合作、协调、支持、共享的专业对话的局面已形成，教师之间经验分享、学术互助、专业共生的氛围已形成。

加强集体备课，形成了“五点一线”备课样式。一是备起点。就是新知识在原有知识基础上的生长点。二是备重点，引导启发学生加强对重点内容的理解。三是备难点，根据教材内容的广度、深度和学生的基础来确定，注重分析，抓住关键，突破难点，使学生容易理解接受，消化吸收。四是备交点，抓住新旧知识的连接点，沟通知识间的纵横联系，形成知识网络，学生才能举一反三，更有利于灵活地运用知识。五是备疑点，结合学生的基础及实际能力，找准疑点，充分准备。一线是要备讲练结合线。主要是通过强化训练提高学生的空间想象能力及逻辑思维能力，教学中自始至终贯穿讲讲练练，练练讲讲，把训练当做一条主线。实践表明，集体备课既可优势互补，又可博采众长，还可为教师打开多种教学思路，使教师走出单兵作战的小圈子。

参与教研联合体，促进教师团队专业发展。以优秀教研组为核心、跨校教研组自愿签订联组教研活动协议的教研团队。在专家指导下，将研修主题分解为若干研修重点，作为每次教研活动的具体内容，并确定每次活动的方式、主讲人，坚持每月一次联组教研活动，做到主题明确、行为跟进、研训一体、资源共享，做到一次研修有一个课例或案例。

我们以区级课题初中物理实验化教学为抓手，与上音实验学校物理教学组建立教研联合体。通过每学期 3—4 次集体研讨，针对初二物理讨论每个知识点如何采用实验的方法优化学科教学以及精心设计课后的实验作业，即实验化的教案和课后作业。每个成员单位负责不同章节，最后汇总形成成果，切实解决实际的教学问题。

将问题转化为小课题。如语文组针对语文教学中的问题设计，先后进行了“小班环境下语文学科有效预习的策略研究”。数学组“变式・分层・精讲”“对学生思维品质(能力)培养的运用”，英语组“提高课堂反馈矫正实效性的方法研究”，理化生组“激趣，激疑，培养学生探究能力的实验教学法的应用”，政史地组“小组合作学习模式下实践性专题类作业设计的探索”等都源于各学校学科教学中的真实问题。

开展“课堂跟进式”互动听课。针对年青教师教学经验不足，基本的教学行为有待规范，一方面教研组不定期地跟踪听课，一方面由青年教师个人主动申请上课时间，教研组的老师们听课后有针对性地研究，发挥同伴互助的合力，促进了青年教师的专业成长。

3. 注重专业引领，引导教师在高端对话中成长。我校专业引领主要包括理论引领、专家引领、专业能手引领三个方面。

我们充分发挥教研人员在校本教研中的引领作用，通过调研、培训、座谈、课例研究、参与学校校本教研等形式，引导教研人员对新课程背景下的教研目标、教研主题、教研内容、教研形式等，在继承已有的教研经验基础上，切实使教研活动植根于自下而上的校本教研中。同时，我们积极与市、区课程专家和学科专家队伍建立长期、稳定的联系，为我校的校本教研提供专业支持。在校本教研的实践中，还充分挖掘学校的人才资源，将区学科带头人、区校骨干教师、小班教学能手三类教师队伍培养形成梯队作为专业引领资源加以开发、利用，强调教师的自我引领、能者为师。

由学校教学部和科研室共同组织教师课堂教学展评，设立小班教学能手专场。徐燕萍老师的英语阅读课围绕基于差异教学的小班课堂，如何提高学生参与度进行了精彩的示范；刘奕老师敢于挑战几何证明教学难点，充分研究学情，利用阶段性小结巩固突破；黄晓雨老师的小学语文课课如其名，丝丝入扣，学生朗读娓娓动听；青年教师左隽虽然教龄未满 5 年，却在小学数学教学中设计巧妙，学生学学做做，兴趣盎然，体现了绿色指标引领下的减负增效。课后，4 名评课老师的亮点介绍、不足剖析以及中肯的建议都无不体现市光园中教师们认真钻研教材，精心设计教法，共同探讨教学的浓郁氛围。

（四）建设课堂教研机制，提高教师课堂研究能力

在小班课堂教学改革实践中，我们找到了自主参与与校本教研的共通之处，用课题研究来深化校本教研，用校本教研来推进课题研究，并以此提高教师课堂研究的能力，促进教师的成长与发展。具体做法有三点：

1. 立足课堂，开展交互式滚动研究。校本教研、课题研究均立足课堂，课堂参与中的问题既是教师的困惑，又是校本教研研究的主要问题。我们采用说课、上课、评课等形式进行专题研讨。

2. 立足合作，开展参与式体验研究。主要采用学科专题研讨、专题展示、自主参与、合作研究等形式，给教师以充分的空间，使教师在宽松、和谐的气氛中参与，邀请市、区教研员参与研究，参与指导。通过这种参与式体验研究，无论上课教师、参与研究教师都有属于自己的收获，提高了教师的课堂研究能力，促进了教师的专业成长。大多教师能恰当运用“根据学生需要确定学习内容”“为学生提供选择机会”等策略促使学生积极主动地参与课堂，我校教师概括提炼的“自主参与阅读、竞赛、观察实验、提问、讨论、展示、游戏、练习、评价、

小组合作”经验已成为小班课堂的特色和亮点，以“自主参与”为特征的课堂活动给课堂注入了全新的生机与活力，“自主、合作、探究”等课改理念在我校不只是一些空洞的概念和名词术语，已经被广大教师创造性地变成了具体、生动的课堂教学实践。

3. 立足实践，开展主题式课题研究。在学校龙头课题“小班化教育背景下教师课堂成长的实践研究”框架下，设立了“影响小班化课堂教学成效的主要因素研究”“小班化课堂教学案例分析”“提高教师小班化课堂教学成效的策略研究”“教师在小班课堂教学中关键环节的研究”等分课题，精心挑选与组建课题研究团队，设计课题研究计划，建立课题研究机制，开展问卷调查，举行课题组人员专题培训，保证课题研究顺利有效开展。

二、我们的实践收获

（一）改变了教师的思维方式，为教师小班课堂成长提供了内驱力

小班课堂教学实践改变了教师的思维方式，引发教师对自身的地位、作用，教学中角色定位，课堂组织形式，教学评价等一系列问题的反思和重构。小班教学过程，既是教育形式和内容的变革过程，也成了教师专业化成长，接受先进理念洗礼的自新历程。据统计，多年来，我校教师参与各级各类小班专题学习培训研讨活动达 135 人次，撰写读书心得 605 篇。小班教学给我校教师专业学习和修炼提供了一个鲜活的经验，创造了一个教师在职自修的背景和氛围，能持续激发和保证教师学习的动机和需求；全校教师努力实现自身的多元化成长，逐步达成四个转型：从职业型转为事业型，从应试型转为育人型，从单一型转为复合型，从经验型转为探究型。

（二）拓展了教学研究新时空，提高了教研活动的针对性

借助小班教学研究平台，教师参加校际间教研联盟体活动人均 15 次以上。近年来，就小班教育教学展开研讨，深层交流，相互取长补短，教师业务能力得到了锤炼，一批青年教师在小班教学研讨中顺利成长，现有小班骨干 13 人，与区校级骨干队伍形成良性递升梯队。学校教师外塑形象，内练内功，教研活动蔚然成风，青年教师对外开课数量、质量、级别有了大幅度提高。

（三）促进了教师教学方式的转变，普遍形成了正确的学生观、教师观、课程观、质量观

教师接受了小班教育理论熏陶后，有了改变教育方式的内在需求和现实行动。目前，课堂教学状况得到了较大改观，教师不再独尊于课堂，学习权力

交给了学生，课堂上师生互动，交流的频率较以往有了大幅度提升，游离于课堂之外的边缘学生人数大为减少。不少教师能自觉地运用各种评价手段，对学生参与学习的情况进行即时评价；在评价的方式上，注意以赏识、鼓励为主，注重三个纬度目标达成的全面评价。教学中师生合作、交流的效度增强了，教学的流程更为流畅和活泼。小班教育实践愉悦了教师和学生的身心，教师赢得了自信，师生关系日趋和谐。

（四）增强了教师的教科研意识，促进了教师专业成长

学校坚持“在教学中研究，在研究中提升教学”的宗旨，立足教学和课堂，发现问题即研究，解决问题即总结，指导教师灵活多变地从教学问题中发现课题，运用行动研究法、个案研究法等多种简便方法，突破难点、疑点，研究过程与教学同步，收到了良好效果。本校教师成功的课堂教学受到市、区专家、同行、各代表团的赞扬。

（五）改变了学生的学习方式，凸显了学生课堂主体作用

小班教学突出了学生的主体作用，提倡学生自主、合作、探究学习，而且，这种学习方式也只有在小班教育情境中能最大限度地被现实地采纳和使用，也成为小班教育实践中发育得最为典型的教学方式。小班教学最大限度地张扬了学生个性，课堂上学生有更多展示特长的机会，受到教师更多的关注。小班教学不只改变了教师的思想，改变了教师的价值取向，也改变了教师的教育教学行为，也改变着我们的教育对象和他们的生存环境和生存状态。

（六）提高了学校办学质量，形成了一批可借鉴的研究成果

教师借小班研究平台，走上了各级研讨交流会、公开课的讲台，在市区小班教育教学活动中成为主角。这些示范课、研究课又从另一个角度推动了课题研究的走向深入。积极参加市级以上成果交流，向社会展示我校小班教育研究成果，增强了学校影响力，也增强实验教师的自我效能感，将其转变为课题研究的内在动力。

三、我们的研究结论

在小班教学的探索过程中，学校采取了“请进来，走出去”的方法，为教师了解新的教育形势提供了较多机会。教师们也能虚心求教，认真探索，尝试新的课堂教学方法。正是教学观念的转变，教师们开始重视教法研究，也重视学法指导，力求激发学生学习的积极性，努力引导学生自主学习。在抓实基础知识的基础上，培养学生的创新精神，发展学生的个性。教师们开始逐渐正确认

识了小班化教育的基本内涵和主要特点，从而开始改变过去只注重知识传授和技能培养的狭隘观念，确立了以学生发展为本，教育为学生发展服务的新的理念。全校教师确立了开放的教育思想，对学生保持一种宽容的心态，在不断调整自己教育教学行为的过程中注重服务功能的发挥，积极探索学生个体多元发展的有效途径和多样化的教育、教学方法改革，带动了教育质量大幅度提高。

我们破解的：小班教育的难题。我们思考的：小班教师的成长。

我们探索的：小班课堂的改进。我们收获的：小班教学的成果。

（执笔：祁　洁）

［专家点评］

市光学校是杨浦区一所上海市小班化教育的试点校。从2000年起就在小学实施了小班化教育试验，2002年在初中进行小班化教学试验，2004年开展“合作学习在初中小班化教育中的研究与实践”课题研究，学校将小班化合作学习方式的研究作为重点，研究成果获区教育科研一等奖。学校并未停留在原来的研究基础上，从2008年起，进行了“小班化教学背景下教师课堂成长的实践研究”，扩大了小班化教育的研究领域，深化小班化教育的实践活动，不断把小班化教育在课堂上如何取得实效作为研究的价值取向，着力培养了一批“有理想信念、有道德情操、有扎实学识、有仁爱之心”的小班化教师队伍，为学校长期开展小班化教育实践研究夯实了行动基础。

市光学校经过十五年不间断的实践探索，小班教育的配置条件逐年完善，小班教育的内在特质逐步健全，小班教育教学的质量逐年抬升，形成了一个可借鉴的小班化教育范式，形成了一个可操作的小班教师课堂成长的新样式，达成了一套较为完善的教师课堂成长的运行机制，成就了一份内容详实生动、经验提炼比较到位的研究成果。

小班课堂强调让每个学生受到充分的教育，强调因材施教和发展学生的个性，是深化教育改革的趋势和要求，是全面实施素质教育、个性化教育的一项重要实践举措。市光学校开展的小班教师课堂成长的研究，引发的是从培养目标、课程体系、教学活动方式、教学模式和方法等方面的一系列的深刻变革，是一个动态发展的探究演变过程，所有这一切的总和构成了真正意义上的小班化教育与教师的课堂成长。这个探究过程促进了多方面的变化，除了显而易见的受教育者的变化、教室环境的改善、评价体系的重建、办学声誉的提高的变化之外,更重要的是促进了全校教师整体素质的明显提高,为学校教师、特别是青年教师专业水平的提升带来了机遇,促进了教师教育思想观念和教学行为的明显转变。首先,全校教师更加关注学生的全面发展。小班课堂给了教师更多的关注每一个学生、走进学生心灵的机会,教师通过与学生更多的情感交流,更加深入而细致地了解学生的需要、动机和情感特征,进而更加个别化地、灵活地关注和处理学生的情感,达到促进学生情感发展。其次,全校教师更加关注学生的学习方式。在小班课堂里,教师更多地让学生主动地探究和发现,让学习充满探究的快乐。教师适应学生学习方式的多样性、差异性和选择性,更加细微地关注学生,关注学生的学习方法、学习习惯、学习态度、学习品质,允许学生选择适合自己的学习方法去学习。在小班课堂里,师生之间的距离缩小了,学生直接接触教师的机会增多了,毫无疑问,这种变化为学生学习生活和教师的教学焕发出新的生命创设了条件。

真正的有效的小班课堂教学不是固定不变的,应该是随环境和对象等的不同,不断地进行优化选择,要提高小班课堂教学效益,最为重要的是改变教师在课堂上的教学行为,根据小班课堂教学的特征,改进传统的教学形式,选择以学生自主、合作、探究为主要学习方式的教学方法,构建小班化教学有效的教学活动方式,选择最适合自己班级的教学方法,在以往经验的基础上拓展新的教学思路,探索新的教学策略,形成新的教学模式,培育新的教师群体。市光学校作为小班教育的实践者和引领者,在小班教学背景下对教师课堂成长进行的实践与探究,探索了教师在小班课堂中寻求适合学生能力发展的教学方法,探索了教师在小班课堂中开展适合学生个体发展的教学活动,探索了教师在小班课堂中改进适合学生全面发展的课程教材。这不仅为同行提出了一个值得研究的课题,提供了一个鲜活的教改经验,也为区域小班化教育的持续发展提供了学习样本。

本成果是市光学校持续开展小班化教育实践探索的总结。在全面深化教育综合改革的今天,市光学校以改革为动力,以创新为内核,以小班为抓手,进一步深入推进小班教育实践探索,进一步提升教师队伍素养,进一步提高办学质量,让小班教育成为学校转型发展、创新发展、优质发展的一张名片。

（杨浦区教育局研究室　胡振凯）

案例

走进孩子受伤的心灵

刘　奕

“十年树木，百年树人”。教育人是一个长期而艰巨的任务。作为小班教育的班主任肩负着班级管理、教育学生的重任。让班级每一个学生健康成长是班主任的工作职责，也是对学生关爱的最直接体现。而每一个班，都会有或多或少的问题学生，如何使他们也能够健康的成长是我作为班主任不可回避的责任。在教学中，我深深的感觉到只有给他们更多的关爱，采取独特有效的方法，才能逐步让他们走出困境。

一、发现亮点，树立信心

面对成长困难学生，可能在有些人眼里，这些孩子一无是处，不受欢迎。其实他们身上还是有很多值得肯定之处。教育的理念告诉我们：每一个学生都有美好的向往，每一个学生都具有成功的潜能。相信学生人人都能成功，这才是我们的教育目标。

对成长困难的学生，我们更应该多一份耐心和信心，应该用鼓励、欣赏的态度，来激发他们向上的动力。

这一学期我新接了一个班，班上的学生王雨就是一个成长困难学生的典型代表。她从小身体不好，她母亲专门在家照顾她的生活和学习，以致她不仅学习困难，而且自尊心很强。

“刘老师，王雨哭了一节课，下课还在厕所里哭”，开学不久的一天班里的生活委员就向我报告到。听到后我立马动身到卫生间找到了王雨，刚一开口问她，她又“呜”地哭起来，喊着：“妈妈，我要妈妈。”我赶紧将她带到办公室开导她，安抚她，和她沟通，整整一节课时间和她推心置腹的交谈，帮她分析课上老师批评她的原因。她这才平静下来回班上课。通过开学这几天的观察我发现她的学习能力很差，同学们歧视她，排挤她，在班里她没有一个朋友，甚至都不想来上学了，她太自卑，对自己没信心。

一次在课堂上我们学分数的加减法时，她竟出乎意料地做对了 3 道小题，且格式正确。我当着全班同学的面表扬了她，她将舌头一伸，我看得出她非常高兴。从此，只要她表现出一点长处，我就当面表扬，以诚相待，就这样慢慢唤醒了她那颗失落的心，使她的自信心逐步恢复，同时引导，激发她积极向上的勇气。

一段时间后，她变了，心情比以前好了，上课能认真听讲了，也爱和其他的同学交流了，比以前开朗了不少。

二、富于爱心，持之以恒

俗话说："人无完人，金无足赤。"存在于成长困难学生身上的缺点可能更多些，更顽固些，这就更需要我们老师给予鼓励，用真挚的爱心去感化，用持之以恒的耐心去挽救这些需要我们帮助的学生们。苏霍姆林斯基说过："转变困难学生这项工作不是马上就可以看出来的。"这就是告诉我们急躁是不行的，想一蹴而就，立竿见影，是不可能的。

我们班的王雨也是一样。在我以为通过前一段的努力，她已经开始逐步克服困难，恢复信心时，她又出事了。

一个星期四的下午，接到劳技老师的电话，问我们班王雨怎么没来劳技教室上课。挂上电话我直奔班级教室，发现她在班级里转悠。我这才松了一口气，"为什么没去上课?"我很严厉地问道。她含含糊糊的说："我在……找笔呢。"当时我觉得奇怪，难道一支笔比上课还重要吗? 经过一节课心与心地交流，了解到原来是她不愿意去上劳技课。在课上，老师教的手工活她学不会，更做不好，她觉得大家在嘲笑她，歧视她，闲她太笨了。

这件事说明问题比我原来想象的要严重，难道前一段的努力白费了吗? 我有些失望。冷静下来认真思考了一下，我感觉到了其实她很自卑，疑心病也重，她需要的是大家的关爱。因此我不仅没有灰心，反而是更加关心她，善于发现她的闪光点，及时表扬，并让班里更多的同学帮助她，关爱她。

为此，我专门找了一个班委经常带她一起玩，时时处处地帮助她，关心她，并要求其他同学不能在班里有歧视别的同学的现象。我也与她建立了友谊，之后，我一有空就找她谈心，说说最近她身边的一些事，慢慢地她和我的话多了起来，一会说自己看了什么书，一会说和谁在一起很开心。渐渐地，她觉得在学校挺好的,也有很多朋友了。对于孩子来说友谊带来的幸福是一笔巨大的精神财富。所以作为我们教育工作者就要紧紧抓住友谊的契机,以平等的真挚的心去温暖孩子。用我们的爱心去关爱每一个需要关爱的成长困难学生。

三、耐心等待,捕捉机会

成长困难学生往往受到周围同学的排斥,因而心理上会产生很强的自卑感,形成了与老师、同学、集体的脱离。如果老师在教育他们时方法不当,不仅不能起到任何作用,有时还可能适得其反。因此,了解学生的个性特点,时时留心捕捉恰当的教育时机。这也是促成其转化的重要因素。

对于王雨,劳技课事件之后,我与劳技老师进行了沟通。为了帮助她找回自信,劳技老师在下节课专门安排教同学们较简单的水仙花根茎的栽培和修剪。在课上劳技老师对王雨尤为关注,她学得很快。课后,有些同学把水仙花留在班里养,有些同学则带回家养植,王雨则把自己栽培的水仙花放在了班里的窗台上养。某一天午饭后,我看见她很仔细的在给她那盆水仙花浇水,便乘此机会问她,为什么上课老喜欢看自己的这盆水仙花呢?她看看我低声地说道:“我想让她快点长大,快到母亲节了,好送给我的妈妈。”听了这话我欣慰地摸了摸她的头,对她表示肯定。刚好我校一直在开展每个年级各种“五心五会”活动,“五心”即对自己要有责任心,对父母要有孝心,对他人要有爱心,对学习要有信心,对国家大事要关心。趁此时机,我抓住王雨同学提供的有心送母亲水仙花这一契机,在班里开展了一次以“五心五会”为主线,以感恩父母为主题的一个主题班会活动,并在班会上表扬了王雨同学,此次班会开的很成功,其他同学也都说出了自己的想法。之后她与大家的关系更融洽了。

帮助成长困难学生,要选准教育学生的“最佳”时机。在教育时机还未出现时,我们教师要耐心等待,当最佳时机到来时,要抓住契机进行教育。此时教育学生,最容易被学生接受,教育效果也最佳。

四、借助外力,促其转化

对成长困难学生进行转化,必须借助于家庭和社会的力量,这样才能和学校形成合力,取得明显的效果。

在王雨同学的转化工作中,我还找到我校主管德育的王校长,得到了他的帮助。他对王雨同学也很关心。2008 年 5 月 12 日,我国四川省汶川县发生了里氏 7.8 级地震,造成了重大的人员伤亡。在受灾地区的家园重建过程中,我校由校长牵头与汶川的同学组建爱心相约活动。校长第一个就想到了我们班的王雨同学。王校长与我交流了开展这项工作的设想,并取得了王雨母亲的同意。我们努力做到在校在家一起教育王雨如何去鼓励受灾的孩子们,如何去关爱她们。王雨与灾区孩子们的每一封信每一次电话,我们都能感受到她与汶川的孩子的心越来越近,她也更开朗了。她妈妈也反映说,在家她也爱看新闻了,看看灾区孩子们的家园怎么样了。同时她也觉得真该好好珍惜自己现在的幸福生活。她变得快乐了,因为她觉得能帮助其他更需要帮助的人。整个活动期间,我与她父母经常见面,互通电话,交流教育思路,学校领导也多方支持了我的工作,使得这次活动取得了很好的效果。

成长困难学生的转化工作在小班化教育中是系统的工程,不是单纯的教学方法问题。因此,班主任要积极与家长达成共识,在学校领导的支持与帮助下借助社会力量,使学生在学校、家庭和社会等各方面共同努力下,取得良好的效果。

作为一个班主任老师,看见每一个孩子健康的成长,我会感到由衷的欣慰。因为这里面包含着我对每个学生的关爱,是我付出爱心和努力的回报。

你值得吗?

周　静

一、案例描述

“那个让你流泪的,是你最爱的人;那个懂你眼泪的人,是最爱你的人。那个为你擦干眼泪的,才是最后和你相守的。”

“爱情是影子,友情是灯,当灯灭了,你会发现你的周围总会有一个影子。”

“若有一日,他不再爱你,那你做什么都是错……”

“每天每夜的在祈祷,什么都不要……”

这个世界上有一种新的交流工具,叫做QQ,而上面让我看得发呆的就是小言的QQ签名,暗示着这个孩子的脑子里在想着什么。她怎么会开始写这些让人感觉多愁善感的话?

小言是班级里的中队干部,刚刚接手这个班级的时候,她是一个乖巧的女孩,做事仔仔细细,待人客客气气,在班级里总是一副像漫画书中乖乖女的样子,我戏称她是我的小蜜。她总是可以把我交给她的事情做的妥妥当当,她还和其他同学说,她心里很喜欢我这个班主任。说心里话,我也很喜欢她。我们经常QQ聊天,她有什么话都会在上面对我说。

六年级下半学期,她的笑脸好像有点敷衍我,平时休息时,跟在我身边的这个小跟班会不时躲着我,问她什么都是笑笑。这让我心里咯噔了一下,可是没怎么细想,许是孩子长大了吧,但是我也刻意地对她加强了关注。小言最近放学回家比较晚了,在走廊看着天空发呆,她的QQ空间里也出现这些话。她怎么了?是不是发生了什么事?于是我第一次找她谈心。

“小言,最近有事吗?”

“没有,我很好啊。”

“你的空间里的话怎么回事啊?”

“这不是我留的,是我妈妈写的。”

……

第一次的谈心就这样结束了，似乎她没有任何的问题，但是一个月后，我的情报网（学生的QQ群）来报，老师，小言喜欢上了初三的一个男生，好像还认他做干哥哥哦。我懵了，小言，那个乖乖的小蜜，不会吧？可是种种迹象告诉我，应该不是捕风捉影的事情，而且小言这几次的考试都是不尽如人意的。我是不是应该和她的父母亲沟通一下呢？于是，我当晚打通了电话，但是似乎并没有得到我想得到的情报，家长因为工作忙，对她关心甚少，而且，她本来就乖巧，从不要家长担心的，在家里的时间多，很少出门的。这次的电访我并没有得到我想要得到的，而小言空间里的话也是越来越让我担心，看看她似乎比以前更沉静了，我决定找她再谈谈。这次谈话，我没有谈及此事，只是和她随便的聊聊，不过我告诉她，有事一定要和我说，不要一个人默默地放在心里。

又过了一个星期，我在准备了许久之后，在一个中午饭后的时间，我把小言约到了操场上，我提了提那个初三的男生的名字，小言有点愣住了，我把我知道的情况都说了，小言一语不发，但是明显有点不安。

"我听说这个学生的各方面并不是十分优秀，你觉得他哪里好呢？"

……

"我觉得你是个聪明的孩子，你很不错，又乖巧，做事又认真……他知道你有这么多的优点吗？你觉得他有没有优点，值得你去喜欢了？"

……

"我知道，现在的你们对于男孩子都会有或多或少的好感，我明白，这很正常，但是为了这么一个他，让自己成绩下降了，精神萎靡了，你认为值得吗？"

……

"每个人，无论男女，到了一定年龄都是要谈恋爱，要过家庭生活的。但是，树上的果子，是熟的好吃，还是生的好吃？看看树上的果子，要是没成熟就摘下来好吃吗？人也像果子，要长得成熟，有了学问，有了工作，又有了养育子女的能力，就好比果子熟了，那时就可以得到真正的幸福了。要是书还没有学习好，工作能力没有培养好，谈恋爱会有好处吗？当然你们现在就是有那么一点点的好感，但是你们还小，你想想你觉得把你现在美好的时光放在他的身上，你认为值得吗？"

……

小言的无语虽然不是我要的，但是我发现她的面部表情的变化，我觉得应该给孩子一点时间。

“小言，这是你和我的小秘密哦，老师觉得当你像果子一样成熟之后，一定可以找到一个值得你付出的人，知道吗?”

小言不语，但是点了点头，虽然我的这次谈心并没有得到我要的预期效果，但是我也知道，这个过程不会短暂的。

过了几天，虽然小言没有来找我，但是我惊喜的发现她的空间里的话：“我要认认真真读书了，不要来找我了！我要努力成为一个成熟的果子!”看到这，我笑了。

二、案例反思

中学生的两性教育是我们中学教师，尤其是我们这些班主任老师回避不了的问题，处理得好，孩子们平静度过青春期，学习和成长两不误；处理不好，身体和心理都处于急剧变化中孩子们还真没准会弄些什么事出来。尤其是我们这样的小班化的班级里，对于学生的教育更是要体现学生的个体的特征，要有针对性的进行教育。

首先，我肯定了她的这个情感，因为她是一个比较内向的孩子，如果我一开始不肯定她，嘲讽她，取笑她，言语中表达不出我是认同她的这份情感的话，后面的交流她肯定是会比较抵触我的，所以教师应该转变自己的观点，不要一出现这样的苗子，就给学生下了判决书。人生走进初春季节，伴随着性生理的发育，便有一股从未有过的潮水在心中悄然涌动，便意识到了一种特殊的情感体验，这便是性心理的萌动。这是自然而然的，也是必然而然的。这是一个人从儿童期步入青春期的一个心理标志，意味着人生的发展进入了一个新阶段。健康的性心理的发展，是青少年心理健康发展的一项重要内容，因此，作为教师不要过于惊慌，一下子给予否定。我们需要的首先是以坦然自若的态度，来认识性心理发展的规律，以便好好把握青春年少时期的两性感情。作为教师要善待学生青春期的情感，要肯定情感的产生是正常，学生青春期情感的产生是无法避免的，但是要把握好发展的方向，教师对待青春情感的态度应该是尊重，善待。教师对待青春情感的方法应该是不轻易否定，对学生进行合理的引导。

其次，在这个日新月异的时代，如果老师的理念没有跟上，不能运用现代的媒体来辅助自己的教育，我认为这就是落伍了。在这个案例中，我能够及时地运用 QQ 空间来发现学生存在的问题，能够很快地得到第一手的资料，及早地将情况了解好，处理好，及早地让孩子意识到事情的重要性，明白作为女孩子要自尊，自爱，让一个优秀的孩子不至于在情感中迷失自己的方向。由此可见，作为现在的教师，要学会用新媒体，来帮助自己对学生进行及早的教育。

以“境”促“情”的升华

——小班模式下历史情境教学课例

金懿慰

今年是我踏上工作岗位的第七年，作为一名不新不旧而在学生眼里尚属年轻的老师，七年，人说是一个危险的年份，如今工作亦会“七年之痒”，“痒”在滋生教学懈怠，“痒”在缺乏了不断进取的心。但对我而言，七年，是一个极好的年份，有了一些教学经验和班级管理能力，同时依旧存有教学的活力和教学的激情。

如今，我这位历史专业毕业的历史老师，在工作七年的跌摸滚打中，也逐渐成长，积累了一些教学经验。小班化的教学理念运用到了我的历史教学中让我有了新的体验和感悟，我一直觉得历史的学习与教学是需要感受、体验和情境的，需要感情的投入和感同身受的情感激发。因此我一直着力于将学生置于情境中去学习历史，小班的教学模式为我提供了这样的条件。我也始终在不断探索营造适合于学生的历史教学的情境，这亦恰与小班化的教学理念相吻合。

一、案例描述

小班化的历史情境教学在我这几年的工作中不断衍生新的发现和惊喜，我感受到了历史是有故事的，历史是有理据的，历史是有智慧的，历史更是有温度的，从而达到了以“境”促“情”的升华。

（一）故事营造情境

在最初的历史教学中为了体现出小班化教学趣味性见长的原则，我觉得小班化的历史情境教学就该体现在故事性上，历史学科让学生感兴趣的很大一部分原因就是历史中充满了耐人寻味、精彩纷呈、足智多谋、充满哲理的故事。

因此从我第一年工作时，由于小班教学的优越性我在历史课上设计了这样一个环节，即课前五分钟小故事演讲，历史小故事是在尊重基本史实的基础上经过想象加工并以口头形式传递社会生命诉求的一种艺术，历史故事生命力极强，其实学生们爱听也爱把听到的故事讲给别人听，所以课前五分钟演讲提高了学生们上课的兴致及参与性，同时也有利于突显小班化模式下学生作为课程主体的地位。“学生是通过学习，认识客观世界而获得发展的主体，外界可以为学生的体验、探究活动创造条件，但绝对无法代替学生”，学生讲的小故事不是课本现成的知识的复制，而是自己通过各种途径形成对知识的建构，讲的过程本身又是对知识再一次加工和重现，作为行为主体的学生，说与写的能力同时得到了提高。

当然除了让学生讲，作为老师的我在课堂上也会经常选取历史细节中的故事来营造历史情境。比如在讲楚汉争霸时，鸿门宴的故事就是我讲述的重点，因为从这个故事出发可以了解楚汉相争的背景、过程，从故事中人物性格的分析，又可以推断历史的发展进程。我通过这个故事所营造的历史情境，潜移默化地梳理了历史的线索和脉络。

（二）理据营造情境

在头几年的教学中，我一直以能故事营造情境的历史教学而沾沾自喜，但渐渐地我觉得历史教学仅仅有故事是不行的，历史更需要的是理据。理据即道理和根据，历史事件的前因后果都能有历史规律去探究亦都有历史渊源去追溯。

每一个历史事件的分析都需要论从史出。小班化教学模式有着交互性原则。教师会在教学中营造一种师生、生生互动的学习环境，突出学生在课堂教学中的主体地位，以此来完成教学任务，在互动中调动学生的积极性、主动性、参与性和创造性，充分发挥班级的群体效应，使学生自主学习、多向交流，从而提高学习成效。

理据营造情境是我现在历史课堂教学中常用的手段，配合小班化教学模式的优势，我会精心设计学习单，并分小组让学生通过历史理据学习单来完成对于历史史实的把握和理解。比如在讲美国南北战争时，我会截取《汤姆叔叔的小屋》中的一些描写黑奴生存状况的段落，制作成学习单，让学生们体会黑奴的悲惨境遇，从而理解从人道主义出发废除奴隶制的必要性，文学理据作为历史的二手史料运用于历史教学具有重要的意义。又比如在讲述《繁荣与危机》这一课时，我翻阅了《全球通史》，从中截取了一些相关数据，形成三则材料，制作成一张学习单，让学生分析美国社会在繁荣的背后隐藏着哪些危机。这些理据所营造的情境皆是理性而有说服力的，贯彻学生们对于历史学习方法的掌握。

（三）情境的营造体现历史的智慧

中国自古以来就有读史的传统，古人认为读史可以使人明智，可以使人了解人生百态，迅速走向成熟。在这方面最明显的就是北宋的司马光，它编纂了历史巨著《资治通鉴》，以此为皇帝治国提供借鉴，并总结为一句话"鉴于往事，有资于治道。"马克思认为历史是唯一的科学。作为一名历史老师我自然坚信历史学习是必要的，因为历史能教给学生为人处世的智慧。

当然，在我看来学习历史，也是一种对待历史的态度。我们会在历史的规律中获得一种澄明的心境。历史仍然在延续，我们不过生活在传统与未来的交际处，我们虽然创造着未来的历史，但我们又是过去的历史的延续，这是我在教学中有的新的感悟，我不再执着于故事抑或理据，我要教智慧于学生，而方式就是通过情境的营造去体现。

小班化教学给了教师充分的自主空间，软化了意识形态，让我能提供更多个性化的服务。如我的历史教学常常结合历史影片来营造情境，让学生体会并体验历史选择的原由、规律和智慧。诸如，在讲述《英国资产阶级革命》一课时，讲解资产阶级为何会选择光荣革命这一适度妥协的方式来完成他们的转折，最初我只是讲述这一段历史，让学生识记和了解，而现在我改变了教学方式，小班化让我能给学生分小组进行角色辩论，深入其中。"如果你是当时的资产阶级，提出自己的解决问题的方法"，最后在辩论中学生发现历史的选择有他的必然性和规律性及合理性。这种让学生置身于情境中的教学方式既能体现历史的智慧也能激发学生的智慧。

（四）情境的营造提升历史的温度

在近两年的历史教学中我逐渐认识到教学的境界是层层递进的，而直击人心的教学才是最有效的教学，历史是有温度的，历史是能直击人心的。我常常会在讲述历史课的过程中热血沸腾。这正说明了我并未在日复一日的教学中懈怠自我，我要将这种温度传递给我的学生。

小班化教育的理念在于促进每一个学生全面而富有个性的发展，让学生充分分享各种教育资源，有更多的机会处于教学活动的中心地位，基于小班化教育充分性原则，要提高活动的频率，增加师生、学生间的交往的空间密度和时间宽度，使每个学生均衡地、充分得到教师的关怀辅导，使每个学生有更多的机会处于活动的中心地位，发挥潜能。

如今我在小班化教学模式下开辟了新的教学形式，我结合了场馆教育，让学生走进场馆，更真实地体会历史的此时此景。在讲解第二次世界大战这一内容时，我带领学生走进了上海犹太难民纪念馆，并设计了历史场馆探究卡，同学们认真聆听志愿者对场馆的介绍，探究犹太人在上海的那段真实历程，踏足“奥斯维辛”纪念馆，重回那段血与泪的历史。活动结束后学生们认真填写了探究卡，并且在场馆中放飞心愿，书写了他们对这次活动的心得体会，感怀战争的残酷，体会人类的守望相助，呼吁世界的和平。我想在那一刻在这样的情境中，历史的温度是人人都能感受到的，历史学科情感态度价值观的教学目标在潜移默化中完美地达成。

二、案例反思

如果说由故事营造情境到理据营造情境是一种感性到理性的上升，那么体现历史的智慧和提升历史的温度就是历史教学更深入、更有效、更人性的达成，这也是我个人几年教学生涯的成长曲线。

小班化教育对于教育工作者来说，包含着一种自由精神，在我看来，这种精神就是自主、独立，强调教育回归和教育的自由性。历史教学配合小班，以“境”促“情”，就是一个与学生生命互动的过程，亦是人本化的体现。我相信在今后的教学中我会和学生共同置身历史情境，不断地去潜心探索，并且更加大胆地去尝试，在教学相长中共同求知耕耘，共同合作体验，共同收获成长。

那一双眼睛

——小学低年级英语课堂中合作意识的培养

马沁园

一、案例描述

“马老师,佳佳哭了!”

“是菲菲把她弄哭的,我看见的。”小胖大声地叫道。

“我也看见了。”坐在佳佳后面的乐乐也跟着喊道。

原本有序的课堂在几个小朋友的叫喊声中突然变得嘈杂起来。听见叫喊声,我立刻走到佳佳身边。只见佳佳低着头,小手不停地擦着脸上的泪水,而一旁的菲菲,小脸涨得红通通的,两只手紧紧地握着小拳,小嘴儿里还不停地嘟囔着:“我不要跟她一起读!”看到这个情景,我连忙蹲下身,只见佳佳的眼睛里噙满了泪水,一脸的委屈。我一边用餐巾纸帮佳佳擦着泪水,一边说:“不哭了佳佳,有什么事跟老师说好吗?”“老师,我不想和佳佳一起表演对话,她读得太慢了,待会儿表演我们肯定又得不到小粘纸了。”菲菲大声地说。

原来是这个原因啊,我终于明白是怎么一回事了。在课程的巩固环节,我让同桌的两个小朋友互相合作,分角色朗读对话,表演优秀的一组有小粘纸的奖励。这时,教室里的另一个角落里也传来了小朋友的叫喊声:“马老师,我也不想和明明一起表演,他也不会读。”小军喊道。“马老师,丁丁读得一点儿也不好,我也不想和他一起表演。”小毅举着小手说道。这时,佳佳慢慢地抬起头,一边抽噎着一边看着我,看着那一双满是泪水的眼睛,我似乎读懂了佳佳的那一份委屈。

这是刚开学在一年级学生的一堂英语课上所发生的事。原本我想通过两个学生互相合作完成对话内容,可现在却出现了孩子之间互相埋怨,产生了矛盾。为什么会出现这样的现象呢?

下课铃声响了,我把佳佳领到了办公室,让她坐在了我的身边。佳佳的胆子特别小，接受能力比较慢。“佳佳，能告诉马老师你为什么哭吗?”佳佳抽噎着，轻声地说：“因为菲菲说我读得不好，得不到小粘纸，所以她就不愿意跟我一起表演。”“那你想和她一起表演吗?”“嗯，想的。”佳佳肯定地点点头，“可是菲菲不愿意和我一起表演。”她又担心地低下了头。“没关系，我们一起想办法，菲菲一定会愿意和你一起表演的。”我拉起佳佳的小手说。佳佳抬起头，望着我，那一双眼睛里充满着期望。

午饭过后，我把菲菲拉到了我的身边。菲菲是一个聪明的孩子，领悟能力很强，所以我把佳佳安排在她的身边，想让菲菲多帮助她。“菲菲，今天老师在课上教的对话你会了吗?”“我已经能背出来了。”菲菲自信地说，“老师，佳佳读得太差了，我和她一起表演就得不到小粘纸了，所以我今天才不想跟她一起表演的，我想一个人表演。”“可是那段对话必须两个小朋友表演才行呀? 你一个人表演是得不到小粘纸的呀!”我说，“那你能帮老师一个忙吗?”“好啊! 什么忙啊?”“佳佳还不太会读，你能做她的小老师吗?”“嗯……”菲菲有些不情愿。“这样吧，如果你把佳佳教会了，和她一起表演，老师一定给你们发小粘纸。”“真的吗? 好，那我一定把佳佳教会。”菲菲笑着说。

回到教室，菲菲立刻拿出书，拉着佳佳在一旁练习起来，两个小伙伴你一句她一句，练得特别认真。

第二天英语课上，又到了对话表演环节。这时，菲菲和佳佳第一个举起了小手要求表演，同学们都十分好奇，昨天还是一对“小冤家”，今天怎么成了“小搭档”呢? 菲菲和佳佳上来一起表演了对话，得到了大家的掌声，同时也得到了小粘纸。回到座位上，佳佳笑眯眯地看着我，那一双眼睛里流露出的是一份喜悦。

在课上，我告诉孩子们昨天菲菲主动做佳佳小老师的事情，并问哪些同学愿意做“小老师”。这时好多孩子都举起了小手，包括昨天不愿与同桌合作的那些孩子们。

二、案例反思

课后我反思了这件事，遇到不愿意和其他同学合作的学生怎么办呢? 通过哪些教学活动可以帮助孩子们形成合作意识呢? 低年级英语教学重点是朗读，因此我在指导学生朗读的时候，尝试让学生小组合作或由学生找自己的伙伴去自己体会摸索，教师只作适当的引导。比如，初读课文时可以两人一组，一个朗读，一个仔细听，如发现同学读错了单词、句子就可以及时纠正，然后再互换角色，达到互相帮助、共同提高的目的；在表演课文时，我让学生在小组内分角色表演。学生小组合作学习结果展示之后，我给学生一定的时间进行评价，表扬那些合作效果好的学生，并给其他同学做示范，以激励学生之间互相合作的意识。

通过这件事我感到，当前我们所教的这一代基本上都是独生子女，独生子女的优越性使他们成了家中的小皇帝、小公主。他们缺少与兄弟姐妹及其他小朋友一起生活的经验，很少体验到合作行为带来的愉悦和成功感。家长容易忽视孩子合作能力的培养。有些教师虽然意识到学生合作的重要性，但对合作的含义了解不够，对学生的指导也明显欠缺。学生既缺乏合作的意识，又缺乏合作的能力。当在合作过程中发生矛盾时，学生常以告状或攻击性行为来解决；遇到困难时，往往只会求助老师而不知从同伴那里寻求帮助；同伴遇到困难时也没有意识去帮助解决。如果不注意增强他们的合作意识，培养他们初步的合作能力，对他们今后的学习、工作，生活带来一定的影响。由此可见，从小培养学生的合作意识与能力十分必要。

我们教学中所推进的小班个性化教育主题研究提出了三个核心：自主、合作、创新。在合作方面，提倡个性教育并不是把个体和群体分隔开，把个人和他人区别开。个体是建构在群体环境中的，群体中有个体，而个体又是群体中的一员，这是一组辩证关系。在小班、小组、生生、师生的合作中，大家在一起互相学习、帮助、借鉴，从而不断进步。学生既要学会与个性相近的伙伴之间进行合作，也要学会和个性不一致的伙伴进行合作。这样才能帮助学生在长大后融入社会，在工作中与不同的人都能相互协作。

一个转身，也许就是一条新生路

——以《二十年后》一课为例

罗未玮

教师总是在“奔跑”的路上，认真备课，有序授课，细致批改，有条不紊地循着教学进度往前奔。我常常追风随雨的，紧跟着教学参考和名家教案来进行教学设计，很少停下来反思一下，在教学过程中有哪些需要改进的地方，在完成某个单元时有什么需要梳理之处。慢慢地，教学成了一种刻板的模式，轻易地陷入到死水微澜之中。直到我执教区级公开课《二十年后》，在不断的磨课过程中，我对教学有了重新的认识。

一、课例背景

教材分析：第八单元集中了世界三大短篇小说家的经典作品。展示短篇小说家的不同写作特色。《二十年后》的作者欧·亨利以擅长结尾而闻名遐迩。他往往以出人意料的结尾收篇，美国文学界称之为“欧·亨利式的结尾”。这篇小说铺垫巧妙，对比鲜明，其魅力不仅在于展示了真善美的统一与错位，还安排了艺术留白，留下了想象、再创作的空间，使读者从中更深入地体会作家关于创作意图的深刻思考。

学情分析：学生经过了一段时间的阅读积累，对于现代文学中运用娴熟的欧·亨利式的结尾司空见惯。当年独具匠心的作品比较难打动学生。同时，学生对美国当年的社会背景缺乏了解，再加上异国语言翻译后的表述方式与学生产生一定程度的隔膜，这都给学生走入文本造成了极大的障碍。因此，教学上可以另辟蹊径，利用学生的好奇心，对文章进行陌生化处理，结合教学目标调整文章内容。

二、课例描述

课例描述由以下三次备课予以体现：

（一）借鉴名师

根据这篇小说的特点。我在第一次备课中着力突出小说三要素的特点与小说结尾的特点。基于此，我竭力寻找各种参考资料来帮助我理解文章内容和设计教学环节。这些资料不仅包括所有的可以查阅到的有关《二十年后》的文献资料，还包括比较成功的小说教学设计。这时，《项链》的教学设计进入到我的视线。它同样是一篇小说，小说的特点非常突出，教学设计既保留了传统教学中对人物性格的挖掘，同时又创新性地通过对一个问题的挖掘兼顾了人物性格与故事情节的探究。我试图学习这篇教学设计的教学模式，同样希望用一个问题兼顾欧·亨利式结尾的两个特点。

于是，我的教学设计中突出了一个重点问题——

1. 简洁导入，介绍欧·亨利的成就及作品特色。

2. 研读课文：

(1) 感知故事的情节。请学生概括文章主要情节。

(2) 从情节上看，哪个地方给你震撼力最大?

(3) 按照故事发展的顺序，说说哪些是你们想不到的?

(4) 按照故事发展的顺序，说说哪些是你们意料之中的?

(5) 总结自己的感受。

通过试教，发现问题颇多：①教学问题遭"冷遇"，学生在面对"哪个地方给你震撼力最大"这个问题就死寂一片，原本《项链》最精彩的问题移植到我的课堂中，显得"水土不服"。他们似乎忘了最初的阅读感受，或者他们并没有在文章得到震撼的体验。②对文章的理解浮于表面，学生在我的引导下逐步圈划一些重点句子，但是对那些重点句子的分析都流于表面，对人物的理解也趋于刻板化。尽管我努力地汲取成功教学设计中的精髓部分，但是在实际操作中，那些教学设计中所呈现出的智慧和精彩并没有在我的课堂上得到复制。

（二）勇于创新

通过讨论研究，我接受了备课组的建议，将文章进行了删减，隐去最精彩的结尾部分，让学生根据前文内容，猜测结尾内容，直接感受原文结尾的魅力。同时，学习的方式改成小组合作式——

1. 简洁导入，介绍欧·亨利的成就及作品特色。

2. 研读课文：

(1) 根据文章，完成结尾部分。最后一段"从西部……"，请问纸条是谁写的？纸条的内容是什么？小组合作讨论，并在文章中圈划出答案的依据。

（2）出示原文内容。

（3）原文的结尾给你什么感受？引导学生寻找伏笔。

（4）总结欧·亨利结尾的特点。

第二次试教，运用猜测结尾的方式使学生兴趣大涨，加之小组讨论的特点，学生饶有热情地去推测结尾，争取无限地靠近原文，学生对文章内容的整体把握有了明显的进步。我开始有些意识到，当我慢慢接近学生的内心，对学生的认知多一些了解，课堂上的对话就不是学生去猜测老师的答案，而是真正意义上的交流，这时的课堂也就生动多了。

（三）走进学生

经过两次试教，我觉得自己的教学观念发生了转变，之前，我苦心孤诣地钻研教学设计，潜心修炼自身的文本阅读能力，积极汲取优秀教师的教学方法，从“教”的内容及策略上下功夫，却独独忽视了对学生“学”的探究，漠视了学生学的起点，在不了解学情的情况下进行设计教学是本末倒置的行为。于是，我开始关注学生，通过询问学生的方式了解学生对这篇文章的体会和期待——

1. 趣味导入：柯南破案时最爱说“真相只有一个”，他还原案件的能力让人心生羡慕。今天，我们也来当一回柯南，看看能不能把手中这篇不完整的文章拼凑出完整的内容。

2. 默读课文，整体感知：纸条是谁写的？纸条上的内容是什么？

3. 寻找伏笔，体悟思考：出示原文结尾；引导学生寻找伏笔；了解欧·亨利式的结尾特点是意料之外和情理之中。

4. 拓展延伸，迁移训练：提供材料《玫瑰之约》，要求学生模仿欧·亨利结尾，完成结尾部分。

课堂上，从激趣、释疑到拓展，既贴合了文章内容又突出了学习重点，在把握学生学情的基础上层层深入，逐步引导学生融入到了文本。

三、课例反思

通过三次打磨公开课的过程，我感受到自己教学中的变化，这种变化不属于语文专业能力的范畴，而是一种教学观念的提升，是经历了数次教学实践后体悟到的想法，是对过往教学思想的纠正。正是这一次次的反思，不断的转身，回看，让我在教学前行的路上走得更加踏实。

国和中学

主报告

多元化的评价让小班教育生机勃勃

——《基于小班环境下的初中课堂实践的评价》研究报告

国和中学

一、课题的提出与意义

（一）国内外研究现状

小班化教学是上世纪后半期欧美发达国家普遍推行的一种教学组织形式，是当今发达国家提高基础教育质量、适应现代社会对人才需求的一项重要对策。美国、日本、荷兰、韩国等国政府都对控制与缩小班级规模作出相应的规定，出台相应的政策。其中美国尤为突出。上世纪70年代，美国中小学教育质量不断下降，同时，信息技术的高速发展和对人力资源的激烈竞争，对美国基础教育提出了新的要求。如何提升中小学教育质量和促进基础教育公平，引起了美国各界的普遍关注。在经历了一系列小班化教学改革实践与反馈研究后，发现小班化教学增加了教师对学生的人均关注时间，增强了个性化教学；小班化教学不仅极大提高了学生的学业成绩，还提高了兴趣、情感、意志等因素在内的综合素养，有助于学生知、情、意、行全面化发展，也丰富了教育资源配置和课程资源设置。

在我国，上海是率先进行小班化教育实验研究的地区。其后，北京、台湾、杭州、南京、长春、大连、泰州、宁波、台州、金华等地的部分学校（主要是小学）也相继开展此项研究工作。上海曾有300多所学校实施了小班化教学，小班化教学模式的研究重心已经从小学一年级转移到小学中高年级。北京有近150所学校参加了小班化教学研究。

国外教育更多的是对小班化教学环境、教学策略、教学管理等方面进行研究，而国内的研究主要集中在师生关系、课堂组织形式、课堂教学评价、小班化的网络教育和资源配置、小班化教育与课程改革、小班化教育与研究性学习等方面，而且研究对象基本都是针对小学。随着时间的推移，小学的小班化已经逐渐迁移到初中，目前许多初中班内人员额数不足 30 人，已经成为名符其实的小班。同时今天的初中小班课堂，在运用评价与实践中还存在不少问题，如评价语言缺乏针对性；评价标准过度统一，无法体现学生的个体差异；评价内容、评价方法、评价主体都十分单一：重结果轻过程，重师评少生评，重表扬轻批评等。

通过对这些现状的了解与分析，我们发现在初中开展小班化教学是"优质教育"、"精品教育"的必然趋势，是社会、家长以及学生个体健康个性发展的要求。而在开展初中小班环境下的课堂教学实践中，必然会面对上述的评价问题，如何正确对待解决这些问题，将会直接影响小班化教学的开展与实施，所以我们开展基于小班环境下的课堂教学实践的评价研究，希望通过研究，能让评价落到实处，能建立真正有利于促进学生个性＋全面发展的评价体系。

（二）研究的实际意义

1. 时代发展的需要。21 世纪是知识经济时代，信息化时代，它需要的是富有个性的创新型人才，因此，21 世纪的教育必须"以人为本"，要更多地考虑学生个别差异、进行因材施教，因人设材，即培养具有独立个性和人格，适应现代社会并促进现代社会发展的创新人才。这需要我们的教育从课程体系结构到教学组织形式都顺应地发生一定的变化。小班化教学这种教学组织形式适应了时代的发展，适应知识经济发展的要求，适应了人们对高质量教育的需求。

2. 教育发展的需要。世界教育改革的趋势是倡导学生自主学习、合作学习、探索学习，这就使得大班化教学面临诸多问题，小班化教学是当今世界教学改革发展的趋势。义务教育需要公平教育，即不选择对象，不放弃每一个孩子，关注教育对象差异的客观存在，这使小班化教学也成为教育改革发展的必然趋势。

3. 课程改革的需要。2004 年《上海市课程标准（试行稿）》（以下简称《课程标准》）指出，课程要为学生提供多种学习经历，丰富学习经验：要确立学生在学习中的主体地位，关注学生学习的过程；倡导自主探究、实践体验、合作交流的学习方式与接受性学习方式的有机结合，倡导"做""想""讲"有机统一的学习过程；建立促进学生全面发展的综合评价体系，要将观察、交流、测验、操作、作品展示、自评和互评等多种评价方式与信息技术有机结合，重视过程评价，建立综合素质评价体系对科学课程学习评价。

《课程标准》指出：初中科学课程学习评价重在评价科学素养。强调对科学探究与相关技能的评价，尤其是评价学生在科学探究中提出问题、做出假设、制定计划、使用工具和搜集证据、处理数据和解释问题、表达与交流六个基本要素方面取得的发展，特别关注学生创新精神和实践能力的评价。

《课程标准》还指出：为了有效地评价学生的科学素养，初中科学课程必须采取形成性评价和终结性评价相结合的方法，更要注重形成性的评价。

4. 现实存在的问题有待解决。随着上海人口增长率的日益下降，小学实施小班化教学已经取得了很多经验，同时上海中考政策的改革，对初中学生个体创新素养提出新的要求。然而现实教学过程中还存在一些阻碍学生个体创新发展的现象：

(1) 重知识评价，轻能力评价。

(2) 重结果，轻过程。

(3) 评价主体、评价内容、评价功能、评价方式都过于单一，且在日常评价时过度强调量化评定，而忽视了表现性评价。

这些都已经无法体现现代课程价值与学生的创新素养，因此关注师生日常的教与学行为，建立科学的评价体系成为亟待解决的问题。

(三) 课题名称的界定

"小班"，指较少容量的教学班的学生数量，它是一个动态变量，在本课题研究中的"小班"，我们界定为30名以下。

"小班化教学"，其内涵本质特征是教学面向个性异同的学生个体，而不是面向整齐划一的全班整体；教学方式、教学内容、教学模式、教学方法、教学评价均围绕学生个体发展而组织开展，是一种班级人数较少、有利于学生全面和谐发展和个性充分展现的教育组织形式，是世界发达国家和地区普遍采用的基础教育发展模式。

本课题中的"小班环境下的课堂实践"相当于"小班化教学"，是指班级学生额数低于30人的教学单位中围绕学生个体发展需求而开展的教学活动，是以培养创新意识、创新能力、创新精神和以人的发展为本为核心的素质教育观支配下的教育活动体系，形成以师生发生多向、充分的课堂交往教学为特征的教育过程，体现出合作与交往、强调个性化学习的小班教育教学特征。

“评价”(evaluation),指对评价对象的各个方面,根据评价标准进行量化和非量化的测量过程,并得出一个可靠的逻辑的结论。本课题中的评价研究就是指对学生在小班环境下的学习过程中各个方面的表现情况的测量,从而能更有利于学生的个性特长发展,乃至全面发展。

二、课题研究的目的和方法

(一)研究目的

1. 通过课题研究,能取得关于小班化校本课程教学评价的经验,并对实施经验进行理论上的分析与归纳,构建学校理科(主要是科学、生命科学、数学等科目)课堂教学的评价模式与具可操作性的学生主体评价体系,并进行推广。

2. 公平公正对待学生的学习,培养学生的兴趣爱好,发展个性特长,提高学生自我完善的能力,拓展学生的知识领域,培养学生创新精神和实践能力。

3. 提升教师“教与学变革”的理念,促进教师自身教学水平和科研能力的提高,形成一支小班化教育优秀教师队伍。

(二)研究方法

主要采用行动研究法:

1. 采用比较研究与实践调查法,将传统评价模式与小班化的教学评价模式进行比较,希望能体现小班化个性教育的优势。

2. 通过文献检索,了解国内外课堂教学评价研究现状以及小班化教育的最新动态;对学校学生教师的问卷调查,掌握目前学校课堂教学现状以及师生对小班化教学的理解,制定行之有效的研究方案,构建初中小班化教育的评价体系。

3. 对小班化教育的实践或案例进行总结分析,从中获得初中小班化教育课堂教学评价过程中的经验。

三、课题研究的主要内容

1. 以预备年级为课题研究对象,以初中《科学(牛津上海版)》教材为基础,基于初中科学、物理、化学等学科中适宜学生创新能力培养的原有教材实验,结合学校学生自身知识能力特点,设计改进、完善校本拓展性实验课程,利用学校“自主实验室”让学生参与一些课堂缺乏参与度,且具有创新意义的拓展性实验,或结合学生个人兴趣与特长,在教师指导下开展自主实验设计与实践,并确立各类实验的相应的学生主体评价工具与评价指标。

2. 基于网络环境下,建立适合初中小班化学习的多元化评价档案袋应用模式。

3. 各类教学形式(主要包括传统型、实验类、小组活动、拓展类、校外实践活动等)中学生的学习评价指标。

4. 以自我评价(包括学习档案袋)、活动表现评价、测验等 3 种评价策略为核心的多元化评价体系研究。

四、课题研究的主要成果

(一) 校本拓展性实验课程的形成

根据《上海市(初中科学)课程标准》中的“内容与要求”中的活动建议,结合预备年级学生认知特征以及从学校生情出发,以学生科学素养与创新能力的培养为目标,形成了具有国和特色的校本拓展性实验课程——科学实验活动手册(六年级),该手册的主要定位:

1. 手册为一学年两套,每一学期一套,每套中包含科学实验活动手册和评价分册两册。

2. 活动手册在内容编排上是对预备年级科学课本教材中的活动设计进行深入研究,并结合教学实践和课标要求,对其中的实验活动进行整理、改编、删减甚至重新设计,力求更贴近生活,更符合学生的认知能力,更具有科学性、时效性和创新性,更能激发学生的学习兴趣和创造力。

3. 活动手册中每章节所包含的模块统一,实验活动均至少有现场观察、学习单、思考与交流三方面组成。

4. 评价手册的内容是对学生在活动过程中的表现进行评价和反馈,更关注学生的个性化发展,能有效地促进学生主动参与。

5. 评价手册的设计更关注学生的自评与互评,模糊的定量评定,以等第代替分值,采取激励、发展式的过程评价有助于学生的科学精神与态度的逐步形成。

(二) 学生学习的多元评价体系的初步建立

1. 评价主体的多元化。传统的学习评价主体是教师,教师是唯一的裁判,这种评价显然违背“以学生发展为本”的课程要求,因此,我们在科学实验活动课堂教学中采取多方面的评价主体,包括自评、互评、师评。

(1) 自评:坚持让学生每次都对自己在课堂实验活动中的表现进行自我评价(见表一),倡导自己与自己比,通过自我评价学生可以发现自己在活动中的行为差距,激励学生学习的内在动力,促使其不断调节自身的行为和心理状态,进而使课堂教学效果不断提高。

表一　自评表(在对应栏中填"√")

等第 自评项目	好	较好	一般	需努力
活动效果				
参与情况				
合作情况				
交流情况				
作业情况				

(2) 互评:以小组为单位而展开活动,主要评价学生的积极态度、合作交流、任务意识等,以激励每个学生都能积极参与学习活动,防止一些不善言辞的学生失去锻炼机会(见表二)。

表二　互评表

评价对象:______　　评价人:____________

活动伙伴表现较好的方面(参与、交流、任务完成、其他)	
活动伙伴还需努力的方面(同上)	

(3) 师评:师评采用了等第与评语相结合,主要考察学生的实践能力与创新意识等(见表三)。

表三　教师评价表

等第 项目	好	较好	一般	需努力
动手能力				
合作交流				
思维与创新				
老师的话				

实践表明,评价手册中的三种主体的评价表对学生学习影响很大,课堂气氛十分活跃,大家都积极动手、动脑、动口,唯恐落后,都希望自己的三张评价表里等第都能在较好以上获得勾和让人非常心仪的评语,从而极大调动了学生学习的主动性和积极性。

2. 评价方式与工具的多元化带来评价功能的多样化。从古至今，考试、是评价学生是否掌握知识最常用的方法，也确立了评价唯一的功能——甄别与选拔。一张试卷定终身，只注重纸笔考试，过于重视定量评定，而忽视了定性评定，学生成为了考试机器，创新力和实践能力得不到发展。初中科学学习评价的中心问题是：学生究竟拥有多少科学素养？提高了多少科学素养？科学素养的具备需要学生不断地开展科学探究，一纸考试中不可能真正体现科学探究中的六大要素，因此，要有效地评价学生的科学素养，必须在科学学习中采取形成性评价和终结性评价相结合、定性与定量评价相结合的方式，更要注重形成性评价。

（1）表现性评价贯穿全过程。课堂观察、口头提问、课堂活动学习单、课堂讨论、练习、测验等方式构成我校学生在科学课堂学习中的表现性评价。在课堂教学过程中，在对学生的实际学习情况的了解下，关注学生的各项技能的变化，形成新的更为客观的评价。

例如，科学课前的 2 分钟演讲，就是充分利用现在发达的信息传播技术而开展，旨在培养学生搜集与处理信息的能力、表达的能力。要保证学生在每次演讲后都能达到目标，因此在确立每一单元演讲主题后，由师生一起确定评价内容与标准（见表四），评价内容既涉及学科知识、又检验学生综合能力。学生根据评价表进行演讲前一系列材料的准备，有针对性、有指导性，这会使演讲的学生更具备自信心与积极性，也让倾听者与评价者有了参照依据，取长补短，获得更大的进步。

表四　演讲评价表

评价内容	评价标准	分值安排
演讲主题符合单元要求	完全符合—完全不符合	5 分—1 分
演讲开头是否吸引人	非常吸引—非常不吸引	5 分—1 分
演讲者的内容陈述是否清晰	非常清晰—非常不清晰	5 分—1 分
是否利用辅助手段及效果	效果非常好—无效	5 分—1 分
声音表达是否到位	非常到位—非常不到位	5 分—1 分
结尾是否起到强调作用	非常强调—未强调	5 分—1 分

再如，实验活动学习单，通过教师的演示实验或学生小组实验、讨论或学生自己设计实验，经历倾听、观察、思考、实践等环节后，完成活动手册中的学

习单的填写。学习单它既是一份练习，本身也是一种评价工具，它可以十分客观地体现了学生在学习过程中的各种能力，教师在关注与倾听学生学习过程后，对于这些学习单的完成情况给予口头表扬、鼓励和书面评价相结合。

表五　课堂学习单

<table>
<tr><td colspan="2" align="center">《走进科学实验室》学习单</td></tr>
<tr><td colspan="2">1. 活动一：认识科学实验室</td></tr>
<tr><td align="center">仪器图</td><td align="center">仪器名称</td></tr>
<tr><td></td><td></td></tr>
<tr><td></td><td></td></tr>
<tr><td colspan="2">2. 活动二：实验室潜在危险</td></tr>
<tr><td colspan="2"></td></tr>
<tr><td colspan="2"></td></tr>
<tr><td colspan="2"></td></tr>
<tr><td colspan="2"></td></tr>
<tr><td colspan="2"></td></tr>
<tr><td colspan="2">3. 活动三：实验室意外处理方法
打翻燃着的酒精灯怎么办？
烫伤手指怎么办？
化学药剂进入眼睛怎么办？</td></tr>
</table>

科学课免不了实验活动，有序地开展讨论会让实验活动更有趣、更有效、更容易认识，课堂会更活跃，学生学习兴趣会更浓厚，但小组讨论如果组织不当往往会使讨论流于形式、场面乱哄哄，学生无法从讨论中获取更多的信息从而提升自身科学素养，所以在开展必要的讨论活动时我们都会为组内与组间提供必要的评价量规（见表六、表七），让学生明确在讨论过程中自己需要如何去做才能达到要求，互相学习、学会倾听与表达，提高效率。

表六　组内评价

评价内容	评价标准	分值安排
专注聆听组内成员的交流	非常专注—非常不吸引	5 分—1 分
组内积极表达自己的想法	非常积极—完全不积极	5 分—1 分
交流和讨论符合活动主题	非常符合—非常不符合	5 分—1 分
语言表达流畅	非常流畅—非常不流畅	5 分—1 分

表七　组间评价

评价内容	评价标准	分值安排
表情自然，声音洪亮	自然洪亮—不自然洪亮	5分—1分
交流和讨论符合活动主题	非常符合—非常不符合	5分—1分
观点明确，内容完整	明确完整—不明确完整	5分—1分
能采纳其他组正确的结论	能采纳—不能采纳	5分—1分
能在规定时间内完成	能完成—不能完成	5分—1分

(2) 多种评价工具有助于开展形成性评价。在课题实践研究过程中，我们发现评价量表、评价量规、作业、学习单等都十分有效地关注了科学素养中探究与技能、理解与运用、精神与态度三方面的评价。而要更为全面地对学生的学习活动过程和结果进行评价，我们通过信息技术建立了学生学习档案袋(即成长记录袋)。

成长记录袋系统地收集了反映学生在学习科学课程过程中逐步形成科学素养经历的有关资料，包括学生课前2分钟演讲、学习体会、拓展实验的设计方案与操作过程记录，自己创意方案的设计与实践，学习或实验过程中的疑难解答，科学探究的过程记录、考察笔记、学业状况及其分布、网络资料等自我评价的结论，他人评价的结果，等等。

(3) 定量与定性评价相结合的终结性评价。为改变一纸定乾坤的现象，即使是终结性评价我们也建立了定量与定性至少两种评价方式。

纸质笔试能十分有效地测量事实性知识、实验操作，而在设计笔试内容中我们更侧重于与生活实际、与客观现实相联系，通过创设这样的情境，来提高试题的探究性与开放性，赋予学生学习有用知识的理念。

科学学科的性质决定它具有很强的探究空间。在研究了预备年级学生年龄特征和学习能力的基础上，我们教会学生简单的科学探究方法，进行指定方向的科学探究任务的完成。整个科学探究活动我们更关注学生的体验与学习过程的进行、探究活动资料的完整性，活动中小组成员的分工合作、组间交流互评的结果，而不强调研究报告如何写，但关注学生研究的结果以怎样的方式展示与交流。因此在预备年级的成果交流中我们以多媒体技术的形式开展(演示文稿或网站)，而作为学习主导的我们，为促进学生学习、开展科学探究活动，引导学生清楚各阶段探究活动需要达成的目标、研究成果需要达到的要求,引入多元评估主体和多元评估方法,充分发挥评估的积极作用(参见案例《学会探究,学会 DIY》)。

(三) 基于网络环境下的课程管理与评价的信息化平台建立

课题实验两年后,网络环境下的学校课程管理与评价的平台已经初步建立,我们已经开始着手将学生成长记录袋逐步变更为电子档案袋,这样更便于资料的保留,便于学生随时随地展示自我,显示自信力。

五、研究的反思和后续计划

三年来在学校领导、部门的支持和指导下,课题工作取得了一定的成果和成绩,特别是科学、生物、物理教师有了质的转变,我们的课堂变得活泼,充满了合作、交流、探索。我们的学生真正开始了自主学习、自主评价,科学课已不再是可有可无的小科目,不再是简单地听、讲、读、背的负担课,而成为学生互动、乐学的天地。

三年多的课题研究,基本完成了预定的研究任务,但是后续的工作让我们觉得任重而道远。六年级的科学实验活动手册中对于评价的设置还是比较简单模糊,缺少个性特征,在即将继续完成的七年级的科学实验活动手册在保持原有风格上如何在评价上做得更切实是值得仔细思考的。

课程管理与评价平台的建立为彰显学生学习个性发展提供了空间,如何更好地利用它,特别是如何在平台上构建我们已经初步建立的学生学习评价体系,建立多元化的评价指标与评价工具,也是需要下阶段研究完成的。

目前为止,考试还是我国非常重要的评价工具,也是目前学校考查教育效果的主要途径。在无法真正彻底改变这一现象的前提下,如何在考试中尊重学生的个体差异性,真正测量出学生的科学素养能力,同时促进学生的健康发展,这将是本课题的未来研究方向。

(执笔:邱爱萍　闵晓群)

[专家点评]

小班化教学是当今欧美发达国家普遍推行的一种教学组织形式。在我国,上海是率先开展小班化实践研究的城市,我区也是最早开展这项工作的区域之一。目前,我区小班化教学的研究重心已从小学低年级转移到中高年级,相对而言,初中对小班化的实践研究起步要比小学晚,研究成果也不及小学来得丰富。

小班化教学有几个显著的优势引起了校长和教师的关注和兴趣：一是在课堂教学有限时间里增加了教师对学生人均关注的时间，加强了个别化的教学；二是教学的实践经验启示我们，分层教学一直是课堂教学的一个重要的教学思想，但在学生人数众多的大班教学中一般教师是很难胜任的，小班化教学则为教师开展分层教学提供了有效的支撑；三是当前课堂教学改革的重点是“改变学生的学习方式”，小班化教学使教师运用丰富的教学策略成为可能，如说中学，看中学，思中学，做中学等，改变了过去那种以接受式教学为主的单一模式，显著拓展了课堂教学中的师生交流、师生互动的时间和空间；四是可以完善课堂教学中以对学生的评价，等等。以上这些在大班化教学中教师是很难达成的。

国和中学是我区较早开展小班化实践研究的初中之一，在开展行动研究的同时，以实验项目为引领，确立了“初中小班环境下的课堂实践的评价”的研究课题，经过近三年来的实践，如今已结题。该课题以“课堂评价”为主题，凸显了当前课堂教学改革中的一个重点，也是难点，具相当的研究价值。课题以新课程的教育理念为指导，依据课标的要求，力图改变过去那种以分数为唯一的指标，以教师是具有绝对话语权的单一的评价模式，试图建立一套符合学生个性发展的，能促进学生实践能力、创新素养形成的多元化、发展性的评价体系。同时课题组依据学校的师情和生情的实际，因校制宜地利用理化科教研组的优势，以初中《科学(牛津上海版)》教材为基础；以六年级学生为主体；以实践教学为突破口，开展小班化的评价的实践研究。

该课题的阶段性成果明显地体现在以下二个方面：第一，完成了六年级《科学实验活动设计》校本教材的编写。编制的《科学实验活动设计》具有显著的校本化的特色：首先，在小班教学环境下，贯彻“做中学”的理念，尽量拓展“科学”学科中的学生动手实践时间和空间。凡是教材中有安排的实验，学生都必须做；凡是可以让学生做的演示实验，尽量让学生做；凡是可以用实验来呈现的理化生知识，教师需用新增的实验来上课；凡是没有条件做的实验，尽量用多媒体视听模拟让学生体验。这样就把培养学生的实践能力，在学科教学中得到了真正的落实。其次，这套校本教材编写的质量也比较高，教材以学生活动为主线，分为“教师演示实验”、“学生自主实验”、“学生拓展实验”及“模拟实验”四块，每块的活动过程都包涵了观察、分析、思考、巩固、拓展、评价等活动要素,既体现了学生的主体性,通过教材的活动指导也体现了教师的主导性。再有,当前基础型课程校本化实施是各校相当关注的一项课题,国和中学的这套校本教材就是基础型课程校本化实施的良好的范例,对其他初级中学是有一定的借鉴作用。

第二,与《科学实验活动设计》相配套的《评价手册》体现了对学生学习活动的多元化的评价。这套校本评价手册除了评价主体、评价内容、评价方式、评价结果等相关要素相当齐全规范外,其主要亮点是评价内容不仅仅是学生的智力因素,更关注学生的非智力因素,如学习兴趣、活动中的参与度、团队中的作用、对待困难的态度等等;二是评价形式有学生自评、同学互评、教师评价等,拓展了评价的渠道,提升了评价的可信度;三是把过程评价和结果评价,把定量评价与定性评价相整合,特别对学生非智力因素的评价采用同伴和教师定性的文字评价,这对学生在学习中养成良好的学习习惯和学习品质有明显的促进作用。总之,《评价手册》除了体现评价多元化、个性化的这一特点外,还凸显了对学生评价的激励性和发展性,这对教育评价来讲是至关重要的。同时这一评价手册的操作使用利用了学校课程管理与评价的信息化平台,利用信息技术的设置能快速及时地获得评价的结果,有利于师生在整个学习过程中对评价资源的搜索、展示和保存。

课题的研究虽然取得了初步的成果,下一步还将在七年级的《科学》学科中继续推进,对此提出二个的改进建议,供课题组参考。一是还需进一步思考并梳理小班化评价与大班化评价的区别,及各自评价的特点,因为只有明确这一点,才能充分发挥小班化评价的优势。目前的《评价手册》与小班化的关联性不够明确,也不够紧密。明确这一问题,就可使"小班化评价"这一主题更为凸显。二是除了对学生的学生评价外,还需了解学生对教师的教学评价和对课程的功能评价,这是在进一步开展课题研究时需加以关注的,体现了教学评价的完整性。可以通过阶段性问卷调查,学生座谈、评价表等形式进行,这样可有效地提升校本课程功能的发挥和教师对校本课程的执行力。

(杨浦区教育学院原副院长　陈熙强)

案例

“小猫钓鱼”的秘密

——初中科学拓展实验“电磁铁的制作与探究”

徐学军

一、案例背景

电流的磁效应是初中科学七年级《电力与电信》一章中的内容，通过这一节的学习，同学们认识了电可以产生磁。并同时通过教师提供的教具，认识了电磁铁。明白了电磁铁比永磁体有更多的优点(可以控制磁极的方向，磁性的有无和强弱)，但是现行的教具的演示并不能让学生完全信服。从内心，学生对教师手里的教具与魔术师里的道具是一样的，感觉神奇却不真实可信，在教师的演示实验前，学生往往扮演的是“看客”的角色，没有真正参与到实验中来，这也正说明“行为主义”的教育理念跟不上时代，杜威的“建构主义”更符合学生的认知心理。只有让学生参与到实验中去，在做中学，才能成为学习的主人，才能在实验中完成对电磁概念和原理的建构，所以，在课堂教学中，设计与学生为主体的探究活动，才能满足学生的探究欲望，才能培养学生的科学素养，提高学生的创新意识和实践能力，从而完成科学的课程目标。正是在这样的大背景下，我设计了《电磁铁的制作与探究》这一教案。

二、案例主题:《电磁铁的制作与探究》

(一) 教学目标

1. 知识与技能：

(1) 知道通电导线周围可以产生磁场；

(2) 学会制作电磁铁。

2. 过程与方法：

利用制作完成的电磁铁，探究电流与磁性强弱和磁极方向的关系；探究线圈匝数与磁极强弱的关系，线圈绕的方向与磁极的关系。

3. 情感、态度与价值观：

体验探究的乐趣，体验科学发现与发明可以改变我们的生活。

（二）教学重难点

重点：制作电磁铁。

难点：利用电磁铁完成相应的探究活动。

（三）实验器材

教师自制教具（神奇钓鱼竿），U形铁条，花线，电池一对（组），导线、开关、曲别针等。

（四）教学过程

1. 导入新课：

同学们，今天我们一起来玩一个“小猫钓鱼”的游戏，游戏规则是这样的，就是利用我手中的神奇钓鱼竿，（注意额，神奇在哪里呢？它是没钓钩的，有点像姜太公钓鱼。）通过钓竿把散落在桌上的曲别针（小鱼）都钓到烧杯里（鱼桶）。大家想不想玩，我先来做一个示范，注意看仔细了。

活动一：演示“小猫钓鱼”（设计意图：让学生在“乐中学，学中乐”的课堂氛围中，激发学生的好奇心，渗透观察、思维能力的训练）

（1）教师拿出准备好的神奇钓具，一手拿着钓竿，一手控制开关，对着放有曲别针行钓。把钓起的小鱼转移到“鱼桶”的上方，控制开关，让曲别针掉到烧杯中。教师的演示要尽量达到让学生感到惊讶——怎么让鱼儿上钩，它就上钩？真是“神奇”！越做得神秘，效果就越好，同学们想不想上来试一试呢？学生积极参与，但是不得要领，教师继续卖关子，让同学们猜猜奥秘在哪儿，让他们根据近期所学知识来猜测。

（2）引入课题：同学们，看起来神奇的钓鱼竿其实就是一个小小的电磁铁，我们上节课已经学习了电磁铁相关内容，并且向你们演示电磁铁。那么你们想不想自己动手来制作一个电磁铁呢？你们是否也希望以后拥有一根这样的钓竿？这节课我们就来制作这样的钓竿（电磁铁）。

活动二：制作电磁铁（利用桌上有准备的材料。请你也来做一下这个实验）

教师指导：鼓励学生按照课本的方法，用提供的材料大胆地制作。（学生阅读课本制作铁钉电磁铁的部分。学生在制作过程中，教师巡回查看，必要时，适当点拨）

老师一边巡视一边讲解制作要领：

① 朝着同一个方向绕导线。

② 要将绕在铁钉上的线圈的两头固定好。

③ 两头要留有适当的引线。

④ 将线圈的两端串联到有开关的电路中。

⑤ 闭合开关，测试是否会引起附近小磁针的偏转，断开后，小磁针又恢复原状。

（在巡视中，对完成质量好的小组进行鼓励和表扬，对落后的同学及时帮助）

活动三：利用电磁铁分组探究

第一组：探究电流方向与电磁铁磁极的关系（改变电源正负极），总结规律。

第二组：探究电流强弱与电磁铁磁性强度的关系（改变电池的节数），总结规律。

第三组：探究线圈的圈数与电磁铁磁性强度的关系，总结规律。

第四组：探究线圈在铁芯上的环绕方向会有怎样的影响，总结规律。

各小组根据自己的探究结果在全班进行总结交流，展示探究成果。根据其他小组的探究方法，各小组相互学习探究并总结出电磁铁比永磁体有哪些独特的优点。

活动四：前景展望

从发明创造的角度，你觉得电磁铁在生活生产中会有怎样的运用呢？同学们可以发挥想象，大胆设想，把你的创作灵感记下来，并与大家分享。（学生思考，讨论，交流）

同学们意犹未尽，教师就把最后的活动作为家庭作业，这也是课堂在家庭的延伸。

三、教学反思

接下来我对这节课，说说我自己的一些看法，先说一说我自己比较满意的地方。

1. 着重培养学生的动手操作能力。虽然七年级的学生有了一定的动手能力，但是，电和磁的关系较抽象，教学时，还是从学生感兴趣的问题入手，先从“小猫钓鱼”的游戏入手，勾起同学们的好奇心。揭开谜底后，又引出同学们自己制作电磁铁的欲望。完成制作后，紧接着让学生通过小组合作探究，进行科学验证，从而培养了科学探究的能力。

2. 培养学生良好的科学素养。在活动中，充分发挥学生的主体作用，让学生通过现象产生问题，再由问题进行大胆的假设，并通过小组讨论，集体交流的形式不断地充实自己原有的认知，并合理地设计实验验证自己的假设，在整个活动中，进行适时的指导与提示使学生的探究活动朝着更科学、更有效的方向进行，从而培养学生良好的科学素养。

3. 教学中教学资源有些是学生从家里取来的，比如：花线、电池等，也有一些是教师自制的，这都起到了丰富教学资源的作用。

当然这节课也仍存在很多不足，比如对学生的信任不够，自由度不够，为了节省时间，在同学们设计制作电磁铁的时候，教师做了过多的干预和指导，虽然节省了时间，但也损伤了同学们的创造力和成就感。

苹果树的故事

——科学学科校本化实施的学生评价方式的研究

陆芸飞

科学学科对学生的评价不仅要关注学生科学知识掌握的情况，更要关注学生学习的过程，关注学生在学习过程中所表现出来的科学素养和情感态度。以往传统的通过习题和测试来进行的学生评价已经不能与我校科学学科所实施的校本化活动手册内容相配合，根据校本化活动手册中课前准备和课内组织交流讨论这两个环节，对学生活动制定评价量规，突破原有的评价方式，从定性和定量上更好地开展学生活动，提升学生相关能力和科学素养。以下是我在设计相关教案时的一点体会。

一、每节课前的2分钟演讲(见表1)

现在的网络十分发达，各种媒体都有大量的信息，教师利用这一优势，依据主题单元教学的学习内容，利用每节课开始的时间，每次安排2位学生，每位学生2分钟时间进行演讲。形式可以是讲述、实验或多媒体演示等，既培养了学生搜集与处理信息的能力、表达的能力，又通过收集、积累、吸收各种信息，使学生由课内的知识向课外知识拓展和迁移。

合理的学生评价能够激发学生的学习兴趣，提升自信心，同时也能为学生在演讲过程时需注意的要点提供指导。

（一）2分钟演讲评估方案

1. 定量评价：

(1) 评价人员，将全班同学分成若干小组，每组选一位同学组成评价小组。

(2) 评价程序：

① 在每一单元演讲主题确定后，由全班共同确定评价指标；

② 每节课轮流由2位同学进行演讲；

③ 每一位同学演讲结束后，对照评价指标师生共同分析优势与不足；

④ 评价小组成员各自打分；得出平均分，并记录在册。

表 1　2 分钟演讲评价

评价内容	评价标准	分值安排
演讲主题符合单元要求	完全符合—完全不符合	5 分—1 分
演讲开头是否吸引人	非常吸引—非常不吸引	5 分—1 分
演讲者的内容陈述是否清晰	非常清晰—非常不清晰	5 分—1 分
是否利用辅助手段及效果	效果非常好—无效	5 分—1 分
声音表达是否到位	非常到位—非常不到位	5 分—1 分
结尾是否起到强调作用	非常强调—未强调	5 分—1 分

2. 定性评价：一个单元结束后，将每位学生的演讲稿汇编成册，在班级展览区展出，分享、交流成果。

（二）使用评价之后的启示

将每节课前的 2 分钟演讲作为科学课前的常规活动是为了让学生积极主动地参与到课堂中，同时也为了培养和提高学生的自主学习能力和表达能力。但没有针对性评价的 2 分钟演讲是无效的，学生不知道怎么准备他的演讲，其他同学也不能有效地区分他的演讲是否切合课堂主题。所以有针对性的评价量规能让这一活动更加有效的开展。

1. 使用评价表，对准备演讲的同学提供了指导，让他们更有针对性地去准备演讲的开头，过程和结果。让他们的演讲更加切合单元的主题，形式更加多样，丰富。让学生主动参与到课堂中，提升了他们自主学习的能力。

2. 对倾听演讲的同学们来说，使用了评价表，让他们的倾听更加有针对性，听的过程也是一种学习的过程，从同伴的演讲中让自己看到了同伴的优点和不足，为自己的下次演讲做好充分的准备。

二、课内交流讨论活动(见表 2)

初中科学主要目的是：帮助学生形成一定的科学探究能力，逐步形成科学的思维方式，让学生积极参与教学，主动学习，养成善于思考的好习惯。科学课堂的学生实验多以分小组的形式来完成。每个小组在完成实验之后，都有成功带来的喜悦或者失败带来的教训。在课堂内组织和开展交流讨论，不仅可以与同伴分享学习的成果，还能提高学生的学习积极性，激发学生的探索学习兴趣，也有利于提高学生的分析、评判能力和总结概括能力。

当两个人一人有一个苹果的时候，他们各自交换手中的苹果，最终还是只有一个苹果，但是如果这两个人一人有一个思想的话，彼此交换，那么他们每个人都将有两种思想，所以在课堂上进行必要的讨论交流来集思广益是十分必要的，这样才能创智我们的课堂，使之更有活力。

（一）学生活动后交流讨论的评估方案

1. 定量评价：

（1）评价人员，将全班同学分成若干小组，将评价分成组内评价和小组之间的评价。

（2）评价程序：

① 由全班共同确定学生活动之后交流讨论的评价指标；

② 学生实验活动之后先进行小组内的相互交流，小组内部选出最佳的个人；

③ 小组之间进行交流，评选出最佳小组。

表 2　课内交流讨论评价

组内评价		
评价内容	评价标准	分值安排
专注聆听组内成员的交流	非常专注—非常不吸引	5 分—1 分
组内积极表达自己的想法	非常积极—完全不积极	5 分—1 分
交流和讨论符合活动主题	非常符合—非常不符合	5 分—1 分
语言表达流畅	非常流畅—非常不流畅	5 分—1 分
小组间评价		
评价内容	评价标准	分值安排
表情自然，声音洪亮	自然洪亮—不自然洪亮	5 分—1 分
交流和讨论符合活动主题	非常符合—非常不符合	5 分—1 分
观点明确，内容完整	明确完整—不明确完整	5 分—1 分
能采纳其他组正确的结论	能采纳—不能采纳	5 分—1 分
能在规定时间内完成	能完成—不能完成	5 分—1 分

2. 定性评价：一个学期结束后，根据每个小组和每位同学的交流情况，评选出交流环节的最佳小组和最佳个人，进行奖励（根据科学课堂中的教学安排进行不同环节的评选，发掘学生在不同领域的才能和闪光点）。

（二）使用评价之后的启示

科学课有许多学生活动和实验，在实验活动之后，组织有效的交流讨论活动能提升学生对实验活动的理解，也能提高他们学习科学的兴趣。课堂交流讨论活动使用量规定量的评价让学生在小组讨论中有的放矢，在小组之间的评价中，学会仔细聆听，从同伴的讨论交流中互相学习。

定性的评价可以激发学生的积极性，在课堂上我采用了一些奖励的方法：对于表现好的个人，会在他们的评价手册上打一个星星，满三个星星换一个月亮，满三个月亮就能在教室后面绿板上的"苹果树"上长一个苹果。苹果上写着该同学的名字，每个小组都有自己的苹果树。每个学期会根据每个小组苹果树上的苹果评选最佳小组和最佳个人，给予精神和物质的双重奖励，效果还不错，提高了课堂活动的有效性，使学生主动参与课堂。

三、小结

课堂评价作为重要的教学手段在整个课堂交流活动环节中利于提高学生的学习积极性，激发学生的探索学习兴趣，也有利于提高学生的分析、评判能力和总结概括能力。教师可在科学课堂中，注重过程性评价，以学生发展为本，善于发现学生各方面的表现，并以激励性的语言，加以评价和必要的强化、引导。在课堂上，利用多种形式（个人评价与小组评价相结合，自我评价与同伴评价、教师评价相结合，过程评价与结果评价相结合），多层次地进行评价，促进学生参与课堂讨论交流，及时奖励表现尤为突出的小组、个人（包括学生的态度、积极性、特别发现等），定期对个人、小组、班级进行评价。

做一个“不听话”的学生

——评价策略在学生实验中的积极作用

闫瑞斌

上海市初中物理教材的基础型课程部分共安排了15个学生实验，这些实验是课程的重要组成部分，需要学生进行分组实验来完成。

初中生（尤其八年级学生）的实验操作技能还很不完善，受知识和生活经验的限制，对试验中潜在的不安全因素缺乏足够的预判性，导致在实验操作的过程中往往不够规范，给实验活动带来很多麻烦甚至制造混乱。加上教师对实验操作的评判往往重结果、轻过程，更导致很多学生从骨子里就不重视实验的过程，自认为只要做出正确的实验数据并归纳出正确的实验结论就会获得好评，对实验操作的规范性和纪律性根本不放在心上。还有一部分学生具有强烈的好奇心，喜欢突发奇想，自说自话地去实践一些自己感兴趣的探索，而不顾教师安排的任务和要求。这些导致许多物理教师感到学生实验课很乱，突发事件太多，很难上。

一、针对性分析

学生的行为实际属于正常反应，教师感到学生不听话，根本原因在于我们很多物理教师对学生实验的地位和作用还理解不够到位。我们往往过分强化了学生实验在知识与技能方面的教学目标，而忽视了过程与方法，情感、态度与价值观两个维度的教学目标，所以错误地把是否得出正确结论作为评判学生实验是否成功的唯一标准。事实上，学生实验在达成过程与方法，情感、态度与价值观的教学目标方面起到了更为重要的作用，所以教师首先应该认识到这一点，并把学生实验课的重心放在学生对实验过程的体验上，并更多地关注学生对待实验的态度与方法，这样就会感到学生实验课不再总是让人头疼。

二、主题

教师如果能够主动改进学生实验课的评价方案，正确引导学生的行为，学

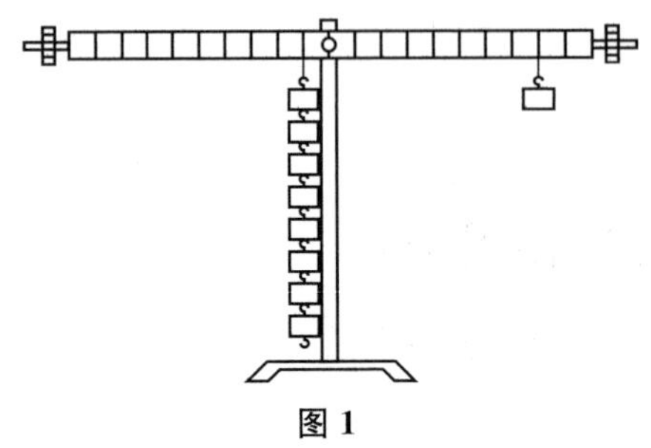
图 1

生的“不听话”会让老师觉得很可爱。

三、细节

在八年级下的物理教材中安排有一个重要的学生实验“探究杠杆平衡的条件”，每届学生在轮到做这个实验时，经常出现两种混乱的场面：

1. 很多学生在杠杆上挂上钩码后，会将扶着杠杆的手毫无顾忌地拿开，杠杆由于不平衡迅速转动，杠杆上挂着的钩码随之脱落，滚到实验台上再滚到地上，学生也手忙脚乱成一团。

2. 有些同学会进行如图 1 所示的尝试，在杠杆的一侧挂很多个钩码，最终导致弹簧夹不堪重负从杠杆上脱离，钩码也随之散落在实验台上，有些还滚到地上，发出一阵乒乒乓乓的响声。上述的情景我已经经历了很多遍，对第一种情况，通常是感到无奈，感慨学生动手能力的薄弱；对第二种情况，我通常会给予这些学生严厉地批评，对一些经常违反操作规范的学生还会借机采取惩罚措施，比如罚站（站在其他小组旁边，只准看、不准做）。当然，我采取措施之后，学生做实验普遍小心了许多，但又会出现我更不希望看到的现象：少部分学生开始袖手旁观，不再参与，只等着抄结果，不求有功但求无过，非常消极。

四、措施

我时常反思这个实验，为什么每届学生都会出现这种情景？我也开始反省自己的行为，并仔细研读了《课程标准》，查找问题所在，在学习中对课程和学生实验有了更深入的认识。课程既然要给学生足够的经历，让学生感受和经历概念或规律形成的过程，那么为什么不让学生去感受他们心中的好奇呢？学生实验可以带给学生最直接的经历和经验，那么为什么不让学生去经历实验操作中的失败呢？学生实验的一些暂时的挫折和失败并不是只能给课堂带来障碍，教师只要合理地改变评价策略，失败的体验会成为学生学习经历中更重要的经验和收获。我尝试让学生回忆以前的学生实验，他们对按部就班的实验操作很快就印象模糊了，而有关失败经历和特殊场景的实验往往给他们留下很深刻的印象。我认识到学生实验出现一些突发事件并不可怕，可怕的是我们不能正确地对待和处理，教师既不能听之任之，导致学生错上加错，也不能一棒子打死，剥夺学生体验过程的权利。正确的做法是教师针对学生实验的特点合理地制定评价策略和方法，在良好的评价机制驱使下，失败可以教会学生深入思考，失败可以让学生真正理解实验操作规范性的重要性，不仅增强实验操作技能，更能端正对待实验的态度、增强科学素养。

为此我为这个学生实验设计了独立的评价量规。(见下表)我希望通过评价量规引导学生主动查找钩码脱落的原因并及时改进操作的规范性，同时鼓励学生在认真思考的基础上去尝试心中的好奇。

等第 / 自评项目	好	较好	一般	需努力
钩码脱落次数	一次以内	两次	三次	四次以上
你在试验中一次最多使用的钩码个数	七只以上	五只	三只	两只
爱护实验器材				
实验操作规范				
积极参与活动				
正确记录实验现象				
实验结束整理仪器				

五、效果

实行新的评价方案后，基本不再有消极等待的学生，很多组同学都站起来进行实验操作，两个人都用手小心护着杠杆，以防一不小心钩码脱落，在不断增加钩码个数时，学生更是小心翼翼，整个实验中对待实验过程的态度明显好转。出乎我意料的是学生在尽可能多地增加钩码数量时，有好几组同学选择了 12 只，即将整盒钩码都利用上了，询问后才知道，他们在支点左右两侧各挂了 6 只钩码，这显然超出了我的设想，没想到新的评价激发出学生的智慧已经超出了我的思考范围。

接下来我对多个学生实验的评价进行了量化改进，学生参与实验操作的热情明显上升，对实验过程的关注度大大加强，非常重视实验操作的规范性和实验步骤的合理性，同时大胆思考和尝试突破的愿望越来越强烈，体现出了一定的创新意识。

学会探究　学会 DIY

——小班个性化教育教学案例

傅晨选

一、单元概述

通过“珍稀生物”单元的学习，学生在有兴趣的前提下，教师帮助学生掌握教材中关于珍稀生物的内容，以熊猫、伯乐树为例，进行本单元内容的教学，提示学生本单元的学习重点，及要达到的目标，引导学生发挥主观能动性及自主学习能力，利用计算机作为辅助手段，通过查阅老师提供的文献并在条件许可时上网搜索相关的资料，搜集、查找、归纳课外的、学生感兴趣的知识。同学之间也形成互相讨论的氛围，他们提出问题，主动探究，解决问题，制作成演示文稿或网页。各组进行集体展示讨论，以学生的活动为主，教师可以提出参考意见，在讨论过程中修改完善演示文稿，藉此培养学生主动获取知识的能力，解决问题的能力，学会主动关心周围世界，培养社会责任感。本单元内容需要利用课余时间。

二、目标/学习成果

1. 学生多媒体演示、学生网页目标：

(1) 学会主动查找获取所需的知识，并制作卡片摘要；

(2) 学会对相关知识的整理；

(3) 学会主动延伸课内知识；

(4) 学会主动关心周围世界，并能发现问题，阐述自己的观点，提出解决问题的方法；

(5) 有条件学生上网收集各类资料；

(6) 对所收集到的各类资料进行归纳、整理，并制作成演示文稿或网页来共享他们的学习成果；

(7) 学会用计算机进行学习；

(8) 加强学生间的协作学习；

(9) 学会知识的相互交流。

2. 本课题学生结成五至六人一组，共同开展课题研究：

(1) 教师以熊猫、伯乐树为例，播放它们特征的图像、影片、动画，学生通过观察得出珍稀生物的特征及分类，总结出什么是珍稀生物。

(2) 学生利用网络或教师所提供的各类生物的资料，进行其他珍稀生物的学习。每个小组对珍稀植物或珍稀动物、上海或国内或全球范围的珍稀生物的有关内容进行搜索、收集，总结出珍稀生物的分布、现存种类、数量及面临的困境等等，提出各自的看法及建议。

(3) 确定一个子课题，学生把自己收集的资料加以整理总结，掌握计算机基本技能的学生可利用 POWERPOINT 或 FRONTPAGE 加以整理总结。

(4) 就各小组制作的文稿进行交流展示，由此提出各自的看法及建议，并进行子课题的完善。

(5) 将各小组的演示文稿进行组合，得出一个完整的珍稀生物的调查结果演示文稿。

三、对特殊教学的修改

活动中，对学习困难学生化解一定的难度，给予更多的关心。分组时将学习困难的学生与合适的伙伴结成对子。对学有余力学生：发挥他们的主导能力，在学习小组中起中心及组织作用，并作为技术后盾，制作演示文稿或网页与其他学生共享学习成果。对于他们学习的内容可以不局限于国内珍稀生物，范围可以更广，并对其他学生提供帮助。

四、评价主体：小组自评、组间互评、教师评价

根据小组制作的演示文稿及网页的内容的准确性评价和创新性评价学生。

五、多媒体演示文稿评价量规

项目(总分=100)	分数	标　准　描　述
内容——写作 (40分)	10	所有资料经过严格校对，没有笔误
	15	所有的信息都以自己的观点进行过认真的研究、写作和组织
	10	有一个标题幻灯片，能够创造性地传达主题
	5	注意参考文献的书写格式要规范

（续表）

项目(总分＝100)	分数	标准描述
内容——技术(25分)	10	至少包括6张幻灯片
	5	包括多样的文本形式、图像和转换效果
	5	视觉效果对观众有吸引力。每个主题都有相应的视频信息：如图像、绘图、表格等
	5	每一张幻灯片在视觉上有整洁和统一的版面设计
交流(20分)	5	在演示过程中用不同的方式与观众交流，而不是简单地让他们去读屏幕
	5	眼睛注视观众，并根据幻灯片的内容调整音调，以引起使观众适时注意
	5	在大家看完幻灯片之后，通过问题或小测验检验观众的理解效果
	5	有效地利用时间
技术上的组织(15分)	5	将演示文稿存入服务器上的个人文件夹，并做了备份以防不测
	5	通过在服务器上的个人文件夹将网页内容以电子形式告知教师
	5	每一个听众都得到一份演示内容打印稿，其中包括适当的注释

六、学生网站评估方案

项目(50分)	标准描述	最高分	得分
设计(20分)	简洁易懂	8	
	条理清晰	4	
	排版布局合理	4	
	图象、色彩、多媒体等使用	4	
结构(15分)	信息查找迅速	6	
	链接正确	4	
	超级链接便于寻访	5	
内容(15分)	信息资料有效性	5	
	资料信息的丰富性	3	
	至少四个页面的内容	4	
	是否包含资源索引	3	
总　分			

评价主体：小组自评、组间互评、教师评价。

注：45分—50分优秀；40分—45分良好；30分—40分合格；30分以下不合格。

以"促进学习的评估"理论指导下的课程实施中的评价研究,通过最终形成以定性与定量评估相结合,以纸笔测试、演讲交流、实验研究、课题探究等多途径的学习评估,以期解决原有评估强调甄别功能而未充分发挥评估的诊断与激励功能、结果性评估的权重过大而形成性评估的权重过小、评估主体单一等的问题,充分发挥学业质量评价是为了促进和改进教育和教学,充分体现"促进学习的评估"的核心特征:引导学生清楚预期学习目标、评估与教学过程密切配合、引入多元评估主体和多元评估方法,充分发挥评估的积极作用,确保课程的实施和目标的达成,真正促进学生的学习和学业质量的提升。

在课程实施中,作业的形式也可以有所改变。每学期选择合适的主题,学生以小组形式确定探究的主题,对小组共同关注的问题形成假设、设计制定研究方案、进行文献检索与信息整理、设计实验方案或研究方案、进行实验或证据搜集、思考分析讨论并得出结论、形成课题报告并进行交流展示。分组时以组间同质、组内异质进行,同学间相互支持。本课题的研究运用了研究性学习方式、以学生自主探究为主的基础教育的基础上,着重培养学生信息收集和处理能力,发展创新精神,获得亲自参与研究探索的积极体验,学会沟通与合作,培养科学精神和科学道德,发展对社会的责任心和使命感,激活各种学习中的知识储存,完成相关知识的综合运用。

看看　写写　议议　评评

——演示实验课例

陈逸文

实验是科学学科的基础技能，是检验科学理论的标准与方法。在学生建立完整的科学概念和导出正确的自然规律的课堂教学中，实验是最活跃最具生命力的部分。

演示实验是指为配合教学内容由教师操作表演示范的实验，把要研究事物变化的现象清楚地展示在学生面前。能引导学生观察和思考，激发他们的求知和探索事物规律的欲望，配合教师的生动、形象的讲授使学生认识概念和规律，达到“事半功倍”的效果。演示实验的内容选择、构思设计、演示过程等对学生观察、理解、掌握课本知识、培养思维能力和学习科学方法有重要意义。

下面是一节“电流的磁效应”课堂中演示实验的实录。这是一节传授新知识的演示实验，学生并未掌握有关实验的理论知识。

师：当直导线没有通电时产生有什么现象？小磁针是发生了偏转还是静止不动？

生：指向南北后静止不动。

师：当直导线通电时我们观察什么现象？

生：小磁针发生偏转。

师：当我们将电源断开后发生小磁针有什么现象？

生：小磁针转回到原来指南北的方向。

师：注意，当我们改变原来的接线方式后，即改变通电电流的方向后，接通电源小磁针有怎样的变化？

生：发生偏转。

师：紧紧是发生偏转吗？与没有改变电流方向之前，有什么差异？

……

在没有理论的指导下，学生观察实验时往往会忽略掉最关键的内容，因此，教师要有意识地引导学生注意实验的条件、环节和实验的主要结果。例如上述实验中，有关小磁针偏转的方向等，老师通过引导，来告诉学生观察什么、如何去观察，使学生能看懂实验，准确地观察到实验的现象和结果。

通常情况下，在教学之前还会制作"学习单"，实验完成后，有针对性地要求学生或者用文字或者图表把实验的结论记录下来，或结合指导学生读书把教材中的有关内容做上记号或摘录下来以巩固知识。

后面展示的是课堂中一个验证性演示实验的一个片段，这是，在之前学生已经学习了"食物中主要成分检验"的理论操作方法，但在学生在实际进行"食物中主要成分检验"的分组实验时，教师先进行示范性演示，并在演示中讲清要领，以指导学生准确、规范地进行实验操作，并掌握操作的关键点。

师：首先，我给大家演示一下对牛奶的四种常见营养成分的鉴定，各位同学注意实验规范和实验的步骤。

老师在讲台上进行试验操作，取 1 ml 牛奶加入试管，向试管中加入 1 ml 班氏试剂，用试管夹将试管放在酒精灯上加热，完全变色后，停止加热。同时，学生桌面上摆放着与老师讲台上相同的仪器、试剂和本节课的学习单。

师：首先我打算检测牛奶的葡萄糖，第一步取样，取 1 ml 的牛奶加入试管。我们选择试剂是什么？

生：班氏试剂。

师：加完班氏试剂后如何操作？

生：振荡混匀后，放置在酒精灯上加热。

师：加热时使用酒精灯的外焰，开始加热时要预热，我们要使试管受热均匀，然后再固定加热。可以看到溶液的颜色在发生变化，加热快到沸腾时，适当的离开火焰再移回，防止试管内的液体爆沸出来。观察到什么现象？

生：产生红黄色沉淀。

师：停止加热，熄灭酒精灯。

师：最后记录实验的现象和结论。

（教师控制电脑 PPT 显示完成表格中第一栏有关实验现象和结论的记录。）

师：然后检测牛奶是否含淀粉。第一步是什么？还是取样，取 1 ml 牛奶，选择什么试剂？

生：碘液。

师：加入1—2滴碘液，震荡，然后观察现象。注意，如果有淀粉存在，我们应该观察到什么现象？

生：呈蓝紫色。

师：现在我们观察到蓝紫色了吗？

生：没有。

师：所以结论是？

生：没有淀粉。

师：得出结论并记录。

……

师：请同学两人一组，根据老师试验的操作和流程，分工合作，一位同学完成实验，另一位同学将实验的现象和结果记录在学习单上，实验完成后请举手示意。

这是以验证和巩固已学过的知识为目的而进行的演示实验，通常是在讲授完新知识以后进行的实验。从逻辑上看，这往往是一个由一般到特殊的学习过程。教师讲课时，先通过新旧知识的联系与对比，结合使用各种直观教具讲授新知识，待学生初步掌握了这些知识后，再进行有关的演示实验以验证和巩固所学过的知识。

在演示实验前，因学生对有关内容已有初步的印象，所以教师在演示时，要引导学生运用已初步掌握的知识来观察实验的过程及现象，同时应该强调操作过程中的关键步骤，即有目的、有针对性地观察。学生在上分组实验课时，能相对正确而迅速地进行实验操作和观察，避免在实验方法或使用实验仪器、试剂方面出现较大错误，另一方面提升了课堂的时效性，节约了课堂时间。例如在上述课程中老师有关于试管加热实验的操作注意事项，试管的预热，酒精灯的加热等。教师一方面实验操作，另一方面语言叙述，从两个方面同时对学生形成正确的操作技能、方法、严谨的科学态度和一丝不苟的学习作风以及良好的心理品质等产生潜移默化的影响。

在演示实验过程中，要启发学生积极思考。例如在上述课程中对于教师检测试剂的选择、方法的选择时，都是提出这样的问题：检验牛奶中是否含有葡萄糖选择什么试剂？加入班氏试剂后的操作是什么？通过提问反馈，让学生在观察演示实验的过程中还有思考，提升学生的对于实验方法、步骤的理解和深化。

演示实验结束后，教师要敦促学生用学过的知识来解释实验现象。如在演示牛奶与班氏试剂混合加热后产生红黄色沉淀，而牛奶加入碘液没有变成蓝紫色后，提出问题“我们观察到什么现象？”“如果有淀粉存在，我们应该观察到什么现象？”让学生解释这些现象，指出该现象所证实的问题，要注意把实验中所得出的特殊或个别的结论推广到一般或同类的其他对象中去，使学生类推地掌握带有规律性的知识。同时教会学生在观察时要有明确的目的和重点，要自始至终，从明显的到细微的都必须认真地、细致地观察，并且要求学生实事求是地做好记录。

综上所述，课堂演示实验是科学课堂教学中最常用的教学辅助手段，正确、合理地使用演示实验可以显著提高教学效率。

图书在版编目(CIP)数据

小班可以这样做/上海市杨浦区教育局编.—上海：上海社会科学院出版社，2015

ISBN 978-7-5520-1028-2

Ⅰ.①小… Ⅱ.①上… Ⅲ.①课堂教学-教学研究-中小学 Ⅳ.①G632.421

中国版本图书馆CIP数据核字(2015)第247615号

小班可以这样做

编　　者：上海市杨浦区教育局
特约编辑：张小忠
责任编辑：陈如江
封面设计：周清华
出版发行：上海社会科学院出版社
上海淮海中路622弄7号　电话63875741　邮编200020
http://www.sassp.org.cn　E-mail：sassp@sass.org.cn
照　　排：南京理工出版信息技术有限公司
经　　销：新华书店
印　　刷：上海崇明县裕安印刷厂
开　　本：710×1010毫米　1/16开
印　　张：26
插　　页：8
字　　数：430千字
版　　次：2015年11月第1版　2015年11月第1次印刷

ISBN 978-7-5520-1028-2/G·427　定价：68.00元

版权所有　翻印必究